술의 인문학

술의 인문학

세계사 속 숨은 음주문화를 찾아 떠난
한 저널리스트의 지적 탐사기

쇼너시 비숍 스톨 지음 ─ 임지연 옮김

"술 한 방울 마시지 않아도 충분히 재미있다!"

─── 읽을수록 취한다! 허를 찌르는 재미와 재기발랄함! ───

오아시스
Oasis

♦ 저자가 전하는 스포일러 경고, 완전공개 그리고 사전고지 ♦

이 책이 완성되기까지 5년이 넘게 걸렸다. 그리고 이 글을 쓰고 있는 지금, 아직 난 살아 있다. 이것이야말로 스포일러다.

완전공개: 지난 몇 년간, 나는 여러 나라의 여러 도시를 여행하며 바텐더, 사업가, 맥주 양조업자, 와인 제조업자, 술주정뱅이, 위스키 제조업자, 의사, 드루이드 사제는 물론이고 평생 살면서 만나지 않을 법한 많은 사람들과 온갖 종류의 술을 퍼마셨다. 그리고 팅크제, 강장제, 파우더, 알약, 플라시보 요법, 약초 뿌리, 약초 잎, 나무껍질을 비롯해 합법적인 모든 화학적 요법과 치료법을 시도해보았다. 여기 언급한 모든 방법을 시도해보았지만, 결국 사건이 떠오르는 순서가 언제나 발생 순서대로는 아니라는 빌어먹을 사실만 확인하는 데 그치고 말았다. 그러니까 그 어떤 시도에도 전날 밤에 뒤따르는 숙취만큼은 피할 수 없었다는 얘기다.

또한 이 소재에는 내가 처음 상상한 것보다 훨씬 이야깃거리가 많았다. 따라서 전 세계를 무대로 모험하려던 원래 계획과 달리, 이야기는 대부분 우리가 '서양'이라 부르는 곳에서 일어난다. 정신을 차리고 보니, 러시아, 아시아, 아프리카 그리고 남아메리카 남부를 더 깊이 탐색할 걸 그랬다는 후회가 남는다.

마지막으로, 이 프로젝트를 시작한 뒤 사전고지가 유행이 되었으니 나도 그에 발맞춰 한마디 하겠다. 그러니 주목하시라. 여러분이 과도한 알코올 소비, 무모한 모험, 몸과 마음 그리고 정신을 온전히 유지하는 데 있어서의 어려움, 예기치 못한 역경에 관련한 이야기나 사실로 공공연하게 문제를 겪는다면, 이 책은 도움이 되지 못할 것이다. 또한, 이 이야기는 주제와 딱 어울리게 가볍게 시작해서 다소 바보 같은 짓을 하다가 거들먹거리고는 예기치 못한 일을 한 뒤 완전히 무거워진다.

제목 짓기는 제목이 있는 모든 이야기의 시작이다. 그리고 이 사실은 몇 가지 논란을 야기했다. 엄밀히는 하이픈을 넣어야 한다고^{Hung-over} 주장하는 내 에디터와 두 단어를 고집하는^{Hung Over} 아버지가 그랬다고 해야겠다. 하지만 이들 중 한 사람은 진짜로 많이 마시고 다른 쪽은 그러지 않는 데다, 어쨌거나 내 책이니까 Hungover라고 할 생각이다.(원제 『Hungover』_편집자 주) '엄청난', '괜찮은', '지독한'이라는 단어와 어울리기도 하고.

'숙취에 시달리는^{Hungover}'이라는 단어는 명사 '숙취^{Hangover}'에서 파생된 형용사다. '술 취한^{Drunk}'이라는 단어와 헷갈려선 안 된다. 그 차이는 리처드 링클레이터의 2003년 영화 〈스쿨 오브 락〉에 제대로 설명되어 있다.

듀이 핀(잭 블랙): 좋아, 그럼 이렇게 해보자. 난 숙취^{Hangover}에 시달리고 있어. 이게 무슨 뜻인지 아는 사람?

아이: 술 취했다는 뜻 아니에요?

듀이 핀: 아니. 이건 내가 '어제' 취했었다는 뜻이야.

혹은 지크문트 프로이트의 조카 클레멘트 프로이드^{Clement Freud}의 말을 인용해보자. "'술 취했다'는 너무 많이 마셨을 때를 가리킨다. 반면에 '숙취Hangover'는 다른 사람들이 얼마나 취했었는지 기억할 만큼 정신이 든 상태를 뜻한다."

하지만 아는 사람을 알겠지만, 적잖은 이들이 '숙취Hangover'가 어원학의 신입 단어라는 사실을 모른다. '숙취Hangover'는 20세기 초반만 해도 존재하지 않던 단어였다. '어제 술 취했던' 상태는 '과음Crapulence' 혹은 '알코올 중독Jim-jams'이라는 단어 혹은 정말 끔찍한 느낌 정도로 표현되었다. '숙취Hangover'는 영어 어휘 사전에 등재된 지 100년 정도에 불과한 단어지만, 그보다 오랜 역사를 자랑하는 '상태'를 표현할 때 널리 사용되었다.

인간은 역사의 여명기 이래로 술을 마셔왔다. 청동기시대부터 철기시대를 거쳐 재즈시대에 이르기까지 여러 제국이 멸망하고 전쟁이 일어나고 문명이 노예화되었는데, 이 모든 건 숙취 때문이다. 하지만 막상 이에 대한 기록을 읽으려 해도 기록 자체가 거의 존재하지 않는다. 바버라 홀랜드Barbara Holland가 『음주의 즐거움The Joy of Drinking』에서 "오랜 옛날의 사투에 대해 논하지만 그 어디에도 숙취에 대한 언급은 없다. 우리 조상들에게는 이런 상태를 가리키는 단어조차 없었다"라고 말했듯, 『베오울프』나 『일리아드』, 천 명의 아라비아 기사 이야기 어디에서도 술독에 빠졌다거나 잔뜩 술에 취했다는 내용은 좀처럼 찾기 어렵다.

제목 그대로 음주에 대한 방대한 종합 전서인 『술 이야기The Booze Book』에서 저자 랄프 쇼엔스타인Ralph Schoenstein은 짧은 두 문장으로 킹슬리 에이미스Kingsley Amis의 에세이 『숙취에 대하여On Hangovers』를 소개한다. "숙취에 대한 글은 드물다. 사실 이 에세이가 내가 찾아낼 수 있었던 전부다."

숙취 상태를 표현하는 이 운명적인 단어가 등장하기 전까지 마치 숙취란 존재하지 않았던 것 같다. 혹은 누군가 한마디 내뱉을 때마다 호흡하고 있다는 걸 굳이 언급하지 않듯, 일상에서 흔한 상태라 굳이 말할 필요가 없었을 수도 있다. 하지만 어떤 이유에서건 역사 속에서 숙취를 도외시해온 건 비단 시인과 역사가들만이 아니다. 흰 가운을 입은 전문가들도 마찬가지다.

숙취는 인간에게 가장 흔하면서도 까다로운 병임에도, 이를 적법한 질병으로 분류하려는 국가 차원의 시도가 없었다. 환자가 탓할 사람은 자신뿐인 병이라는 이유에서였다. 자기 탓인 병이라는 건 사실이지만, 의료 전문가들도 도덕적 오만함을 내려놓고 지난 수천 년 동안 이를 해결하기 위해 고군분투해왔다. 하지만 현재, 의사들보다 훨씬 더 많은 기업가들이 이 문제를 파고들고 있다. 포도씨 추출물에 껍질 벗긴 구아바, 뿌리덮개로 재배한 백년초를 병에 담아 마치 희망을 품은 작은 군인인 양 편의점 선반에 줄지어 놓고 계산대 주변을 둘러싼다. 그 결과가 어떨지는 아무도 모른다. 우리의 탐사 여정처럼 말이다.

그래서 이렇게 부제를 지은 것이다.(원제의 부제 『역사 속 뿌리 깊은 숙취의 해소법을 찾아 나선 한 남자의 지난한 여정』_편집자 주) 그 '한 남자'는 (좋든 싫든) 나지만, 이 '탐사 여정'만큼은 관심 있는 이라면 누구나 가능하기 때문이다. 이 과정에서 진짜 기본 연구를 시도했다. 굉장히 똑똑한 사람들과 이야기를 나누고, 과학 연구 결과를 슬쩍 보고, 현재의 데이터를 엮고, 화학과 그런 것들을 배우며, 그 밖에 뭐가 있는지 이해하려 애썼다. 하지만 그러면 그럴수록 응용 연구에 의존하게 되었다. 확실히 미심쩍은 구석이 있지만 말이다.

라스베이거스와 암스테르담의 저지대부터 스코틀랜드와 로키 산맥의 고지대, 캐나다 북극곰 수영대회부터 알프스의 온천, 세계 최초의 숙취 연구소부터 옥토버페스트 숙취 호스텔, 뉴올리언스의 부두교 교회부터 합성 알코올을 만들어냈다고 주장하는 런던의 의사, 숙취 치료법을 찾아내려는 사람부터 이미 찾아냈다는 사람을 아우르는 여정이었다. 그러나 이러한 탐사 여정과 이 책, 둘 중 어느 쪽도 적법한 '치료법'을 찾아낼 때까지 진정으로 끝났다고 하기 어렵다.

책상 위에는 거의 바닥을 보이는 술병 옆에 이상하게도 하나같이 정사각형 모양인 작은 책들이 산더미처럼 쌓여 있다.『숙취 해소』,『숙취 해소법』,『궁극의 숙취 해소법』,『숙취 해소하기』,『당신의 숙취를 해소하라』,『어떻게 숙취를 해소하는가!』,『두통이 사라지고 숙취가 해소되는 방법』,『숙취를 해소하는 기적의 주스』,『숙취를 해소하는 자연요법』,『진짜 숙취 해소법』,『숙취가 숙취 두통을 치료한다』,『순식간에 숙취를 사라지게 하는 10가지 방법』,『숙취 안내서: 15가지 자연 치료법』,『숙취를 해소하는 40가지 방법』,『50가지 숙취 해소법』,『숙취를 해소하는 50가지 방법』,『숙취 치료(52가지)』,『숙취 안내서: 인류의 가장 오래된 병을 치료하는 101가지 방법!』,『세계 최고의 숙취 해소법』,『숙취 해소에 대한 작은 책』등 지난 10여 년간 출판된 것이다. 하지만 지금껏 읽은 책 어디에도 제대로 효과 있는 '해소법'은커녕 숙취 관련 문헌에 새로이 추가할 내용조차 없었다.

치료법이라면 있을 수도 있다. 틀림없이 연고, 완화제, 강장제, 해장술, 조언, 천 번의 성모송이 제시될 것이다. 하지만 이렇게 하면 진짜 실제로 치료가 될까? 아마 그랬다면 지금쯤 난 두 병째를 마시며 다른 책을 쓰고 있었을 거다.

요는 숙취와 관련한 책이나 사람들이나 모두 '해소'라는 말을 너무 쉽게 사용하는 경향이 있다는 것이다. 그래서 나는 한 가지 진언을 마음 깊이 담아두려 한다. 중요한 출판물마다 언급되는 이 진언은 숙취계의 위대한 작가 킹슬리 에이미스 경의 말씀이다. 하지만 내가 지금껏 만난 누구도, 심지어 그의 공식 전기 작가나 유명한 작가인 그의 아들조차 이렇게 유명한 말의 출처가 에이미스라는 사실을 모르고 있었다.

절대 확실하고 즉각적인 숙취 해소법을 찾는 것은 신의 존재를 찾는 것과 여러모로 공통점이 있는데, 그것은 절대 이루어지지 않는다는 점이다.

그가 그렇게 말했든 아니든 간에, 우리는 끔찍한 도전을 목전에 두고 있다. 하지만 까짓것, 한번 해보자.

이왕 하는 거라면 곱빼기가 나으니까.

사막을 헤매거나 악마에게 쫓기는 꿈을 꾸다 의식이 온전치 않은 몽롱한 상태에 빠진 적이 있을 것이다. 입에는 모래가 가득 차 있다. 흐릿한 지평선 너머, 머나먼 어딘가에서 어떤 목소리가 들려온다. 물을 달라는 애원이다. 움직이려 하지만 꿈쩍도 할 수 없다.

그러자 외침은 점점 더 커진다. 머릿속에서 고통이 느껴진다. 두통, 아니 그 이상. 훨씬 끔찍하고 커져 가는 고통이다. 뇌가 부풀고, 부푼 뇌가 두개골을 압박해서 눈알이 빠질 것 같다. 손을 흔들듯 머리를 흔들어 두개골이 분리되는 걸 막아보려 한다.

하지만 사실 뇌는 전혀 커지지 않고, 오히려 급격히 쪼그라든다. 잠자는 동안 수분을 빼앗긴 육체가 어지러운 마음을 지탱하는 복잡한 고깃덩어리를 포함해 어디서든 물을 빨아올리기 때문이다. 그래서 지금 당신의 뇌가 끔찍하게 쪼그라들어 수축되면서 뇌막과 신경조직을 끌어당겨 이 빌어먹을 고통이 생긴 것이다.

술은 이뇨작용을 한다. 어젯밤 잔뜩 마신 술은 몸의 수분 흡수를 방해하고, H_2O와 함께 세포의 활동을 돕는 전해질, 칼륨, 마그네슘을 배

출한다. 그러니까 메마른 뇌의 끊임없는 외침은 이런 의미인 셈이다. '물 좀 마셔!'

힘겹게 고개를 들면, 방이 빙빙 돌기 시작한다. 어젯밤 술집에서 돌고 있던 싸구려 디스코 볼 같다. 아니, 그보다는 끔찍한 회전목마에 갇힌 기분에 가깝다. 눈을 감으면 상황은 더 나빠진다. 악마의 꼬리에 매달린 듯 하늘과 땅이 뒤집어져 빠르게 빙빙 돈다.

이렇게 세상이 빙빙 도는 원인은 (술은 제외하고) 우리가 3억 6500만 년 전 육지에 올라와 우리 인간을 포함한 모든 동물들의 생리적 선도자가 된 어류에서 진화했기 때문이다. 지느러미는 동물의 발톱과 인간의 손가락이 되었고, 비늘은 깃털이나 털, 피부가 되었다. 그 훨씬 전부터 신비한 연성 물질이 포함된 턱뼈가 진화한 내이內耳는 이 물질의 움직임을 측정하는 매우 가는 세포를 통해 뇌에 소리, 평형상태와 가속도에 관한 신호를 보낸다. 바로 이것이 세상이 빙빙 도는 이유다. 근본적으로 일종의 육지 멀미인 셈이다.

술은 마치 해적 같다. 모험을 좋아한다. 한동안은 흐름을 타고 나아가다가, 일단 내이에 도착하면 우리를 통제하며 빌어먹을 상황을 야기한다. 알코올은 평형감각을 관장하는 이 이상하고 오래된 연성 물질보다 훨씬 가볍다. 섞이지도 흡수되지도 않으므로, 술은 당신이 통제 불가능할 정도로 빙빙 돌고 있다는 사실을 뇌가 인식할 때까지 계속 몸을 돌아다닌다. 이런 상황이 닥치면 우리 몸은 고정점을 찾으려 한다. 즉, 보이지 않는 지평선 위의 한 점을 떠올리는 것이다. 지난밤, 빙빙 도는 느낌이 멈추기 바라며 눈을 감았을 때, 눈동자는 그쪽에 없는 어떤 점을 좇아 오른쪽에 고정되어 있었다.

그리고 다음 날 아침이면 몸의 술기운은 대부분 가신다. 남아 있는 건 연소되고 분해되어 혈류를 타고 달아난다. 이제 내이 안의 연성 물질은 지구가 도는 방향과 반대로 돌고, 눈은 왼쪽으로 경련한다. 경찰이 노변안전검사를 하며 눈에 빛을 비추는 건 바로 이런 이유에서다. 눈동자의 방향을 관찰하면 술에 취했는지, 숙취 상태인지 혹은 다행히 어느 쪽도 아닌지 파악할 수 있다.

지금 당신이 그런 문제에 신경 쓴다는 뜻은 아니다. 그저 빙빙 도는 걸 멈추고 싶을 뿐이리라. 분명 술을 많이 마신 탓도 있지만, 이 부분만큼은 당신 탓이 아니다. 이런 현상은 그 바보 같은 고대 어류가 다른 연성 물질이 담았거나 혹은 원래 있던 물속에 머물러 있었다면 생기지 않았을 일이다. 이제 슬슬 짜증이 솟으며 이성까지 잃는다. 그 상당 부분은 피로와 각성 물질의 반향 때문이다. 기절할 수도 있지만, 편안한 방식으로는 아니다. 일단 진정 성분이 사라지면, 회복에 반드시 필요한 숙면 단계에 도달할 기회도 없어진다. 숙취로 인한 탈수 현상이 심할수록 피로도도 배가된다.

그래서 미칠 듯한 갈증을 느끼며 드러누워 혹시, 만에 하나 지금 잠들면 사막에서 물을 찾아 헤매는 꿈이 아닌 다른 꿈을 꿀 수 있지 않을까 생각한다. 하지만 눈을 감자 이번에는 아래를 향해 빙빙 돌기 시작한다. 이젠 속이 뒤집어진다.

지난밤 어느 순간, 술은 위장으로 곧바로 흘러 들어가 세포를 자극하여 염산을 만들었다. 페인트를 지우고 돌을 연마할 때 사용되는 물질이다. 그러니까 탈수와 탈진 외에도 내장기관에 산업용 세제가 잔뜩 들어 있는 상태인 셈이다. 그리고 공격받는 건 위장 세포만이 아니다.

신장, 췌장, 간 등의 다른 장기도 자극받아 팽팽하게 부풀어 오른 상태로 독성 물질을 해독하거나 영양분과 수분을 흡수하는 기능이 저해된다. 아무리 삼켜도 소용없는 것이다. 공정하게 말하자면, 오늘 아침 힘든 이유는 비단 알코올 때문만이 아니다. 몸이 독성 물질에 맞서 싸우고 있기 때문이다.

간은 몸에 들어온 독소를 해독하는 중앙사령부다. 그래서 당신이 마신 알코올을 처리하기 위해 간은 활성산소라 부르는 가미가제 특공대를 파견한다. 임무를 달성하면 이것들은 중화되기 마련이다. 그런데 계속해서 술을 마시면 이 녀석들이 활성 상태를 유지한다. 따라서 이번 전투에선 승리하지만, 결국은 싸움거리를 찾아 몸속을 돌아다니는 불량배를 키우게 되는 셈이다.

활성산소를 억제하고 통제권을 되찾기 위한 절박한 시도로 간은 일종의 환각 상태에 빠지고, 그 결과 아세트알데히드가 축적된다. 가장 비열한 약의 효과와 똑같다. 심각한 알코올 중독 치료용으로 개발된 안타부스는 술과 섞이면 두통과 격렬한 구토를 유발해, 술독에 빠져 죽을 뻔한 중독자들조차 술 마시는 걸 두렵게 한다. 수십 년간, 유일한 알코올 중독 치료법은 즉각적으로 지독한 숙취를 야기하는 처방뿐이었다. 지금 조금 맛봐보라. 물 생각이 멈추고 그 대신 자비를 갈구하게 될 때까지 고통과 구역질로 몸부림치게 될 테니.

하지만 지금까지는 신체작용이었을 뿐, 최악의 상황은 아직 닥치지 않았다. 당신은 태아로 돌아가려는 듯 몸을 둥글게 만다. 마치 물고기 같다. 하지만 그건 당신의 영혼이다. 당신의 흐물흐물해진 영혼은 신음하면서 웃고 있다. 마치 스스로 한 짓인 양. 물론 그렇긴 하지만 말이다.

사람들이 취하거나 흥분했을 때처럼 빤히 알면서도 자신을 이렇게 빨리 아프게 하는 경우는 없다. 신체적 효과가 변하듯, 심리적 트라우마가 퍼지는 부분적 이유이기도 하다. 마신 술의 질과 양이 숙취의 물리적 측면을 설명한다면, 당신이 마셨을 때의 상태는 심리적인 측면을 결정한다. 그래서 '오스카상 받았어!', '슈퍼볼 우승!', '복권 당첨!'으로 유발된 숙취와 '직장을 잃었어', '여자 친구와 헤어졌어', '블랙잭 하다 엄청 돈을 날렸어'로 인한 숙취가 굉장히 다르게 느껴지는 것이다. 당신이 지금 겪고 있는 건 후자의 상태다. 그러다 마침내 고통과 메스꺼움을 느끼면 반갑게도 태초의 연성 물질 혹은 빌어먹을 사막의 악마처럼 머릿속을 맴도는 생각을 떨치게 될 것이다.

넌 자신의 능력을 허비했어.

그리고 인생의 나날도.

넌 결코 다른 여자 친구를 사귀지 못할 거야.

아마도 간암에 걸리겠지.

그러다 쓸쓸히 홀로 죽어갈 거야.

하지만 젠장, 지금은 토해야 한다고.

숙취의 세계에 온 것을 환영한다.

◆ 차례 ◆

1막

라스베이거스에서
일어난 일

우리의 주인공은 술을 퍼마시고, 카레이싱을 하고, 총신을 짧게 자른 AK-47 소총을 쏘고, 행오버 헤븐으로 간다.
출연: 노아, 디오니소스, 4킬로그램짜리 햄버거

"오, 신이시여, 인간들은 자신의 정신을 빼앗아 가려는 적들을
입안에 부어 넣고 있나이다."

— 윌리엄 셰익스피어

목이 흰 커다란 잔이다. 통통한 올리브 알알마다 채워진, 싸지만 톡 쏘는 맛의 스틸턴 치즈가 플라스틱 검을 타고 흐르며 파도의 거품 같은 부유층을 만들어낸다. 하지만 이 음료보다 이상한 것은 내가 지금 여기서 하려는 짓이다. 빨리 취하고 빨리 깨서, 숙취가 있을 때 '조금도' 하고 싶지 않을 일을 하는 것. 나는 크게 한 모금 꿀꺽했다.

라스베이거스가 이론의 여지가 없는 전 세계 숙취의 수도가 된 건 총 각파티, 자유로운 음주, 블록버스터 영화라는 널리 알려진 세 가지 요소 보다는 지리, 생물, 날씨, 심리적 요인과 대중문화, 음주 규제가 복합적 으로 작용한 덕분이다.

"이곳에서 일어난 일은 이곳에 묻어두세요." 라스베이거스 어디서나 볼 수 있는 모토이자, 승무원들이 농담조로 건네는 착륙 인사부터 갱스 터 창조 신화에 대한 찬사까지, 당신은 도착하면 목에 걸어주는 하와이 화환처럼 가볍고 밝은 환영 인사를 받는다. "보통의 규칙이 적용되지 않는 곳!" 그래서 평소 차분한 회의 참석자들도 아침 10시 15분에 체크 인하러 가면서 거대한 형광색의 술잔 하나를 잡으며 시작해, 그날 내내 번쩍이는 조명, 주입된 산소, 담배 연기로 가득한 수많은 방을 지나며 연이어 무료 술을 즐기게 된다. 이곳이 바로 라스베이거스이다. 보통의 규칙이 적용되지 않는 곳. 누구도 당신의 간을 걱정하지 않는 곳이다.

지금껏 라스베이거스 효과를 여러 번 경험했지만, 여전히 걱정이 끊 이지 않는다. 지금은 정말 중요한 시기인데 숙취를 느끼지 못할 수도 있으니 말이다. 우리가 이 바에 온 건 바로 이 오묘한 맛의 마티니 때문 이었다. 나는 또 한 모금을 마시고 정신을 차리려 노력했다.

이 계획은 두 가지 목적을 달성하기 위한 것이다. 프리랜스 작가들은 보통 이렇게 일을 한다. 물론, 두 가지 목적이 양립 가능하다면 꽤 괜찮은 방식이다. 예컨대, 에어로 프랑스의 기내 잡지를 위해 와인 투어를 하면서 「다이제스트 다이제스트」 잡지를 위해 식후주를 마시는 식이다. 그러나 나의 목적은 관성력과 숙취 체험이었다.

내가 라스베이거스에 온 이유는 이 책뿐 아니라 남성 잡지에 실을 기사 때문이기도 하다. 책을 위해서는 끊임없이 마신 뒤 '행오버 헤븐^{Hangover Heaven}'이라는 곳을 찾아가 '세계 최고의 숙취 해소 의사'에게 검사를 받을 것이고, 남성 잡지를 위해서는 1.8킬로미터 상공에서 전투기를 조종하는 가상 공중전을 치르고, 300미터 높이 건물에서 뛰어내리고, 집라인으로 산을 내려오고, 기관총을 쏘고 카레이싱을 하는 등 '라스베이거스 익스트림 스포츠'의 모든 것을 체험할 것이다. 설마 큰일이야 나겠는가?

따라서 술에 취하고 숙취를 극복하기까지 주어진 시간은 단 12시간. 그러곤 곧장 시속 240킬로미터의 속도로 트랙을 열 바퀴 달리러 가야 한다. 아무리 계산을 해도 가능하리라는 확신이 들지 않았지만, 보드카 3온스와 치즈가 채워진 올리브 두 알이면 시작으로 괜찮을 것 같았다. 나는 점점 줄어드는 마티니 잔을 보며 이것이 흔들어진 건지 저어진 건지 평가해보려 했다. 「영국 의학 저널」에 실린 어떤 연구에서는 흔들어 만든 마티니가 저어서 만든 것보다 항산화 물질을 활성화시키고 산화물인 과산화수소를 비활성화시키는 데 효과적이라고 했다. 그래서 007 제임스 본드 요원이 백내장, 심혈관계 질환, 숙취에 시달리지 않나 보다.

뒤에서 딸랑대는 종소리, 휘파람과 더불어 잭팟을 터뜨린 사람의 고함 소리가 들린다. "한 잔 더 하시겠습니까?" 웨이트리스가 묻는다.

"네." 하지만 치즈는 빼달라고 했다.

솔직히 벌써 숙취가 느껴진다. 토론토에서 출발하는 비행기 편이 이른 아침이라서, 전날 마신 술이 깰 만큼 잠을 자지 못한 탓에 네브래스카 상공을 지날 때쯤부터 속이 뒤집어진 상태였다. 지금 다른 저널리스트들, 라스베이거스의 주최 측과 함께 30분째 저녁 만찬 중인데, 식사 중에 술을 얼마나 마시게 될지 모르니 나의 숨은 동기를 털어놓기가 망설여진다. 하지만 곧 그래야 할 것이다. 우리 스케줄은 위험한 액티비티로 가득 채워져 있어서 그들의 협조 없이 매일 취했다가는 제대로 술을 깨기 힘들 테니 말이다. 벌써 진이 빠진 느낌이고, 내 배의 반은 캐나다로 돌아간 듯 불편하다. 마티니 다음 잔에 큰 기대를 걸어본다.

둥근 모자를 쓰고 갖가지 물품이 놓인 상자를 목에 건 아가씨가 내 곁을 지난다. 나는 카멜 한 갑과 제산제 롤레이즈 한 통, 라이터를 샀다. 롤레이즈를 씹어 삼킨 뒤, 담배에 불을 붙이는데 마티니가 나왔다. 나는 한 모금 마셨다.

다소 스모키하면서 올리브 맛이 짙고, 강렬하고 차가운 느낌이 아주 좋다. 그런데 갑자기 속이 편해진다. 사람들이 지치지 않고 도박과 음주에 집중할 수 있도록 카지노로 주입된 산소가 마침내 내 폐에도 도달했나 보다. 나는 벌떡 일어나 산소를 깊이 들이마시고는 혹시 몰라서 한 잔 더 주문했다.

다행히 컨디션이 회복되었다.

알고 보니 '익스트림 라스베이거스'에는 카레이싱, 하늘 날기, 낙하하기뿐 아니라 먹고 마시는 것도 포함되어 있었다. 가리비와 육회 애피타이저에는 싱글몰트 스카치위스키가 곁들여 나온다. 그리고 하나같이 엄청난 맛이다.

메인코스는 다섯 종류의 고기 요리로 구성되고, 풀 보디 레드 와인 한 잔을 주문하면 한 병을 가져다준다. 이 술을 마시며 나는 함께 식사하는 사람들에게 이 모든 과정이 얼마나 편리한지 떠들어댄다. 실제로 취해가고 있는 것이다! 그들에게 내 책 이야기를 막 시작한 참인데, 갑자기 뉴욕에서 온 여행 작가인 한 저널리스트가 사고 보험 이야기와 함께 다음 날 아침 동시에 같은 트랙에서 자동차 레이싱을 하러 갈 것인지 이야기를 꺼낸다.

맹세컨대 그는 나를 보며 이 질문을 던졌고, 이 점에 관해 그도 그렇다고 동의할 것이다. 주최 측은 디저트를 먹으며 결정하라고 제안했다. 자정이 다 된 시각, 우리는 아침 9시에 경주 트랙에 가기로 정했다. 나는 시계를 보고 시간을 계산해본 뒤 그랑 마니에르를 주문했다.

내가 글쓰기를 '업'으로 하면서 무엇보다 적극적으로 씨름해온 두 가지 주제가 바로 음주와 도박이라는 사실을 여기서 밝혀둬야겠다. 이는 상당히 보편적인 집착의 대상이자, 특정 사람들이나 특정 시대에서는 확실히 문제로 간주될 수도 있는 주제이기도 하다. 내가 도박 중독자거나 음주 문제를 겪고 있다는 뜻은 아니다. 어쨌거나 이렇게 말해두는 편이 낫겠다. 특히 레스토랑을 나와, 술이 무료로 제공되는 포커 테이블로 향할 때라면 더욱 그렇다.

그건 바로 이런 이유 때문이다. 숙취에 대한 책을 쓰려면 취재비를 써야 하는데, (술을 마시는 동안 도박을 한다는 조건에 한해) 공짜 술이 가능하다면 도박을 하는 편이 재정적으로나 직업적으로나 책임감 있는 행동 아니겠는가? 적어도 조금은 말이다. 이 수사적인 질문에 대한 답을 찾기 위해 일반적인 가능성을 참조해 간단히 가성비를 따져보았다.

그리고 이런 결론을 도출했다. 포커 판에서 돈을 잃을 가능성은 높아봤자 두 자릿수이지만, 포커 테이블에서 술을 마시고 취할 가능성은 100퍼센트 확실하며 나의 직업적 노력과 나아가 내 생활에 직접 기여한다. 그러니 그 자리에 앉지 않을 이유가 없다.

노 리미트 텍사스 홀덤No Limit Texas Hold'em, 블라인드 10-10 게임이다. 곁을 지나는 웨이트리스에게 위스키와 맥주를 요청하자 한 번에 한 잔씩만 제공할 수 있다고 말한다. 그래서 먼저 위스키를 준 다음에 맥주를 가져다달라고 부탁하고는 10달러 칩을 팁으로 주었다. 딜러가 테이블을 정리한다.

블라인드 베팅을 한 다음 뒤로 기대앉아 카드를 기다리며 얼마나 취했는지 생각해본다. 하지만 잘 모르겠다. 나의 일부는 불안하게 깨어 있는 느낌이다. 그 외에는 만사형통이다. 좀 전의 웨이트리스가 한 바퀴 돌고 돌아왔고, 카드도 펠트 위에 잘 놓고 있다.

여명기의 숙취

숙취는 인간성을 압도한다. 이건 진화론만큼이나 확실한 사실이다. 당신이 '에덴동산' 이론을 선호한다면 창조론만큼이라고 하자. 적당한 장소에 사과 한 알을 충분히 오래 두고, 뱀과 유인원은 고사하고 새와 벌에게 어떤 일이 벌어지는지 살펴보라. 동식물이 존재하는 한 소동이 일어나게 마련이다.

진화론을 수용한다는 전제로 이야기해보자. 선사시대 우리 조상들은 직립보행을 하기 훨씬 전부터 술에 취해 비틀대곤 했다. 이렇게 만취하는 경우는 매우 드물뿐더러 축제 혹은 무서운 사고처럼 여겨졌겠지만, 세계 최초의 만취 직후 세계 최초의 숙취가 나타났다고 짐작해볼 수 있다. 알코올이 수천 년 전의 문자 기록을 앞서지만, 이에 대한 기록은 신화나 전설의 영역으로 분류된다. 그래서 대부분의 기원 신화에서 소동으로 곤란을 겪는 최초의 존재는 동물이 아닌 신이다. 그리고 그럼으로써 인류 역사의 시작이 바뀐다.

　　아프리카의 요루바 신화에서 오바탈라 신은 어느 날 지루함을 달래려 진흙으로 인간을 빚기 시작했다. 그러다 갈증이 나자 야자주를 만들었고 술에 취해 일을 엉망진창으로 하고 말았다. 기형이나 그런 문제가 있는 새로운 인간을 한 무더기 빚어낸 다음 날 아침, 전형적인 숙취 용어인 '영원히 술을 끊겠다'는 말로 맹세를 했다(마치 당신의 전생이 신이었던 것 같지 않나).

　　수메르 신화의 물의 신 엔키는 알코올의 이중성을 제대로 불완전하게 구현한 인물이다. 그는 물고기와 비슷한 외모에, 걷기도 하고 수영도 하는 모순된 존재로서 지혜와 지식의 신이자 경솔한 술꾼이기도 했다. 이러한 그는 풍요와 성애의 여신 이난나를 취하게 해서 이용하려 했다. 하지만 이난나는 엔키보다 술을 많이 마셨어도 취하지 않았고, 오히려 그를 속여 인간계를 다스리려 했던 신성한 율법 메^{Me}를 넘겨받았다. 다음 날 아침, 술에 취해 어리석은 짓을 했다는 사실을 깨달은 엔키는 토한 뒤 강가를 달려 내려가 이난나를 쫓아갔다. 하지만 한참 늦은 뒤였다. 덕분에 인간은 자유의지를 얻었고 숙취의 신 엔키는 영원한 후회에 시달려야 했다.

후기 기독교와 유대교 신앙뿐 아니라 초기 이스라엘 전통에서 지혜의 나무는 신성한 포도나무, 금단의 열매는 달콤한 포도송이를 뜻했다. 아담은 이것을 먹고는 자신이 깨달음을 얻고 강한 힘을 갖게 되었다고 생각했다. 그가 신의 은총을 잃은 것은 이처럼 자신이 신과 같다고 생각했기 때문이다. 이렇듯 인류 최초의 숙취라는 하찮고 어이없는 이유로 인간은 필사必死의 존재가 되었다.

히브리 신화에서 아담은 천상에서 쫓겨나자 추방의 원인이 된 포도나무를 베어버렸다. 나중에 노아가 지상에 경작한 것은 바로 이때 잘라낸 것, 바로 신의 선물이었다. 반전지적인 신의 존재를 제대로 알아차리지 못한 채 주고받은 것이다.

과학자나 창조론자들 대부분은 1만 년 전 지구상에 대홍수가 있었으며, 그 직후 포도주를 빚기 위한 포도 재배가 시작되었다는 데 동의한다. 몇몇 고대 문서를 보면 대홍수의 끝이 세속적으로 술 취하기 시작한 때와 일치하기 때문이다. 선사시대 시베리아의 게세르건, 그리스 신화의 데우칼리온이건(문자 그대로 '달콤한 포도주'라는 의미이다), '길가메시 서사시'의 우트나피쉬팀이건, 구약성서의 노아건 간에, 생존자들이 방주를 정박시킨 뒤 제일 먼저 한 일은 술 만드는 방법을 배우는 것이었다.

그러자 일이 복잡해졌다.

성경에 따르면 노아는 처음 만든 포도주를 마시고 만취해 정신을 잃고 벌거벗은 채 대자로 뻗었다. 정신을 차린 노아는 아들 함이 자기가 이러고 있는 모습을 보았다는 사실을 알아내고는 분기탱천하여 그에게 벌을 주었다. 아니 더 정확히 말하면, 함의 네 아들 중 하나인 가나안에게 벌로써 그와 그의 후손들은 모두 가장 천한 종이 되리라고 저주했다.

이 이야기에는 더 많은 의미가 담겨 있는 것이 분명하다. 이 최초의 만취한 밤과 그다음 날 아침에 실제로 무슨 일이 일어났는지, 노아가 술에 취한 탓에 이 모든 일이 일어났음에도 왜 신의 분노를 사지 않았는지 그 이유에 대하여 성서학자들은 오랫동안 논쟁해왔다. 노아를 옹호하는 사람들은 이렇게 설명한다. 인류 최초로 술에 취한 사람이기에 그는 제대로 된 판단을 내릴 수 없었다는 것이다. 존재하는 줄도 모르는데 어떻게 피할 수 있겠는가. 술에 취했다가 숙취를 겪은 최초의 인간을 상상해보라.

위대한 킹슬리 에이미스는 자신이 가장 중시하는 숙취 수칙을 다음과 같이 밝혔다. "먼저, 숙취를 겪고 있다고 자신에게 말하라. 그리고 당신에게는 어떠한 아픈 증상도 없고, 뇌에 사소한 병변도 없으며, 직장에서도 문제가 없고, 가족과 친구들이 작당모의해서 내 추태를 떠들어대지도 않으며, 마지막으로 인생을 있는 그대로 보지 못하게 된 상태라고 자신에게 말해준다."

하지만 이 수칙을 모른다면? 이 중 어떤 것도 모른다면? 독에 중독되어 죽어간다거나 악마로 인해 미쳤다고 생각할 것이다. 노아보다 증상이 덜한 사람이라도 어느 정도 이런 생각에 빠지기 마련이다. 게다가 신이 아담에게 그랬듯, 그에게 책임을 물은 결과가 아니라고 어느 누가 자신할 수 있겠는가? 구약성경의 방식으로 해석하자면, 성경에 등장하는 최초의 주정뱅이들은 최초의 숙취로 고통을 받는 데서 그치지 않고 인류가 영원히 숙취로 고통 받는다는 벌을 받았으리라. 아멘.

라스베이거스에서 일어난 일, 그다음 날 아침

윙윙대는 벨 소리와 요란한 알람 소리에 깜짝 놀라 눈을 떴다. 핸드폰을 쥐고 침대 맡 라디오를 한 대 치고는 다시 자리에 누워 웅크렸다가 대자로 몸을 폈다.

그러고는 서서히 기억을 떠올려 보기 시작했다. 비행기를 타고 라스베이거스에 와서, 마티니를 마시고, 만찬 자리에 갔다가, 포커 테이블에 앉은 다음… 그 뒤는 가물가물하다. 힘겹게 눈을 뜨고 주위를 둘러보았다. 어딘가 이상한데…. 불쑥 생각이 떠오른다. 스포츠카를 운전하러 갔다가 숙취 전문의도 찾아가야 한다. 옷을 입자. 잠깐. 그 반대다.

기억을 떠올리려 애썼다. 뭔가 놓친 게 있는데…. 방이 어딘가 다르다. 좀 더 넓은 것 같다. 그리고 모든 게 다른 곳에 놓여 있다. 흐느적대며 침대에서 일어나 암막 커튼의 버튼을 눌렀다. 커튼이 올라가자 움찔하며 뒷걸음질을 쳤다. 생각보다 훨씬 높다. 아래로 거대한 롤러코스터가 보인다. 난데없는 정경이다. 내 발밑에 롤러코스터라니.

여긴 내 방이 아니다.

잽싸게 몸을 돌려 방을 둘러보았다. 하지만 나 혼자뿐이다. 그리고 내가 여기 가져다놓지 않았지만 내 짐도 모두 여기 있다. 그러니 아마도 여긴 내 방일 것이다. 기억하는 것보다 두 배쯤 크고, 더 높고, 맞은편에 빌딩이 있지만 말이다. 입이 바짝 마른다.

거대한 욕실에서 물 한 잔을 따라와서 꿀꺽꿀꺽 마시고는 다시 한 잔 가득 채워 이번엔 천천히 홀짝홀짝 마셨다. 이젠 지난밤의 일이 플래시처럼 떠오른다. 꺼지지 않는 등불, 분노의 전화 통화, 게이 같은 자백남,

맨발의 보안요원, 청소부 로잘린다… 공감각 묘사처럼 단어의 결합으로 형성된 단어와 이미지, 사람들.

물론 필름이 끊겼다는 사실은 위험한 음주나 신경 문제의 징후일 수도 있다. 그리고 어떤 사람들에게는 숙취가 야기한 기억의 단절이 무서운 현실이 될 수도 있다. 그러나 나는 다소 시간이 걸리긴 하지만 모든 걸 기억하는 편이다. 그런데 지금은 그럴 시간이 없다.

스누즈 알람이 울리기 시작해 바지를 어디에 두었는지 찾았다. 바지를 입는데 오른발에서 찌릿한 통증이 느껴졌다. 하지만 살펴볼 시간이 없다. 그리고 어떻게 호텔 룸이 업그레이드되었는지 살펴볼 시간도. 주머니에 들어 있는 잡동사니(접이식 와인따개, 작은 문손잡이, 휘갈겨 쓴 메모 뭉치, ATM 현금인출전표가 있지만 현금이라곤 한 푼도 남아 있지 않은 지갑)으로 판단하건대, 포커 게임에서 이긴 걸 축하하진 않았던 것 같다.

축 늘어진 채 호텔을 나와 대기 중이던 택시에 탔다. "어디로 가십니까?" 운전사가 묻는다.

"스피어민트 리노로 가주세요."

그가 빙그레 웃었다. "파티를 계속하시려고요?"

이 도시 외곽에 위치한 스피어민트 리노는 라스베이거스의 악명 높은 스트립 클럽 중 하나로 365일 24시간 운영된다. 따라서 언제든 술을 마시며 단순한 랩 댄스^Lap Dance(여성 댄서가 남성 무릎에 앉아 추는 선정적인 춤_옮긴이)를 즐길 수 있다. 그 맞은편에 행오버 헤븐이 있다.

문을 연 지 1년도 채 되지 않은 행오버 헤븐은 "숙취 방지와 치료 방법을 연구하는 지구상 유일한 전문 의료 기관"이라고 홍보한다.

치료 패키지는 '주일학교($45)', '속죄($99)', '구원($159)', '환희($199)'

로 구성된다. 이들의 홈페이지에는 적절한 의학적 처치를 통한 숙취 치료의 중요성을 간증하는 글로 넘쳐난다. 상품 페이지를 클릭하면 야구모자, 작은 양주잔, '예수님처럼 부활한 느낌이에요'라고 적힌 티셔츠를 살 수 있다.

TV에서 나오는 현상금 사냥꾼과 자기계발 구루들이 사는 듯한 평지붕의 1층짜리 비즈니스/산업 건물이 내 앞에 모습을 나타냈다. 이 둘을 조화롭게 배합한 방식으로 숙취를 치료하는 비즈니스가 상상되기 시작했다.

"상태는 좀 어떠세요?" 미소를 머금은 아가씨가 무역박람회 스타일의 카운터/데스크에서 몸을 기울이며 물었다.

"좋아요." 습관적으로 말하고는 이내 이곳에 온 목적을 떠올렸다. 가벼운 마음으로 왔다는 인상을 주고 싶지 않았다. "그러니까 제 말은, 있잖아요…." 손을 들어 술을 마시는 시늉을 했다. 기억이 흐릿하고 일반적인 과음 후의 증상이 느껴지긴 하지만 여기를 찾아올 만큼 충분히 마셨는지 확신이 서질 않는다.

"전 샌디라고 해요." 그녀가 클립보드를 집어 들며 말했다. "그 작가분이시죠?"

"네, 맞습니다." 내가 말했다. 그러자 직업적인 면을 드러내면서도 숙취를 겪고 있는 것처럼 보이려는 노력 덕분인지 머리가 아프기 시작했다. 긍정적인 신호다.

"염려 마세요." 샌디가 말했다. 사막 한가운데서 구원의 손길을 내미는 것 같다. "금세 좋아지실 거예요."

행오버 헤븐은 닥터 제이슨 버크^{Dr. Jason Burke}의 기발한 아이디어에서 시작됐다. 마취 전문의인 그는 수술 후 환자를 깨운 경험을 파티 후 겪는 고통을 해소하는 데 적용해 '지구상 어떤 의사보다 숙취를 잘 치료한다'고 주장한다. 나는 이미 그와 통화한 적이 있다. 노스캐롤라이나 억양은 그의 사진과 완벽히 어울렸다. 비현실적으로 새하얗게 빛나던 치아를 떠올리니 절로 눈이 찡그려졌다. 하지만 직접 만나기까지 조금 더 기다려야 한다. 그가 출근할 무렵이면 나는 자동차 경주 트랙을 달리고 있어야 하니 말이다.

마침 닥터 버크 대신 나를 치료해줄 사내가 바로 그 경기장에서 파트타임 응급구조사로 일하고 있다고 한다. "충돌 사고가 일어나기를 기다리며 그냥 앉아 있기만 하면 되는 일입니다." 그가 말했다. "아, 당신이라는 뜻은 아니고요. 그러니 걱정 말아요. 절대 충돌하지 않더라고요." 굉장히 의심스러운 그의 말에 컨디션이 나빠졌다.

"컨디션은 어때요?" 응급구조사 폴이 물으며 내가 앉아 있는 커다란 가죽 레이지보이 소파의 각도를 조정해주었다. 온통 하얀 벽으로 둘러싸인 방에는 소파가 총 여섯 개 놓여 있다.

"별로예요."

"얼마나 별로인지 1점부터 10점까지로 말씀해주세요."

"7.5 정도예요." 이렇게 말했지만, 충분한 숙취 상태가 아니라는 죄책감에 다소 높게 대답한 건 아닌지 걱정됐다.

"관성력이 숙취에 어떤 영향을 미친다고 생각하나요?" 폴이 수액 주머니를 응시하며 물었다.

"잘 모르겠지만, 그로 인해 숙취를 겪지 않겠죠?" 내가 말했다.

"맞습니다." 그가 말하며 내 팔 안쪽을 툭 쳤다. "주먹 쥐세요."

행오버 헤븐의 내부 데이터에 따르면 성공률이 98퍼센트에 달한다고 한다. 수액 주머니는 '마이어의 칵테일'이라고 하는데, 전해질과 마그네슘, 칼슘, 인산염, 비타민C와 비타민B군이 함유되어 있다. 이는 곧 수분 보충과 알코올 흡수를 촉진한다는 의미다. 폴은 구토 증상 진정을 위한 조프란과 트라돌이라는 소염진통제, 덱사메타손이라는 스테로이드제도 추가했다. 그런 뒤 어깨에 '슈퍼 B'를 주사했다. 이후의 숙취를 예방하는 데 도움이 된다고 한다. 그리고 점심과 저녁용으로 보충제 두 병을 받았다.

폴이 이 내용을 설명하는 동안 그의 동료인 정식 간호사 그레그가 산소 탱크를 준비했다. 이 덩치 큰 민머리 사내 둘은 시종일관 친절했다. 그들도 샌디와 마찬가지로 나이트클럽에서 일하는 듯 느긋해 보였다. 물론 이런 게 베이거스 방식이다. 따뜻한 인사, 상냥한 웃음 그리고 엄청난 산소.

그레그가 마스크를 씌워주었다. "30분 정도 이대로 계세요."

"영화라도 틀어드릴까요?" 폴이 물었다.

"괜찮아요." 내가 말했다. 우주비행사가 우주복 마스크를 쓰고 말하는 것처럼 들린다. 그들은 실망한 표정을 지었다. 폴은 손에 DVD를 들고 이미 큰 스크린 가까이 다가가 있었다. 그 케이스를 보고 이번 경험의 재미있는 부분이 되겠다고 생각했다. 숙취를 치료하는 동안 영화 〈행오버The Hangover〉를 본다니. 그들을 실망시키고 싶지 않아서 마음이 바뀌었다는 손짓을 했다.

공교롭게도 〈행오버〉를 처음 봤을 때 나는 라스베이거스를 향해 여행하고 있었고 심지어 숙취 치료 중이었다. 하지만 죽을 지경에 이르고,

도마뱀이 당신의 눈알을 핥고, 의사인 여자 친구가 당신의 체온을 떨어 뜨리겠다고 냉탕에 집어넣는 등의 이야기는 진짜다. 최악의 숙취에 대해 이야기하며 한 챕터는 족히 채울 법하다.

"이거 작동이 안 돼!" 폴이 의료용 가운에 계속해서 DVD를 문지르며 말했다.

"다른 거 없어?" 그레그가 물었다.

"이거 긁혔어."

"젠장."

그들에게 재미있는 영화지만 이미 봤으니 괜찮다고 했다. 그들은 대신 술고래 테디 베어가 등장하는 〈19곰 테드〉를 틀어주었다. 벽의 TV 옆에 는 행오버 헤븐 버스가 구름 사이를 떠다니는 커다란 포스터가 붙어 있다. 거기에는 '기도에 응답하시리라!'라는 문구가 쓰여 있었다. 불이 꺼지고 그들은 나를 두고 나갔다.

1시간쯤 뒤, 베이거스 드림 레이싱 Vegas Dream Racing 의 브리핑룸에서 다른 작가들과 합류했다. 주머니 사정만 허락한다면 세계에서 가장 빠른 차를 운전해볼 수 있는 곳이다. 아침에 치료를 받았음에도 컨디션이 완전히 회복된 것 같진 않았다.

"전에 해보신 적 있으세요?" 아이오와에서 온 작가가 물었다. 그는 뉴욕에서 온 여행 작가와 달리 자기비하를 통해 영감을 주는 부류이다.

"아뇨. 하지만 항상 꿈꿔왔답니다." 나는 이렇게 대답하곤 페라리 공장이 있는 이탈리아 작은 도시에 살던 시절의 이야기를 들려주었다. "하루 종일 테스트 트랙을 달리는 소리를 들을 수 있어요. 천둥 치는 듯 부릉대며 휙 지나가는 소리가 도플러 현상을 떠올리게 하죠. 정말 근사

하답니다.”

“굉장하군요!”그가 말했다. “좀 흥분되네요. 아, 좋은 쪽으로 말이죠.”

시뮬레이터로 향하면서 하마터면 이 기회를 날려버릴 뻔했다는 생각이 스쳤다. 물론 숙취의 정도에 영향을 미치는 요소는 굉장히 다양하다. 나는 고도, 시차, 기온, 치즈가 든 술, 위스키 플라이트Whisky Flight(일종의 위스키 샘플러_옮긴이), 다섯 종류의 와일드 게임Wild Game(와일드카드가 특징인 포커 게임의 일종_옮긴이), 포커, 흡연, 수면부족 등 여러 요소가 복합적으로 작용한 상태다. 나 같은 사람조차 양주 스트레이트 잔까지 파는 의사를 굉장히 믿고 있다는 사실을 깨달았다.

시뮬레이터는 다루기 까다로워서 아직도 발바닥이 갈라지는 듯한 통증이 남아 있다. 내가 트랙을 벗어나자 좌석이 부르르 진동하더니, 벽에 부딪치자 시뮬레이터가 쿵 울렸다. 교관은 실제로는 더 쉽다고 계속해서 나를 안심시켰다. 하지만 실제는 더 어마어마했다. 핸들과 브레이크 페달뿐인 지상 로켓을 탄 기분이었다. 한 발만 잘못 내디디면….

온갖 포기 서류에 서명을 하고 레이싱복을 입자 다소 메스꺼운 기분이 들기 시작한다. 화장실에 가서 거울에 비친 내 눈을 쳐다보고는 찬물로 세수했다. 관자놀이가 쿵쿵대지만 충분히 견딜 만하다. 숙취 해소를 위해 했던 모든 걸 떠올리며 자신을 타일렀다. ‘이건 아무것도 아니야. 내일은 전투기를 타고 나서 성층권에서 뛰어내릴 텐데 뭐. 어쨌거나 가서 치료는 받았잖아, 알겠어?’

고개를 끄덕이고는 헬멧을 집어 들고 내가 탈 레이싱카를 찾아갔다.

비좁은 운전석에 구겨 앉자 난생처음 운전대를 잡은 듯한 기분이다. 충돌 걱정만큼이나 제대로 레이싱을 하지 못하면 어쩌나 하는 염려도

커졌다. 문자적으로나 상징적으로나 모두 좋지 않은 쪽으로 가능하다는 막연한 느낌이 들었다. 하지만 시동을 걸자 이 모든 근심이 숙취 증상과 더불어 씻은 듯 사라졌다. 비록 베이거스로 돌아가는 리무진 안에서 열 배로 돌아오겠지만 말이다. 하지만 지금은 이 자동차만 느껴질 뿐이다. 우르릉 소리는 가죽 끈에 묶인 용이 고함치듯 깊고도 강렬하며 생생하지만, 하나가 된 듯한 느낌을 준다.

앞으로 치고 나가 연이어 코너를 돌았다. 머리는 몸을 따르려 하고, 몸은 차를 따르려 했다. 나의 일부만이 조수석에 앉아 있는 교관의 말에 귀를 기울인다. 어떻게 해야 하는지는 잘 알고 있다. 브레이크 밟지 말고, 커브 돌 때는 저속기어로 바꾸고, 액셀러레이터를 밟으며 고속기어로 바꾼다…. 그러나 아직 익숙해지지 않았다. 그런데 첫 직선 코스가 나왔다.

액셀러레이터를 꾸욱 밟으니 믿어지지 않을 만큼 속도가 올라갔다. 이제 두 바퀴째다. 첫 번째와 똑같다. 숙취를 제외한 근심은 사라졌고, 갑자기 시뮬레이터보다 쉽다는 생각이 들었다. 사실, 보통 자동차 운전보다도 쉽다. 핸들을 돌리면 자기가 원하는 정확한 방향으로 향한다. 미끄러져 후미가 흔들릴 걱정도, 미리 브레이크를 밟고 이후에 수정할 필요도 없다. 그저 믿는 대로 하면 된다. 〈스타워즈〉의 '포스'를 이용하는 것처럼. 하지만 눈은 크게 뜨고 있어야 한다.

그러자 다음 바퀴에도 속도를 유지하며 달릴 수 있었다. 액셀러레이터를 밟자 천둥 치듯 우르릉댔다. 오감을 가득 채우고 아드레날린이 분출되며 나를 관통했다.

시속이 260킬로미터를 찍었다. 중력이 유령처럼 시간을 오가며 나를 감싸고 있는 기분이다. 몇 달 동안 중 최고의 순간이었다.

"귀신과 포옹한 기분이라고요?" 점심을 먹으러 베이거스로 향할 때 캘리포니아에서 온 젊은 프리랜스 작가가 말했다. "그건 참 기이한 느낌이네요." 레이싱은 한참 전에 끝났고, 이제 우리는 거대한 파티용 리무진을 타고 스피커에서 쿵쿵 울리는 마리아치 음악을 듣고 있다. 나는 역방향 좌석에 앉았다.

"정말 강력한 귀신이죠." 내가 명확히 부연했다. 그런데 이상한 기분이 들기 시작했다. 속이 뒤집어지면서, 시끌벅적한 파티용 리무진의 역방향 좌석은 최악의 선택이라는 사실을 깨달았다. 하지만 이미 늦었다. 곧 짙게 선팅한 창이 달려들 것 같고 당장이라도 토할 것 같다. 배 위로 팔짱을 끼고 눈을 감고서는 정신 사나운 클럽 음악에 맞춰 몸을 흔들어 보려 절박한 노력을 기울였다.

리무진이 호텔 앞에 멈추자마자 나는 뛰쳐나갔다. 아이오와 크레용이 점심 식사 장소로 정해진 식당 이름을 소리쳤다. 나는 '괜찮다'고 손을 흔들려 했다. 하지만 괜찮지 않았다. 모든 게 심각할 정도로 엉망이다. 내가 생각이라는 걸 할 수 있다면 중력이 숙취 치료 효과를 방해했다는 걸 깨달았을 것이고, 어떤 수액을 맞고 얼마나 산소를 흡입했든 간에 술 마신 지 8시간도 되지 않아 카레이싱을 하는 건 바람직하지 않다고 생각했을 것이다. 하지만 그런 생각 같은 건 할 수도 없었다. 내게 남은 거라곤 아무 생각 없이 열기를 헤치며 현관을 찾아가는 동물적 본능뿐이었다. 죽을 장소를 찾아 기어가는 오소리처럼 말이다.

나는 화장실을 찾아가 '점심'이라고 표시된 알약 병을 열었다. 겉면에는 성스러운 빛줄기를 쏘며 달리는 행오버 헤븐 버스가 그려져 있고, 안에는 호일로 포장된 씹어 먹는 정육면체 모양 약과 정체불명의 캡슐 몇 알이 들어 있다. 병의 라벨을 읽어보니 이렇게 쓰여 있다. "타우린 1,000밀리그램, 밀크시슬 330밀리그램, 레스베라트롤 500밀리그램, 엔아세틸시스테인^{NAC}(아사이베리 추출물) 600밀리그램." 하지만 이런 정보는 그리 중요하지 않다.

알약을 털어 넣고 물을 받아 꿀꺽 삼켰다. 그러곤 잠시 의자에 앉아 빙빙 도는 증상이 멈추기를 기다렸다. 절박한 희망을 품고 이 알약을 삼킨 직후이므로 이젠 토할 수도 없다.

눈을 반쯤 감으니 다리도 덜 후들거렸다. 점심 식사 하는 곳을 찾아가 일행에 합류했다. 뉴욕에서 온 여행 작가가 비난하듯 흘낏 쳐다보았다. 갑자기 내 몸의 한쪽이 오싹해지는 이상한 기분이 들었다. 눈을 감았다 뜨기를 반복했지만 여전히 내 앞에 놓인 햄버거가 내 머리보다 두 배는 커 보인다.

"익스트림 햄버거입니다!" 진행자가 말했다.

"3.6킬로그램이랍니다." 캘리포니아 키드가 말했다. "1시간 안에 이걸 다 먹으면 공짜라네요!"

'무슨 수를 써서든 자살하기' 투어에 참가한 우리 얼간이 저널리스트들에게는 '모든 것'이 공짜라는 점을 지적해주고 싶었다. 하지만 이런 식으로 말하면 배은망덕하게 들릴 수도 있고, 말하다 토하게 될까 봐 두렵기도 했다.

웨이트리스가 와서 사람들이 이 햄버거를 다 먹는 기록을 세운 다양한 전략을 설명하기 시작했다. 피클을 제일 먼저 먹고, 겨자를 핥은 뒤 맥주에 빵을 담그고 고기를 씹은 다음 숟가락을 이용해… 없어질 때까지 먹고 또 먹는다. 나는 재빨리 바를 지나 미닫이문을 열고 나가서 황금 해적 동상 앞에 쓰러졌다. 이 각도에서 보니 실제로는 해적이라기보다 사략선私掠船(개인이 자비로 선박을 무장하여 해상 전투와 해상 포획에 종사하는 조건으로 포획물을 경매에 부쳐 자신의 수익으로 삼을 수 있도록 국가로부터 허가받은 민간 선박_옮긴이) 선장이었고 1688년 과음으로 죽은 모건 선장 같았다. 그의 발밑에서 정신을 잃으며 이런 느낌 따윈 모르고 싶다고 생각했다.

디오니소스와 이중문

인류 최초의 숙취를 겨루는 또 다른 인물의 역사는 초기 그리스 신화 시대, 디오니소스가 처음으로 인간 세상에서 내키는 대로 행동하기 시작했을 때로 거슬러 올라간다. 그렇다, 디오니소스는 술의 신이다. 하지만 그보다 더 중요한 것은 원래 그가 반신반인半神半人의 이중적 존재였다는 점이다. 제우스와 대담하고 아름다운 인간계 여자의 아들인 그는 인간의 방종과 신의 능력 그리고 양쪽 모두에게 물려받은 자존심과 욕망이 혼재된 존재였다. 그 결과 창의적이고 카리스마 넘치며, 특색이 없지만 대담하고 위험한, 지금껏 누구도 알지 못했던 이중적인 힘을 갖게 되었다. 이 능력 덕분에 그는 술의 신이라는 지위에 올라, 인간들이 공기를 들이마시듯 술을 마셨다.

그러던 어느 날, 그는 끝없이 술이 솟아나는 빛나는 주머니를 들고 술을 홀짝이며 판디온의 먼지 자욱한 거리를 걷고 있었다. 하늘의 바다,

하늘을 나는 인어, 홀로 있는 즐거움을 노래한 자작곡도 흥얼거렸다. 올림푸스 산의 신들과 어울려 술 마시는 게 지겨워진 그는 이렇게 술을 홀짝이며 길을 걸으면서, 반신半神의 모습에서 인간계의 황소, 번개, 도마뱀의 왕으로 변신하다가 어떤 농경지 위에서 희미한 빛을 내며 나긋나긋한 미소를 띤 사람으로 모습을 바꾸고는 어느 농가에 이르렀다.

디오니소스가 들어간 집에는 이카리오스와 그의 딸 에리고네가 살고 있었다. 그가 매력적인 미소와 함께 자신이 마시던 것을 건네자, 그들 부녀는 그에게 식사를 대접했다.

오직 신들만 포도주를 제대로 다룰 수 있다는 사실을 알고 있는 디오니소스는 인간계에서 만난 집주인을 배려해 그들의 잔에 물을 섞었다. 그리고 다 함께 즐거운 시간을 보냈다. 정확히는 흥이 지나친 나머지, 다시 길을 나설 때 술 한 주머니를 그들에게 건네며 술 만드는 비법까지 알려주었다. 그리고 얼마 후 이카리오스와 에리고네, 그들의 개 마에라는 신계의 비법을 몇몇 이웃과 공유하기 시작했다. 그런데 예기치 못한 방향으로 사건이 전개되었다.

이 이야기에는 다양한 버전과 다양한 해석이 존재하지만, 결국 요지는 이렇다. 이카리오스의 이웃들은 포도주를 마시고 정신을 잃었고, 깨어났을 때 지독한 고통을 느끼자 자신들이 독을 마셨다고 생각했다. 그래서 몽둥이로 이카리우스를 두들겨 패 죽여서 우물에 던져버렸다. 주인을 잃은 슬픔에 정신을 잃은 개가 그 뒤를 따라 뛰어들었고, 이 광경을 본 에리고네도 나무에 목을 매어 죽었다. 그때 디오니소스가 모습을 나타냈다.

제우스의 아들을 분노케 하는 것은 언제든 현명하지 못한 행동임이 분명하지만 이번에는 특히나 더 그랬다. 디오니소스가 분노한 결과, 인류 최초의 만취에서 비롯된 의사소통 오류는 과음 이튿날의 대재앙으로 끝났다. 그 부근 마을에 사는 사람들은 죽임을 당하거나 역병에 걸렸고 혹은 지옥 같은 섬으로 추방됐다. 그리고 디오니소스는 이카리오스 가족을 죽인 자들에게 누구도 예상하지 못한 고통을 마련해두었다. 그들을 철저히 유혹하면서도 온전히 상대해주지 않음으로써 정신이 나간 채 충족되지 못하는 성적 욕망에 영원히 불타도록 한 것이다.

디오니소스의 죽은 술친구들은 하늘의 별이라는 불멸의 존재가 되어 훨씬 바람직한 결말을 맞았다. 심지어 개 마에라조차 홀로 빛나는 작은 개 자리가 되었다.

그 후 얼마 지나지 않아 아테네의 왕은 오직 신만이 순수한 술을 다룰 수 있으며, 감히 이를 시도하려는 인간은 미치거나 죽게 될 것이라고 선언했다. 그리고 포도주의 맛이 초기 문명권을 퍼져 나가며, 이를 물과 섞는지 여부가 문명사회와 야만, 방종과 현명함, 방탕함과 건강을 가르는 결정적 차이로 작용하게 되었다.

그리스 청년들은 『향연』에서 절제하며 마시라는 가르침을 받았다. 몸을 튼튼히 하고 연습하며, 규율을 지킨다는 의미의 '김나지움^{Gymnasium}'이란 단어는 술꾼도 숙련된 운동선수처럼 제대로 술 마시는 법을 배워야 한다는 뜻이기도 하다. 논리의 미학과 아름다움의 논리에 관해 사유하며 물을 섞은 포도주 잔을 홀짝이기 위해선 플라톤같이 숙련된 향연의 사회자^{Symposiarch}로부터 신중한 훈련을 받아야 했다. 톰 스탠대지^{Tom Standage}의 멋진 책 『여섯 잔의 술에 담긴 세계 역사^{A History of the World in 6 Glasses}』에 따르면, 당시의 학자들은 "플라톤과 만찬을 즐긴 사람은 다음 날 완벽한 컨디션이었다"라고 말했다고 한다.

초기 문명이 마침내 결실을 맺고 포도주를 마신 뒤의 파급 효과와 씨름할 때, 디오니소스는 다양한 능력과 재능을 보이며 역설적인 모습까지 하나로 아우르는 영향력을 발휘해 여러 이름으로 불리게 되었다. 그는 거칠고 소란스러운 자, 두 얼굴의 신, 댄서, 번개를 일으키는 자, 난봉꾼, 여자를 미치게 하는 자, 전사, 해방자, 자비로운 자, 성스러운 영혼, 구원자, 신비로운 자, 종말, 이중성의 신 등으로 불린다. 이후 등장할 그리스도처럼 디오니소스가 대중에게 널리 수용될 수 있었던 이유는 그의 신도가 되면 성찬식을 통해 내세의 구원을 얻을 수 있다는 생각 덕분이었다.

신도들은 디오니소스의 피인 포도주를 마심으로써 성찬식을 행했다. 그러면 영혼이 육신으로부터 해방되며, 구원에 한 걸음 더 가까워진 기분이 들었을 것이다. 하지만 혼란, 지상의 타락과 심각한 광기라는 반대의 경우도 가능했다. 이렇듯 한쪽으로는 천국, 다른 쪽으로는 지옥에 인도하는 이중문은 술 취함과 숙취의 신성한 이원성을 상징한다.

라스베이거스에서 일어난 일, 사격장에서

사격장에 도착하자 두통이 극심해졌다. 죽을 것 같은 상태로 내 버킷리스트도 아닌 일을 해야 한다. 간단한 설명을 듣고 귀마개와 고글을 착용한 뒤 '짜릿한' 신세계로 발을 내디뎠다. 우리는 실제 전쟁터에서 쓰이는 무기 외에도 탄 퍼짐 범위가 넓어 실제로 화염을 내뿜는 소드오프 ^{Sawed-off}(총신과 개머리판을 짧게 잘라 다듬어 휴대성을 높인 총_옮긴이) AK-47
까지 선택할 수 있었다.

동료 작가들은 검은 넥타이를 맨 미라, 힙스터 비밀경찰, 람보 같은
광대 등 까다로운 목표물을 선택했다. 뉴욕에서 온 여행 작가가 선택한
건 뒤에서 좀비가 다가오는 멋진 여자였는데, 알고 보니 그는 대단한
명사수였다. 좀비를 털끝 하나 다치게 하지 않았으니 말이다.

나는 무난한, 별 특징 없는 목표물을 골랐다. 온몸이 이어져 있는 평
범한 바바파파였다. 하지만 이조차도 쏘고 싶은 기분이 들지 않았다.

방아쇠를 당길 때마다 총알이 내 두개골에서 튀어 나가는 느낌이었
다. 맙소사, 숙취 상태로 전쟁터에 나가는 기분이 바로 이런 것이리라.
죽음이 빗발치는 가운데 내 안의 고통, 두려움, 구토감과 싸우는 느낌
말이다. 수천 년간 군인들이 겪어온 이러한 고통이 두통을 악화시키고
있었다. 맞히려는 시도조차 하지 않으며 다시 욕지기가 날 때까지 총을
되는대로 휘둘렀다.

사격장을 나선 뒤 거대한 마르게리타와 엄청 매운 타코를 먹으러 멕
시칸 레스토랑에 갔다. 숙취가 있을 때 하고 싶지 않은 일 목록을 단 하
루 만에 해치우는 셈이다. 내일은 전투기를 타고 공중 곡예를 경험한
뒤 지상 300미터 높이의 건물에서 뛰어내릴 것이다. 지금껏 공짜 데킬
라가 이렇게 역겨운 적은 없었다. 데킬라에 이어 마리아치 밴드가 내려
왔다.

마침내 비틀대며 호텔 로비로 돌아왔을 때, 나의 의문투성이의 새 방
이 몇 층인지 기억조차 나지 않는다는 사실을 깨달았다. 내가 묻기도
전에 컨시어지 직원이 큰 소리로 웃으며 나를 맞이한다. "어서 오세요,

비숍 씨! 새 방은 어떠세요? 어젯밤엔 죄송했습니다!"

그가 무슨 말을 하는지는 전혀 모르겠지만, 모든 걸 용서했으며 새 방은 정말 좋다고 그를 안심시켰다. 그러면 방 번호를 다시 알아낼 수 있겠지?

"다행입니다." 그가 객실 열쇠를 만지작대며 말했다. "오늘 하루는 어떠셨나요?"

"훌륭했어요." 이렇게 대답한 뒤 VIP 타워3을 향해 휘청대며 걸어갔다. 메스껍도록 이벤트가 많은 하루를 보내느라 어젯밤 무슨 일이 일어났는지 기억해낼 시도조차 하지 못했다. 노트북 컴퓨터를 켜고 편집자에게 공들여 두서없는 메시지를 보냈던 건 기억난다. 컴퓨터 모니터 한가운데 "좋아! 난 취했어!"라는 제목의 새 파일이 있다. 이걸 클릭해 열고 읽어보았다.

좋아! 난 취했다! 그런데 전등은 꺼지지 않고 난 플러그를 뽑을 수조차 없다. 전선이 이 바보 같은 책상을 지나 벽으로 바로 연결되어 있으니까! 잠을 자야 내일 카레이싱을 하러 갈 수 있을 텐데 불을 끌 수 없다!

전구를 돌려 빼려다 너무 뜨거워서 전구를 깨뜨렸더니 이제 침대 위에 유리 조각이 흩어지고 말았다. 젠장, 황당하기 짝이 없다. 프런트 데스크에 연락하려고 30분을 기다린 걸 보면 그들은 호텔 내부 전화라고 생각하지 못했던 모양이다. 그 전화는 호텔 '내부'에서 온 것이지만 말이다!

이제 전화가 고장 났다!

맙소사! 아래층 데스크의 바보 같은 핑크색 타이를 맨 남자가 난 겨우 8분간 기다렸으며, 내가 신발을 신고 있지 않은 걸 보니 취한 것 같다고 말했다! 이런 나쁜 놈! 그래서 보안요원 둘과 엘리베이터를 타고 이 방에 올라와야 했다. 그들도 그가 나쁜 놈이라고 생각한다고 했다. 우리가 다 같이 내 신발을 보고 웃긴 했는데, 언제 내 방에 들어왔는지 기억나지 않고 지금 내 발에 유리가 박혔는데 그 보안요원들이 전화를 고칠 사람을 보내겠다고 해서 나는 30분째 기다리고 있다!

방금 세상에서 가장 친절한 여성을 만났다. 로잘린다. 하우스키핑 책임자인 모양이다. 그녀가 복도에 나와 있다. 지금부터 한참 지나 그녀에게 자세한 이야기를 털어놓아야겠다. 그러면 내가 말짱하다고 생각하겠지. 그녀가 지금 당장 문제를 처리하고 새 방을 주겠다고 말하기에 나는 안에서 담배 피울 수 있는 방을 달라고 했다. 그래서 지금 다시 기다리는 중이다. 너무도 길고 긴 하루다. 도저히 믿기지 않을 만큼….

전화가 울린다. 술 취해 마구잡이로 쓴 글을 읽다 말고 수화기를 들었다.

"오늘 하루 어떠셨나요?" 처음엔 컨시어지 직원이 다시 전화한 줄 알았는데, 닥터 제임스 버크의 자신감 넘치는 남부식 말투다.

"사실, 꽤 힘들었습니다." 내가 말했다.

짧은 정적이 감돌았다. 음식 평론가가 레스토랑 주인에게 생선 요리를 도저히 먹을 수 없다고 말하는 듯한 기분이다.

"그러셨다니 유감입니다." 닥터 버크가 말했다. "저희가 다시 살펴봐도 될까요? 그러면 뭐가 문제인지 찾아낼 수 있을 것 같습니다만."

"그러시죠." 블루치즈 마티니를 시작하며 내가 말했다.

"그래서 지금은 어떠세요?" 내 얘기를 다 들은 닥터 버크가 물었다.

"좀 나아진 것 같습니다."

"음, 사실, 저희 성공률이 90퍼센트를 넘는데 말이죠…."

"웹사이트에서는 98퍼센트라더군요."

"맞습니다. 그래서 선생님의 상태에 대한 몇 가지 이론을 생각해볼 수 있습니다."

"계속 말씀해보세요." 메모하기 위해 컴퓨터 새 파일을 열며 내가 말했다.

"그러니까, 한 가지는 저희 성공률이 100퍼센트는 아니라는 겁니다. 어떤 사람에게는 효과가 없을 수도 있다는 얘기죠. 그 이유는 잘 모르겠습니다. 하지만 그럴 가능성은 거의 없습니다."

"2퍼센트 정도는 그럴지도 모르죠."

"그렇죠. 그래서 당신이 언제까지 얼마나 마셨는지, 언제 저희 클리닉에 와서 치료를 받았는지 파악해보려는 겁니다. 아시다시피, 저희 시스템은 숙취 치료를 위해 개발되어서…."

"아… 네…."

"…그리고 숙취 증상은 알코올 배출과 밀접한 관계가 있는데, 지금 당신이 겪고 있는 문제는 바로 이 부분에서 비롯된 것 같다는 생각이 듭니다."

"무슨 뜻이죠?"

"그러니까." 닥터 버크가 말을 이었다. "당신이 저희에게 치료를 받으러 왔을 때에는 알코올을 배출시키기 전의 취한 상태였다는 뜻입니다. 그리고 나서 얼마 지나지 않아…."

드디어 이해가 됐다. 시속 260킬로미터로 달리는 500만 달러짜리 스포츠카를 타면서 숙취 해소 과정의 반대로 간 탓이다. 즉, 오히려 술기운이 더 오르게 된 것이다. 적당히 술을 깨려고 했던 시도가 지나쳐 오히려 망한 셈이었다. 그래서 지금까지 한 모든 실험이 망했다. 그리고 무엇보다 중요한 건 음주운전을 했다는 것이다.

"젠장."

"다시 한 번 치료를 받으시죠." 닥터 버크가 말했다.

그 순간 연속 횡전, 해머드롭, 급강하…. 내일 아침 전투기에 타서 할 일이 떠올라 컴퓨터를 덮었다.

"아무래도 오늘 밤은 그냥 쉬어야겠습니다. 내일 만나시죠."

"좋습니다." 숙취 의사가 말했다. "그러면 그때 뵙겠습니다."

위스키 한 잔을 따르고 옷을 벗었다. 이번엔 불이 쉽게 꺼졌다. 눈을 감자 방이 좁아지는 느낌이 들었다. 마치 자비로운 귀신이 꼭 안아주는 것 같다.

전쟁 전야의 술

플라톤은 스승 소크라테스에게 배운 사유와 음주 사이에서 세심하게 균형 잡는 법을 제자 아리스토텔레스에 전했다. 아리스토텔레스의 제자 중 가장 유명한 학생인 마케도니아의 알렉산드로스 대왕은 고대 그리스의 지혜를 수용했지만, 음주에 있어서만은 그러지 않았다.

알렉산드로스는 그의 아버지처럼 술 취한 채 전장에 나서던 열정적인 전사戰士 왕이었으며, 어머니처럼 디오니소스의 열렬한 추종자로서 자신의 정복 전쟁이 포도주의 신이 펼친 여정의 재현이라고 여겼다. 그와 그의 전사들은 매일 밤 인사불성이 되도록 술을 마시고, 훈족만큼이나 지독한 두통과 싸우며 전장에 나가 매번 승리를 거두었다. 그는 포도주의 힘으로 새로운 사회를 완파하고는 포도주의 붉은색으로 세상을 교화하려 했다.

결국 알렉산드로스는 이전의 어떤 인간보다 넓은 영토를 정복했고, 간혹 바쿠스(로마 신화에서 디오니소스의 이름_편집자 주)의 향연이 지나칠 때면 도시를 폐허로 만들기도 했다. 그가 문명을 전파했는지는 확신할 수 없지만, 자신이 정복한 영토에 숙취를 퍼뜨리는 데 성공했다는 것만은 확실하다. 모두가 이 노력에 감사하진 않겠지만 말이다. 데모스테네스는 알렉산드로스가 술 마시는 모습을 보고 이렇게 말했다. "스펀지로서는 훌륭하지만, 왕으로서는 그렇지 못하다." 일리 있는 말이다. 전쟁의 패배를 모르던 알렉산드로스 대왕을 무너뜨린 건 바로 술이었다. 과도한 음주로 쇠약해진 탓인지, 다른 일을 하던 방식대로 단번에 술을 끊음에 따라 쇼크 상태에 빠진 탓인지 그 정확한 원인에 대해선 논쟁의 여지가 있지만 말이다.

물론, 역사상 술이 깨지 않은 상태로 전쟁에 나갔던 이들은 비단 알렉산드로스와 그의 군대만은 아니었다. 만취한 수많은 전사가 등장하는『일리아드』와『오디세이아』를 호메로스가 쓴 이래, 역사가들은 유혈 사태를 촉발하거나 지속하는 데 있어서 술이 얼마나 중요한지 인정하게 되었다. 노르웨이 신화에도 신들의 술을 마시고 취한 전사들이 한껏 흥분해 두려움 없는 상태로 전장에 나가 승리를 거두는 이야기가 많이 나온다. 전 세계를 돌며 술을 마신 마르코 폴로는 잔지바르^{Zanzibar}(탄자니아의 항구도시_옮긴이)에서는 전사들이 코끼리에게 '투지를 불러일으키기 위해' 술을 먹이기도 한다고 언급했다.

미국 남북전쟁 시기, 율리시스 S. 그랜트가 지나치게 술을 많이 마신다는 이유로 비난받자, 대통령 에이브러햄 링컨은 '한 번도 승리하지 못한' 다른 장군들에게 술을 많이 먹게 하겠다고 선언했다.

물론 술 취한 모든 전사들이 전쟁에서 뛰어난 기량을 발휘한 것은 아니다.『베오울프』에서는 신비한 야수 그렌델과 맞서 싸우려던 전사들이 용기를 북돋우려 마신 술에 취해 잠든 사이 미드홀에서 처참하게 살해당한다. 바버라 홀랜드는 이 이야기를 술이 덜 깬 상태에서 조지 워싱턴에게 급습을 당했던 독일 용병, 헤이스팅스 전투 전야에 만취해 '술에 취하지 않았거나 적어도 덜 취한' 노르만 정예병에게 영국을 빼앗긴 색슨 전사들과 같은 맥락으로 해석한다.

1차 대전 동안 직업 군인이자 사실상 종군 기자 역할을 했던 프랭크 퍼시 크로지어Frank Percy Crozier는 참호의 상황을 묘사하며 전장의 공포를 생생히 전달했다. "한 대령이 통신실 입구에 앉아, 전투 중 음주는 허용되지 않음에도 부대원들에게 럼주를 건넸다. 화창한 봄날 오후 3시, 그들은 처음으로 일렬종대 대열을 유지하며 차례로 한 모금씩 마셨다. 브랜디 의존이 심각했던 그는 다른 이들 모두 자신처럼 좌절과 외로움을 느낀다고 생각했던 것이다. 절망스러웠고 언제나 힘들었던 이 알코올 중독자는 결국 영국으로 송환되었고, 악화일로를 걷다 결국 죽음을 맞이했다. 전선의 안전은 그 어떤 상념보다 중요하다. 따라서 음주 문제는 반드시 통제되어야 한다."

당시에는 '숙취'라는 용어가 존재하지 않았지만, 사람들이 하나같이 '힘들다' 같은 단어들을 쏟아냈던 건 분명하다. 그런데 산업혁명을 기점으로 음주 문제가 생산성 및 안전과 연관되자 이에 대한 생각이 바뀌기 시작했다. 한때 신성불가침의 영역이었던 영국 군대 역시 마찬가지였다. 수상 데이비드 로이드 조지David Lloyd George는 대영제국이 '독일, 오스트리아 그리고 술'과 싸우고 있으며 '그중 가장 큰 적은 술'이라고 공표했다.

반면에 러시아인들은 만취했을 때조차, 엄밀히 말해 가끔은 그 덕분에 승리를 거두었다고 해야겠다. 두 차례의 세계대전 동안, 독일이 완벽히 계산한 시간 차 공격은 대부분 숙취에 시달리는 소련군의 예측 불허한 움직임에 의해 저지되었다. 목적지에 이르기까지 길을 잃거나 잠들기도 했고, 아니면 꾸물대느라 늦기도 했던 것이다. 이렇게 우연한 성공을 거두긴 했지만 크렘린도 자국민의 음주 문제를 심각하게 여기게 되었다. 그리하여 KGB는 첩보원들이 만취하는 사태를 방지할 목적으로 알약 개발을 시작했다. 이렇게 개발된 약은 그 목적에 부합하진 않았으나 숙취 해소에는 도움이 되었던 것 같다. 적어도 냉전시대 최초로 대량 생산된 숙취 해소 제품이자 미국에서 가장 성공한 제품인 RU-21이 이렇게 개발되었다고 한다.

러셀 만Russell Mann은 회고록 『야성의 그린베레Green Berets Gone Wild』에서 베트남전에 위생병으로 참전했을 때 이야기를 흥미진진하게 들려준다. 위생병의 중요한 임무는 병장을 보살피는 것이었다. "그가 위생병을 가까이 두려는 이유는 자신이 총에 맞았을 경우를 대비하는 것 같지만, 사실 숙취 해소가 더 큰 이유였다. 전장 밖에서 그는 술 취한 호색한이었다. 가까이 지내고 싶지 않은 부류였지만 전쟁터에서만큼은 정말 훌륭했다."

신병 모집도 숙취와 일정 부분 관련이 있다. 전혀 상반된 두 영웅, 토미 프랭크스Tommy Franks와 브루스 스프링스틴Bruce Springsteen이 단적인 예다. 프랭크스 장군의 자서전을 보면, 그는 1965년 대학 입시에 실패한 뒤 좌절감을 이기지 못하고 술에 의지해 지내던 끝에 자신의 '영혼을 갉아먹는 듯한 숙취'에서 벗어나기 위해 군에 입대하기로 결심했다고 한다. 입대 후 프랭크스는 미국에서 훈장을 엄청나게 많이 받은 군인 중 한 명이 되었고, 마침내 아프가니스탄 탈레반 공격과 2003년 걸프전을 지휘하기에 이르렀다.

반면에 브루스 스프링스틴은 공연에서 '더 리버The River'라는 곡을 소개하며 정반대의 이야기를 들려주었다. 베트남전에 징집되자 두려워서 친구들과 밤새 술을 마시고 신체검사에 갔더니 탈락했다는 내용이다. 집으로 돌아오는 길, 그는 아버지가 이 소식을 들으면 안도하기보다는 실망하시리라 생각했다. 실황 앨범의 이 부분에서는 지금껏 들은 어떤 소리보다 구슬픈 하모니카 연주가 이어진다. 마치 양귀비(양귀비는 참전용사를 기리는 추모화임_옮긴이) 밭을 흐르는 노랫소리 같다. 구원을 갈망하는 마음, 약간과 술과 피에 흠뻑 젖은 마음으로 이루어진 제국의 정신에 바치듯.

2막

라스베이거스 상공에서
일어난 일

우리의 주인공은 전투기를 타고 하늘을 날고, 빌딩에서 뛰어내리고, 계속 술을 퍼마신다.
출연: 척 예거, 아독 선장, 닥터 제이슨 버크

"반쯤의 숙취는 다음 날 아침뿐 아니라 전날 밤도 망가뜨릴 뿐이다."

— 클레멘트 프로이드

나는 지금 네바다 사막에 있는 비행기 격납고의 복엽기(두 개의 날개가 겹쳐진 비행기_옮긴이), 당구대, 음료가 가득 채워진 바 가운데서 땀을 삘 삘 흘리고 있다. 주크박스에선 에벌리 브라더스Everly Brothers에 이어 케니 로긴스Kenny Loggins의 노래가 흘러나온다. '스카이 컴배트 에이스Sky Combat Ace'의 탑건 체험 중이다.

파일럿 리처드 '텍스Tex'(텍사스 사람이라는 의미_옮긴이) 콜이 무엇을 하려는지 간단히 설명한다. 해머드롭Hammer Drops(수직 상승한 비행기를 일시적으로 정지시킨 뒤 수직 하강하는 비행 기술_옮긴이)과 회피 전술에 대해 이야기하며 적의 추격에서 벗어나는 최선의 방법을 알려준다. "세상에서 가장 빠른 롤러코스터의 중력가속도가 3.5인데, 여러분이 타게 될 비행기는 10입니다!"

이 중 아무것도 내키지 않는다. 허세 가득한 브리핑과 같잖은 마초 흉내도 별로고, 실제건 모의건 간에 공중전을 하고 싶지도 않고, 곡예비행도 내키지 않고, 말라붙은 호수 바닥 상공 1.8킬로미터에서 중력가속도를 느끼며 빙빙 돌고 싶지도 않고, 해머드롭은 더 하기 싫다. 난 롤러코스터도 좋아하지 않는 인간이다.

팀 빌딩Team-Building의 일환으로 벽에 붙은 게시판의 이름표 중 하나를 골라 서로에게 아이스맨, 구스 같은 콜사인Call Sign을 붙여주어야 한다. 캘리포니아에서 온 프리랜서가 '톡식Toxic'을 집어 들더니 재밌다는 표정으로 내게 건네주었다.

오늘 아침 눈을 떴을 때 어제보다 상태가 악화된 느낌이 들었다. 킹슬리 에이미스에 따르면 굉장히 좋은 징조란다. '신체적 숙취'를 다루는 11단계 방법 중 첫 번째가 "눈 뜨자마자 이렇게 지독히 끔찍한 느낌을 느끼다니 얼마나 다행인지 스스로 말하기 시작하라. 엄청난 밤을 보낸 후 이렇게 지독하리만치 끔찍한 느낌을 느끼지 못한다면, 아직도 술에 취한 채이고 눈을 뜬 상태에서 술에서 깨어야만 했을 거라는 진리를 인지하게 하는 것이다."

그러니까, 난 정말 행운아다. 하지만 어제 수액을 맞고 카레이싱을 한 뒤 리무진을 타고 돌아와 점심으로 마르게리타를 먹고 사격하러 가기 전에 이런 생각을 했으면 더 좋았을 텐데. 지금은 술병 난 지 둘째 날이다. 몸매를 되찾겠다고 애쓰는 실수를 범했을 때를 생각해보자. 헬스장 다녀온 다음 날은 그다지 힘들지 않지만, 그다음 날이 되면 침대에서 몸을 일으키기도 힘든 법이다. 전투기를 타는 건 말할 필요도 없다.

오늘 아침 웹사이트에서 자세한 주의사항을 살펴보는데 이런 문항이 눈길을 끌었다. "스카이 컴배트 에이스에서 비행하던 중 멀미를 느끼는 가장 보편적인 원인은 숙취입니다. 라스베이거스가 광란의 도시이긴 하지만, 스카이 컴배트 에이스의 모험을 즐기기 전날 밤만큼은 일찍 잠자리에 드세요!"

일찍 잠자리에 들라고 굳이 느낌표로 강조하지 않아도 바람직한 조언이므로 난 그대로 따랐다. 그들이 말한 대로 일찍 잠자리에 들고, 킹슬리 스승님 말씀대로 끔찍한 느낌을 느끼며 눈을 떴다. 사막의 격납고는 지옥처럼 뜨거워서 입이 바짝 말랐다. 신체적 숙취 단계에서 한 단계 후퇴한 것 같다.

킹슬리는 11단계 방법에서 '시도하기 어려워서' 자신이 한 번도 시도해보지 못한 두 가지 숙취 해소법을 제안한다. 첫 번째 방법을 시도하기 위해서는 광산의 갱도를 내려가야 하는데, 말도 안 되는 소리다. 두 번째는 이거다. "개방된 비행기를 타고 30분 정도 하늘을 날아라. 당연하게도, 숙취가 없는 말짱한 사람이 조종해야 한다."

스카이 컴배트의 브로슈어에는 바로 그 서비스를 제공한다고 나와 있다. 클래식 오픈 콕피트 복엽기를 타고 후버 댐 상공을 45분간 비행한다니. 꽤 좋은 계획 같다. 킹슬리 에이미스가 시험해보지 못한 해소법 중 하나를 시험해볼 완벽한 기회다.

텍스가 "아뇨, 절대 안 됩니다"라고 말한 걸 제외한다면 말이다. 확실히 후버 댐 위를 날기엔 바람이 너무 거셌다. 빌어먹을 하늘에서 서로에게 총을 쏘며 하는 곡예비행을 권하면서 그러기에 바람이 딱 좋다고 했다.

옷을 갈아입기 전 기념품 가게에 들렀다. 그곳에선 드라마민(멀미예방약_옮긴이)을 팔고 있다. 부작용으로 졸릴 수 있다는 점을 알고 있었지만, 공중전 중에 멀미하는 것보다는 하품하는 편이 나을 것 같았다. 헬멧을 옆구리에 끼고 햇살 아래 반짝이는 조종사들과 활주로를 걸어가는데, 뉴욕에서 온 여행 작가가 비행기에서 막 내렸다. 어땠냐고 물어보았다. 그는 내 눈을 똑바로 쳐다보지 않고 엄지손가락을 세웠다. 저 녀석은 어제 저녁 만찬 후 보러 간 태양의 서커스 공연에서 우리 앞에 앉은 꼬마 아이에게 조용히 하라고 했었다. 서커스에 온 꼬마 아이에게 말이다. 이 친절한 프리랜서 녀석 대신 그 아이와 공중전을 펼치는 거라면 좋겠다.

조종석에 올라탔다. 교관 할리우드가 뒤에 앉아 있고, 헤드셋을 통해 그의 목소리가 들린다. 하늘을 나는 법보다 화면에 멋지게 나오는 요령을 더 많이 알려주다니, 정말 제대로다. 조종석에는 내가 얼굴을 찌푸리며 비명 지르는 모습을 모조리 포착할 카메라가 설치되어 있다. 버뱅크 프리랜서(사실 캘리포니아에서 왔지만 버뱅크는 아니다)가 내 앞에서 활주로를 달리고 있다.

"선글라스는 벗는 편이 좋습니다." 할리우드가 말했다. "그래야 우리가 당신의 흰자위를 볼 수 있거든요.(반응을 살핀다는 의미_옮긴이)"

내 흰자위는 하얗지 않을 텐데. 이제 드라마민의 효과가 나타나긴 나타났는데, 좋아지기는커녕 오히려 악화되고 있다. 식은땀이 나고 덜덜 떨리며 두근댄다. 동시에 짜증도 솟구친다. 정확히는 킹슬리 에이미스, 톰 크루즈, 톰 울프^{Tom Wolfe} 등 평소 좋아했던 사람들을 포함해 모든 이들이 역겹고 짜증 난다. 이제 프로펠러가 돌기 시작한다.

몇 달 후, 나는 전투기와 아무런 상관이 없는 일로 병원에 누운 뒤에야 중요한 사실을 알게 된다. 나에게는 드라마민 알레르기가 있고, 이는 이성 상실, 가슴 두근거림, 환각을 비롯해 메스꺼움, 발한, 불안, 근육통 등 극단적인 숙취 증상까지 야기한다.

"이륙 준비는 되셨습니까?" 헤드셋에서 소리가 들려온다. "오버."

매버릭처럼 엄지손가락을 치켜세웠다.

톰 울프는 『허영의 불꽃^{The Bonfire of the Vanities}』에서 뇌의 '핵, 수은, 독성 물질'이 담긴 어떤 기자의 머릿속 '막주머니'에 대해 설명한다. 그가 일어서면, 막주머니가 '위치를 바꾸고 구르며 파열하려' 한다. 이는 현대 문학 중 가장 찬사를 보낼 만한 숙취 장면의 하나이다.

미국 비행사(그리고 궁극적으로는 우주비행사)에 대한 연대기인 울프의 또 다른 작품 『필사의 도전^{The Right Stuff}』도 이에 뒤지지 않게 혈중 알코올 농도가 높다. 울프는 당신과 별반 다르지 않은 조종사의 평범한 아침을 묘사한다. "새벽 5시 30분에 일어나 커피 몇 잔을 마시고 담배 몇 대를 피운 뒤, 쇠약해져 경련하는 간을 부여잡고 다음 날 비행을 위해 비행장으로 나간다."

위대한 척 예거$^{Chuck\ Yeager}$가 최초로 음속의 벽을 깼을 때 지금의 나와 같은 기분이었으리라. 울프는 비행 이틀 전 술에 취해 말에서 떨어졌고 숙취 이틀째 날, 갈비뼈가 부러진 상태에서 그 역사적인 비행에 나섰다. 다른 도리가 없었겠지만, 그는 짧게 자른 빗자루로 조종석 문을 가까이 잡아당겼다. 그리고 그 뒤의 이야기는 초음속 비행의 역사가 되었다.

마침내 하늘에 날아오르자, 할리우드가 나에게 조종권을 넘겨주었다. 이제 상태가 조금 나아졌다. 어쨌거나 하늘을 난다는 것은 본질적으로 해방감을 안겨주는 행위 아닌가. 게다가 여기엔 부딪칠 것도 없다. 조종사가 되면 좋겠다. 이런, 지금 조종하고 있지 않나. 하늘을 날고 있단 말이다. 하늘은 맑고 푸르다. 불현듯 하늘이 '이렇게' 맑으면 안 된다는 생각이 스쳤다. 브리핑 룸에서 텍스가 한 말이 생각났다. "적이 시야에서 벗어나면 전투에서 지게 됩니다."

젠장, 그 버뱅크 녀석이 어디 갔지?

"뒤에 있습니다." 내 생각을 읽은 듯 할리우드가 말했다. 그러곤 "오버"라고 덧붙였다. 마치 나를 도청하고 있는 것 같다. 회피 전술을 펼치며 움직여야 하는데, 무슨 이유에서인지 지금 선글라스를 벗기로 했다 (그래야 카메라에 내 흰자위가 똑바로 잡힐 테니). 그리고 버뱅크가 가까이 접근하는 와중에 선글라스를 내 조종복에 걸려고 하고 있다.

"지금 뭐 하는 짓입니까? 오버."

몸을 똑바로 펴고 비행기를 기울이려 했다. 그리고 마침내 배운 대로

스피닝과 롤링, 다이빙, 급강하 기술을 펼치기 시작했다. 전투가 계속되었지만 이 부분은 조금도 재미없었다. 해머드롭, 연속 횡전, 루프더루프 기술을 펼치는 동안 내 머릿속에는 토하지 말아야 한다는 생각뿐이었다.

이걸 보면 근접공중전은 숙취 상태에서 하지 말아야 할 일 1순위라는 생각이 들지도 모르겠다. 물론 맞는 말이다. 반면에 진정한 숙취 치료 효과가 있는 방법이기도 하다. 울프가 말했듯이 말이다. "숙취 상태가 아니라 아직 취한 상태에서 도착해 얼굴에 산소마스크를 덮어 쓰고 몸 안의 알코올 기운을 태운 뒤 비행기에 올라타 이렇게 말하는 사람들이 있다. '이렇게 하라고 권하진 않겠지만, 보시다시피 효과는 있습니다.'(불굴의 정신력을 발휘한다는 건 조종사들의 허세에 불과하다.)"

하지만 내게는 필요 없는 것만 있다. 산소탱크는 없고, 속은 뒤집어졌고, 숙취는 되살아났다. 그리고 내게 가장 크게 작용하는 것이 뭔지 잘 모르겠다. 중력가속도, 남은 술기운 혹은 그 빌어먹을 드라마민인지. 돌이켜 생각해보니 드라마민이었지만. 뒷골에서 땀이 흐르는 것 같다. 그런데 두개골 밖이 아닌 머릿속을 흐르는 느낌이다. 시야가 흐려진다. 공중에서 정신이 흐릿해지면서 어디가 땅인지도 모르겠다. 빙빙 도는 기계 안에서 빙빙 도는 납작한 인간 진동자, 끔찍한 불량 조종사가 된 것 같다. 다시 버뱅크를 놓쳤다. 방향감각도 잃고 길도 잃었다. 아마 지옥은 아래가 아니라 위쪽에 있으리라. 미쳐가고 있나 보다….

선글라스가 떨어져 렌즈가 조종석을 굴러다닌다.

"대체 무슨 일입니까? 오버." 할리우드가 말하지만 대답하지 못하겠다. 지금 당장이라도 토할 것 같다. 격추되는 것보다 토하지 않기만을 바랄 뿐이다. 나를 찍고 있는 카메라 앞에선 정말 그러고 싶지 않다. 눈을 감으니 화려한 구토의 흔적, 온갖 악담, 망가진 조종사용 안경 같은 장면이 그려진다. 그러는 사이 버뱅크는 나를 공격하고 있었다. 이미 두 번 쏘고, 지금은 내 뒤쪽에 있다. 빙빙 도는 사이, 아주 잠깐 술을 끊어야겠다는 생각이 스쳤다. 하지만 영웅은 포기하지 않는 법이다.

눈을 뜨고 힘을 있는 대로 끌어모았다. 위로 급상승하며 땅에서 멀어져 갔다. 뒤집고 비틀어 급강하했다. 이젠 그 비쩍 마르고 왜소한 녀석에게 바짝 따라붙어 사격을 가했다.

"시간 다 되어갑니다. 오버." 할리우드가 말한다.

"젠장." 나직이 중얼거렸지만 조종석에서는 또렷이 들리기 마련이다. "오버"라고 덧붙였다. 그러곤 다시 한 번 버뱅크를 추격했다.

다음 번 사격도 명중이다. 하지만 좀체 승리감이 들지 않았다. 흔치 않은 일이다. 그저 지상으로 돌아가고만 싶었다. 무릎 꿇고 회개하고 싶었다. 그리고 이런 생각을 하고 있는 사이 버뱅크가 다시 쏘았다.

"톡식 하강." 할리우드가 채널을 열고 완전히 신난 목소리로 말했다. 양 날개를 내리고 화살처럼 직선으로 하늘을 날며 내 장기와 뇌를 제자리로 돌리려 했다. 지평선 너머 라스베이거스가 흐릿하게 보인다. 할리우드가 조종권을 가져가기 전, 하늘에서 독수리와 불타는 선인장을 보았다.

술을 들이켜다

고대 로마 제국을 상상할 때면 라스베이거스와 상당 부분 비슷한 이미지가 떠오를 것이다. 노출이 심한 옷을 걸친 여성들, 살찐 얼간이들, 거대한 술잔으로 가득 찬 흥청망청한 주연酒宴. 로마의 역사가 콜루멜라는 이를 두고 이렇게 말했다. "우리는 음탕하고 만취한 밤을 보내고, 놀이나 수면으로 낮을 보낸 뒤, 해가 뜨고 지는 걸 보지 못하는 축복받은 운명을 타고났다고 해석한다."

하지만 원조 신시티Sin City로 자리매김하기 전 200년 동안 로마는 타락한 오아시스라기보다는 광대하고 무자비한 사막에 가까운 위세 등등한 금주 국가였으며, 디오니소스의 추종자들은 의혹의 눈초리를 받다가 처벌을 받고 추적당해 수많은 사람에 의해 살육되었다. 이는 여러 면에서 문명 최초의 광범위한 금주령이었고, 결국 이로 인해 현대에 들어 일어난 것과 똑같이 타락, 폭음, 광기 그리고 전혀 새로운 숙취라는 문제가 대두된다.

로마가 금주 국가에서 술독에 빠진 국가로 변신하게 된 원인은 초기의 성공에 있었다. 제국의 성장과 더불어 군대도 성장하며 그들은 점점 멀리 진출해 나아갔다. 제국 초기 금욕적인 분위기가 팽배했을 때에도 로마인들은 출전을 앞두고 마시는 술을 중요하게 여겼다. 그렇게 연전연승의 길을 걸었고, 이는 곧 술을 더 많이 마시게 되었다는 것을 의미했다. 그러면서 (양조업자들의 로비가 있었음은 의심할 나위도 없지만) 상류층의 잔에 술이 넘쳐흐르기 시작했다. 마침내 맥주를 손에 넣은 10대 청소년처럼 만족할 줄 모르던 제국은 절제, 균형, 이성 같은 플라톤의 『향연』에 나오는 성가신 미덕을 재빨리 폐지하고 흥청망청 마셔대는 시대를 열었다.

플리니우스는 폼페이의 양조업자들이 직접 만든 술을 들이켜며 공중

목욕탕에 몸을 담그고 있는 모습을 묘사했다. "벌거벗고 혀가 꼬인 상태에서도 그들은 커다란 술 단지를 쥐고 있다. … 그 내용물을 쏟아부을 힘이 있음을 입증하려는 것처럼 … 즉시 토해내고는 다른 단지를 마신다. 그들은 이런 과정을 두세 번 반복한다. 마치 포도주를 낭비하기 위해서 태어난 듯하고 술은 인간의 육체라는 매개체를 통해서만 처리될 수 있다고 생각하는 듯하다."

신체적 숙취를 해소하는 방법으로 이러한 행동을 하는 이유는 두 가지다. 욕조나 사우나에 들어가 땀을 흘리면 몸 안의 독소가 빠져나가고, 구토를 하면 신체기관이 정화된다고 믿는 것이다. 하지만 다시 말해두는데, 몸을 과열시키면 탈수 현상이 심해지며 구토 후 술을 더 마시는 행위는 알코올 중독에 빠지는 최고의 방법일 뿐이다.

하지만 이런 방법이 신체적 숙취를 가중시켰든 감소시켰든 간에, 정신적인 면에 큰 타격을 입힌 것만은 확실하다. 플리니우스는 숙취에 대해 이렇게 기록했다. "다음 날 술통 냄새를 맡으면 모든 게 잊히고 기억조차도 사라진다. 그들의 표현을 빌리자면 '그 자리에서 인생을 낚아챈다!'는 것이다. 다른 사람들이 매일 어제를 잃는다면, 이들은 내일도 잃어간다."

이상하게도 구토는 고대 로마 제국에 만연한 행위였다. 심지어 엄격히 금주하는 사람들 사이에서도 말이다. 초대 황제인 아우구스투스는 포도주를 500밀리리터 이상 마셔야 하는 상황이라면 억지로 구토를 유도해 술에 취하지 않도록 했지만, 3대 황제는 제위 내내 술에 취해 광기 어린 상태로 지냈다.

로마 지배권을 다투던 마르쿠스 안토니우스는 진정으로 열정적인 술꾼이었다. 밤이면 클레오파트라와 잠자리에 들고, 아침이면 자신의 샌들에 게워내서 술기운을 몰아내고는 군대를 이끌고 전쟁터에 나갔다. 심지어 최후의 전투에는 디오니소스처럼 옷을 입고 나가기도 했다.

가학적인 술꾼 칼리굴라는 사람들에게 자신이 그들의 애인들과 섹스하는 모습을 보게 했고, 자신의 말을 집정관으로 삼겠다고 선언하기도 했다. 그다음 황제는 문제가 너무도 다양해서 오늘날 심리학자들의 끊임없는 연구 대상이 되고 있는 인물이다. 프랜시스 R. 프랑큰버그 박사 Dr.Frances R.Frankenburg가 2006년 발표한 사례 연구를 보자. "나, 클라우디우스는 편집증, 경조증輕躁症, 습관성 과음을 겪고 있으며, 심각한 복부 통증에 시달리고 있다. 가족은 하나같이 문제가 있고, 내 아내는 나를 죽이려 한다. 내 문제는 무엇인가?"

박사는 그의 문제가 과음과 납중독에 의해 야기되었거나 적어도 악화된 정신적, 육체적 질병의 증상 중 하나라고 파악한다. 그녀는 리튬과 심리 치료 그리고 '알코올 중독으로 이어지는 고위험 행동을 막을 수 있는 건강한 식습관과 상담에 관한 교육'을 권했다.

하지만 사실 로마의 지배층은 세련된 납 술잔을 선호한 데다 하인이나 노예들이 계속해서 잔을 채워주었으니 결국 클라우디우스의 문제는 제국 전체에 만연한 문제였던 셈이다. 그리고 여사제나 신부로 가장해 자신의 기사와 결혼했던 네로 시대에 이르면, 로마는 광기와 신성 모독, 알코올이 뒤섞여 언제라도 불타오를 수 있는 분위기가 팽배해져 있었다.

그러다 마침내 불길이 치솟자 네로는 역사상 가장 유명한 주연酒宴을 열었다. 그는 주변의 모든 것이 불에 타고 다음 날 아침에 연기 자욱한

잿더미 위로 태양이 떠오를 때까지 술에 취해 허우적댔다. 물론 이렇게 생각할 수도 있다. 제국을 건설하는 데는 엄청난 술이 필요하고, 무너뜨리는 데는 그보다 조금 더 필요하다.

라스베이거스 상공에서 일어난 일, 엄청난 고층 빌딩에서 뛰어내릴 때

나는 지금 미국에서 가장 높은 빌딩 발코니에 서서 라스베이거스 야경을 내려다보며 뛰어내릴 준비를 하고 있다. 세찬 바람 소리가 내 귀에도 들린다. 지금 내가 뭔가를 생각하고 있다면, 그건 바로 공포다.

스트라토스피어 타워에서 뛰어내리는 걸 '통제된 자유 낙하'라고 하는데, 그야말로 모순어법의 완벽한 예시다. 마지막 공포 체험이 바로 이거였다. 케이블이 연결된 벨트를 입고 플랫폼을 딛고 뛰어내린다. 계속 떨어지다 어느 지점이 되면 낙하 속도가 느려지기 시작한다. 이론적으로는 똑바로 서서 착지할 가능성도 있다. 세계에서 가장 높은 곳에서 뛰어내리는 점프다.

여기 올라오는 엘리베이터에는 현 '올해의 플레이보이 플레이메이트'를 포함해 다섯 명이 탔다. 그녀의 홍보팀이 우리 기자들과 함께 점프하는 것이 괜찮은 홍보 자료가 될 거라고 판단했기 때문이다. 엘리베이터를 타는 게 일반적으로 불편한 정도라면, 누구도 가고 싶지 않은 곳으로 계속 올라가는 엘리베이터에 있는 기분은 어떨지 상상해보라.

나의 동료들은 가벼운 대화를 나누려 노력하고 있었지만, 나는 오전의 공중전부터 계속된 메스꺼움이 가시지 않은 상태였다. 머릿속에는 술, 카레이싱, 비행, 글쓰기, 책 읽기, 인터뷰, 결혼하고 싶은 내 여자 친구, 고소공포증이 있는 아버지, 자신이 날 수 있다고 생각하는 어린 아들 생각으로 뒤죽박죽이었다. 하지만 제일 먼저 레비 프레슬리^{Levi Presley}가 생각난다.

2002년, 열여섯 살의 레비 월튼 프레슬리는 스트라토스피어 109층에서 난간 두 개를 기어오른 뒤 뛰어내려 죽었다. 그가 뛰어내린 시각은 오후 6시 1분 43초, 땅에 떨어진 시각은 오후 6시 1분 52초였다. 나는 이런 유의 기사를 너무 많이 읽었다. 6년에 걸쳐 자살 유서를 대필하는 사내에 대한 소설을 쓰느라 그런 거였지만. 그런데 엘리베이터가 여기 오르는 동안 불현듯 모든 생각이 하나로 이어졌다. 내가 점프할 장소는 레비가 추락한 바로 그곳인 것이다. 그러자 내가 덜 손해라는 생각이 들었다. 보통의 삶을 사는 대신, 카레이싱을 하고 전투기를 타고 하늘을 날며 꿈꾸던 일을 해보지 않았던가. 전부 너무 빨라서 정신을 차리지는 못했지만 말이다.

60층쯤 올라왔을 때 내가 존재함을 떠올리고 정신 줄을 잡으려 했지만 도저히 그렇게 되지 않았다. 아마 중력, 어제와 오늘의 일들, 산소 100퍼센트, 각종 약들, 아들과 통화 못 한 것, 총과 금주, 아니면 빌어먹을 술 때문일지도 모르겠다.

그 순간, 분위기가 달라졌다. 85층쯤 도착하자 처절한 농담이 멈추더니 잡담이 중단되고 침묵만이 감돌았다. 그때 이 영웅들이 중얼대기 시작했다. "제가 제일 먼저 하겠습니다." 캘리포니아 키드와 아이오와 크레용이 동시에 말을 꺼냈다. "'레이디 퍼스트'도 모르세요?" 플레이메이트가 말했다.

그러곤 누구도 다시 입을 열지 않았다. 엘리베이터가 멈추고 문이 열렸다. 세상이 우리 발아래 펼쳐져 있다. 신혼부부 두 사람이 차례로 뛰어내리는 모습을 보았다. 남자가 뒤를 돌아 우리를 바라보았는데 그 순간 우리 모두 직감할 수 있었다. 누가 먼저 뛰어내리는지는 중요하지 않다. 이러나저러나 본능을 무시하고 뛰어내려야 하는 건 마찬가지다. 하지만 마지막은 다른 사람이 뛰어내리는 걸 지켜보면서 고스란히 공포를 느낄 뿐 아니라 결국 혼자 덩그러니 남게 되니 불필요한 공포를 더하게 된다. 이것야말로 내가 뭔가를 느낄 수 있는 유일한 길이다.

"내가 마지막으로 할게요." 내가 말했다.

그래서 지금 나는 두려움에 떨며 이곳에 홀로 남아 있다. 아주 가끔 불어오는 사막의 바람처럼 두려움이 나를 휘감는다. 장비와 헤드셋을 걸친 한 남자가 고리 달린 장대를 들고 짙은 하늘에서 뱅뱅 도는 케이블을 잡으려 하고 있다. 그가 케이블을 잡자, 그제야 나는 이 빌어먹을 것에 연연하지 않게 되었다. 다른 이들은 모두 땅에 내려갔다. 의기양양해질까, 아니면 트라우마를 입거나 다칠까, 그것도 아니면 죽는 걸까. 잘 모르겠다. 250미터 훨씬 아래에 있는 초대형 카지노도 모노폴리 게임의 호텔 모형처럼 보인다. 엄지손가락으로도 가려질 정도다.

바람이 더 강해졌다. 그가 헤드셋에 대고 큰 소리로 말한다. 미시시피강 서쪽에서 가장 높은 빌딩, 그곳에서 뛰어내리기 전에 듣고 싶지 않은 말이다. "마지막입니다! 오늘은 더 못 하겠어요! 이분이 오늘 마지막입니다!"

바람에 맞서고 있으니 일순간이 천년 같다. 다시 아들과 레비 프레슬리, 로큰롤의 왕과 킹슬리 에이미스, 결혼과 죽음, 취함과 깨어남, 마지막으로 뛰어내리는 사람과 '마지막으로 뛰어내리는 사람이 된다는 것', 자살하는 것과 '자살한 사람이 되는 것'에 대해 생각한다. 나는 지상 260미터 높이에 서서, 이제 숨을 내쉬려 해본다.

마침내 그 남자가 고리를 케이블에 걸었다. 그가 나를 향해 돌아서는데 휘청해서, 내가 아무것도 잡지 않고 그 남자 쪽으로 갔다. 그는 내게 연결된 케이블을 단단히 조이고는 뒤로 물러났고, 이제 나는 세상 끝에서 바람을 맞으며 부들부들 떨고 있다. 나의 모든 신경 하나하나가 뛰어내리지 말라고 절규한다. 하지만 고도와 죽음에 대한 어리석은 두려움은 당연한 본능이다. 이 낙하 액티비티는 정밀하게 설계되었을 테니 식료품점에 운전해서 가는 것보다 안전할 것이다. 종아리를 풀고 발가락을 움츠리고는 두려움 그리고 아직 남아 있는 신물을 느끼며 라스베이거스를 내려다보았다. 마음에 세 가지 생각이 명확히 떠올라 머뭇거렸다.

1. 명복을 빈다, 레비.
2. 이건 어떤가요, 킹슬리?
3. 인생 살기 참 힘들다.

그러고는 뛰어내렸다.

막상 뛰어내리면, 바람에 휩쓸려 일순간 몸이 치솟았다가 떨어지기 시작한다. 그리고 그 순간 모든 반응이 일어난다. 공포에 휩싸인 뇌는 뭔가를 잡으라고 명령하지만, 허공에서 공중제비를 돌고 나면 몸속 모든 것이 제자리로 돌아오고, 짜릿함을 느끼며 다시 생각해보려 한다.

그러면 지금 있는 곳을 만끽하게 된다. 그 어느 때보다 많이. 라스베이거스의 빛 속으로 낙하하면서 비행하는 것이다.

이때, 눈앞에 지금껏 살아온 인생이 빠르게 펼쳐진다. 이와 동시에 빌딩 한쪽 면에 10층 높이로 걸려 있는 포스터의 플레이보이 모델이 거대한 귀신처럼 위로 올라가고 그녀 뒤로 〈행오버 3〉 광고판이 보이며, 세상이 위를 향해 질주한다. 처음엔 비명을 지르다가 웃음이 터지며 진정된다. 속도를 조절할 방법은 없지만, 몸과 머리가 모든 걸 지나치며 멋지게 하강한다.

킹슬리가 수직갱도나 열린 조종석을 운운하며 제시한, 적절한 충격이 순간의 숙취를 날려버린다는 이론이 이런 뜻이었나 보다. 그리고 그럴 만한 근거가 있을 것이다. 특히 싸움이나 비행과 관련된 순간, 대량의 아드레날린이 급격히 분출되는 현상은 인간 신체의 어떤 물리적 특징보다 대단한 특징이다. 일단 아드레날린이 분출되면 충돌하지 않기 위해 다른 것, 신체적으로나 정신적으로 몸을 재부팅할 만큼 충분히 충격적인 무언가가 필요하다.

발이 먼저 닿았다가 튕겨 올라 비명을 지르고 웃다가 울부짖었다.

바로 이렇게 재부팅되자, 저녁 식사와 술 생각이 간절해졌다.

이 사실은 중요한 점을 시사한다. 숙취가 가셨다는 걸 어떻게 알까? 사랑에 빠진 느낌을 설명해달라는 것처럼 대답하기 난해한 질문이다. 그냥 느끼는 것, 저절로 알게 되는 것이다. 하지만 그보다 단순하고, 어찌 보면 이별의 아픔과 비슷하다. 숙취가 가시고 나면 새로운 무언가, 술을 시작할 마음이 생기는 것이다.

이런 점에서 스트라토스피어에서 번지점프를 하면서 내 몸에 남아 있던 숙취 기운을 깨끗이 날려 보냈다고 할 수 있다. 그리고 지금 라스베이거스의 루프톱 레스토랑에 다시 올라가는데, 기분도 좋고 허기도 느껴지는 것이 무엇이든 할 수 있을 것만 같다. 메뉴의 절반을 주문하고는 와인 리스트를 펼쳤다. 빛을 받아 희미하게 일렁이는 리스트를 보며 내가 착륙할 곳을 찾았다.

일곱 악당

고대 초기 이래, 이유는 불분명하지만 수많은 웅변가들은 술꾼의 종류를 정리하곤 했다. 엘리자베스 시대의 배우 토마스 내시Thomas Nash는 『무일푼 피어스의 악마에의 탄원Pierce Penilesse his Supplication to the Devil』에서 고대에 통용된 인간과 짐승의 상관관계를 근거로 술꾼을 여덟 가지로 분류했다.

인간형 술꾼: 언제나 즐거운 시간을 보냄

사자형 술꾼: 상당히 공격적임

돼지형 술꾼: 난잡함

양(羊)형 술꾼: 잘난 척이 심해짐

징징이형 술꾼: 동물은 아니고, 술만 취하면 넋두리 늘어놓는 유의 사람을 가리킴

마틴형 술꾼: 술을 마시고 마시다가 어느새 술이 깨버리는 단계에 이르는 마틴이란 사내와 같은 부류

염소형 술꾼: 치근덕댐

여우형 술꾼: 허풍쟁이

이제는 연구 주제가 되어버린 20년간의 개인적 경험을 토대로 했을 때, 분명 숙취에도 여러 유형이 있다. 바로 이 점이 숙취 해소만큼이나 숙취에 대해 쓰기 까다로운 이유이기도 하다. 연구로 인해 혼란스러워진 마음에 이런 생각이 들자, 숙취를 카테고리로 분류해보기로 했다. 그리고 이를 '일곱 악당'이라고 이름 붙였다. 그중 셋은 꽤 긍정적이긴 하지만 말이다.

흔들리는 안장 위에서 메스꺼움을 느끼는 불라이더^{Bull Rider}나 은유에 취한 집요한 작가처럼, 일상의 숙취 대부분은 두세 카테고리의 증상이 한 번에 나타나고, 생각과 다른 예상치 못한 곳으로 굴러떨어지곤 한다. 하지만 그게 현실이다. 중화된 화학물질은 불균형을 야기하고, 의도적으로 몇 가지로 분류했을 뿐 로데오에는 온갖 종류가 다 있으니 말이다. 그래서 더 이상 휘청대지 않고, 이렇게 일곱 악당을 제법 효과적인 치료법과 더불어 정리했다.

1. 비열한 뱀

살면서 한 번도 술을 마시지 않았더라도 처음부터 이것 하나는 알아둬야 한다. 이 비열한 뱀은 당신이 이상하리만치 산뜻한 상태로 눈을 뜰 때 방구석에서 당신을 지켜본다. 그러곤 아침 내내 완벽한 순간(예를 들자면 리무진을 타고 역방향으로 갈 때와 같은 순간)을 기다리며 당신의 꽁무니를 따라다니다, 때가 되었다 싶으면 당신의 등에 올라타 신장을 물어뜯고는 긴 꼬리로 당신의 목을 칭칭 감는다. 당신은 숨이 막혀 이를 떨쳐내려고 몸을 흔들어보지만 그럴수록 더 조여들 뿐이다. 이쯤 되면 항복하게 된다. 축 늘어진 채, 생각과 몸을 정리하고는 코코넛워터를 마시곤 침대로 다시 기어 들어간다. 일단 다시 잠들면 이 녀석은 다른 어딘가로 슬그머니 떠난다.

2. 징글징글한 따개비

우선 술꾼 아독 선장(20세기 중반에 활약한, 술이라곤 입에 대지 않는 기자 땡땡의 동료)에게 모호한 경의를 표한다. 이 지독한 따개비는 눈을 떴을 때부터 하루 종일 들러붙어 불편함을 지속시킨다. 심지어 잠들었을 때조차 쉬지 못하게 해서, 징글징글하게 사람을 탈진시키고 짜증 나게 한다. 용감하고 대범한 아독 같은 사람이 아침부터 잔뜩 성질을 낼 정도다. "빌어먹을 억만 마리 따개비들!" 고함을 치고는 비틀대며 물 한 모금으로 입 안에 남아 있는 럼주의 맛을 가셔내 뱉는다. 이 지독한 따개비를 청어 절임에 곁들이면 새로운 모험이 시작된다.

3. 돌격대원

술 마시는 사람과 만성질환자의 공통점에서 가져온 이름인데, 도발적인 숙취에 도전하려 할 때 맞이하는 종류다. 스스로 계속해서 더 강력하고도 새로운 증상을 만들어내려 노력하기 때문에 직장에서 하루 종일 버티는 것만큼 간단하지만 힘들다. 혹은 〈다이하드 3〉의 존 매클레인처럼, 당신이 술을 퍼부어대고 있을 때 독일 억양을 쓰는 테러리스트가 계속해서 뭔가를 날려버리며 방해해 아스피린조차 못 찾게 될 수도 있다. 아니면 당신이 데이비드 '부머Boomer' 웰스라면, 메이저리그 야구 역사상 열다섯 번째 퍼펙트 경기를 달성할 수도 있다. 돌격대원은 불가능에 도전케 하는 책임감을 요구한다. 그리고 암페타민도.

4. 두더지

두더지는 구린 데다 굴도 판다. 징글징글한 따개비가 표면 가까이에 붙어 신경을 거슬리게 한다면, 두더지는 그 속을 파고든다. 시간이 지날

수록 머리, 가슴, 배, 영혼까지 깊이 파고든다. 이 화학적이며 영적인 기생충은 당신을 빨아 마시며, 서서히 텅 비게 한다. 그래서 해장술이 도통 넘어가지 않는다. 하지만 두더지는 당신이 약해지면 힘을 얻으므로, 긴장을 풀고 해장술을 들이켜면 다음 날 술이 더 잘 받게 된다. 사실, 일단 이 녀석이 자리 잡으면 별달리 할 수 있는 게 없다. 그나마 할 수 있는 거라곤 스트라토스피어에서 번지점프를 하는 정도. 두더지는 아드레날린만큼이나 높은 곳을 좋아한다. 큰 충격을 주면 이 녀석을 떨쳐낼 수 있을지도 모른다.

5. 조니 피버 열

이렇게 끝없이 순환하는 인상적인 숙취 유형에는 현대사에서 가장 한결같이 술에 찌들어 있는 캐릭터의 이름을 붙였다. 〈WKRP 인 신시내티〉에 등장하는 디스크자키 조니 피버는 여든여덟 개 에피소드 내내 절대 히트곡은 틀지 않고 항상 숙취 상태였던 걸로 유명했다. 조니 피버 열은 그 성격상 진짜 마음이 착한 술꾼만 걸릴 수 있고(자기연민에 빠진 알코올 중독자와 헷갈리지 말라) 영원한 저주이자 명예의 훈장이기도 하다. 이 병에 걸린 사람은 완벽히 깬 상태에선 하기 힘든 어떤 운명의 임무를 수행해낸다. 이 열병에 걸린 사람 중에는 윈스턴 처칠, 찰스 부코스키Charles Bukowski, 키스 리처즈Keith Richards가 있다. 조니 피버 열병에 걸리면 해장술을 마셔야 한다. 치료 목적이 아닌, 상태 유지 목적이다.

6. 샤이닝

눈을 뜨자 약간 눈이 환히 빛나는 느낌이 든다. 역설적이게도 몽롱한 상태인데 불쑥 영감이 떠오른다. 예술가, 철학자, 발명가들의 천부적 재능과 달리, 샤이닝은 만취한 뮤즈 같아서 좀처럼 불러내기도 힘들고 설사 나타나더라도 알아채지 못하는 경우가 많다. 그러기 위해선 적당히 술을 마셔야 하는데, 너무 많이 마셔서도 안 된다. 그랬다가는 아침에 할 일이 없게 된다. 효과가 있는 이유를 누구도 모르지만, 만약 그렇다면 수맥을 찾듯 빛 속을 부유하는 약간의 영감을 찾아 헤매는 술 취한 점占 막대기가 되는 거라고 해두자. 이런 감각을 인지하고 심지어 반복해 불러내는 법을 깨달은 사람들은 대부분 눈을 뜨면 예술적 계시를 받기를 바라는 마음을 품고 열렬히 술을 마셔댄다. 헤밍웨이부터 히친스, 도로시 파커 그리고 우리 아버지에 이르기까지 주당 작가들이 오히려 아침에 가장 열심히 글을 쓰는 이유이다. 이런 종류의 숙취는 치료할 이유가 없는 것 같다.

7. 완전한 황폐

이게 가장 강한 종류다. 세상에는 스스로 자초한 결과, 반쯤은 계획적인 자학의 예로만 알려져 있다. '완전한 황폐' 상태가 되면 비록 아직은 죽지 않았지만 마치 죽을 것처럼 느껴진다. 살고 싶어도 죽음을 바라는 때는 황폐 상태가 아니다. 이런 경험을 했을 수도 있겠지만, 별도 카테고리로 분류할 필요까진 없다는 생각이 든다. 본질적으로 '정말 안 좋은 숙취'일 뿐이다. 완전한 황폐는 최악의 신체적, 정신적 숙취가 판단력 상실, 내부 장기의 붕괴, 우주의 혼란과 결합된 상태이다. 황폐 상태에는 소변과 구토가 동반된다. 완전한 황폐 상태에서는 혈액, 배설물, 정신착란 문제가 생기며 종종 병원, 감옥, 군대, 조직범죄, 사이비종교, 법적 개입 등의 결과를 야기하고, 가끔은 재활원으로 가기도 한다. 완전한 황폐는 당신 인생의 방향을 바꿔놓을 수 있다. 하지만 늘 그렇지만은 않다. 따라서 완전한 손상의 길에서 벗어났다면, 잘되길 바란다. 어쩌면 조니 피버 열에 한바탕 시달릴 수도 있으니.

라스베이거스 상공에서 일어난 일, 의사가 도착했을 때

만취해 세상에서 가장 역겨운 롤러코스터가 내려다보이는 업그레이드된 방의 거대한 보라색 소파에 쓰러져, 숙취 의사를 기다리고 있다. 그의 사진을 봤고, 그가 쓴 글을 읽었고, 행오버 혜븐의 동료들과 인터뷰도 했고, 전화 통화도 했지만, 뭘 기대해야 하는지는 아직도 잘 모르겠다.

"지난 밤 바텐더의 지나친 친절로 소중한 휴가 하루를 통째로 날려버려야 할까요?" 웹사이트에서 닥터 버크는 이렇게 묻는다. "아니죠. 저희 치료 절차를 따른다면 몽롱한 상태에서 변기를 끌어안고 지내는, 트럭에 치여 당장에라도 죽을 것 같은 숙취에서 벗어날 수 있습니다. 이는 의학의 큰 발전이자 파티, 특히 라스베이거스의 파티를 즐기는 사람들의 심각한 문제에 대한 해결책이기도 합니다."

올라와 있는 그의 사진은 방송 출연용 홍보 사진 같다. 아니, 그보다는 배우로 변신한 전직 서핑 챔피언이 주인공인 연속극 속 닥터 버크 역 오디션용 사진 같다고 하는 편이 정확하겠다. 그의 글처럼, 긴 금발 머리는 의미심장한 역설적인 느낌을 주거나 놀랄 만큼 성실해 보이기도 하는, 꼬집어 말하기 어려운 느낌을 준다. 그의 병원 직원들에게 물으면 "천재예요" 혹은 "천재 같아요", "천재적이에요"라고 대답한다. 사이언톨로지교 신도라고 해도 놀랍지 않을 정도다.

닥터 버크 소개 자료는 다음과 같다. "공식적으로 베이샐지아^{Veisalgia}(숙

취의 의학용어) 연구에 전념한 미국 최초의 의사이며 … 지금껏 의학계에
선 베이샐지아가 제대로 다루어지지 않았지만, 이제는 이러한 천형天刑
을 끝낼 때가 되었습니다."

베이샐지아는 비교적 최근에 생긴 의학용어로, '음주 후의 불쾌함'을
뜻하는 노르웨이어 크베이스^{Kveis}에서 유래했다. 하지만 보라색 소파에
눈을 꼭 감고 누워 있는데, 머릿속에 깊이 들어와 박힌 것은 바로 천형
이라는 단어였다. 정말 제대로 된 비유다. 숙취라는 단어는 잊고, 천형
이라고 불러야 한다! '오늘 컨디션 어떠세요?' '아아, 천형을 받는 기분
이에요….'

그때 누군가 방문을 두드렸다.

닥터 버크다. 내가 생각했던 모습 그대로, 아니 그보다 더 멋지다. 소
파와 같은 색깔의 의료복은 얼룩 하나 없이 깨끗하고, 금발머리는 남성
미를 돋보이게 하는 후광 같다. 그는 대학에서 고전학을 전공했다. 그래
서인지 성실하면서도 편안한 인상에, 비꼬지도 농담을 남발하지도 않
고 가볍게 책망하기만 했다.

"지난번에 놔드린 것과 같습니다." 그가 수액걸이를 설치하며 말한다.
텀블러에서 버지니아 아이스크림이 녹는 듯한 목소리가 잘생긴 얼굴에
완벽히 어울린다. "취기가 가시는 정도가 아닌, 숙취를 해소하기 위해선
두 개를 맞을 시간이 확보되어야 합니다. 하지만 환자분 일정상 한 개
맞을 시간밖에 없었죠."

"죄송합니다." 내가 말했다. 진심이었다. 면도하지 않은 뺨, 핏발 선
눈, 짝짝이로 신은 양말, 전형적인 작가 몸매, 가난한 호주머니, 자제력
부족, 나쁜 습관들 그리고 특히 바보처럼 보이는 비대칭적인 얼굴까지

미안했다.

"지금은 어떠세요?" 닥터 버크가 물었다.

"숙취 그 자체죠." 백기를 드는 듯, 이 말이 튀어나왔다. 아마 그의 마법이 작용한 것 같다. 그가 탄탄하고 건강한 몸매에 말쑥한 모습으로 나타나자 오히려 술기운이 더 오르는 것 같다. 그러니 별 도리가 없다.

"어젯밤 얼마나 마셨나요?"

"그 전날의 절반 정도요." 대답은 이렇게 했지만, 사실 잘 모르겠다.

그가 바퀴 달린 가방에서 수액 주머니 두 개를 꺼내더니 먼저 하나를 걸었다. 지난번에 맞았던 마이어의 칵테일이다. "원래 이 두 개를 모두 놔드릴 계획이었습니다." 내 팔에 주삿바늘을 꽂으며 그가 말했다. 그러곤 가방을 치워놓고 산소마스크를 준비했다.

그의 말에 반박할 순 없었지만, 나 자신을 변호해야겠다는 생각이 들었다. "숙취가 가시기도 전에 다시 술 취해 돌아온 사람이 제가 처음은 아니겠죠?"

"그렇습니다." 닥터 버크가 내 얼굴에 마스크를 씌우며 말했다. 그러고는 고상한 듯 느릿느릿한 말투로 찬찬히 이야기를 들려주었다. 잔뜩 취해 혀가 꼬인 한 사내가 그에게 전화를 걸었다. 친구들이 만취해 유치장에 들어가 있는데, 자신도 취한 터라 그들을 빼내 올 수 없다는 내용이었다.

"바로 그때 스치는 생각이 있었습니다." 닥터 버크가 말했다. "가끔 있는 일이거든요. 그래서 그에게 물었습니다. '선생님, 운전 중이십니까?'"

그러자 그는 그렇다고 대답했다. 버크는 당장 주차장으로 들어가라고 지시하고는 재우듯 속삭였다. "일어나면 전화하세요." 그 사내는 시키는 대로 했고, 그들은 그를 데려와 처리했다.

"그를 회복시켰고, 아무도 다치지 않았죠." 닥터 버크가 말했다.

음주운전과 관련 있지만, 나를 겨냥한 이야기가 아닐지도 모른다. 얼굴에 딱 맞게 씌워진 마스크를 통해 산소가 흘러 들어오고 있고, 지금 내 일이 뭔지 오히려 물어봐야 할 상태에서 해야 할 일을 하려 하고 있다. 프리랜스 작가가 술꾼/숙취 환자가 되는 일이라면 아무리 좋게 봐도 미심쩍어 보일 테지만 말이다. 게다가 다음과 같은 문제가 작용하고 있다.

숙취 자체. 어떤 목적이든, 무슨 일이 일어나든 간에, 이 정도 숙취 상태일 때에는 중요한 단계를 알아내거나 찾아내려는 시도였다는 임기응변을 발휘하기 어렵다.

산소마스크. 숙취 상태에서 다른 사람과 인터뷰하는 것은 언제나 힘들다. 치료를 받는 것은 일종의 시험이고, 집중하기란 벌레를 삼키는 것만큼이나 힘들다. 게다가 얼굴에 쓴 플라스틱 원뿔 모양 마스크 때문에 더 힘들다.

유일한 숙취 전문의. 그는 경이로운 인물이다. 그의 균형 잡힌 얼굴에 확연히 드러난 자신감과 편안함을 보면 궁금해지지 않을 도리가 없다. 과연 저 사람은 숙취를 겪어본 적이나 있을까? 마스크를 벗고 물어보았다.

"전 레드 와인을 사랑하면서도 싫어합니다." 닥터 버크가 하이쿠(일본 고유의 짧은 정형시_옮긴이)처럼 대답했다. "라스베이거스 보르도협회 회장이었을 때는 아침마다 두통에 시달리며 눈을 뜨곤 했죠. 그러다 깨달았어요. 뭘 해야 하는지."

닥터 버크가 보르도협회에서 영감을 받아 사업을 시작한 이래, 이 숙취 산업은 술로 인해 생겨난 눈의 핏발처럼 확장해갔다. 그는 이러한 성공이 미국 사회에 영향력이 큰 경제적 공포, 건강 강박증, 할리우드라는 세 가지 요인 덕분이라고 생각한다. 이 경우의 결정적 계기는 두 가지 연구와 영화 한 편이었다. 한 연구에서 미국 경제 중 숙취에 쓰이는 비용이 연간 1,500억 달러라고 발표했고, 다른 연구에서는 숙취 증상 완화에 도움이 되는 약초나 추출물(특히 선인장 열매)을 제안했다. 그 후 1년 사이에 북아메리카의 모든 편의점에 작은 병에 든 치료제가 넘쳐나게 되었다.

"영화 〈행오버〉도 라스베이거스와 이 업계에 크게 기여했습니다." 두 번째 수액을 걸며 닥터 버크가 말했다. "3편이 마지막인데, 정말 별로였다더군요. 하지만 사람들은 계속 숙취를 얻을 겁니다."

동의한다는 듯 고개를 끄덕였다. 닥터 버크는 수액 점적 속도를 조절하고는 다른 이야기를 시작했다. 숙취 치료가 끝났는데도 계속해서 구역질이 난다고 호소하는 남자가 있었다. 알고 보니 심각한 위산 역류 병력이 있는 사람이라 버크는 만일을 대비해 그를 응급실로 보냈다. 응급실에서는 절차대로 위 내시경을 실시했고, 그 결과 식도에 걸려 있던 스테이크 한 조각을 찾아냈다. 하지만 그게 끝이 아니었다. 사실, 이 남자는 1년 전쯤 자신이 사는 지역에서 같은 증상으로 다른 의사를 찾아갔다. 그리고 이 다른 의사는 식도를 막고 있는 스테이크를 보고 말기 암이라고 오진해, 살날이 3개월밖에 남지 않았다고 알려주었다. 그 후로 그는 내내 술만 마셔댔다.

"딱 보면 보이는데 말이죠." 닥터 버크가 완벽히 정돈된 머리를 가로

저으며 말했다.

"그러게요." 내가 전적인 동의를 표했다. 묻고 싶은 질문이 더 많이 있었지만, 산소와 비타민, 전해질과 은은하고 안락한 조명에 둘러싸여 있으니 잠시 몸이 둥둥 떠다니는 느낌이 들었다. 곧 뜨거운 네바다의 산을 오르고 집라인을 탔다가 헬리콥터를 탄 다음, 다시 술을 마셔댈 것이다. 신시티에서 사흘을 지내며 탈진과 수면부족을 겪고 있다. 하지만 지금 이 순간에는 괜찮은 기분이 든다. 이 의사 덕분일 것이다.

보라색 소파에 누워 눈을 감고 숨을 내쉬었다.

다양한 혐오 요법: 플리니우스의 방식

꽤나 극단적인 우리 아버지는 중간 없이 열렬한 쾌락주의와 스파르타식의 혹독한 자기 징벌 사이를 오가는 분이다. 아버지는 주당이자 하루에 담배 두 갑을 피우는 골초였다. 지금껏 담배를 피우지 않고 가장 오래 버틴 시간은 4시간 30분, 처음으로 마라톤에 출전했을 때였다. 하지만 아버지 입장에서 변명을 더하자면 내가 어린 시절엔 끊으려고 노력하시긴 했다.

금연 패치를 붙이고 껌도 씹었고, 구루나 스와미(힌두교 지도자_옮긴이)도 찾아갔다. 그러다 마침내 누군가에게 들었는지 병을 집어 들었다. 그러곤 갈색의 찐득한 물과 담배꽁초를 반쯤 채우고, 어딜 가든 그걸 들고 다녔다. 줄로 연결해 출렁이는 거대한 부적처럼 목에 걸려 있던 모습이 기억난다. 아버지는 담배가 피우고 싶어질 때면 이 병의 뚜껑을 열고 얼굴 가까이 가져가서는 담배 수프의 냄새를 맡았다. 아버지가 담뱃불을 붙여 피우고는 새 담배꽁초를 떨어뜨리는 게 허락되는 건 오직 그때뿐이었다.

"혐오 요법이지!" 누나와 내가 보고 메스꺼워져 겁먹을 만큼 냄새를 짙게 하려고 그 병을 빙빙 돌리며 아버지가 말했다. 아버지는 한 번도 숙취를 겪지 않았다고 단언했지만, 그 병이 진짜 아버지에게 혐오 효과를 주었던 날들은 전날 평소보다 더 마셨을 때뿐이었다. 그건 아버지의 담배 사랑조차 통제할 수 없는 정도의 요법이었던 셈이다.

그러던 아버지가 마침내 담배를 끊으셨다. 술을 끊으려 한 기억은 없는데도 말이다. 내가 어렸을 때, 대다수의 사람들이 당연히 뒤따르는 어려움이라고 여기기 마련인 숙취를 느끼신 탓이었다고 한다. 실제로 겪었는지는 잘 모르겠으나, 자연의 위대한 혐오 요법이라고도 할 수 있겠다.

마이클 M. 밀러^{Dr. Michael M. Miller} 박사는 「미국 의학협회 저널」에서 최면 요법으로 알코올 중독을 치료하는 방법을 설명했다. "대부분의 경우, 환자가 실제로 겪었던 최악의 숙취를 다시 겪게 함으로써 숙취 상태의 역겨움, 혐오, 불쾌감을 강화한다."

하지만 혐오 요법과 숙취 치료 사이에는 큰 간극이 있다. 하나는 환자가 숙취 상태에서 벗어나도록 돕지만, 다른 하나는 근본적인 병인病因을 치료할 의도로 숙취 증상을 증폭시킨다는 점이다. 그러나 빈약한 현대의 숙취 역사 속에서 이 차이점은 우연히 혹은 병리적으로 애매모호하게 혼용되어버렸다. 이에 대해 참고한 자료는 클레멘트 프로이드의 『숙취^{Hangovers}』(1980), 키스 플로이드^{Keith Floyd}의 『숙취에 시달리는 플로이드^{Floyd on Hangovers}』(1990), 앤디 토퍼^{Andy Toper}의 『포도의 분노 혹은 숙취의 동반자^{The Wrath of Grapes-or the Hangover Companion}』(1996)이다.

얇지만 유익하고 재미있는 이런 책들에서는 최초로 숙취 해소법을 총망라한 사람이 플리니우스라고 언급한다. 하지만 플리니우스는 최초로 '모든 것'을 총망라한 사람이라고 하는 편이 정확하다. 그의 『박물지^{Naturalis Historia}』는 지구의 운동부터 곤충의 짝짓기 습성, 세상에 존재하는 모든 종류의 술까지 인류의 모든 지식을 정리한 최초의 백과사전이다.

그리고 이처럼 세상에 알려진 모든 면을 찾아내 기록하려는 강박적 노력의 일환으로 숙취에 대해서도 간단히 언급해놓았다. 플리니우스 자신은 술을 마시지 않았지만, 알코올의 후유증을 다른 것들과 똑같이 냉정하게 정리했다. "술을 마시면 얼굴이 창백해지고, 뺨은 늘어지고, 눈은 짓무르고, 가득 찬 병의 내용물이 쏟아질 만큼 손이 떨리고, 악몽에 시달리며 잠을 이루지 못하는 벌을 받게 된다."

오늘날까지도 이 주제에 대한 역사적 연구, 특히 치료법에 있어서 플리니우스를 참조하지 않은 사례를 찾기는 어렵다. 고대의 숙취 해소법에 대한 장에서 클레멘트 프로이드는 다음과 같이 정리했다.

- 와인에 담근 올빼미 알 (플리니우스)
- 레드 와인에 담가 죽인 숭어 (플리니우스)
- 와인에 빠져 죽은 장어 두 마리 (플리니우스)

10년 후, 플로이드는 조금 더 자세히 파고든다. "(플리니우스는) 아예 마시지 않는 편이 숙취를 치료하는 것보다 낫고, 보라색 옷을 입고 자수정이 박힌 술잔을 사용하면 와인에서 나오는 좋지 않은 성분을 막을 수 있다고 믿었다. 플리니우스는 눈을 떴을 때 고통을 느끼는 이들에게 아침으로 살짝 삶은 올빼미 알을 권했다. 하지만 이러한 숙취가 계속된다면 장어 스튜를 먹으라고 제안했다."

그리고 아주 정확하진 않지만, 토퍼는 다음과 같은 내용으로 요약했다. "저작 중 한 권에서 (플리니우스는) 거나하게 마신 뒤 목에 파슬리를 걸고 잠자리에 들면 숙취를 피할 수 있고, 혹은 다음 날 아침 올빼미 알을 두 개 깨뜨린 와인을 마시면 해소할 수 있다고 말한다."

하지만 플리니우스의 저작이 대략 160여 권임을 감안했을 때, '그의 저작 중 하나'에서 이러한 내용을 찾아낸다는 것은 결코 쉬운 작업이 아니다. 그리고 밝혀진 바와 같이, 그가 제안했다는 치료법 중 어떤 것도 존재하지 않는 것 같다. 사실, 잘못 알려졌다고 해야겠다.

보라색 가운과 자수정에 대한 플리니우스의 실제 기록은 다음과 같다. "자수정이 술에 취하는 걸 막아준다는 동방박사의 주장은 틀렸다." 그리고 와인에 죽은 바다 생물을 집어넣는다는 것은 숙취 치료법이라기보다는 혐오 요법, 아버지의 냄새나는 병의 고대 버전으로 해석된다. 다만 이 경우는 금연이 아닌 금주가 목적인 셈이다. "와인에 빠져 죽은 붉은 숭어나 쏨뱅이, 장어 두 마리 또는 와인에 삭힌 모자반은 술을 마시려는 사람에게 혐오감을 느끼게 한다." 올빼미의 알도 마찬가지다. "와인에 사흘 동안 담가둔 올빼미의 알은 술 취한 사람들에게 혐오감을 야기한다."

하지만 '귓속말로 전해요' 게임이라도 한 듯 몇 안 되는 숙취 역사가들 모두가 문제의 이 부분을 건너뛴 것 같다. 그래서 플리니우스의 '치료법'이라는 것이 널리 알려지게 된 것이다. 심지어 총명한 바버라 홀랜드조차 "로마의 현자賢者 플리니우스는 다음 날 개운해지려면 올빼미 알 두 개를 날것으로 먹으라고 추천했다"라고 말했을 정도다. 그래놓고 이에 대한 아무런 증거도 제시하지 않는다.

클레멘트 프로이드만이 플리니우스의 '치료법'은 술꾼들에게 역으로 작용한다고 설명하며 부분적이나마 제대로 이해했다. "중요한 건 그것들을 술에 담갔다는 사실이다. 보다 정확하게는 해장술 역할을 했다고 해야겠다."

3막

개도 꼬리 치게 하는
해장술

집에 온 우리의 주인공은 병에 걸려 돌연변이가 되었고, 술 취한 북극곰 백 마리와 함께 얼음물에 뛰어들며 새해를 시작한다.

출연: 히포크라테스. 가정의 두 명과 세 명의 현자賢者

"내가 제일 잘하는 일은 술 마시는 것이다. 대부분의 작가들보다 잘 쓰지 못하지만, 누구보다 잘 마신다."

— 기 디보르Guy Debord(프랑스의 마르크스주의 이론가, 작가, 영화 제작자_옮긴이)

내 담당 가정의가 나를 보고 웃어댄다. 그가 소리를 내어 웃는 건 처음 본다. 캐나다인 특유의 건조하게 낄낄대는 웃음, 아이러니가 짙게 밴 순수한 즐거움이 느껴지는 소리다. 지금 우리는 내게 알코올 알레르기가 생겼을 가능성을 살펴보고 있다.

"다시 살펴봅시다." 그가 몸을 앞으로 숙이며 말한다. 걱정보다는 흥미가 앞서는 것 같다. 여기서 진심으로 걱정하고 있는 건 나뿐이다.

"미모사(샴페인과 오렌지 주스를 섞은 칵테일_옮긴이) 마시고 이런 반응이 나온 건 처음이에요." 내가 말했다. "아침 식사를 하는데…."

여자 친구 로라와 나는 휴가 중이었다. 멀지 않은 작은 마을에서 며칠 동안 머무르며 골프 치고 맛있는 것 먹고 술 한잔 하는 소박한 휴가였다. 그래서 나는 잔뜩 먹고 마셨다. 우리는 작은 호텔에 묵었는데, 우리가 떠나는 날 미모사가 포함된 성대한 브런치를 차려주었다. 나는 평소 오렌지 주스를 즐기진 않지만, 숙취 상태였던 데다 샴페인이 섞여 있으니 저항하기 어려웠다. 그런데 브런치가 한창일 때 일이 생겼다.

"당신 괜찮아?" 로라가 물었다.

대답하려 했지만 입이 붓는 느낌이 들었다. 머리도 마찬가지였다. 열이 나고 땀이 솟아났다. 미모사를 한 모금 더 마시자 방이 빙빙 돌기 시작했다. 그래서 물을 마셨다. 그제야 뭔가 잘못됐다는 생각이 들었던 것이다.

물을 500밀리리터쯤 마시고 30분이 지나니 이 정도면 증상이 사라진 것 같았다. 그래서 차를 몰고 집으로 돌아가려 했다. 그런데 호반도로 절반쯤 왔을 때 로라가 타이레놀과 체온계, 물 한 병을 사야겠으니 시내에 잠깐 들르자고 했다. 온몸이 불타는 것 같았지만 열은 없었다. 룸

미러에 얼굴을 비춰 보니 새빨갛게 달아올라 있었다. 그리고 시내에 들어왔을 무렵엔 팔에 두드러기도 돋아났다.

그날은 하루 종일 술을 마시지 않았다. 몸을 시원하게 하니 조금 나아졌지만, 다음 날 저녁 식사 모임에 가서 맥주를 한 잔 마셨더니 재발했다. 새빨갛게 달아오른 얼굴로 와인 한두 잔을 더 마셨다. 다음 날도 똑같은 일이 반복되었다. 그제야 나는 술 마시는 걸 멈추고 의사에게 전화했다.

"이런 증상이 나타난 지 얼마나 되셨습니까?" 팔의 반점을 살펴보며 의사가 물었다.

"사흘 정도요." 내가 말했다. "전 직업상 술을 마셔야 합니다. 그것에 대한 책을 쓰고 있거든요." 하지만 전에도 이런 식으로 말했었다. 그때는 이 주제가 아닌, 다른 주제의 책과 그에 따른 다른 일이었다. 그리고 팔에 반점이 생기는 이런 증상은 없었다. "알코올 알레르기가 생겨선 안 된단 말입니다!"

의사가 몸을 뒤로 기대며 말했다. "정확히 그렇다고는 생각하지 않습니다. 사실 알코올 알레르기라는 건 없어요. 안에 다른 걸 첨가한 특정 술 때문에 그럴 수는 있는데… 당신은 여러 종류의 술에 대해 그런 것 같군요."

"맞습니다! 제 말이 바로 그거예요."

"똑같은 부작용 반응이라…."

"정확히 그래요! 그러면 어떻게 해야 하죠?"

"제가 어떻게 해드리길 원하십니까?"

덫에 걸린 것 같다.

"음… 알레르기 의사를 연결해주시면 어떨는지…."

"알레르기 전문의라고 하죠." 새로운 단어 습득에 있어선 나는 작가와 술꾼으로서 모두 실격이다. 이 바닥을 떠나면 내게 무엇이 남을까? "그런데 제 생각엔 이 반응이 알레르기가 아니길 바라시는 것 같은데요."

"그러면 '다른' 가능성도 있나요?"

"그때까진 그렇다고 봐야죠?" 그가 종이 패드에 손을 가져가며 말했다.

"무슨 말씀이죠?" 그의 말뜻을 정확히 이해했다. 알레르기 의사에게 진료를 받으려면 적어도 한 달은 기다려야 한다. 뭐든 적어도 한 달이다.

"술을 멀리해야 합니다. 적어도 원인을 파악할 때까진 말입니다. 대신 물을 마시세요, 아시겠죠?" 그가 말했다.

"알겠습니다." 발끝을 내려다보며 내가 말했다. 병원에서 나오는데 내 몸에서 멀쩡한 부분은 발뿐이었다.

개를 마시는 사람

역사적으로 인간들은 숙취 해소를 바라며 동물을 포함해 온갖 재료로 이상한 짓을 해왔다. 몽골의 전설적인 술꾼들은 양의 눈알을 절였고, 서부개척시대의 카우보이들은 토끼 똥으로 차를 만들었으며, 나의 웨일스 조상들은 돼지의 폐를 볶았다. 문자 그대로다. 하지만 가장 흔한 방법은 비유로 표현된 방법이다. 당신을 문 개의 털을 뽑아라.

이 귀에 쏙 들어오는 비유는 기원전 400년 전, 안티파네스(혹은 동시대의 고대 그리스인)이 쓴 글로 거슬러 올라간다. 다음 구절은 오래전 어떤 문제에 대해 동종요법을 시행했음을 보여준다.

　개에 물린 상처엔

　그 개의 털을 이용하듯,

　술을 다른 술로 해소하고

　일은 또 다른 일로 해결하라.

안티파네스와 동시대인이자 히포크라테스 선서와 동종요법의 조상인 히포크라테스 덕분에 모든 의료 방법에 이러한 개념이 널리 적용되었다. 불에는 불로 대응해도 해를 입지 않는다는 개념이다. 곧이곧대로 믿기 어려운 조합이지만, 사람들은 대대로 이 방법을 시도해왔다. 물론 알코올로 치료한 건 숙취만이 아니었다. 히포크라테스는 식이요법의 일환으로 간주하여 정교한 술 요법 체계를 수립해 각종 급성 및 만성질환, 다양한 병의 여러 증상에 처방했다.

마르쿠스 아우렐리우스의 궁정의로 일했던 그리스인 갈레노스는 히포크라테스의 의술을 로마 제국에 들여온 인물이다. 그는 플리니우스만큼 다량의 저작을 남겼는데, 평생 동안 쓴 저술의 분량은 250만 단어에 달하며 그 상당 부분이 술을 이용한 치료법에 대한 것이었다. 술을 이용한 수백 가지 치료법 중 그는 검투사의 상처를 치료하는 데 이를 활용했고, 그들 중 누구도 감염으로 죽지 않았다. 머리가 베이거나 배를 찔리거나 굶주린 사자의 밥이 되어 죽긴 했지만, 감염으로는 죽지 않던 것이다.

11세기까지 중세 의사들은 수도사들이 라틴어로 번역해 방대한 의학 전집으로 편찬한 『살레르노 양생훈Regimen Sanitatis Salernitanum』에 나오는 히포크라테스와 갈레노스를 비롯한 고대 의사들의 가르침을 따랐다. 의학 지식을 집대성한 이 전집에서는 소화불량부터 정신이상에 이르기까지 모든 병에 와인을 비롯한 알코올성 음료를 처방했다. 다시 말하면 권장 복용량을 초과해서 마셔야 했다는 뜻이다. "밤에 마신 술로 숙취가 생기면 아침에 또 술을 마셔라. 이것이 최고의 약이다."

물론 술이 치유력 있는 여러 영약 중에서 가장 덜 의심스러운 약물이긴 하다. 16세기 중반에 편찬된 의학 사전인 『약물 처방법Dispensatorium Pharmacorum』은 와인을 전갈의 재, 개의 배설물, 늑대의 간 등 갖가지 재료와 혼합하는 방법을 소개한다. 1667년 「런던의 양조업자The London Distiller」에 실린 한 기사에서는 잘게 부순 인간의 두개골을 재료로 유명한 물약 만드는 법을 설명한다. "인간의 두개골을 내키는 만큼 가져와 잘게 부순다. 그런 다음 더 이상 연기가 나지 않을 때까지 서서히 불에 태우면 누르스름한 액체와 붉은 기름, 휘발되고 남은 소금을 얻게 된다." 이렇게 생성된 증류주는 "간질, 통풍, 부종, 위장병을 비롯해 모든 약한 부분을 강하게 하고, 폐색된 부위를 뚫어주는 일종의 만병통치약"으로 알려졌다.

숙취에 양심의 가책이 동반한다면 분쇄된 인간의 두개골로 만든 술로 취하는 것은 피하고 싶을 것이다. 그렇지만 술 마신 다음 날 아침이면 언제나 앤디 토퍼가 기록한 고대의 숙취 치료법에 나오는 일이 벌어지곤 했다. "고대 유럽에서는 인간의 두개골에 재배한 이끼를 말려 가루로 만든 뒤 코로 흡입하는 방식이 널리 퍼져 있었다." 당신을 괴롭히는 두개골의 일부를 마시는 셈이다.

역사상 특정 시대와 지역에서, 한 마을과 도시, 문명권 전역에서 숙취를 전혀 느끼지 못했을 가능성도 존재한다. 그들은 하루 종일 소량의 술을 계속해서 마셔댔기 때문에 조금의 죄책감도 느끼지 못했다.

오늘날의 미지근한 김빠진 맥주, 얼큰한 블러디 시저$^{Bloody\ Caesar}$(보드카와 클라마토 주스, 핫소스, 레몬 주스, 후추, 소금을 넣은 자극적인 칵테일_옮긴이), 혹은 이런 용도로 개발된 수많은 칵테일 중 무엇으로 해장할지 결정하게 하는 요인은 바로 이런 면, 숙취로 인해 느끼는 죄책감의 정도이다. 이런 혼합물은 크게 두 가지로 분류되는데, 달콤하고 부드러운 완화제는 우윳빛에 상큼하며 속을 진정시키고 원기회복을 돕는 재료로 만들어 다시 제정신이 들게 하며(이런 종류는 주로 모닝 글로리, 인간의 인정$^{Milk\ of}$ $^{Human\ Kindness}$, 엄마의 꼬마 도우미 같은 이름이다), 강렬하고 짜릿한 종류는 씁쓸하고 화끈해서 토할 것 같은 맛으로 속을 뒤집어 정신이 번쩍 들게 한다(주로 칸의 저주, 고통스러운 놈팡이, 가이 포크스의 폭발 같은 이름이다).

역사적으로 두 번째 종류에는 안초비부터 암모니아, 마늘, 화약까지 갖가지 재료가 들어갔다. 클레멘트 프로이드가 (그의 굉장히 분석적인 삼촌처럼) 말했듯, 이런 음료는 이미 자책감에 젖어 있는 술꾼에게 보다 힘겨운 고통을 겪게 함으로써 '죄책감을 승화시키는' 역할을 한다. 또 "이런 종류의 음료는 쓴 약은 몸에 좋다는 대중적 믿음에 기인한 효과를 누린다"라고 그는 주장했다.

하지만 죄책감 해소를 제외하고, 과연 해장술이 실제로 효과가 있을까? 그건 분명하다. 그리고 항상 그렇다. 미국 국립보건원조차 "알코올의 재복용을 통해 알코올 금단과 숙취로 인한 불쾌감이 완화된다는 사실은 두 증상의 해소 과정에 공통점이 있음을 시사한다"라고 인정하지 않았던가.

그러나 '재복용'의 문제에 있어서, 관련 기관들은 알코올 중독자가 되지 않으려면 절대로 하지 말라고 경고했다. 2009년 네덜란드의 요리스 베르스터 박사 Dr. Joris Verster는 정확히 이 문제를 다룬 논문을 발표했다. "해 장술: 효과적인 숙취 치료법인가 문제성 음주로 이어지는 예측변수인 가?"라는 네덜란드 대학생들을 대상으로 실시한 조사를 토대로 했다. 그중에서 숙취 해소를 위해 술을 마시는 학생들은 대략 세 배의 알코 올을 마시며, 이런 일이 자주 있는 학생들은 '심각한 알코올 의존 진단' 을 받았다는 사실이 밝혀졌다. 하지만 물론 이 모든 건 닭이 먼저냐 달 걀이 먼저냐 따지는 것과 마찬가지다. 게다가 베르스터는 첫 번째 질문 "효과적인 숙취 치료법인가?"에도 제대로 대답하지 않았다.

사실, 해장술은 우리가 상상하지 못하는 식으로 효과를 발휘한다. 최 근 발표된 알코올의 과학에 대한 걸작 『프루프 Proof』에서 저자 아담 로저 스 Adam Rogers는 "몸이 메탄올을 산화시키는 걸 막는다는 점에서 에탄올이 숙취에 도움이 될 수도 있다"라고 했다. 로저스가 설명했듯, 에탄올은 알코올의 마법 성분이지만, 메탄올은 알코올성 음료에 낮은 수준으로 함유되어 있다가 수치가 높아져 당신을 죽을 만큼 괴롭히는 고약한 분 자로 산화되면 포름알데히드만큼 독성 물질이 된다. 이러한 효과를 일 축하는 연구도 있지만, 로저스는 이렇게 결론을 내렸다. "'해장술'의 효 험에 대해 확실한 증거가 한 가지 있다. 술을 더 마시게 된다는 것이다."

개도 꼬리 치게 하는 해장술, 개는 책을 쓴다

한 달이 넘도록 길디긴 금주의 시간을 보낸 뒤, 다른 의사에게 팔의 반점을 보여주고 있다. 몇 주간 술을 입에도 대지 않았지만, 여전히 왼쪽 팔뚝에는 반점이 남아 있다. 술을 끊은 인간 두개골에서 자란 이끼를 코로 흡입한 느낌이다.

오른쪽 팔에는 알레르기 전문의가 알코올로 닦은 바늘로 찔러댄 자국이 나 있다. 4열 3줄 각각 검은 사인펜으로 번호가 매겨져 있다. 어떤 건 약간 붉은 점이고, 어떤 건 폭발하려는 화산처럼 부풀어 올랐다. 전부 가운데가 뚫린 푸른 동그라미에 싸여 있다.

"돼지풀." 의사가 말한다. 이런 얘기를 수도 없이 반복했을 것이다. "꽃가루, 집먼지진드기, 비듬." 그의 입에서 "오렌지 주스" 혹은 적어도 비슷한 시트러스 계열이 나오기를 기다렸다. 아니면 조각얼음, 작은 플라스틱 칼, 진정제. 뭐라도 좋으니 이 문제의 원인을 찾기만을 바랐다. 하지만 그는 화산재를 마지막으로 말을 멈추었다.

"오렌지는 어떤가요?"

그가 색이 변하지 않은 작은 점을 가리켰다.

"그러니까, 이 말은 곧 돼지풀과 스모그가 들어간 술을 마시면 안 된다는 건가요?"

"그렇게 생각하시나요?" 그가 나를 빤히 쳐다보며 말했다. "음, 정말 실은 아무 문제 없습니다. 적어도 알레르기에 대해서는요. 그런데 알코올 홍조 반응이라고 들어보셨습니까?"

"그럼요. 제가 지금 그 상태라고 생각하거든요. 그런데 이런 반응은 아시아인에게만 나타나는 거 아닌가요?"

"맞아요, 그래서 아시안 홍조 반응이라고도 하죠." 자신도 아시아계로 보이는 의사가 말했다. "아시아인의 절반가량이 영향을 받는 이상반응이죠. 특정 유전자 변형으로 인해 몸이 아세트알데히드라는 물질을 분해하지 못하는….."

내 일부분은 그가 하는 말을 몸소 이해하고 있다. 어쨌든, 최근 들어 몸이 알코올을 처리하는 과정에서 생성되는 화학물질이자 숙취를 유발하는 일차 요인으로 널리 알려진 아세트알데히드에 대해 깊이 생각해 보긴 했다. 하지만 의사가 설명하는 상태라면 한 잔만 마셔도 당장 심각한 증상을 야기해야 한다.

"그런데 좀 이상한 게, 이런 경우 반점과 발진뿐 아니라 심장박동수도 급증하고 숨이 막히고 구토감과 두통, 혼미함, 시야가 흐려지는 증상도 동반되거든요." 이 의사가 말하면서 방 안의 공기를 전부 자신의 폐로 흡입하는지, 숨이 막히고 머리는 지끈대고 입은 마른다.

"물 좀 드릴까요?" 그가 물었지만 불길한 질문 같다.

"아뇨!" 내가 말했다. "그러니까… 그렇다고요. 제 말은… 이런 일이 어떻게 일어날 수 있느냐는 겁니다."

모든 상황이 어긋난다는 설정으로 몰래카메라를 당하고 있는 것처럼 느껴지기 시작한다. 아시아계 의사는 코카서스계 숙취 연구자인 나에게 즉각적인 숙취 증상을 야기하는 유전적 조건인 아시안 홍조 반응이 생겼을지 모른다고 말하고 있다. 이번 에피소드는 '일본인으로 바뀌다' 아니면 '술 취한 고질라' 정도쯤 되겠다.

그가 원뿔 모양 종이 물 컵을 들고 왔다. 뒤집어진 작은 바보 모자(과거 학교에서 공부를 못하거나 게으른 학생에게 벌로 씌우던 원뿔 모양의 모자_옮긴이)를 받아 한 모금 마시고 정신을 차리려 했다.

"잘 이해가 되질 않습니다." 내가 다시 의견을 개진했다. "지금껏 별 문제 없이 술을 마셔왔는데, 어떻게 이런 유전 문제가 생길 수 있나요?"

의사가 어깨를 으쓱했다. "이따금 몸이 갑자기 변하는 경우도 있습니다. 뇌의 신경계에 근거해 생기는 일이죠. 우리도 모든 걸 다 알지는 못합니다만, 몸과 마음은 당신을 보호하려는 쪽으로 작용합니다."

"그러면 전 어떻게 해야 하나요?"

"글쎄요, 알코올 성분을 드시고 생긴 반응이니…" 의사가 말했다.

내가 뭘 해야 하는지 제대로 설명하지 못하는 의사에게 짜증이 치밀었다.

"술 끊는 거 말고 다른 방법은요?"

"음, 나이아신이 홍조 현상을 악화시킬 수 있으니까, 그것도 피해야겠네요."

그에게 나이아신이 뭔지 모른다고 인정함으로써 만족감을 주고 싶지 않았다. 어쨌거나, 무엇이 이 증상을 악화시키는지는 궁금하지 않다. 그저 이걸 '유발'하는 게 뭔지 알고 싶을 뿐이다.

물론 술 말고 다른 걸로 말이다.

지금껏 술을 마셔오면서, 나는 알코올에 대한 지속적인 회복탄력성에 자부심과 유감을 동시에 품고 있었다. "문제는 이 문제가 별일 아니라는 거지." 손에 찰랑거리는 술잔을 들고 이렇게 말하곤 했다.

필름이 끊기는 사람들이 있다. 병원이나 유치장에서 정신을 차리거나 혹은 마감을 놓치거나, 해고를 당하거나, 차 사고를 내거나, 진짜 아프게 되거나, 지독한 숙취에 시달려 하루 종일 정신을 못 차리거나 더 이상 술을 마실 수 없는 지경에 이르기도 한다. 하지만 나는 아니다. 절대로. 나는 충분히 조절할 수 있다. 그런데 그만 마셔야 할 이유가 있나? 계속 마시고 또 마시는 건 문제다. 그러면 어떻게 되는지 알았는데. 위궤양이었나? 통풍? 간경화였던가?

하지만 이번엔 다르다. 나 같은 사람 얘기를 들어본 적 있나? 하도 황당해서 인터넷 익명 게시판에 들어가 보았다. 나처럼 돌연변이가 된 사람들이 모인 의학 관련 방이다. "아시안 홍조 반응이 나타난 코카서스인?" 얼굴이 붉어지는 증상에 당황한 백인 술꾼들로 가득 찬 방이다.

아이디 Whyismyfacesored라는 사람이 이렇게 썼다.

내가 술을 마실 때마다 이런 증상이 생기는 건 아닙니다. 그래서 더 당황스러워요. 그리고 와인이나 맥주, 보드카 같은 독주를 마실 때 생기기도 합니다. 그러면 얼굴이 붉어지고 두드러기가 돋아 가렵고 온몸이 후끈 달아올라, 공공장소에서 추잡하고 부끄러운 모습이 됩니다.

여기에 Roxbury2006이 댓글을 달았다.

이런 증상으로 고통 받는 게 저만은 아니었군요! 저는 서른세 살 백인이고… 술을 진탕 마시거나 이틀 연속 마시면 이런 증상이 생깁니다. 금요일 밤에 펍에 가서 1파인트짜리 라거 8~10잔, 예거밤 몇 잔, 잭다니엘스 두어 잔까진 마셔도 됩니다. 그런데 다음 날 맥주 4파인트만 마시면 이런 증상이 시작됩니다. 여러 의사를 찾아가서 내시경, 피검사, CT 촬영도 받았죠. 하지만 누구도 명확한 이유를 찾진 못했습니다. 어쨌거나 그 원인을 찾기로 결심했으니 더 알게 되면 여기에 글을 올리겠습니다.

2013년 4월 highbury2005의 댓글 이후론 아무것도 없었다. 하지만 일정 패턴을 찾을 수 있었다. 대부분 이틀 이상 술을 마실 경우 이런 증상이 나타난다는 것이다. LizJen99의 글을 보자.

술을 마신 날의 3분의 1 정도 이런 증상이 나타납니다. 보드카, 데킬라 럼, 사이더^{Cider}(탄산가스가 함유된 사과주―옮긴이), 와인. (맥주는 잘 안 마심.) … 주종은 상관 없고요. 그리고 사흘 연속 마시면 증상이 나타나고 (처음 이틀은 아님) 며칠 동안 안 마셨다가 조금 마셨을 때도 그렇습니다. 앞서 말했듯, 모든 경우의 3분의 1 정도 확률로 생기네요.

BeatMan22는 자신이 처음 술을 마셨을 때부터 홍조 증상을 겪었지만 모든 게 심리적인 문제라고 확신했다.

누군가… 모든 건 정신의 문제라고 말했습니다. 그러고 나서 보니 그 말이 사실이더군요. 모든 건 마음에 달려 있다고 확신하자 이런 현상이 사라진 겁니다. 잠깐 그러는 경우도 있지만, 이따금 생기는 정도입니다. 특히, 붉어지겠다고 예상하면 100퍼센트 그렇게 됩니다. 주종과 마음가짐을 비롯해 많은 요소가 영향을 미치는 것 같습니다.

BootsAndKats는 굉장히 자세히 적었다. 친구와 호텔에서 딸기 마가리타를 마셨는데, 갑자기 부작용이 나타났다고 한다.

심장이 하도 두근대서 이러다 죽겠다는 생각이 들 정도였는데, 이런 증상이 30분 정도 지속되더니 사라지더군요. (물을 마시고 에어컨 온도를 가장 낮게 설정한 것도 도움이 됐어요.)

이제 그녀는 '55칼로리의 라이트 맥주'만 마신다고 한다.

Ritana2도 나 자신을 비롯해 이 방의 대다수처럼 꽤나 충격을 받았지만 꽤나 건망증이 심한 사람이었다.

아무 문제 없이 잘 마셨던 와인인데, 바로 그 와인(똑같은 브랜드)을 다시 마셨을 때 어째서 이런 반응이 생겼을까요? 정말 어이가 없었습니다. 의사에게 물어볼 예정입니다. 사실, 그러다 매번 잊어버리죠. 애를 낳고 40이 넘으면 여러분들도 그럴 거예요. ;) 그래서 다음 달 병원에 갈 때 잊지 않도록 이 내용을 써놨

답니다.

그녀의 이야기를 들은 의사가 뭐라고 말할지 짐작된다.

교직원 사무실에서 알코올의 과학에 대한 자료를 프린트하고 있는데 켄이 복사기 옆에서 학생들에게 들려줄 이야기를 수집하고 있다. 우리 둘 다 토론토 대학교에서 글쓰기를 가르치고 있고, 난 그를 친구로 생각한다.

"있잖아, 방금 생각났는데 말이지." 그가 말했다. "네 책이 나오면 네가 '그 남자'가 될 거라는 생각은 안 해봤어?"

대꾸하지 않기로 했다. 이런 희귀한 홍조 증상을 진단받은 이래, (적어도 그날 첫 잔을 들 때까지) 나는 뚱하다 싶을 만큼 조용히 지냈고 지금은 꽤 늦은 시각이다. 어쨌거나 (스스로 만든 '일상에서 이야기를 찾아내기'라는 강좌를 가르치는) 켄이 끼어들 문제는 아니다.

"바가 됐든 어딜 가든, 사람들이 말하겠지. '그 남자 여기 있군. 숙취에 대한 책을 쓴 사람 말이야.' 말 그대로야. 그렇게 될 거라고, 친구! 이런 생각도 안 해봤어?"

축복받은 튼튼한 심장을 가진 켄은 내가 아는 작가 중 운동선수로서의 능력도 탁월한 몇 안 되는 인물이다. 그는 조정 선수의 몸과 작가의 예민함 그리고 '완성될 책에 대한 이권!'을 갖고 있다.

그래, 나도 안다. 하지만 글을 써서 먹고 살기란 호시절에도 여간 힘든 일이 아니다. 다소 뜬금없지만 빈민가, 술집, 도박장, 마약소굴 어디가 되었든 당신이 생각하기에 가장 힘든 밑바닥 인생을 살아가는 패배자라고 상상해보라. 늘 엉망진창인 상태로 살 수밖에 없는 환경이다. 그렇게 늘 되는대로 살았는데, 어느 날 보니 유전적 변이가 일어났고 나이트클럽을 관리하고 있는 자신을 발견하게 됐다.

"이봐." 켄이 끼어들었다. "아직 그 클럽 관리하고 있어?"

"그래." 내가 대답했다. "수업 끝나면 곧장 거기로 가자고."

"친구, 너 완전 멋져." 켄이 말했다.

클럽을 인수한 원래 목적은 대출을 갚고, 연구조사를 하고, 음… 나만의 나이트클럽을 갖기 위해서였다. 그렇게 작가, 선생, 클럽 매니저, 세 살 아이를 둔 싱글대디로서의 삶이 시작되었다. 일주일의 절반은 새벽 6시에 잠자리에 들었고, 나머지 절반은 그 시간에 눈을 떴다. 그래서 아무리 노력해도 밤잠이 부족해질 수밖에 없었다. 로라의 참을성도 한계에 다다라, 내 아이의 엄마가 내게 말을 걸지 않는 지경에 이르렀다.

나는 밤이면 클럽의 뒷방에서 숙취에 대한 글을 썼고, 숙취가 너무 심해 글을 쓸 수 없는 낮이면 그에 대한 글을 읽었다.

오늘도 숙취 연구 자료를 읽고 있었다. 숙취에 대한 자료가 많지 않은 탓에, 하나같이 얼마나 자료가 부족한지 단서를 달고 시작한다. '숙취 증상 등급의 개발과 초기 확인'이라는 제목의 이 보고서를 보자.

누구나 겪는 경험임에도, 알코올 연구에 있어서 숙취는 놀랄 만큼 체계적인 관심을 받지 못했다. 부분적으로는 보통 술 마신 다음 날 아침에 겪는 생리 현상과 주관적 영향을 명확히 구분해 숙취 증상을 측정할 기준이 부재했기 때문이기도 하다. 최근 연구에서 우리는 이 공백을 메울 수 있는 '숙취 증상 측정표 Hangover Symptoms Scales. HSS'라는 새로운 측정 지표를 개발, 평가했다.

이 평가지표는 술을 마시는 1,230명의 학생들을 대상으로, 최근 1년 간 그들이 겪은 숙취와 그 증상을 정리한 목록을 토대로 하여 만들어졌다. 이를 통해 연구자들은 '보편적인 숙취 증상을 설명하는 데 유효

한 형용사'를 도출해냈다. 사실, 목록에 사용된 단어는 '갈증, 피곤함, 두통, 집중력 저하, 메스꺼움, 기운 없음, 빛과 소음에 민감해짐, 발한, 불면, 구토, 불안, 경련, 우울감' 같은 명사지만 말이다. 참가자들은 평균적으로 지난 12개월간 이상의 열세 개 항목 중 다섯 개의 증상을 경험했고, 나는 지난 12일간 열세 가지를 모두 경험했다. 심지어 목록에 있지도 않은 '얼굴 홍조 증상과 두드러기'도 겪었다.

HSS가 과거의 경험을 떠올려 숙취 현상을 연구하도록 개발된 반면, '알코올성 숙취의 심각성 평가 지표Alcohol Hangover Severity'는 숙취의 효력이 지속되는 동안 그 정도를 측정하기 위해 고안되었다. 이 경우, '피로, 신체적 불편함, 어지러움, 무기력, 발한, 경련, 불안, 위통, 집중력 저하, 가슴 두근거림, 갈증'의 열두 가지 증상으로 측정한다.

오늘에서야 이 표를 알게 되었지만, 이 지표는 상당히 이해하기 쉽게 되어 있다. 각 증상의 심각한 정도를 1점부터 10점까지 평가하고 그걸 합산하면 자신의 점수가 된다. 예를 들어 지금 복사기 옆에 있는 켄과 이야기하며 알코올성 숙취의 심각성 평가를 했더니 120점 만점 중 46점을 받았다. 하지만 이 점수에는 내가 지금 당장 술을 마시면 머리가 불타기 시작하고 팔뚝엔 두드러기가 돋아 가렵고 따끔따끔해질 거라는 점은 포함되지 않았다.

켄의 상상 속 술집에 앉은 녀석들이 뭐라 할지 그려진다. "저기 앉은 저 사람, 숙취에 대한 책을 쓴 사람이잖아." 그러곤 까무잡잡하고 몸 좋고 아일랜드계 바이킹 유대인의 모습을 한 내 머릿속의 내가 아닌, 벌게진 얼굴로 구석에서 몸을 떨며 라이트 맥주를 마시는 작자를 가리킬 것이다. 저기 저 사람 말이야.

"죽이는걸, 친구." 켄이 스테이플러를 찍으며 다시 한숨을 내쉬었다. 뭔가 바뀌어야 한다.

"중용을 지켜라!"

의도적으로 반어적 어조를 사용했지만 목적만큼은 진실한 이 기묘한 슬로건을 처음 주창한 사람은 로마의 수많은 탕아蕩兒 중 하나인 시인 호레이스였다. 오늘날은 중용의 미덕이 누구나 동의하는 가치가 되었지만, 당시에는 술 취해 귀 먹은 자들에게 던진 말이었다.

신세계에서는 해서는 안 되는 금기 사항이 그리 많지 않았지만, 그 사이의 균형만큼은 중시되었다. 무엇보다 중용이 건전함의 새로운 기준이 되었고, 그 논리는 논박할 수 없었다. 그래서 메타암페타민/수간獸姦/다단계 행사 파티에 간다면? 마음대로 하라. 중용만 지킨다면 괜찮으니까.

또한 과거에 우리를 죽인다고 알려진 것이 알고 보니 유익하다거나 그 반대가 되는 이상한 경우도 알게 되었다. 팝록스Pop Rocks(입 안에 넣으면 톡톡 튀는 사탕류_옮긴이)도 적당히 사용하면 알츠하이머, 이명, 우울증의 발생 가능성을 감소시킨다는 최근 연구도 있다. 물론 이렇게 너무도 자연스럽고 이상한 이분법적인 반反연속성은 알코올에 섣부른 희망을 불어넣기도 했다.

알코올은 수천 년간 전 세계 의료계에서 가장 보편적으로 사용되어 왔으나, 금지된 과도하고 위험한 실험에 사용된다는 이유로 1920년 미국 약전藥典에서 삭제되기도 했다. 그러다 갑자기 술의 놀라운 효력을 보여주는 연구가 시작되었다.

매일 와인을 적당히 마시면 예방된다는 병의 목록이 나날이 길어지고 있다. 현재 알려진 것만으로도 소화불량, 불면증, 노화를 비롯해 심혈관계 질환, 감기, 백내장, 근육 감소, 류머티즘 관절염, 알츠하이머, 치매, 당뇨병, 지방간, 뇌경색에 이른다. 인터넷의 각종 과학 관련 사이트에 따르면, 데킬라를 마시면(물론 적당량) 골다공증, 2형 당뇨병, 치매, 비만 예방에 도움이 되고, 장에 좋은 유익균까지 얻을 수 있다고 한다. 또 최근 연구에서는 맥주가 신장에 좋을 뿐만 아니라 콜레스테롤 수치를 낮추고 골밀도를 높이는 데 도움이 되며, 맥주는 필수 비타민을 섭취하는 가장 좋은 방법이라고 밝혔다.

술이 아무리 유익해도 적당히 마시라는 과거 의료인들의 경고는 가끔씩 조금만 마시라는 오늘날 보건당국의 신중한 권고와는 상당히 다른 의미이다. 그러나 만취의 유익함, 심지어 숙취의 장점을 주장하는 사람들도 있다.

14세기의 비야노바의 아르놀드(스페인 출신의 의사, 평신도 교회개혁가_옮긴이)는 저서에서 만취 상태에 이르면 "결과적으로 몸 안의 유독한 체액이 제거된다"라고 기록했다. 이슬람 의사 이븐 시나 역시 가까운 지역에 살았다는 걸 감안하더라도, 똑같은 가설을 제시했다. "어떤 이들은 만취하면 동물적 욕망이 진정되고 쉬고 싶어지며, 소변과 땀이 유발되어 나쁜 물질이 제거된다는 점에서 장점을 주장한다."

아니면 (적어도 우리 목적에 있어서는) 오스카 와일드의 명언이 더 적절할 것 같다. "모든 것에 있어서 중용을 지켜라! 중용을 포함해서."

개도 꼬리 치게 하는 해장술, 랄라라라 라라라라

휴가를 맞아 가족을 만나러 밴쿠버에 왔다. 과음하지 않으려 혼신의 노력을 기울이고 있다. 얼굴색이 변하면 휴일에 딱 어울리겠지만 말이다. 하지만 이 책을 계속 써야 하기 때문에 각종 술을 제대로 연구할 최적의 타이밍을 신중하게 고르고 있다.

예를 들어 크리스마스는 어떨까. 모든 걸 계산해보았다. 적어도 주제에 있어서는 말이다. 예상컨대, 빅토리아 시대 런던의 굴뚝 청소부는 술을 퍼마시기 전에 숯을 삼키려는 휴일의 술꾼들에게 숯을 팔아 부수입을 올렸을 것이다. 벽난로의 재 두 스푼을 따뜻한 우유에 타라는 레시피가 있는 걸 보니 말이다.

열아홉 살짜리 조카 데이비드가 이번에 같이 마시자고 제안했다. 브리티시칼럼비아에서는 열아홉 살이면 술이 허용되므로 바보 같지만 불법은 아닌 짓을 할 수도 있다. 또한 술 마시기 전에 올리브 오일로 위를 코팅하는 예방책도 알게 된 만큼, 기름 따위 삼키지 않고 평범하게 마실 데이비드와 달리 나는 이 방법대로 한 뒤 따뜻한 에그노그(맥주나 와인에 달걀, 우유를 섞은 술_옮긴이)에 숯가루를 섞어 마시고 숯을 푼 지방 2퍼센트 우유로 마무리할 생각이다.

다른 친척들이 도착하기 전, 벽난로에 머리를 집어넣고 숯을 한 바가지 퍼냈다. 숯은 각종 독성 물질을 흡수한다고 알려져 있다. 약물을 과다 복용했을 때 숯 성분 약을 사용하는 이유다. 하지만 벽난로에서 꺼낸 숯은 생각만큼 잘 풀리지 않았고, 우유는 이상한 보라색으로 바뀌어버렸다.

올리브 오일을 한 잔 마셨다. 굉장히 느끼하다. 그러곤 숯검정으로 지저분해진 에그노그를 한 잔 마셨다. 데이비드의 이가 까매졌고, 나도 그렇게 되었다. 우리는 이가 다시 반짝일 때까지 샴페인으로 입을 가셨다.

샴페인 한 병을 바닥내며 케일, 시금치, 근대, 석류알, 호두, 아보카도, 귤, 무화과를 넣어 항산화라고 이름 붙인 샐러드를 만들었다. 크리스마스 화환처럼 배치해놓고 그 위에 석류 발사믹 드레싱을 뿌린 뒤, 본격적으로 마시기 시작했다. 그리고 데이비드가 얼마나 마시는지도 계속 주시했다.

우리의 예방책이 다소 미비할 경우를 대비해, 성경에 언급된 숙취 해소법인 금, 유향, 몰약을 이용한 방법도 시도했다. 유향에는 자연 유래의 항염증 성분이 있는데, 보스웰리아라는 이름의 캡슐 형태로 유통된다. 몰약은 에센셜 오일로 쉽게 사용할 수 있는데, 백혈구 수를 늘려주고 간의 담즙 분비를 촉진한다. 그리고 금은 조지 비숍에 따르면 "17세기 연금술사들은 불에 증류한 와인과 순금을 섞으면 만병통치약이 된다고 생각했다"라고 하는 물질이다. 그들은 우리가 아는 것보다 훨씬 현명했던 것 같다.

이건 전부 내 생각이었지만, 약간의 도움도 받았다. 가이아 가든이라는 가게의 허브 전문가 브라우닌은 유향과 몰약에 대한 정보와 더불어 협찬까지 해주었다. 그녀는 굉장히 똑똑하고 참을성 강하며 꽤 믿음직스러운 사람이다. 그래서 내가 "그러면 금은 어떻게 구하죠?" 묻자, 당장 가까운 금세공업자의 이메일 주소를 알려주었다.

세공업자이자 허브 전문가, 아유르베다 의사인 토드 칼데코트는 이런 어이없는 부탁을 흔쾌히 받아들이지 않았다. 내가 보낸 이메일에 이렇게 회신했다. "알겠습니다. 그런데 왜 꼭 금, 유향, 몰약이어야 하죠? 숙취를 다룬 기독교 서적에 그렇게 나와 있습니까?" 그러곤 이어 설명했다. "금은 면역체계를 억제하는 대체 약물로 사용되어왔습니다. 하지만 끔찍한 부작용이 상당해서 숙취 해소용으로 추천하지 않습니다. 자세한 건 미다스 왕에게 물어보시죠."

그러다 태도를 바꿔 칼데코트는 사실 금에 그런 효과가 있긴 하다고 알려주었다. "아유르베다 의학에서는 스와르나 바스마라는 금 성분이 함유된 화합물을 염증 감소와 활력 증강 목적으로 사용합니다. 하지만 이 화합물에는 다른 금속 성분도 함유되어 있기 때문에 현대 서양 의학에서는 사용을 금지하고 있는 겁니다."

물론 아유르베다 의사인 세공업자가 현대 서양 의학적 사고에 반발한 것은 아니었다. 오히려 『반지의 제왕』을 인용해 책망하는 마음을 전했다. 칼데코트는 마지막으로 이렇게 썼다. "사실, 아유르베다와 전통 의학은 늘 숙취가 생길 정도로 과음해도 괜찮다는 생각 같은 우리의 자만심에 공감하지 않습니다. 간세포가 재생의 마법사이긴 하지만, 그런 짓을 하는 건 최후의 성공을 거두기도 전에 간달프를 죽이고 또 죽이는 것일 뿐입니다."

어떤 이유든 간에, 아마 놀랍지도 않겠지만 크리스마스가 코앞인데 아유르베다나 성경 어느 경로를 통해서도 금 성분의 재료를 손에 넣을 수 없다는 사실이 확인되었다. 적어도 올해에는 올리브 오일, 숯, 항산화 샐러드, 유향, 몰약이 전부일 것 같다. 빰빠라밤.

다들 잘 기억 못 하지만, 크리스마스는 기독교의 축일인 것처럼 동지冬至 축제를 그리스도의 생일과 일부러 합쳐버린 바이킹의 축일이기도 하다. 역사적으로는 둘 다 흥청망청한 축제를 벌였다. 기독교 술 신의 탄생을 바이킹식으로 축하하며, 새로 얻은 중용의 덕은 잠시 잊고 잔을 들기로 했다.

데이비드는 나와 보조를 맞추려 했지만 그러기엔 아직 부족했다. 자정까지 와인 여섯 잔, 샴페인 다섯 잔, 럼주와 에그노그 세 잔, 위스키 두 잔, 브랜디 두 잔을 마시고 아마 멧비둘기 장식까지 먹은 것 같다.

다음 날 아침 눈을 뜨니 배나무에 꿈쩍도 않고 있는 자고새가 된 기분이 들었다. 내가 할 수 있는 거라곤 나무에 매달려 박싱 데이$^{Boxing Day}$를 소재로 말장난이나 떠올려 보는 것뿐이었다.

박싱데이는 마이크 타이슨과 13라운드 경기를 펼친 것 같은 느낌으로 눈을 뜨기 때문에 붙여진 이름이다.

박싱데이는 지난밤의 술병이 사라지고, 남은 건 박스뿐이라서 붙여진 이름이다.

박싱데이는 땅 속 1.8미터 아래 빌어먹을 소나무 상자에 누워 있는 기분(죽어서 땅에 묻힌 기분이라는 의미_옮긴이)이기 때문에 붙여진 이름이다.

이번 숙취는 엄청나다. 알코올성 숙취의 심각성 지표 120점 중 최소 100점은 될 것 같다. 있는 힘을 다해 움직여 동방박사들로부터 선물을 받았지만 기적은 일어나지 않았다. 박싱데이 내내 온 백성에게 기쁨이 될 소식은 듣지도 못한 채 토하고 끙끙 앓으며 드러누워 보냈다. 그러면 유향과 몰약, 무화과와 석류, 숯과 올리브 오일은 어찌 되었는가? 글쎄, 특히나 숙취 연구라는 굉장히 불확실한 분야에서는 당신이 자신의 최대의 적이지만 그조차도 깨닫지 못하는 경우가 많다. 사실, 그로부터 얼마 후 자료를 찾아보다 사도 킹슬리의 말씀을 접하게 되었다.

파티에 참석하기 전 올리브 오일이나 우유를 마시는 사람들이 상당히 많다. 알코올의 흡수를 지연시키기 위한 것이지만, 결과는 예전과 마찬가지다. 한 친구는 양적 사고에 호도되어 일단 올리브 오일을 한 잔 마신 뒤 위스키를 들이켠다. 이렇게 두어 시간 지나는 동안 위장을 보호하고 있어야 하는 점액 물질이 조금씩 벗겨져, 마침내 알코올이 몸으로 침투하여 바닥에 눕고 만다. 그래서 나는 이런 전략은 꺼리는 편이다.

마침내 침대에서 일어났을 때에는 박싱데이의 해가 저물고 있었다. 어지럽고 불안하고 메스꺼운 것이 에이미스의 친구 혹은 성서의 뜻을 곡해한 성경 속 술꾼들처럼 몹시 불편한 상태다. 성모 마리아의 은총을 구하며 이 시간 유일하게 문을 연 곳으로 조심스레 차를 몰았다.

런던 드럭스 앞에 주차했다. 문을 밀어 열고는 비틀대며 형광등 불빛이 환하고 소리가 울리는 복도를 지나 초대형 약국 안으로 들어갔다. 특수 교정 장치와 숙취 해소제 사이에서 즈박Zwack 병을 찾았다.

40도 알코올에 40여 가지 허브를 배합한 불가사의한 액체인 즈박은 예거마이스터와 언더버그의 중간쯤 되는 약주藥酒이다. 아버지 에이미스(킹슬리 에이미스를 가리킨다. 그의 아들 마틴 에이미스도 작가이다_옮긴이)는 이렇게 설명했다. "순식간에 배 속에서 일어나는 효과는 텅 빈 욕실에 크리켓 볼을 던지는 것 같다. 그 결과로 일어나는 가벼운 경련과 충격은 지켜볼 만하다. 하지만 그 후 편안하게 술기운이 오르며 금세 현저히 호전된다."

즈박은 언더버그의 상당히 매력적인 사촌 같다. 씁쓸한 약초와 알코올을 혼합했다는 점에서는 비슷하지만, 캐러멜이 더해져 목 넘김이 부드럽다. 쓰린 내장을 진정시키고 덜 자극적인 방법으로 편안하게 술기운이 오르게 하는 데 최고다. 내 경험상, 끔찍한 술기운의 공격을 억눌러 복통을 진정시키고 입맛을 돌게 하는 데 가장 효과적인 해장술이다. 그런데 이걸 약국에서 살 수 있다고 얘기했던가?

내 고향의 청교도적 음주 관습과 규칙을 생각했을 때, 이런 일이 가능하리라 생각조차 못 했기에 묻지도 않았다. 적십자사의 적십자 마크와 똑같지만 흐릿한 황금빛이 도는 상표 덕분일지도 모른다. 이걸 커다란 트리 장식을 연상시키는 밝은 초록색 병에 붙이면 제대로 크리스마스 분위기를 내기 때문이다.

십자가는 차치하고, 투박하면서도 약처럼 느끼게 하는 것은 바로 우니쿰^{Unicum}이다. 입에 잘 붙지는 않지만, 약국에서 부르기 적당한 이름이다. 훨씬 약 같고 치유력 있는 것처럼 들리지 않나. 술에는 아무 관심 없는 사람 같다. 하지만 일단 들고 나오면 환호와 기쁨의 하이킥으로 화답한다.

조심스레 한 모금 꿀꺽했다. 안에서 술기운이 오르며 몸이 뜨거워진다. 어쨌거나 얼굴이 붉어지는 것보다 더 나쁜 것도 있다는 걸 깨달았다.

그날의 첫 잔

웨인 주립대학교의 프랭크 M. 폴슨^{Frank M. Paulsen}은 사실, 아니 아마도 역사상 누구보다 해장술에 대해 자세히 정리한 사람일 것이다. 1960년, 폴슨은 전해져 내려오는 숙취 해소법 혹은 이에 대한 신화를 찾아 나섰다. 연구는 방대하지만 좌충우돌의 연속이었다. 그는 디트로이트, 클리

블랜드, 몽펠리에, 버팔로, 유티카, 오마하, 로스앤젤레스, 퀘벡, 몬트리올, 토론토 일대의 바, 선술집, 나이트클럽을 찾아다니며 사람들의 조언을 구했다.

인터뷰 대상의 상당수는 익명인데, 그는 이렇게 말한다. "정보원의 절반 이상에게 이름과 이력을 묻지 못했다(어쩌면 이 경우는 현명하지 못한 행동이라고 생각했을 수도 있다). 치료법이라는 주제와 이를 수집한 장소를 감안했을 때, 이 정도 높은 수준의 익명성 보장은 당연하다고 판단된다."

그리고 다음 해, 이를 토대로 한 '해장술과 민간에 전해지는 그 밖의 숙취 해소법'이라는 논문을 「미국 민속 저널」에 발표했지만 그 뒤로 어디에도 실리지 않았다. 18페이지짜리 이 논문은 찰스 부코스키와 톰 웨이츠가 함께 이야기나 노래를 쓰려다가 샛길로 빠진 것처럼 시적 탁월함이 두드러진다.

폴슨은 사람들을 잘 다루었다. 그의 글을 보면 사람들이 그에게 웃으며 비법을 공개하는 모습이 생생히 그려지고, 그들의 숨결에 묻어 있는 진 냄새도 맡을 수 있을 것 같다. 덕분에 그는 해장술 역사에서 정점을 찍을 수 있었다. 그가 파란만장한 해장술 탐험에서 만난 이백예순한 명의 술꾼 중 인적 사항을 알려준 건 단 다섯 명이다. 폴슨의 자세한 기록 덕분에 50년이 지난 지금 그들이 말했던 대로 전해질 수 있었다.

수박을 구할 수 있다면, 수박을 크게 자른 뒤 포크로 과육에 구멍을 낸다. 그리고 진 200밀리리터를 부어 수박을 먹는다. 씨에 주의하라. 자칫하다 죽을 수도 있다.

– 메슈너, 디트로이트의 호킨스 바, 퇴직자, 백인 남성, 70대, 디트로이트에서 나고 자랐으며 50년간 포드 자동차에서 일했음, 현재 디트로이트 북서지역의 바를 돌아다

니며 시간을 보내고 있음, 나이에 비해 활동적임.

흰 버뮤다 양파를 사과 먹듯 먹어라. 그리고 30분쯤 지난 뒤 한 잔 마신다.

– 조지 거스트, 클리블랜드의 클럽58, 레스토랑&바 운영, 백인 남성, 28세, 그리스계.

맥주 한 잔을 준비하라. 가능하다면 김빠진 맥주를 추천한다. 맥주에 계란 두 개를 깨뜨려 넣는다. 하지만 계란은 먹지 말라. 숙취가 스스로 싸우도록 해야 한다. 하지만 두어 잔 마셨는데 배가 고프다면 계란을 먹어도 된다.

– 익명, 웹우드 선술집, 직업 모름, 백인 남성, 65세, 술고래가 확실함.

차게 굳은 콘소메에 우스터소스, 샐러리 소금, 마늘 가루와 보드카 120밀리리터를 넣고 섞는다. 당신의 비서는 엄청 싫어하겠지만, 이렇게 하면 점심 전까지 숙취를 날려버릴 수 있다.

– 익명, 디트로이트의 클럽58, 제너럴 모터스 임원, 백인 남성, 45세.

와인에 계피를 넣어 마신다. 스위트 와인이면 된다.

– 조지 폰티, 버팔로의 클럽58, 바텐더, 백인 남성, 45세, 위스콘신에서 나고 자람, 20여 년간 프라이빗 클럽의 바에서 일했음, 가장 협조적이고 유익한 정보원이었음. 폰티는 다음과 같은 해장술도 알려주었음. 우유와 레몬 셔벗, 계란 흰자와 진, 샤르트뢰즈(증류주에 약초와 향초를 섞어 만든 술_옮긴이)를 뿌린 으깨서 설탕을 섞은 딸기, 위스키 사워(위스키에 레몬이나 라임즙을 섞은 술_옮긴이), 솔티 독(보드카에 자몽 주스를 섞은 칵테일_옮긴이), 오렌지 블로섬(진에 오렌지 주스를 섞은 칵테일_옮긴이), 토마토 주스와 조개 육수를 동량으로 섞은 보드카, 계란 노른자를 넣은 실온의 셰리주, 계란 흰자와 비터주 4 티스푼을 섞은 페르노(향료를 섞은 혼성주_옮긴이), 비터주를 섞은 탄산수.

폰티가 폴슨의 숙취 연구를 잘 이해하고, 심지어 블러디 시저를 언급했다는 사실은 주목할 가치가 있다. 오늘날은 캐나다에서만 볼 수 있는데 말이다. 하지만 내가 제일 좋아하는 건 마지막 것이다(해장술은 제일 마지막에 들이켜는 것이기도 하지만). 누군가 "과거 인물 중 누구와 저녁 식사를 하고 싶습니까?" 묻는다면, 로렌 바콜 아니면 이 사람이라고 대답하겠다.

사람 제대로 찾았습니다. 내 노하우를 알려드리죠. 그 상태로 눈을 뜨면 제일 먼저 가게로 가요. 그러니까 상점 말이에요. 냉장고 문을 열고 양상추라고 소리 내어 말을 해요. 우유병과 헷갈릴 수도 있으니까요. 그럼 안 되잖아요. 그리고 아보카도 하나를 삽니다. 너무 딱딱하지도 말랑하지도 않은 걸로. 만졌을 때 너무 무르지 않고 부드러운 느낌이 드는 게 딱 좋아요. 집에 와서 껍질을 벗기는데, 바짝 깎아선 안 됩니다. 푸른 부분이 많이 남아 있어야 해요. 솜씨가 좋다면 은으로 자르고요. 그리고 소금을 조금, 굉장히 조금 뿌려요. 오른손잡이고 다치지 않았다면 오른손을 이용하는 게 좋아요. 그리고 그걸 통째로 먹어요. 별맛은 없어요. 그런 상태에선 맛을 느끼긴 힘들죠. 정말, 농담이 아니라 아보카도를 먹어요. 그런 뒤 섹스를 해요. 있잖아요, 천박하게 서두르고 음탕하지 않게 천천히. 그리고 잠시 누워서 쉬어요. 가능하다면 잠깐 눈을 붙여도 좋죠. 절대 다시 하진 말고요. 누웠다가 편해졌다는 생각이 들면 일어나 샤워하러 가요. 물은 너무 차갑지도 뜨겁지도 않은 적정 온도여야 해요. 30분 정도 그렇게 샤워한 뒤 나와서 거울 앞으로 가요. 면도하는 거죠. 그런 뒤 섹시한 로션을 발라요. 그러면 기분이 상쾌해지죠. 이젠 오늘의 첫 잔을 마실 준비가 된 겁니다.

– 존 리온, 캘리포니아 로스엔젤레스 세인트폴 호텔, 바 매니저, 백인 남성, 35세, 로스엔젤레스에서 나고 자람, 멕시코계, 13년간 바에서 일했음.

개도 꼬리 치게 하는 해장술, 한 해의 마지막 밤

나는 늘 새해 전야가 싫었다. 성 패트릭 데이만큼, 아니, 취한 술꾼들을 희망과 반성이 공존하는 감상적인 상태로 몰아붙인다는 점에서는 그보다 더 싫다. 그래서 고향집에서 나의 평생지기 녀석과 멋지고 우아한 내 여자 친구와 함께 보내기로 한 건 꽤 적절한 결정 같았다. 가족들은 전부 외곽의 누나 집으로 가지만 말이다. 다음 날 북극곰 수영대회만 아니었다면 로라와 나도 함께 갔을 것이다.

이 대회는 가장 역사가 오래되고 가장 규모가 큰 행사다. 여기 참여한다면 여덟 살 때부터 알고 지낸 와스코와 함께해야 한다. 그의 이름은 마이크지만, 그건 중요하지 않다. 그냥 '와스코'라고 부른다. 그는 금발에 푸른 눈이고 논리 정연한 부류이건만, 사람들은 늘 우리가 형제라고 생각한다. 이번이 우리가 함께 술을 마신 지 구백예순여덟 번째, 아니면 대충 그 정도 되는 날이다.

마이크의 진짜 동생인 닉은 시내의 아파트에 살고 있다. 그 도시에서 가장 오래되고, 북극곰 수영대회 행사장에서 가장 가까운 곳이다. 입수 전후에 그의 집에서 해장술을 마시는 것은 밴쿠버의 새해맞이 전통이다. 로라는 처음이지만, 나는 우리 셋이서 내년의 첫 숙취를 잘 견뎌내려면 함께 취해야 한다고 생각했다. 하지만 문제가 하나 있었다. 아무도 취하지 않고 있는 것이다.

로라는 그럴 수밖에 없다. 젖을 뗄 때까지는 피노 그리지오 한 잔만 마실 수 있으니까. 그런데 와스코가 아이를 낳고 마흔에 접어들어 작은 페리선의 선장이 된 이후(숙취 상태로 일하면 큰일이 난다고 그는 주장한다) 음주 습관을 바꾸었다는 사실이 문득 떠올랐다. 그래서 지금 그는 맥주만, 그것도 전보다 훨씬 천천히 마신다. 따라서 나를 제외한 누구도 샴페인을 마시지 않았다. 그 짜증 나는 물 덕분에 전처럼 마실 수도 없지만.

듣기만 해도 피곤해지는 방법이 있다. 적당히 마시고 숙취를 피하려면 술 한 잔 마실 때마다 물도 한 잔 마시라는 거다. 평소라면 늘 그렇듯 "그래, 그래" 말하고는 하는 시늉만 했다. 그럴 만도 하지 않은가. 술을 마신 만큼 물을 마신다니 정말 역겹다. 하지만 오늘 밤에는 그렇게 해보기로 다짐했다. 건강과 분별력, 자료 수집을 위해.

물론 물 마시기의 유익함은 비교적 최근에 대두된 의견이다. 이언 게이틀리[Iain Gately]는 알코올에 대한 모든 것을 총망라한 사회사 『드링크[Drink]』에서 고대인들에 관해 이렇게 썼다. "물을 마시는 사람은 열정이 부족할 뿐 아니라 나쁜 냄새를 풍긴다고 생각했다. 헤게산드로스는 물 많이 마시기로 악명 높은 두 사람, 안키몰루스와 모스쿠스가 공중목욕탕에 가자 다른 모든 이들이 모두 나왔다고 기록했다."

여기서 '다른 모든 이들'이 핵심이다. 수천 년 동안 물보다 강력한 질병과 전염병, 죽음의 매개체는 없었다. 물은 당신을 중독시킬 수도, 기형으로 만들 수도, 익사시킬 수도 있었다. 물론 오늘날에도 물 마시기로 인해 죽을 수 있다. 인터넷에는 물을 너무 많이 마시면 신장 기능이 저하된다는 경고가 가득하다.

그러나 현재 내 상황에 훨씬 가까운 것은 프로이드 조카의 통찰력 있는 현명한 발언이다. "숙취를 피하기 위해 섭취를 제한하려는 시도는 심각한 우울감을 야기한다. '그만큼 물을 더 마셔라'라는 조언은 '거봐 내가 그랬잖아…'를 제외하고 가장 짜증스러운 말이다."

물을 또 한 잔 마시며 헛구역질을 했다. 하지만 와스코와 로라는 정치 얘기를 하느라 나의 어리석은 실험의 지속적 효력에는 별 관심을 보이지 않는다. 그들의 대화에 도저히 집중할 수가 없다. 어질어질한데 정신은 멀쩡하고 무기력하며 그저 오줌만 누고 싶다. 물과 술을 일대일로 마시는 방법이 건강에 좋을 수도 있겠지만, 즐거워지려거나 적어도 기분이 좋아지려는 음주의 목적에는 위배되는 것 같다. 안절부절못하고 배는 터질 듯하며 좀체 집중할 수 없다. 화장실에 가는데 와스코가 내 거기에 불을 비췄다.

브리티시칼럼비아에서 자랐지만 나는 BC 버드^BC Bud^(브리티시칼럼비아에서 생산되는 마리화나 종류_옮긴이)를 한 번도 피워보지 않았다. BC 버드는 한 모금만 빨아도 억지스럽게 피해망상에 빠지는 걸로 끝나는 1950년대의 공포 영화의 한 장면처럼 바지를 벗어 던지고 창밖으로 뛰어내리게 될 만큼 효과 좋기로 유명하다. 그런데 나한테는 맞지 않았다. 하지만 몇 년간 온타리오에 살면서 뭔가 달라졌다. 한 대 피워도 괜찮아진 것이다. 사실 잠자리에 들기 전에 한 대 피우면 숙취가 덜 생긴다. 지금 맥 빠진 데다 너무 멀쩡하고 몸이 무겁기도 해서 한 대 피우고 다시 한 대를 꺼내 들었다.

마리화나에 관해서만큼은 전문가인 와스코와 이런 건 손도 대지 않는 로라는 정치에서 예술로 대화를 옮겨 이어갔고, 나는 자리를 잡으려 하고 있다. 그러다 마침내 자리를 잡았지만, 앉은 건지 서 있는 건지 모르겠다. 처음엔 방구석에서 서성이다가 친애하는 친구들 한가운데 앉았는데 그들의 말이 귀에 들어오지 않는다. 뭔가 말하려 하지만 그 얘기를 이미 했는지 안 했는지 잘 모르겠다. 심지어 '그 얘기'가 뭔지도 모르겠다. 그들에게 "내가 무슨 얘기 했었지?" 물으려 하지만 그 말을 꺼낼 수 있을지 잘 모르겠다. 그들의 입모양이나 표정도 읽을 수 없다. 보긴 보지만 흐릿하다. 겉보기엔 그들의 말에 귀 기울이며 앉아 있는 상태 같다. 그래서 한마디도 꺼내지 않았다. 심장이 쿵쾅댄다. 땀이 나고 손이 떨린다. 정신은 말짱한데 흥분됐고, 마리화나에 취한 상태다. 그때 TV가 갑자기 요란해지더니, 새해를 알리는 카운트다운이 시작되었다. "10…9…8…."

그 순간 순식간에 나의 올 한 해가 스쳐 지나갔다. 술 마시고, 술 마신 이야기를 정리하고, 글 쓰고, 숙취 상태를 겪다가 숙취에 대한 이야기를 정리하고, 클럽에 가고, 거기서 술 마시지 않으려 하고, 술 마시지 않으려 했던 이야기를 쓰고, 숙취는 계속되고….

"7…6…5…."

이제 다가올 새해를 생각해본다. 정신은 멀쩡하지만 약에 취한 나날이겠지. 나 자신, 의사, 편집자들과 흥정하며 나를 조이고 점이 생기고 부푼다.

"4…3…2…."

나 자신을 철썩 때렸다. 디스코볼이 떨어질 때처럼 퍽 소리가 났지만, 바로 그 순간 "1"을 외치느라 와스코와 로라는 알아채지도 못했다. 그들이 공중에 팔을 들어 환호할 때, 나는 서둘러 샴페인 한 병을 더 터뜨렸다. 이것만큼은 어떤 상태에서도 할 수 있다. 호일을 벗기는데 문득 이런 생각이 떠올랐다. 평소 신체 상태에서 자가 처방한 음주 요법과 이런 말도 안 되는 물 마시기 규칙 뭐시기에 현재의 강력한 마리화나 효과까지 더해지면 올해의 마지막 밤엔 술에 취하지 않고도 숙취 상태에 빠질 것 같다는 생각이다. 라스베이거스에서와는 정반대 경우지만, 바보 같다는 건 똑같다. 최악의 숙취 연구자가 된 듯하다.

샴페인이 터지고 거품이 넘쳤다. 로라가 웃는다. 빌어먹을 물 같으니라고! 거품이 넘쳐흐르는 모습을 보며 생각했다. 그녀에게 입맞춤하고는 와스코를 끌어안았다.

"미안해." 불쑥 이 말이 튀어나왔다.

"뭐가?" 그가 물었다.

"책임감 있게 마시려 했던 거. 이런 짓, 다시는 안 할 거야."

"그거." 로라가 끼어든다. "당신 새해 결심이야?"

이런 상황을 타개할 합리적인 시도

올해의 연구를 통해 배운 게 한 가지 있다면(정말 단 한 가지다) 가장 기본적인 숙취조차 계획하기 어렵다는 점이다. 술 취한다는 것의 특성상, 통제된 실험에 대한 통제력을 매우 빨리 잃기 때문이다. 모든 걸 완벽히 계획할 수는 있지만, 술을 마실수록 그 계획은 극적으로 무너지기마련이다. 따라서 술을 마실 때 플라스크, 스페인어로는 피아스코를 이용하는 것이다. 그것은 세심한 음주 연구자들조차 다룰 수 없는 부분, 바로 혼란을 억제하는 부분이 있기 때문이다.

사실, 진짜 과학자들도 나와 똑같은 실수를 저질러왔다. 극히 드문 숙취에 대한 연구에서도 사실상 실험 대상이 혈중 알코올 농도 0에 도달했다고 확신할 수 없었고, 실험 대상 중 일부는 내가 카레이싱을 할 때의 상태와 똑같은 '숙취' 상태, 즉 취한 상태였을 가능성도 있었던 것이다. 적어도 술 과학자만큼은 취한 상태와 숙취 상태의 차이점을 이해해야 한다고 생각하지만, 납득하기 어렵게도 그들도 그렇지 못하다. 그리고 설사 그렇다 하더라도, 실험실에서 하는 테스트에는 불가피한 다른 문제점들도 있다.

한 가지는 사람들이 숙취 연구의 실험 대상이라는 점을 인식할 때, 그들이 과제를 완수하려 시도할 가능성이 있다는 점이다. 대개는 인지 상태에서 숙취에 대한 결과를 얻는데, 사람들이 평소대로 행동하지 않는 것이다. 실제로는 숙취를 으레 뒤따르는 것으로 무시하고 넘어가기 마련이지만, 실험이라는 걸 알게 되면 스스로 숙취 상태에 빠지게 하고 심지어 이를 극복하려 하지 않는 경향이 있다.

실험실에서 숙취를 시험하는 또 다른 큰 문제는 '연구 윤리에 근거한 섭취량 조절'이다. 즉, 대부분 대학이나 공공 투자 연구소에서는 맥주 여섯 캔 이상을 마시게 할 수 없다. 물론 이렇게 하면 혼란이 완화되겠지만, 숙취의 다양성은 제한된다. 또한 실험실 환경에서는 집이나 호텔방, 단골 술집에서처럼 취하고 숙취를 얻기 힘들다.

이 모든 점에서 내가 고안한 방법처럼 자연적 연구가 훨씬 현실적이라 할 수 있다. 피아스코 같은 도구를 제외하곤. 자연적 연구 대부분은 대상자들의 지난밤 소비량과 활동에 의존한다. 이 경우의 방해 요인은 정신적 혼란, 선택적 기억, 뻗어버리기이다. 나조차도 그 대상이 되지 않는다고 자신할 수 없으니까.

영국 맨체스터 킬 대학교의 부교수 리처드 스티븐스 박사[Dr. Richard Stephens]와 그의 숙취 연구팀 동료들은 이 문제에 있어서 몇 가지 방법을 추천한다. 하나는 몸 안에서 무슨 일이 일어나는지 보여주는 지표인 바이오마커Biomarker를 활용하는 것이다. 에틸 글루쿠로나이드, 일명 EtG는 피부와 모발에서 측정되는데, 연구자들에게 지난밤 당신이 얼마나 마셨는지 정확히 알려준다. 이런 테스트는 가석방이나 재활 치료를 위해 고안되었는데, 현재는 이를 활용해 자연 상태에서의 숙취 연구에서 보다 신뢰할 만한 자료를 얻는다.

또 다른 추천 방법은 스티븐스의 팀도 이용하는 것인데, 실험 대상자들이 숙취 상태임을 모르는 척하는 것이다. 약간의 사례비만 받는 학생 자원자들의 인지 테스트를 목요일과 토요일 아침에 진행하는 식으로 한다. 학생들은 이 연구가 숙취와 관계있는지 모른다. 하지만 연구자는 전통적으로 대학생들이 수요일과 금요일에 폭음한다는 사실을 알고 있다.

스티븐스 박사는 최근 발표한 논문에서 이렇게 썼다. "우리 연구실의 실험은 이런 식으로 모집된 참가자들의 상당수가 숙취 상태로 연구실에 도착했지만, 연구 목적이 숙취 효과를 평가하는 것임을 모르기 때문에 그 상황에 맞게 행동하려는 숙취 상태의 사람들의 실제 행동과 최대한 근접하게 행동했다."

개도 꼬리 치게 하는 해장술, 그리고 유감스럽게도 뿔뿔이 흩어진 북극곰

이제 새해다. 그리고 북극곰 수영대회 아침이다. 나는 부모님 댁 부엌에서 힙한 농부 벼룩시장에서나 건질 법한 잡동사니를 앞에 두고 서 있다. 케일, 베리류, 생강, 인삼, 유기농 계란, 엄청난 단백질, 마그네슘, 비타민 파우더 통. 숙취 해소를 위한 궁극의 셰이키 셰이크를 만들 정제된 재료들이다. 최근 유전자 변이가 일어나기 전까진 술도 두 샷 넣었었다.

셰이키 셰이크는 내가 꽤 오랫동안 공들여 개발한 건데, 숙취 해소에 좋다는 재료를 닥치는 대로 넣어 만든 항산화 혼합물이다. 어젯밤, 미처 취하기도 전에 물 마시기로 인한 불쾌감과 마리화나로 인한 가짜 숙취가 생기는 바람에 취하지 않았는데도 마치 만취한 다음 날 숙취를 겪고 있는 것 같다.

부엌 싱크대의 반대쪽에는 로라가 손에 종이 한 장을 든 채 나보다 훨씬 더 이상한 재료를 앞에 두고 서 있다. "음···." 엘크 고기, 타조 고기, 간 닭고기, 양胖, 다진 채소와 비타민 파우더가 놓인 싱크대와 종이를 번갈아 보며 그녀가 중얼댄다.

우리 가족들은 떠돌이 동물들을 잘 데려온다. 종류 불문, 곤경에 빠진 짐승들이다. 몇 년간 배가 볼록 나온 돼지, 늑대, 떠돌이 고양이들이 집에 들어왔다. 바로 지금, 그 동물들의 대부분은 다른 녀석들과 함께 누나네 집에서 지내고 여기엔 고양이만 남아 있다. 하지만 굉장히 특별한 고양이들이다.

통카(보통 개보다 더 무거운 메인쿤 종)는 요다 앞에서는 밥을 먹지 않고, 요다는 욕실에서만 먹는다. 바지는 밖에서 먹어야 하지만 다 먹으면 바로 들어와야 한다. 부모님이 뒤 베란다에서 한참을 기다리다 "바지야!" 고함친다. 새로 이사 온 이웃들이라면 당황하기 십상이다. 애로는 숨어 있다가 다른 녀석들의 밥을 훔쳐 먹으려 하니 안방 침실에 밥을 줘야 한다. 오스카는 발가락이 열두 개인 온화한 사이코패스로, 못 먹는 게 없는 녀석이다. 모든 이들의 안전을 위해 대부분 굉장히 큰 우리에 갇혀 지낸다. 녀석들의 식사는 모두 이국적인 날고기와 영양보충제의 조합을 달리한 것이다. 만일 조금이라도 뒤섞인다면 끔찍한 일이 생기게 된다.

로라는 보탬이 되겠다며 고양이 식사 준비를 자처했다. 그래서 어머니가 저 종이에 지침을 적어놓았는데, 로라는 마치 종이가 불타기라도 하는 듯 그걸 쳐다보고 있다. "으음…." 그녀가 다시 중얼대기 시작한다. "으음, 뭐지?" 내가 말했다. 어쩌면 딱딱거렸을지도 모르겠다. 바닥에 냄비며 프라이팬, 밀폐용기와 개와 고양이 밥그릇까지 죄다 꺼내놨는데, 블렌더만 보이지 않는다. "빌어먹을 블렌더는 대체 어디 있는 거야?"

"나도 모르지!" 로라가 말했다. "난 지금 고양이 밥 챙기고 있다고!"

그러곤 익히 상상할 수 있듯, 흥분한 고양이들이 우리 주위에 모여들었다. 지금 고양이 울음이 시끄러운 캣천재머katzenjammer 상태다. 이 독일어 단어가 숙취를 뜻하게 된 건 이런 상황 때문일 거다. 그래서 내가 올해 처음으로 끈질기게 준비한 것은 이미 엉망진창 뒤죽박죽이 되어버렸다. 나는 땀을 뻘뻘 흘리며 가족들에게 문자 메시지를 보냈다. "새해복 많이 받으세요! 모든 일이 잘 풀리길 바라고요. 그리고 블렌더는 어디 있나요?"

누나의 오두막집은 지독할 정도로 핸드폰이 잘 터지지 않는다. 30여 분이 지나 드디어 문자 메시지 답장이 도착했다. "새해 복 많이 받아! 미안, 블렌더는 5년 전에 고장 나서 새로 사야 해. 사랑해! 근데 바지는 집 안에 있어?"

그 무렵 우리는 배고픈 고양이들에 둘러싸인 채 헷갈리는 지침서를 들고 대혼란을 겪고 있었다. 셰이키 셰이크를 포기하고 고양이를 돌보는 데 최선을 다한 뒤, 해장술의 개념을 다시금 수용하기로 하고 (술 취한 고질라 같은 건 개나 줘버려라!) 북극곰 수영대회로 향하며 술을 챙겼다. 로라도 고양이들에게 긁히고 머리도 아팠지만 나가기로 했다.

"한번 해보자고." 그녀가 말했다.

지금으로부터 몇 년 전, 주말 동안 이어지는 와스코의 총각 파티를 기획했다. 꽤나 화끈하고 짜릿한 이벤트였다. 우리 십여 명은 다양한 술과 소화기小火器를 챙겨 밴쿠버 북쪽 숲의 오두막으로 향했다.

첫날밤은 일찍 시작되어 늦게까지 달렸다. 숙취에 대해 진지하게 연구하기 전이었지만, 이런 부분에는 깊이 관심을 두고 있었다. 다음 날, 우리는 내가 지도에 표시해둔 지점을 향해 덤불과 숲을 헤치며 트레킹을 시작했다. 캐나다의 이 지역 지도는 다른 지역과는 달라서, 상당한 추측 항법(기준 위치로부터 이동한 거리를 이용해 위치를 산정하는 방법_옮긴이) 능력이 요구된다. 우리는 끔찍한 숙취 상태에서 서로를 격려하며 숲을 오르내리며 절벽으로 미끄러지다가, 마침내 빙하 폭포의 웅장한 물줄기 소리를 들었다.

캐나다에는 지형과 중력이라는 마법에 의해 얼어붙어야 하는 물이 수천 년간 액체 상태로 절벽에서 쏟아져 내리는 곳이 있다. 물이 떨어진 곳에는 땅이 파여 바닥을 알 수 없을 정도로 깊은 빙하 웅덩이가 만들어지는데, 얼어 죽을 정도는 아니다. 액체 상태의 얼음에 뛰어들고 싶다면 바로 여기가 안성맞춤이다. 그래야 할 이유가 있다면, 총각 파티의 숙취를 해소하기 위해서다. 적어도 그때는 그렇게 생각했다.

폭포로 갔다가 마지막 비탈을 내려가 웅덩이로 가기 전에 그 당시 경험을 통해 배운 걸 알려주겠다. 최근 내셔널 지오그래픽에서 방송된 〈당신은 자신의 팔꿈치를 핥지 못한다You Can't Lick Your Elbow〉 첫 화에서는 건강한 젊은이 두 사람이 혹독하게 전력질주, 리프팅, 팔굽혀펴기를 한다. 그러곤 2분간 휴식하는데, 그 시점에서 둘 중 한 사람이 0도의 물에 뛰어들라는 미션을 받는다. 그리고 똑같은 운동을 두 세트째 하는데, 영하의 물에 뛰어든 사람이 그러지 않은 사람보다 팔굽혀펴기를 더 오래 할 수 있었다. 지금 기억나는 건 이 부분뿐이지만 이 외에도 더 많은 내용이 있었고, 그 결과와 추론은 다음과 같다. 냉대 기후가 소위 투쟁-도피 기제를 활성화시켜 몸에 아드레날린이 넘쳐흐르게 하기 때문이라는 것이다.

허만 하이스 박사Dr. Herman Heise와 그의 동료들은 「미국 의학 협회 저널」에 발표한 논문에서 응급상황에 직면하면 술 취한 사람도 겉보기엔 술 취하지 않은 것처럼 보일 정도로 이성적으로 당면한 문제를 인식할 수 있다고 주장하며, "이런 급성 각성 과정은 콩팥 위에 위치한 부신에서 다량 분비된 에피네프린으로 인해 야기된다. 이는 체내 알코올 농도를 낮추지 않은 채 알코올의 효과를 중화시킨다"라고 설명한다.

에피네프린이 곧 아드레날린이다. 그래서 적어도 내게는 투쟁-도피 기제에 의해 야기된 '급성 각성 과정'을 숙취 해소에 적용하는 것이 상당히 타당하다고 생각된다. 맨체스터의 스티븐스 박사도 나의 이론을 뒷받침한다. "몸에 충격을 주면, 심장박동이 빨라지며 신체 조직의 혈류가 빨라집니다. 그러면서 숙취 상태에서 부족하기 쉬운 글루코스가 온

몸에 전달되지요. 일리 있는 해석입니다." 그러면 (빙하나 고층 빌딩에서 뛰어내릴 때처럼) 아드레날린이 극도로 분출되면 생리적으로 완전히 재작동될 수 있을까? "그럴 듯한 의견이지만, 그걸 입증할 방법은 잘 모르겠군요." 스티븐스 박사가 말했다.

우리는 와스코의 총각 파티로 생긴 숙취 상태에서 넘어지고 비틀대며 30미터 높이의 폭포를 따라 나무가 늘어선 절벽을 내려가 협곡을 지나 마침내 밑바닥에 도착했다. 그러곤 온갖 포즈로 두려움을 드러내며 일렁이는 물웅덩이로 뛰어들었다. 그때 마이크의 동생, 닉의 표정은 절대 잊지 못할 것이다. 몸에 문신을 새긴 터프가이가 뒤로 물러나려고 버둥대며 비명을 지르는데, 마치 전기가 흐르는 쳇바퀴를 돌리는 실험용 쥐처럼 눈을 희번덕거렸다. 난 지독히 추웠지만 굉장히 상쾌했다. 우리 열 명 모두 뛰어들며 빙하에 데기라도 하는 양 비명을 질렀다.

그러곤 물 밖으로 나와 긴 하이킹을 다시 시작했다. 활력을 되찾아 발걸음이 가벼워진 우리는 신나게 웃어댔고, 덕분에 돌아오는 길은 갈 때보다 훨씬 쉽게 느껴졌다. 그렇게 그날을 즐길 준비를 마쳤다.

바로 이런 효과가 북극곰 수영대회의 핵심일 것이다.

수영복 혹은 그 비슷한 걸 입은 사람이 이백여 명 모여 있다. 우리 오른쪽에는 턱시도를 입은 사내와 바이킹 투구를 쓴 멕시코인들이 있고, 왼쪽에는 금발에 솜브레로(챙이 넓은 멕시코 전통 모자_옮긴이)를 쓴 말라깽이들 무리가 있다. 여기저기서 풋볼 응원가와 '위 아 더 챔피언We Are the Champions' 노래 소리가 들리고, 대체로 쾌활한 분위기다. 여기에 온 대다수가 숙취가 아닌, 술이 깨지 않은 상태 같다. 어쨌거나 모두들 대기 중이다. 출발선은 없지만 출발 호각 소리를 기다리고 있다. 황소 달리기

(스페인의 산 페르민 축제에서 황소와 거리를 달리는 행사_옮긴이) 출발 모습과 비슷하다. 북극곰이라는 점과 바닷물이 스페인의 햇살과는 비교도 되지 않을 만큼 차갑다는 점만 제외하면 말이다. 그러고 보니 황소 달리기와 전혀 다르다. 어쨌거나 모두 호각 소리를 기다리고 있다.

마침내 호각이 울리고, 우리는 고함을 지르며 파도를 향해 뛰어들었다. 로라와 나, 와스코 형제, 다른 친구들은 앞쪽에 자리 잡고서 몸 안으로 추위가 스며들기 전에 앞장서서 멀리 치고 나갔다. 나는 물로 뛰어들었다 나와서, 숨을 고르고 있는 로라를 끌어안았다. 닉이 인파를 헤치며 서둘러 해안으로 돌아오고 뒤이어 마이크가 오는 동안, 그녀는 으르렁대는 곰에 둘러싸인 양 나를 계속 끌어안고 있었다. 빙하 웅덩이에 비하면 그리 차갑지 않았다. 말이 그렇지, 몸이 꽁꽁 얼어붙고 새해를 맞아 정신이 번쩍 들 만큼은 충분히 차가웠다. 로라의 덜덜 떠는 몸짓이 에로틱하게 느껴졌다. 우리는 해안으로 돌아와 친구들에게 합류했다.

와스코는 샌들 한 짝을 잃어버렸다. 그는 성격이 좋지만 이번에는 짜증을 내고 있다. 오랫동안 신은 아끼는 신발이니 충분히 그럴 법도 하다. 그래서 다른 이들이 타월을 들고 있을 때 나는 잘 만들어진 하이킹 샌들을 찾아 물 표면을 훑어보고 있었다. 플라스틱 화환, 맥주 캔, 플라스틱 스누피 인형… 그리고 저게 뭐지? 야호, 저기 물에 빠진 선원의 절단된 다리처럼 파도 위를 떠다니고 있다.

"흐으음." 이가 딱딱 부딪히는 와중에 샌들이 바다 위에 떠 있는 걸 본 와스코가 그리 부드럽지 않은 목소리로 말했다. "그냥 내버려 둘래."

내겐 탁월한 장점이 거의 없다. 그리고 이 책을 쓰기 위한 연구를 시작한 이래, 그 목록은 나날이 짧아지고 있다. 하지만 그 어떤 난관에 처했을 때에도 물에 뛰어들 수 있는 능력은 한결같이 목록에 남아 있었다. 그래서 나는 바다로 달려가 뛰어들어 버렸다.

와스코에게 샌들 한 짝을 건네주자, 그는 깊은 애정이 담뿍 담긴 북극곰 포옹을 해주었다. 이제 건물 안으로 들어가 젖은 모래투성이 발에 양말과 신발을 신자니 짜증이 솟았다. 나도 토론토에서 샌들을 가져왔으면 좋았을 텐데. 그래서 포기하고 맨발로 길을 걸었다.

"후회할 텐데." 터프가이 닉이 내 발을 가리키며 말했다.

"이 녀석은 후회하는 게 인생이잖아." 나의 절친 와스코가 내 등짝을 철썩 때리며 바리톤으로 우렁차게 말했다. 적절한 대사에 모두가 웃음을 터뜨렸다. 하지만 언젠가 내 명함에 '작가, 숙취 연구자 겸 후회 전문가'라고 한 줄 새겨야 할 만큼 정확한 지적이다. 길을 건너며 로라의 손을 꼭 쥐고는 첫 번째 새해 결심을 세웠다. 그건 바로 나이트클럽 운영을 그만두는 것이다. 나중에 로라에게 말해야지. 결심하고 나니 그 어떤 숙취를 겪을 때보다 상쾌해진 기분이 들었다.

와스코의 집으로 돌아와 해장술을 몇 잔 했다. 첫 번째 잔은 간만에 마시는 아이리시 위스키를 선택했다. 그냥 그러고 싶었다. "해장술에 적당한 특정 주종은 없다. 지난 밤 당신이 주로 퍼마신 것과 똑같은 걸 마실 필요도 없다"라고 킹슬리 에이미스도 말하지 않았던가.

여기서 특히 '주로' 부분에서 진심으로 공감하지 않을 수 없다. 나는 "뭐 마셨어요?" 묻는 사람들을 정말 싫어한다. 무슨 음악을 듣고 있느냐고 묻는 것 같다.

올해 첫 위스키에 이어 미지근한 맥주까지 마셨는데 아직까지 홍조 증상이 나타나지 않았다. 빨갛게 달아오르지도 않고 가려움도 없다. 심지어 발진도 없다. 아마 태평양에 쓸려갔나 보다.

"느낌이 어때?" 로라가 말했다.

"나은 거 같아." 내가 말했다. 그러곤 미모사 두 잔을 들이켰다.

새해의 계시

지난 몇 년간, 패치며 캡슐, 물약 등 숙취 해소에 도움이 된다는 온갖 가지 치료법을 시도해보았다. 증상을 완화해주는 것들도 있었지만, 제대로 연구 계획을 세우지 않았던 터라 잊고 넘어가기 일쑤였다.

그런 의미에서, 이후 실험에서는 실험실적 요소를 경감시키고 최대한 많은 결과물을 쌓은 다음, 이 결과 중에서 효과적인 요소를 따로 분류하여 연구한 뒤 효과를 시험해보기로 새해 계획 초안을 세웠다. 글로 써놓으니 다소 장황한데, 다음과 같이 요약된다. 더 많이, 더 잘해보기.

로라는 이미 토론토로 돌아갔고, 나는 내일 돌아갈 예정이다. 하지만 그전에 부모님과 함께하는 저녁 식사를 새해 계획에 착수할 기회로 삼기로 했다. 내 앞에는 말린 선인장 열매 봉지, 은행나무 잎, 엉겅퀴, 칡뿌리, 헛개나무 열매 등 지금껏 모아둔 것들이 펼쳐져 있다. 이것들은 엔아세틸시스테인과 더불어 내가 알아낸 한도 내에서 숙취 해소에 가장 효과적인 재료이다. 먹기 편한 작은 캡슐로 된 엔아세틸시스테인을 제외하고, 여기에 함유된 성분을 흡수하기 위해 가루나 차, 물약이나 엑기스 형태로 만들어야 한다. 그래서 우선 이 작업부터 시작하기로 했다.

간호사 친구들에 따르면 엔아세틸시스테인은 응급실에서 마약 과다 복용의 처치를 위해 사용하는 아미노산 보충제이며, 인터넷에서 찾아낸 정보에 따르면 지난밤의 과음이라는 화학전 이후 체내에 남은 활성산소를 제거하는 역할을 하지만 반드시 처음에 복용해야 한다고 한다. 건강식품점의 친절한 점원은 이 효능에 대해 정확히 알지 못했지만 연구소에 이메일로 문의해 나에게 회신해주겠다고 했다. 또한 엔아세틸시스테인과 비타민 B1, B6, B12가 결합하면 효과가 배가된다는 사실도 읽었다. 하지만 엄마의 약상자에는 B6과 B3만 있어서, 우선 그것들과 엔아세틸시스테인을 털어 넣고 와인 한 모금으로 삼켰다.

하지만 와인 두 모금을 더 마시고 2분 정도 지나자 반응이 나타나기 시작했다. 굉장히 익숙하지만 훨씬 더 안 좋은 느낌이다. 머리가 불타는 듯, 아니 그보다는 펄펄 끓는 토마토 주스가 담긴 어항에 갇힌 것 같다. 뿌연 붉은 유리를 통해 어머니가 말하는 모습이 보인다. "이런 세상에! 너 괜찮아?" 아니, 괜찮지 않다. 나는 붉게 상기된 금붕어, 빨간 돌연변이다. 술 취한 고질라가 돌아왔고, 이번엔 혼자다.

잠시 수도꼭지 찬물을 틀어 그 밑에 머리를 대고 있었다. 그러곤 항히스타민제를 먹고 식탁에 돌아와 앉았다. 부모님은 경악한 표정으로 나를 쳐다보신다. "으르렁." 내가 말했다.

다음 날, 건강식품점의 친절한 점원이 메시지를 전달해주었다.

엔아세틸시스테인은 글루타티온의 생산을 증대시키고, 글루타티온은 숙취를 유발하는 주요인인 아세트알데히드의 처리를 돕는 역할을 합니다. 하지만 익히 짐작할 수 있듯, 숙취 해소 문제는 학계의 최우선 관심 주제가 아니므로 이러한 이론은 임상 실험을 통해 규명되지 못했습니다.

따라서, 작가님이 이 주제에 대한 책을 쓰고자 한다면 스스로 연구해야 한다고 솔직히 말씀드리고 싶습니다.

조지로부터.

부작용에 대한 언급은 없었다. 하지만 조지의 냉정한 조언과 새로 나타난 '끓고 있는 토마토—아시안 어항 증후군' 사례를 감안해, 나는 엔아세틸시스테인 방법은 목록에서 삭제하기로 했다. 적어도 지금은.

하지만 며칠 후, 마마이트Marmite(영국인들이 즐겨 먹는 이스트 추출물 스프레드_옮긴이) 생각을 하다가 무언가 불현듯 뇌리를 스쳤다. 마마이트와 숙취는 상당 부분에서 공통점이 있다는 사실이었다. 둘 다 종잡을 수 없고 제대로 인정받지 못하며 술의 부산물 아닌가. 그래서 그 맛에 익숙해지지 않은 사람은 둘 다 지독히 끔찍하다고 말할 수 있다.

마마이트를 먹어보지 않았다면 조심스레 한번 시도해보라. 타르처럼 끈적이며, 강렬하면서 독특한 맛이 느껴진다. 마치 지구의 중심부 혹은 흑마술처럼 강렬하고 불가해한 다른 무엇에 쌉쌀하고 짭짤한 맛이 가미된 것이라고나 할까. 영국 밖의 사람들 대부분은 마마이트를 시도해보지 않았거나, 설령 그렇다 하더라도 한번 맛보고 나면 심장과 미각을 무시하는 이 끔찍한 맛에 당장 욕을 퍼부을 것이다.

하지만 어머니가 영국인인 덕분에 어릴 적부터 먹고 자라온 나는 마마이트가 이스트 추출물로 (다시 말해 맥주를 만들고 남은 부산물로) 만들었기에 영양소가 응축된 뛰어난 식재료라고 생각해왔다. 그래서 본격적으로 숙취 연구를 시작하기 한참 전에도 숙취에 시달리는 아침이면 으레 마마이트를 찾곤 했다. 블렌더가 없었던 새해 첫날에도 나는 토스트에 마마이트를 발라 먹었다. 그리고 지금, 다시 그렇게 먹으며 일종의 먹는 해장술이라는 마마이트의 잘 알려지지 않은 면을 떠올린 것이다.

마마이트는 우리를 괴롭히는 바로 그것을 원료로 하지만, 그보다 훨씬 더 풍부한 비타민과 미네랄이 함유되어 있고 알코올 성분은 한 방울도 들어가 있지 않다. 이 익숙한 라벨에 적힌 마법의 재료를 꼼꼼히 살펴보았다.

마마이트의 성분은 이스트 추출물, 소듐 클로라이드, 야채 추출물, 향신료, 셀러리 추출물, 엽산, 비타민B1(티아민), 비타민B2(리보플라민), 비타민B3(나이아신), 비타민B12로 구성되어 있다. 잠깐, 뭐라고?

이전까진 관심을 두지 않았던 글자가 별안간 눈앞에 툭 튀어 오른다. 비타민B3(나이아신).

가슴이 두근대기 시작한다. 어젯밤 삼킨 알약부터 셰이키 셰이크, 아시안 알레르기 의사… 아니 알레르기 전문의였나. 하여간 뭐가 됐든, 그간의 일들이 영화처럼 스쳐 지나간다. 마마이트에는 나이아신 6.4밀리그램이 함유되어 있다. 아래층으로 내려가, 밴쿠버에 오기 전까지(여기서는 블렌더가 없어서 못 만들었던) 셰이키 셰이크를 만드는 데 사용했던 비타민과 미네랄 보충제 통을 찾았다. 나이아신 20밀리그램이 함유되어 있다. 그러고는 엄마의 비타민B3 영양제 통을 살펴보았다. 이번엔 50밀리그램이다. 이런 증상이 처음 나타난 로라와 주말여행 떠났을 무렵, 강력한 비타민B군 종합영양제를 먹기 시작했었다.

빌어먹을 나이아신 같으니라고!

마마이트에 함유된 6.4밀리그램 정도면 괜찮고, 아마도 건강에 도움이 될 것이다. 하지만 그 이상을 섭취하면 변이가 일어나거나 적어도 불편한 증상이 나타날 수 있다. 마침내 이런 방정식을 도출해냈다.

과음 + 나이아신 과다 섭취 = 피부 발진, 가려움, 불타는 고질라.

마침내 수수께끼를 풀어내니 속이 다 후련했다. 하지만 현재 나는 Verschlimmbessern(개악) 상태다. 독일어 Verbessern(개선시키다)과 Verschlimmern(악화시키다)을 결합한 신조어로, '잘해보려다 더 망친다'는 뜻인데, 올리브 오일로 위를 코팅하고 나이아신 범벅의 숙취 해소용 스무디를 만든 걸 가리킨다. 그리고 숙취 해소를 위해 시도한 모든 것을 포함한다. 도가 지나치면 안 하느니만 못하게 된다. 그리고 돌이키기도 어렵다.

마마이트 샌드위치를 만들고, 즈박 한 잔으로 목을 축인 뒤 새로운 새해 결심을 작성하기 시작했다.

그녀가 일어나네

술 취한 선원을 어찌 다룰까,

술 취한 선원을 어찌 다룰까,

술 취한 선원을 어찌 다룰까,

이른 아침에?

이는 유서 깊은 의문이다. 하지만 해답은 알 듯 말 듯 한 채 여전히 미궁에 빠져 있다. 맨정신 상태의 민요에서조차 맥락에 맞지 않는 2절이 이어진다.

놈을 …에 집어넣자 … 다른 것과 함께…

놈을 …에 집어넣자 … 아니 잠깐―

놈을 선장의 딸과 함께 침대에 밀어 넣자!

누구나 기억하는 구절이다. 이 널리 알려진 뱃노래의 가사를 모르는 사람은 없을 것이다. 아침에 우리의 선원은 취한 상태라기보다는 숙취 상태였을 것이다. 물론, 술에 취한 영국 선원들이 여전히 노동력으로 인정받던 당시, 이 추잡한 작자들은 그 차이를 나타내는 말을 알지 못했다. 하지만 왕년의 남학생 사교클럽 학생들처럼, 그들도 갖가지 어리석은 짓을 했다.

그 녀석을 배수구에 밀어 넣고 호스로 물을 뿌려라…

그 녀석을 오수통에 밀어 넣고 그걸 마시게 해라…

녹슨 면도칼로 가슴을 면도해라…

다리를 밧줄에 묶어 매달아라…

이러한 일들은 대부분 바다 한가운데서만 일어났지만, 숙취 상태가 아닌 멀쩡한 상태라 하더라도 꽤나 고약한 행동이다. 다소 외설적인 부분조차 보이는 것과는 다르다. 선장의 딸은 아홉 갈래 채찍으로 채찍질한다는 뜻의 완곡한 표현이다.

물론 마른 땅에서도 (누군가에게는 충분히 마르지 않았겠지만) 이런 가혹행위가 있었다는 역사 기록이 있다. 오래전부터 우리는 이미 고통 받고 있는 사람에게 고통을 주기 위해 엄청난 에너지를 쏟아왔다.

오스만튀르크 제국에선 이른 아침에 술 취한 이들의 목구멍에 녹인 납을 들어부었다. 샤를마뉴는 처음 잘못을 저지른 이는 채찍질로 다스렸고, 재범이라면 칼을 씌웠다. 1552년 영국의 법은 공공장소에서 술 취하는 것을 범법 행위로 간주하여 보속補贖 대신 발에 차꼬를 채우는 형으로 다스렸다. 그 후 도시의 차꼬는 범법자들이 수치와 고통 속에서 술을 깰 수 있게끔 하는 공공 주정뱅이 유치장으로 주로 활용되었다.

이는 다른 사람에게 본보기가 되는 신체적 형벌이었다. 그리고 차꼬를 찬 사람들이 머리를 흔드는 모습이 숙취Hangover라는 단어의 어원이 되었을 수도 있다.

1555년, 고국에서 추방된 스웨덴인 로마 가톨릭 주교 올라우스 마그누스는 표제가 아흔아홉 개인 굉장히 길고 아주 이상한 책을 펴냈는데, 처음 여섯 부분이 『북방 민족의 역사』이다. 이 중 "술주정뱅이들의 처벌에 대하여"라는 제목의 13권 39장은 그림으로 서문을 시작한다.

"고주망태 술꾼들에게는 명분이 없다." 올라우스는 "과음의 빈도가 잦은 사람의 숨결에서는 고약한 냄새가 난다. 프랑스인은 몰염치해지고, 독일인은 호전적으로 변하고, 고트족은 반란을 일으키며, 핀란드인들은 우울해진다. 이런 다양한 결함이 감지된 술꾼들은 자신들의 역겹고 추잡한 행동에 적합한 벌을 받아 마땅하다."

그러면 적합한 벌은 무엇인가? 술꾼들을 "뾰족한 침이 박힌 의자 위에 자리 잡게 하고 의자를 밧줄로 들어 올리며, 앉아 있는 동안 손에 든 거대한 뿔 모양 잔에 가득한 맥주를 마시게 한다. 그러면 그는 굉장히 빨리 마셔버릴 수밖에 없다. 그러지 않으면 굉장히 뾰족한 의자에 고통스럽게 앉아 있어야 하기 때문이다." 말 그대로 못이 박힌 의자 위에 매달려 해장술로 가득 찬 술잔을 급히 비우게 하는 행위는 숙취의 어원으로 (불확실하지만) 충분한 가능성을 보여준다.

주정뱅이의 망토라는 것도 있다. 와인 통을 구속복으로 사용하는 방법인데, 이에 대해 미국 남북전쟁 시기 신문에서는 다음과 같이 설명한다. "이 형편없는 범법자는 한쪽에 뚫린 구멍으로 머리를 내밀고 반대쪽 바닥이 제거된 오크통에 몸을 넣은 처참한 몰골로 마을을 돌아다니며 반만 부화된 병아리처럼 세상을 탐색한다."

1680년, 매사추세츠 베이 주지사 존 윈트롭은 로버트 콜이라는 사람이 "술 취해 자주 벌을 받는데, 아예 커다란 붉은 D 글자를 1년간 목에 걸고 다니도록 하라"라고 지시했다. 일부 학자들은 이 모욕적인 목걸이가 『주홍글씨』의 진짜 원조라고 지적하기도 한다. 그리고 주정뱅이들이 목에 이 글자를 걸고 다니는 모습 역시 숙취의 기원이라고 볼 수 있다.

이렇게 심리적 외상을 남길 법한 가능성이 농후함에도, 영어권 학자들이 '숙취'라는 단어를 사용할 수 있게 된 것은 1904년 『우스운 사전The

Foolish Dictionary』이라는 유명하지 않은 유머 서적에 '과음의 후유증'이라는 의미로 처음 등장하면서였다.

그 후 2차 대전이 발발될 때까지 다시 언급되지 않았다. 그러다 갑자기 불쑥 등장하게 된다. 역사상 해당 단어가 책에 쓰인 빈도수를 차트로 보여주는 엔그램 뷰어라는 구글 뭐시기에 '숙취'라고 입력해보면 그래프가 산맥 모양을 이루는 것을 볼 수 있다. 이런 곡선을 그리는 명사는 좀체 찾기 어렵다. 그리고 자세히 살펴봐도 이상하다. 지금껏 그 역사를 찾아본 결과, 어느 정도는 그 고유하며 부수적으로 발생한 중의성 덕분이지만, 일종의 과거의 잔해라는 생각과 차꼬나 와인 통 혹은 변기 위에 폐기물로 가득 찬 머리를 내밀고 있는 이미지를 대변하는 것으로 이 단어가 유용하게 쓰였다는 점을 부인하기 힘들다.

블로그 '세스퀴오티카^{Sesquiotica}'를 운영하는 제임스 하벡은 이를 보다 단어학적으로 풀이한다.

'매달다^{Hang}'는 어조에 잘 어울리는 단어다. 울림이 있고, 처형과 손거스러미^{Hangnail}를 둘 다 연상시키며, 장광설과 딩, 쨍그렁, 쾅, 기타 등등 같은 반향을 일으킨다. 그리고 최후가 임박했다는 느낌과 위협을 전한다. 그래서 이 단어를 사용할 때면 첫음절에 강세를 두고 뒤이어 약한 더블비트를 줘야 한다. 강약약격이 아니라 2분 음표와 4분 음표 정도의 세 박자이다. 망치를 내리치는 소리처럼, 한 번 세게 내뱉고 두 번의 약한 여운을 남기는 느낌이다.

아마 이른 아침에 못 박힌 의자 위에 매달린 자들이나 나무통에 갇혀 뒤뚱대는 사람들 혹은 다리에 밧줄이 묶여 거꾸로 매달린 사람들이 내는 소리가 이러했으리라.

4막

중간계의 미친 모자

우리의 주인공은 고대 영국에서 쇠를 벼리고, 지붕에 짚을 이고, 토끼 굴로 떨어진다.
출연: 윈스턴 처칠, 현대의 드루이드 사제, 나쁜 마녀, 숙취의 신 빌리어스

"영국인들은 쾌락주의자이자 약탈자이며 모험심 넘치지만, 세계를 누비며 다른 민족을 정복하지 못할 때에는 어떻게 해서든 슬픔을 술로 달랜다."

― 줄리 버칠(영국의 작가, 칼럼니스트_옮긴이)

망치를 내려치자 손은 떨리고 머리는 지끈댄다. 자루의 끝이 스치며 크게 한 번, 작게 두 번 모루가 울린다. "다시." 불꽃이 쏟아져 내리는 듯 새빨간 긴 머리와 위는 좁고 아래는 넓은 모양의 구레나룻을 한 대장장이가 고함친다. 리처드 우드는 철과 불을 다루지만, 플리머스 대학교 미술대학을 이끄는 철학자 대장장이이자 컴퓨터 3D 프린팅을 강의하는 자수성가한 금속공학자이다.

"이 일은 제대로 이해하는 게 전부가 아닙니다." 그가 말한다. "실패하지 않는다면 열심히 노력하지 않겠죠. 실패의 가치는 이루 헤아릴 수 없습니다." 이런 점에서, 나는 헤아릴 수 없이 잘하고 있다. 벼르던 철을 다시 화로에 집어넣었다.

화로는 섭씨 2500도로 뜨겁게 달궈져 있고, 이제 철은 눈부시리만치 빨갛게 빛나고 있다. 땀을 뻘뻘 흘리며 철을 끌어내고는 몸을 가누고 골이 울리는 머리를 진정시키려 했다. 숙취를 해소하는 데 효과적인 방법은 아니다. 오늘은 그럴 의도도 아니었지만.

내가 잉글랜드 데번에 온 첫 번째 목적은 잡지사에서 청탁받은 고대 공예에 대한 원고 취재이고, 두 번째는 고대 사람들은 무엇을 어떻게 마셨기에 오늘날처럼 숙취로 고통 받지 않았을까 하는 생각을 시험해보기 위해서다. 리처드 우드는 이런 생각을 뒷받침해주었다. "내가 일을 하는 한, 나는 절대 숙취를 느끼지 않습니다. 대장간에서 땀만 빼면 되죠."

이 실험의 일환으로 잠시 제품 테스트를 미뤄두고 (각종 재료를 담은 작은 꾸러미는 바다 건너에 남겨두고 왔다) 여기 구세계에서 찾은 것만 이용하기로 했다. 마시기 적당한 것도 손에 넣었다. 이틀 전 런던에서 벌꿀주 제조업자를 만났다. 원래는 고대의 대장장이로 일하는 하루 종일 벌꿀주를 마시며 대장간에서 일한 뒤, 일찍 잠자리에 들고 숙취 없이 일어나겠다는 계획이었다.

하지만 늘 그렇듯 어제 상황이 달라졌다. 이번엔 빅토리아 시대의 저택을 퇴폐적으로 바꾼 '이상한 나라'에서였다. 루이스 캐럴의 작품을 테마로 한 이곳 객실에서는 가득 찬 미니바가 무료였다. 가득 찬 모든 것이 무료였던 것이다.

아담 로저스는 『프루프』 서문에서 이렇게 말했다. "색색의 액체로 채워진 예쁜 병은 감탄하는 것만으로 충분하지 않다. … 당신은 그것들에 대해 묻기 마련이다. 저것은 무엇이며, 어떤 점이 다른지, 어떻게 만드는지. 땅속 토끼 굴로 도망칠 수 있는 사람은 저널리스트, 과학자, 세 살 꼬마뿐이다. 하지만 세 살 꼬마는 바에 들어갈 수 없다."

재버워키Jabberwocky(루이스 캐럴의 작품 『거울 나라의 앨리스』에 등장한 난센스 시_옮긴이) 룸에 묵는 저널리스트로서 저 병들에 의문을 품었지만 아직 답을 찾지 못했다. 그리고 지금, 숙취에 시달리며 긴 데번 시골길을 달려온 끝에 이곳 중간계에 이르러 쇠를 두드리고 있다. 대장장이에게 이런 사정을 말하지 못했으니 아마 그는 내가 유난히 미숙하게 휘청댄다고 생각할 것이다.

우드는 플리머스 도심에서 강의하지만, 호빗들이 사는 듯한 깊은 숲속의 작은 마을에 살고 있다. 아래로 길게 가지를 드리운 나무들은 라디오 신호도 잡히지 않을 만큼 무성한 터널을 만든다. 사방에 들리는 건 바람 소리, 새소리, 개울이 졸졸 흐르는 소리뿐이다. 조약돌로 지은 그의 집 문 위의 오래된 간판에는 '사이더 하우스'라고 쓰여 있다. 맞은편의 브룩스리 메이너는 도심, 마을, 작은 집, 저택 할 것 없이 이름 붙은 브룩스리에서 따온 이름이다. 고대 잉글랜드도 이보다 구식은 아니었을 것 같다.

이곳의 정신을 빌려 마녀와 근처의 드루이드 사제 한둘을 찾아보려 했다. 영국 드루이드교 연합회 회원인 로널드 허튼 교수가 여기서 멀지 않은 브리스톨에서 학생들을 가르치고 있다. 그래서 그에게 메시지를 보내 "드루이드교인들은 숙취 해소를 어떻게 합니까?"라고 물어보았다.

그에게서 즉시 회신이 왔다.

친애하는 비숍 스톨 씨.

질문에 감사드립니다만, 유감스럽게도 저는 이 주제에 대해 잘 모릅니다. (어쩌면 다행이겠죠!)

모쪼록 건투를 빕니다.

로널드 허튼으로부터.

이곳에서 더 가까운 보스캐슬은 몇 해 전 끔찍한 홍수 피해로 널리 알려졌지만, 세계에서 가장 큰 마법 박물관이 있는 곳이기도 하다. 나의 질문에 금세 아래와 같은 회신이 왔다.

친애하는 쇼너시.

우울감을 완화시키기 위해 와인에 성요한초를 집어넣는 식으로 술 마시는 것과 관련된 주술은 있지만, 숙취에 관련해 드릴 말씀이 없습니다. 그러나 이 질문에 대해 저희 큐레이터와 논의한 뒤 회신 드리겠습니다. 내일은 근무자가 적어서 투어는 다소 곤란하겠지만, 저희 박물관에 방문해주시면 반갑겠습니다. 오셔서/오신다면 어떻게 되는지 한번 알아보시죠….

행운을 빌며, 피터.

적어도 영국에선 흑마술도 너무 정치적으로 공정해서 숙취의 힘에 대적할 수 없지 않을까? 자신감 없이 말줄임표와 '오셔서/오신다면'이라는 표현을 쓴 것을 보니, 그 대신 나쁜 마녀 혹은 '나쁜 마녀의 블로그: 토속 신앙, 마법, 영국에서 마녀로 살아가는 일상 경험'이라는 블로그를 운영하는 사람을 만나볼까 하는 생각이 들었다.

나쁜 마녀도 즉시 회신해주었다. 하지만 여러 이유에서 그녀가 한 말을 누설하진 않겠다.

아들에게 전화해 오늘 내가 무슨 일을 했는지 말해주자, 검을 만들어 달라고 했다. 하지만 우드에게 물어보니 30시간은 족히 걸리는 작업이란다. 그래서 대신 잡기 편한 벽난로 부지깽이를 만들기로 했고, 아직도 그 끝을 뾰족하게 만드는 데 매달리고 있다. 하지만 대장장이의 좋은 점 중 하나는 약간의 숙취 상태에서도 충분히 할 만하기 때문에 굉장히 관대해진다는 점이다. 물론 잘못된 쪽을 잡으면 피부가 용서하지 않겠지만, 금속은 언제나 관대하다.

"이 일은 사람들이 흔히 생각하는 것과는 다릅니다." 우드가 말한다. "보통 철을 올곧고 강직한 불변의 상징으로 말하지만 철의 진짜 힘은 바로 유연성입니다. 철은 물러났다 다시 시도하게 해주죠."

그래서 울림이 진정되자, 나는 숨을 내쉬고 열기를 끌어안으며 다시 한 번 두드렸다. 이렇게 몇 번 제대로 두드렸더니 드디어 끝이 뾰족하게 만들어졌다.

봉건시대의 노력

보통 중세 암흑의 시대를 경시하는 경향이 있다. 수백 년에 이어진 무지와 고난의 시대를 떠올리면 '암흑시대'라고 부를 수도 있겠지만, 숙취의 역사에 있어서는 황금시대였다. 유럽 대부분 지역에서는 종교, 자연, 과학을 연계해 술꾼에게 불리하기보다는 유리한 음주 체계를 만들었다. 이 대부분은 십자군과 관련이 있는데, 알코올은 기독교와 이슬람을 가르는 중요한 기준이었기 때문이다. 어쨌거나 예수는 와인을 마시는 신이었고, 적은 정신이 말짱했다.

1200년 무렵 베네딕토 수도회는 가장 크고 체계적인 와인 제조업자로서, 영국과 유럽 대륙은 물론 그 너머 지역의 모든 귀족들이 원하는 최고급 와인을 만든다는 명망을 얻었다. 상류층에게 술에 취한다는 것은 고귀한 의무로 간주되었다. 다른 이들은 상상도 할 수 없을 퇴폐적인 생활에 열중하는 것을 신성하게 부여된 의무라 생각했던 것이다. '영주는 영주이기 때문에 취한다'는 경구는 천 년간 지속되었다.

맥주, 에일, 벌꿀주, 사이더가 노동자들의 건강을 유지하는 데 물보다 유익했기 때문에 평민들도 술을 즐겨 마셨다. 따라서 적당한 가격이 책정되어야 한다는 법안이 통과되었고, 열혈 시음자들은 술의 품질을 테스트하겠다며 곳곳을 돌아다니기도 했다. 싸구려 술을 잔뜩 마셔대는 손님보다 공급량이 더 많을 정도로, 당시 마을에서 에일 판매점을 찾기는 오늘날보다 훨씬 수월했다.

하지만 중세 술꾼들이 숙취에 시달리지 않았다고 할 수는 없다. 그들은 고대부터 이어진 숙취 해소법에 따라 매일 양배추와 청어, 치즈를 먹었다. 그러나 무엇보다 현명한 습관은 두 번에 걸쳐 나눠 자는 것이었다.

역사가 로저 에커치$^{Roger Ekirch}$는 2005년 발표한 『밤의 문화사$^{At Day's Close:}$ $^{Night in Times Past}$』에서 대부분의 인류 문명권에서는 두 번에 나눠 잠을 잤다는 사실을 밝힌다. 해가 진 후 잠깐 눈을 붙였다가 깨어서는 다시 동틀 녘까지 자는 것이다. 따라서 사람들은 두 번의 잠 사이에 여러 일을 했다. 책을 읽고, 그림을 그리고, 음악을 연주하고, 섹스를 하고, 식사를 하고, 아마 대부분은 숙취를 달랬을 것이다.

몸에서 알코올 기운이 빠지며 깊은 휴식을 방해받음으로써 생기는 결과는 첫 번째와 두 번째 잠 사이의 깨어 있는 시간과 동시에 일어난다. 불안한 상태로 눈을 떠서 다시 잠들려 애쓰는 대신, 우리 선조들은 연인뿐 아니라 아마 해장술로 이 시간을 수용한 뒤 활기를 되찾아 두 번째 잠에 들었다. 그래서 다음 날 아침, 사실상 두 번째 눈을 뜰 때면 확실히 그 충격은 완화되어 있었다.

19세기의 성직자 시드니 스미스$^{Sydney Smith}$는 이렇게 썼다. "나는 처음 잠을 잤다가, 새벽 2시면 끔찍한 고통을 느끼며 일어나 영혼을 누르는 삶의 무게를 절감한다. … 하지만 멈추어라, 슬픔에 젖은 아이이자 욥의 겸허한 모방자여. 그러고는 나에게 뭘 먹었는지 말해라. 수프와 연어, 다음엔 쇠고기, 그다음엔 오리고기, 블랑망주(우유에 과일 향을 넣어 만든 푸딩의 일종_옮긴이), 크림치즈, 희석된 맥주, 보르도 와인, 샴페인, 혹(독일산 백포도주_옮긴이), 차, 커피, 누와요(브랜디의 일종_옮긴이)를 먹지 않았더냐? 그러고선 마음과 생명의 사악함에 대해 말하는가? 이런 경우는 명상이 아닌, 제산제가 필요하겠구나."

그리고 역시, 당연하게 편안히 두 번째 잠에 든다.

중간계의 미친 모자, 술을 퍼마시는 티파티에서

대장장이와 밤새 술을 마신 뒤 약간 숙취가 느껴졌다. 한편으론 꽤 잘 쉰 날이기도 했다. 바쿠스 와인을 홀짝이며 통에서 꺼낸 신선한 치즈를 먹고 포도밭의 정경과 풀 뜯어 먹는 소 떼, 다트 강으로 흐르는 계곡을 바라보았다. 청명한 하늘 높이 햇빛이 빛나는 날이었다.

영국 와인 주간 첫날, 초가지붕 마을로 가며 샤르팸 포도밭과 치즈 목장에 들렀다. 모순적인 농담 같은 일이 어떤 결과를 가져올지 모르겠지만.

대장장이 우드는 샤르팸이 유기농 와인을 생산하는 와이너리이며, 내가 마시고 있는 바쿠스 와인은 자신의 '사이더 하우스' 바로 뒤 포도밭에서 생산된 포도로 만들었다고 알려주었다. 하지만 사실 그들은 아직 완전한 유기농이 아니다. 따라서 샤르팸은 그 단계에 이르기 위해 최대한 중세시대 방식을 따르려 하는데, 여기에는 몇 가지 두드러진 특이점이 있다. 베네딕토 수도회와 달리 샤르팸은 불교 방식으로 포도밭을 운영한다는 점이다. 그들은 포도를 선禪 방식으로 기르며 사람이 직접 소젖을 짠다.

바쿠스 와인과 치즈를 맛본 뒤, 체다 치즈 스콘과 스파클링 화이트 와인으로 오후 티타임을 가졌다. 뒤의 파티오에서 콘트라베이스, 기타, 클라리넷, 트롬본으로 구성된 4인조 스윙 밴드가 연주하고 있고, 새파란 슈트를 입은 한 노신사가 잔을 내려놓고 노래를 부르기 시작한다. 허브나 샴페인, 햇살 같은 목소리다. 바로 이 방법이 이곳의 숙취 해소법이다.

와인과 치즈

와인과 치즈는 함께 생산되어 서빙되는데, 의도적으로 이 둘을 만드는 법이 잘 전수되어왔기 때문이다. 고대 그리스와 로마에서는 술을 마실 때건 숙취 상태일 때건 와인의 부작용을 방지하기 위해 강판에 간 치즈를 와인에 넣곤 했다. 이런 관습은 중세로 이어졌고, 결국 와인과 치즈가 함께 제공되는 파티로 바뀌었다. 그리고 그곳에서 우리는 그 추론이 타당한지는커녕 추론 자체도 알지 못한 채 그저 고다 치즈와 멜롯 와인을 마음껏 먹고 마신다.

하지만 팀 스펙터Tim Spector는 알고 있었다. 이 영국 유전역학자는 그 이면에 숨겨진 의미를 간파했다. 그러나 마침 그는 킹스 컬리지의 사무실을 떠나 스페인 남부로 알찬 휴가를 보내러 갈 참이었다. 그래서 시간을 많이 빼앗지 않겠다고 약속하고 그를 만났다.

"와인과 치즈에 대해 말씀 좀 해주세요." 스카이프로 내가 물었다.

"그러니까." 스펙터가 입을 열었다. "흔히 그렇듯, 그건 미생물 단계에서 시작됩니다. 우리 몸은 미생물로 이루어져 있으며, 우리 장에도 미생물이 가득 차 있죠. 우리가 발견한 것은 알코올을 마시면 특정 미생물 종류가 면역체계를 자극한다는 사실입니다. 마치 공격받은 것처럼 말이죠. 이는 염증 반응을 일으키고, 독성 물질이 내장에 유입됩니다. 또한 우리가 알코올을 마시면 특정 미생물, 특히 에리시펠로트릭스가 알코올을 아세트알데히드로 분해하는 효소인 탈脫수소효소를 만들어냅니다. 따라서 숙취라는 재앙을 겪게 되지요. 이러한 독성 물질을 주입당한 쥐들이 보통 쥐보다 더 알코올을 찾는다는 실험 결과를 통해, 알코올을 섭취했을 때 고통을 야기하는 이러한 특정 미생물이 실제로 우리가 더 술을 마시도록 자극한다는 사실을 유추할 수 있습니다."

유전학자들은 지질학자를 제외한 지구상 다른 사람들과 '간략히'라는 말의 뜻을 다르게 이해하는 부류라고 해야겠다. 그가 실제로 집으로 돌아가는 중에 나는 딱 봐도 뻔한 질문을 던졌다. 유전학적 시각에서, 이렇게 가학적인 미생물이 이런 작용을 하는 건 대체 무슨 목적이라고 할 수 있느냐는 것이다.

"글쎄요." 스펙터가 말했다. "알코올이 인간의 몸에 얼마나 새로운 현상을 야기하는지 기억해야 합니다."

그러더니 술을 마시고 취하는 일이 얼마나 오래되었는지를 시작으로, 인간이 얼마나 많은 부분을 공유하는지에 관한 설명으로 이어졌다. 적잖이 당황스러웠다. 물론 10년 혹은 12년, 심지어 천 년도 유전학자들의 눈에는 찰나의 순간일 것이다. "우리는 미생물로 이루어져 있습니다. 그리고 수백만 년에 걸쳐 우리의 면역체계는 배 속의 미생물을 통해 위험을 경고하며 교류해왔습니다. 그리고 지금 비교적 새로운 상황을 맞이했죠. 알코올의 분해가 경고의 촉매제로 작용해 토할 것 같은 증상을 야기하는 체계가 시작된 것입니다."

스펙터는 우리가 한 짓 때문에 내부 미생물의 균형이 무너지고 소화 효소가 제대로 작용하지 못하게 되면서 이러한 반응이 점차 악화된다고 생각한다. "숙취건 먼지 알레르기건 간에, 면역 반응이 걷잡을 수 없는 지경에 이르기 때문에 생기는 겁니다. 온갖 항생제를 비롯해 여러 가지로 미생물을 공격하고 있기 때문이죠."

"그러면 치즈는 어떤가요?" 내가 물었다.

"음, 그냥 쥐를 살펴보세요." 스펙터가 말했는데, 순간 그가 농담하는 줄 알았다. 하지만 그는 진짜로 쥐의 내장과 알코올, 유익균 그리고 이러한 요소가 얼마나 숙취에 영향을 미치는지에 대한 연구를 언급하고 있는 것이었다.

"하지만 잠깐만요." 내가 말했다. "쥐가 숙취 상태인지 어떻게 알죠?"

핵심을 찌르는 완벽한 질문이었지만 스펙터는 꿈쩍도 하지 않았다. "확인할 수 없죠. 그래서 간 손상 정도를 살펴봅니다." 그가 말했다.

쥐가 숙취를 느끼는지 스스로 말해줄 수 없지만 지금까지 이 숙취와 간 손상 둘 다 알코올 자체가 아닌, 알코올이 분해되며 생성되는 화학물질에 의해 야기된다고 밝혀진 바에 따라 두 경우가 조직적으로 유사하다는 사실이 분명하기 때문에 스펙터 같은 연구자들은 초기 간 손상의 징후를 숙취의 지표로 파악한다. "실험에서 쥐에게 인간처럼 과음하게 하면 간 손상의 징후가 나타납니다. 독성 물질이 장기에 흡수되어 염증 반응을 일으키기 때문이죠." 스펙터가 말한다.

하지만 이런 점도 있다. 연구자가 이렇게 똑같이 과음하고 미생물이 가득 찬 쥐에게 "락토바실리쿠스 같은 유익균이 함유된 유산균"(잘 숙성된 치즈를 가리키는 과학적 표현이다)을 먹이면 사실상 어떤 유해한 효과를 보이지 않는다.

일종의 자연적 회복력인 셈이다. 그리고 인간이건 쥐건 와인과 치즈가 필요하다는 사실은 확실하다.

중간계의 미친 모자, 가죽장인이 되기로 작정하다

초가지붕 집에서 하루를 보내며 우리가 사이더를 마신 펍의 지붕을 이은 이엉 장인인 찰스 찰크래프트가 생산한 대처스 사이더를 마셨다. 나는 이제 술 취해 영국의 잰말놀이를 하는 단계에서 난센스 퀴즈를 푸는 고딕식 난센스 퀴즈의 단계로 접어든 상태다.

사실 이곳은 M. C. 에셔가 설계한 호러 영화 세트 같다. 비현실적인 고대식 통로에 갈고리가 매달려 있고 동물의 기름이 담긴 통과 가죽, 연골, 털 더미, 빠지면 영원히 영혼이 사라질 것처럼 짙은 타닌과 초록색 산성 점액질이 부글대는 통으로 가득 찬 방들을 연결한다. 나는 이 중 어디에도 빠지지 않으려 안간힘을 썼다. 그러자 냄새가 난다. 소의 살, 라임, 그을린 털과 오크 나무의 껍질이 혼합된 냄새가 온 집에 가득하다. 상상했던 것보다 훨씬 괴롭다. 숙취 상태로 이 일을 하고 싶지 않다.

"괜찮아요, 안 해도 됩니다."J. & F. J. 베이커 가죽 공방의 사장인 앤드류 파가 말한다. "우린 아침 7시에 시작하거든요." 게다가 가죽은 심지어 소가죽이라 할지라도 쇠처럼 관대하지 못하다. "통가죽에서 무두질된 가죽으로 바뀌면 절대 변하지 않죠. 이것이 바로 무두질의 연금술이랍니다."

이곳은 세계에서 오래된 가죽 공방 중 하나이다. 로마 제국이 멸망했을 때 미드홀과 포도밭과 더불어 폐허가 되었다가 지금은 그때처럼 운영되고 있다. 작성 중인 기사뿐 아니라 타닌과 술, 숙취의 미스터리에 작용하는 역할 때문에라도 이 모든 과정에 흥미가 생긴다.

오크 타닌은 동물에게 벗겨낸 껍질을 상품성 있는 가죽으로 바꾸기도 하지만 아무 맛이 나지 않는 알코올을 반짝이고 풍미 좋은 위스키로 변화시키기도 한다. 감칠맛이 풍부한 레드 와인으로 바꿔주는 포도 타닌이 (황화물과 더불어) 오늘날 숙취를 야기하고 편두통을 촉발한다는 비난을 받고 있다.

"타닌은 모든 식물의 껍질에 들어 있습니다." 파가 말했다. 그는 키가 크고 마른 몸매에, 과학적인 내용을 묘하게 시적으로 전달한다. "꽃잎, 포도껍질, 오크 나무의 껍질이 원료죠. 이것들은 효소와 항체 작용으로 식물을 보호합니다. 마법 같죠. 오크 나무의 타닌이 동물 껍질에 이렇게 효과적으로 작용해 가죽으로 변화시키는 요인은 아직 밝혀지지 않았습니다. 어떻게 알아내야 할지도 모르겠고요. 하지만 상상해보자면, 아주 오래전 이 섬이 커다란 숲이었고 브리튼족이 수렵 생활을 하던 시절, 우연찮게 이렇게 신기한 일을 알게 되었다고 할 수 있죠. 오크 나무 옆의 웅덩이에 동물의 생가죽을 넣어놓았더니 특정 현상이 일어난 겁니다. 가죽이 더 튼튼하고 유연해진 거죠. 이런 과정을 통해 가죽 만드는 법을 익히게 되지 않았을까 생각해봅니다."

어젯밤 적당히 마셔서인지 오늘은 정신이 또렷하다. 수맥이라도 찾아낼 것 같다. 파가 말했듯, 시냅스가 불타서인지 뭔가 번뜩 떠오르기 시작한다. 공예 기술의 연결, 구세계의 행동방식, 쥐와 치즈 그리고 유기적 변화. 위스키에서 와인, 벌꿀주로 되짚어 생각하다가 오늘날 숙취를 촉발하는 요인을 생각해본다.

하지만 그때, 이곳의 냄새와 함께 이 모든 생각이 구세계의 두통을 일으키기 시작했다. 그래서 잠시 생각을 멈추기로 했다. 차를 타고 중간계에서 벗어나 대도시로 향했다.

이승과 저승

인간의 생명 활동, 환경, 알코올의 위력 변화로 인해 신체적 숙취의 양상이 오랜 세월에 걸쳐 점진적으로 변화해왔다면, 형이상학적 숙취는 일대 혁명을 겪었다. 가장 충격적인 부분은 술에 취하는 것은 종교적 죄라는 개념이다. 그런데 대체 이런 사고는 어디에서 유래했을까? 일곱 가지 대죄에도, 십계명에도 나와 있지 않은데 말이다. 단테가 지옥을 순회했을 때 그 어디에도 술꾼 혹은 주정뱅이들에 관한 언급은 없었다.

그 밖의 많은 교회의 일처럼, 이러한 변화는 권력과 돈에서 비롯되었을 것이다. 중세 암흑기가 끝나고 봉건제가 새로 등장한 상업 제도에 밀려나면서, 사람들은 이제 모든 분야에서 자유로이 상업 활동을 할 수 있게 되었고 이때 가장 인기 있었던 것이 바로 술집(펍)이었다. 갑자기 교회 외에 모일 곳, 헌금통 외에 동전을 던질 곳이 생긴 것이었다. 그러자 목사들이 일갈하기 시작했다. "죄악이다!"

이 시기의 설교는 술집을 '악마의 사도들이 악마를 섬기는 악마의 교회'라고 지목한다. 그리고 1600년 무렵, 술 취함의 사악한 위험을 언급하는 것은 단골 레퍼토리가 되기에 이르렀다.

새뮤얼 클라크Samuel Clarke와 새뮤얼 워드Samuel Ward가 공동 집필한 『모든 주정뱅이와 술꾼들에게 보내는 경고: 영국과 외국의 존경받고 학식이 깊은 작가들의 작품에 대한 면밀한 검토를 토대로A Warning-piece to All Drunkards and Health-drinkers Faithfully Collected from the Works of English and Foreign Learned Authors of Good Esteem』에는 술을 마시면 생길 수 있는 최악의 상황이 최소 120가지는 제시되어 있다. 단기적으로는 어머니를 찌른다든가, 절벽에서 뛰어내리고, 이마에 핏줄이 솟을 정도로 격렬하게 토하며, 결국은 점점 더 나빠진다고 한다.

그런데 새뮤얼들이 답답하게 여겼던 점은 역설적이게도 이 시기에는 술이 '건강식품'으로 여겨졌다는 점이다. "당신은 그 술잔에 환희와 즐거움, 유쾌함을 담겠다고 스스로에게 약속한다." 그들은 비판한다. "하지만 짜릿한 환희 한 방울은 현재와 미래의 엄청난 비애와 울분, 고뇌와 쓰라림으로 이어진다. … 당신은 건강음료를 마시고 그리고 건강을 위해 술을 마신다고 하지만, 주정뱅이가 아니라면 각종 질병과 질환, 신체 기형, 얼굴 발진, 중풍, 부종, 두통은 누가 걸리겠는가?"

그리고 감히 성가신 십계명 혹은 일곱 가지 대죄를 언급하려 하면, 새뮤얼들은 당신을 꾸짖은 뒤 그걸로 당신의 머리를 때릴 것이다. "그것은 하나의 죄가 아닌 모든 죄이다. 다른 모든 죄악으로 이어지는 주입구이자 수문이기 때문이다. … 하느님은 주정뱅이의 눈을 뜨게 하시어 자신의 영혼이 얼마나 추악하게 타락했는지 보게 하시고자 한다."

목사는 이슬람이 그렇듯 기독교의 죄에 대한 교리를 막강한 무기로 휘두르며 그 힘을 증폭시켰다. 숙취로 힘들어하는 대신 후회와 죄책감, 영원한 지옥살이의 위협에 시달리게 했다. 술 마신 다음 날의 고통은 즉각적인 속죄 행위, 하느님이 분노하신 예시이며 더욱 심오하게는 내세에 지옥으로 떨어진다는 예고였으니 말이다.

중간계의 미친 모자, 너트 대신 너튼

런던에 도착하자 비가 내리고 있었다. 마법에 걸린 듯 여기만 폭우가 쏟아지며 역병과 에일로 얼룩진 자갈을 씻어 내린다. 이른 점심을 먹으러 나온 술꾼들은 머리 위로 서류가방을 들고 펍으로 달려 들어간다.

웰컴 라이브러리 입구에서 핸드폰 문자 메시지를 확인했다. 너튼 박사의 마지막 메시지는 일주일 전에 온 것이었고, 마치 이러한 미래를 예측하듯 "만일 비가 오면, 입구 데스크에서 만나시죠"라는 경고로 끝맺었다. 비가 오니 안으로 들어가서 입구 데스크 옆에 앉았다.

기다리는 동안 핸드폰을 확인했다. 지난 달, 너튼 박사는 숙취 해소에 대한 최고最古의 처방이 담긴 고대 이집트 파피루스의 발견으로 대서특필되었다. 하지만 나는 너튼 박사보다 너트 박사의 이야기를 듣고 싶었다. 이 우스운 불완전운의 이름은 유쾌하고 유서 깊은 영국에서 숙취 해소의 방법을 찾는다면 듣게 되는 이름이다.

데이비드 너트 박사Dr. David Nutt도 대서특필되었다. 그것도 아주 여러 번. 영국 정부의 마약과 알코올 책임자로서 알코올은 향정신성 마약보다 위험하고 말 타기보다 안전한 황홀감을 준다는 주장을 해 영국 정부로부터 해고되었다는 소식으로 언론에 등장했다. 그런 다음 죽음이 임박한 환자들에겐 LSD를 투여해야 한다는 주장으로 몇 번 더 회자되었다.

그러곤 지난 몇 년 동안 「데일리 텔레그래프」 신문에 '너트 교수의 숙취 없이 취하게 하는 알약' 같은 제목으로 실렸다. 그 기사에서는 너트가 부작용 없이 술에 취하게 하는 알코올 합성 방법을 찾아냈으며, 그 해독 물질도 만들어냈다고 설명한다. 그래서 어떤 약을 먹고 술에 취할 수도 있고, 술이 깰 수도 있으며, 어느 쪽도 숙취를 남기지 않는다고 한다. 여기에 덧붙일 게 있다면, 음주의 미래이며 숙취의 성배라고 해야겠다. 그도 아니면 단지 얼간이거나.

하지만 이 헤드라인의 주인공을 완전히 이해하기는 어렵다. 윌리 웡카(로알드 달의 소설 『찰리와 초콜릿 공장』, 『찰리와 유리 엘리베이터』의 주인공. 괴짜 천재 과자 발명가_옮긴이)와 데이트하는 것과 비슷하다고 해야 할까. 지금껏 1년이 넘도록 그에게 메시지를 보냈는데 가끔 한두 마디로 대답하고는 대부분 회신이 없었다. 마침내 내가 런던에 와서 자신을 만나려 한다는 걸 알고 있지만, 그는 다시 사라졌다. 토끼 굴 아래, 인식의 문을 통해서? 누가 알겠나. 어쨌거나 여기는 영국이고, 모든 복도에는 마법의 옷장, 유령 요금소, 한쪽에는 너트, 반대쪽에는 너튼이 있는 양면 거울이 있지 않은가….

"안녕하세요!" 너튼 박사가 우산을 흔들며 말했다. "늦어서 죄송합니다!"

이상한 치아 배열부터 안경 긴 푸른 눈까지, 비비언 너튼 박사Dr. Vivian Nutton는 특이한 유럽적인 면 중에서도 전형적인 영국인다운 모습이다. 그가 가져온 책을 펼치며 말했다. "이것들이 발견되었습니다. 약 120년 전, 옥시링쿠스 지역에서였죠." 그는 단어 처음과 중간의 R를 굴려서 발음해 옥시링쿠스가 아니라 마치 옥시리잉쿠스처럼 들렸다.

옥시링쿠스는 이집트에서 최초로 체계적인 고고학 발굴이 실시된 지역이다. 발굴된 유물은 엄청난 쓰레기 더미에 파묻혀 있었는데, 고고학자들은 그곳에서 버려진 파피루스를 수백 상자 찾아내 지금은 옥스포드 대학교 지하에 보관 중이다. 〈레이더스: 잃어버린 성궤를 찾아서〉 끝

장면에 나오는 창고와 똑같은 분위기일 것 같다. 이 파피루스들은 너튼 같은 사람들이 펼쳐보기로 결심할 때까지 누구의 손길도 닿지 않은 채 보관되어 있었다. 연구 결과, "지금껏 발행된 의학 관련 파피루스로는 가장 방대한 분량"임이 밝혀졌다. 그중에는 고대의 숙취 해소법도 기록되어 있었다.

"그러니까." 그가 파피루스 사진 하나를 보며 말을 꺼냈다. "보시다시피 모서리는 사라졌지만, 그리스어로 열다섯 줄 정도 쓰인 보다 큰 종이의 일부입니다. 꽤 깔끔한 솜씨로 쓰였지요." 사진을 들여다보았다. 클레오파트라보다 200년 전의 기록이니 내겐 그저 고대 그리스어로만 보였으나 너튼에겐 아니었다. "숙취라는 실제 단어는 마지막 글자만 나타나 있습니다. 하지만 행의 길이와 앞부분의 관련된 내용으로 그 앞에 나온 단어가 숙취라고 추측해볼 수 있습니다."

"고대 이집트인들이 숙취라는 단어를 사용했다고요?" 내가 물었다.

"그런 셈이죠, 정확하지는 않지만." 그가 인정했다. "자세히 말하자면, '술 취해 생기는 두통'으로 번역됩니다." 그에게 가능한 한 전부를 번역해달라고 부탁했다. "좋아요." 그가 페이지에 손가락을 갖다 대며 말했다. "술 취해 생기는 두통을 위해선 알렉산드리아 월계수를, 이건 달콤한 향이 나는 관목 나무인데요, 엮어 목에 걸라."

전에 플리니우스의 사도들로부터 이런 방법을 들은 적 있다. 정확히 이 표현은 아니었지만 같은 원리이다. 고대인들은 특정 식물과 약초가 술의 나쁜 기운을 물리쳐준다고 믿었다. 이러한 믿음은 술에 취하는 원인이 일차적으로 유독한 기운이 머리에 흘러 들어가기 때문이라는 사고와 일치한다. 클레멘트 프로이드는 이렇게 말했다. "시인 호레이스는 베르길리우스를 만찬에 초대하면서 나쁜 기운을 막아주는 약을 잊지 말라고 말한다." 목과 몸에 화관과 월계관을 두르거나 머리에 화환을 쓰는 건 전부 똑같은 목적에서였다.

"이 식물들의 향이 아픔을 야기하는 원인에 대응한다는 발상이었죠. 냄새는 구체적인 활성 물질입니다. 하지만 마법적인 면도 있죠. 전설과 과학적이라는 부분을 명확히 구분하기는 어렵습니다만." 너튼이 말했다.

물론 숙취 해소 역사를 살펴봤을 때 많은 문명권에서 널리 사용된 방식이다. 프로이드에 의하면, 소크라테스 이전 시대의 철학자 데모크리토스는 우주가 원자로 이루어졌다는 이론뿐 아니라 숙취로 시달리는 사람에게 "그가 눈치채지 못하게" 사르멘티스^{Sarmentis}(일종의 나무 잔가지) 진액을 바르면 숙취가 치료된다고도 주장했다고 말한다.

앤디 토퍼는 북아메리카 원주민들은 "이마에 간 서양 고추냉이를 올려놓고 동여맨 뒤 입 안에 엄지손가락을 넣고 입천장을 세게 눌러" 숙취 증상을 달랬다고 기록했다.

푸에르토리코에는 여전히 겨드랑이에 라임 한 조각을 짜서 숙취를 치료하는 관습이 있다. 아이티에서 성행하는 부두교에서는 당신을 괴롭힌 술병의 코르크 뚜껑에 침을 찔러 넣으라고 권한다. 근대 화학을 정립하고 근대 과학 이론을 개척한 17세기 과학자 로버트 보일^{Robert Boyle}은 술병에 대처하는 (꽤 과학적으로 보이는) 다음과 같은 방법을 제시했다. "연하고 푸른 독미나리를 따다 양말에 넣어 발바닥에 얇게 깔리게 하고, 하루에 한 번 약초를 갈아라."

영국 부두교에 대해 깊이 들어가면, (아이티 설화에서 영감을 받은) 일부 영국인 마녀들이 싫어하는 사람의 조각상에 못질을 해서 그 사람에게 숙취를 전가시키려 시도한 경우도 있었다. 아마도 숙취의 신 빌리어스(테리 프래챗의 판타지 소설 『디스크월드』의 등장인물_옮긴이)의 방문이 훨씬 더 도움이 되겠지만 말이다.

영국의 판타지 작가 테리 프래챗Terry Pratchett의 훌륭한 상상력의 산물인 빌리어스는 특정 사람들의 숙취를 애도하는 신이다(그렇기 때문에, 연구에 따르면 인간의 20퍼센트는 숙취에 영향을 받지 않는다고 한다). 그의 추종자들은 그가 자신들의 고통을 낫게 주길 바라며 "숙취의 신이시여"을 부르며 애원하는 숙취에 시달리는 사람들이다. 숙취의 신은 문자 그대로 자신의 짐, 매일 그에게서 흘러나오는 과도한 음식과 술로 더러워진 토가를 걸치고 있다.

너튼 박사에게 빌리어스에 관해 아는지 물어보았는데, 알지 못한다고 했다. 그래서 우리는 손에 든 책의 알렉산드리아 월계수로 시선을 돌렸다. 바이올렛, 장미, 아이비, 월계수, 심지어 양배추 잎으로도 만든 화관이나 화환까진 들어봤지만, 이건 굉장히 특이하다.

"맞아요." 그가 동의했다. "바로 이 부분이 특별한 의미가 있는 지점이죠. 기록한 방식으로 미루어, 확실히 이런 방법이 처방되었을 뿐 아니라 널리 사용되었다고 생각합니다. 이 식물은 아직 이집트에서 자라고 있거든요."

"나도 하나 가져야겠는걸요." 내가 말했다.

"하지만 아무 월계수론 안 됩니다." 너튼 박사가 명확히 설명해주었다. "알렉산드리아에서 자라는 것이어야 해요."

"향이나 마법 때문이군요." 내가 말했다.

"바로 그거예요."

리뷰를 작성하려고 호텔에 체크인했을 무렵엔 비가 그쳤지만, 이미 나는 홀딱 젖은 뒤였다. 내게 주어진 방은 레트로풍의 섹시하며 화려한 스위트룸이었다. 약간은 1970년대 산타페 같기도 하고 약간은 식민지시대의 아프리카 같기도 한, 키치적이고 남성적이며 호화로우면서도 위험한 느낌이 노골적으로 드러나 있었다. 조셉 콘래드^{Joseph Conrad}나 어니스트 헤밍웨이가 정글에 가기 전이나 시내로 밤나들이 가서 함께 술을 마실 법한 장소랄까. 그런 느낌의 방이었다.

거대한 욕조 위에 물이 뚝뚝 떨어지는 옷을 걸고 있는데, 누군가 문을 두드렸다. 목욕가운을 찾아 걸치고는 나가보았다. 내 앞에 검정색 칵테일 드레스를 입은 아름다운 여성이 서 있다. 그녀는 작지만 있을 건 다 있는 진짜 칵테일 바를 책임지고 있다. 그녀 뒤 복도에 놓여 있는 벽장은 올록볼록 묵직한 청동 틀로 만들어졌는데, 외과 수술 도구, 시약병, 비커, 해부된 인물, 가슴, 두개골 그리고 뼈, 치아, 안구나 장기 등 인간의 몸 일부를 진열해놓은 의료 실습용 진열장 같다. 머리 위의 조명이 따뜻하면서도 한편으론 으스스하게 그 위를 일렁인다.

사교 클럽과 호텔이 되기 전, 이곳은 빅토리아 시대의 성병 전문 병원 겸 치료 시설이었다. 때마침, 로버트 루이스 스티븐슨의 『지킬 박사와 하이드』를 읽고 있었다. 지킬의 취향은 '해부학보다는 화학'이었지만, 그의 집은 유명 외과 의사가 구입했고 이제 그의 실험실은 수술실로 바뀌었다. 그 복도가 여기와 비슷할 거라고 상상해보았다.

"안녕하세요." 검은 드레스를 입은 여성이 목욕 가운 차림의 내게 미소 지으며 말한다. "나중에 다시 올까요?"

"아뇨." 내가 말했다. "글쎄요. 그런데 무슨 일이시죠?"

"칵테일 무료 서비스 시간이거든요. 진 좋아하시나요?"

"네." 거짓말했다.

그녀가 문을 밀자, 바가 방으로 들어왔다.

불타는 런던

그곳은 언제나 변화무쌍하고 이분법적이었다. 자욱한 안개와 소용돌이치는 수증기로 대변되는 진보의 신호, 미스터리, 경이로움, 그을음과 술로 이루어진 미로. 13세기의 한 여행자는 런던을 일컬어 "불과 술 취한 얼간이들이라는 두 가지 저주에 걸려 있다"라고 했는데, 그때는 진이 생겨나기도 전이었다.

술을 증류해 진액을 만들어내는 기술을 고안한 것은 이슬람 화학자들이었다. 그 뒤 프란치스코회 수도사들은 이 연금술을 이용해 전설의 5원소라 생각하는 것을 추출해내서 아쿠아 비타에^{Aqua Vitae}(생명의 물), 아쿠아 아르덴스^{Aqua Ardens}(화주火酒)로 이름 붙였다. 당시 인간들이 알고 있던 어떤 음료보다 네 배는 자극적인 마법의 생명수였다. 그리고 세계는 불을 호흡하기 시작했다.

이미 술고래였던 영국인들은 술독에 빠져 허우적대며 곤드레만드레 취해 인사불성인 고주망태가 되었다.

1723년 무렵의 통계에 따르면, 남녀노소를 불문하고 런던의 모든 사람들은 주당 500밀리리터가량의 진을 소비했다. 어떤 기준을 적용하더라도 가히 미친 짓이라고 할 수밖에 없는 수치다. 1878년 윌리엄 렉키

William Lecky(아일랜드의 역사학자_옮긴이)는 이렇게 썼다. "이러한 사실이 영국 역사에서 차지하는 비중은 작지만, 여기서 파생된 모든 결과를 생각해보면 아마도 18세기에서 가장 중대한 부분일 것이다." 진을 파는 상점은 1페니면 취할 수 있고, 2페니면 만취할 수 있으며, 공짜로 짚을 얻을 수 있다고 선전했다. 가게 아래에는 짚을 엮어 만든 지하창고가 있어서 "인사불성으로 취한 사람들을 끌고 가서, 다시 술판을 벌일 만큼 정신을 차릴 때까지 그곳에서 쉬게 했던" 것이다.

세 차례에 걸쳐 진 규제법이 개정되었지만, 술에 취하는 풍조를 저지하기 위한 이런저런 방법은 모두 실패로 돌아갔다. 바버라 홀랜드는 익명의 '동시대인'의 발언을 인용하며 이렇게 썼다. "규제가 강화되자 이젠 맥아가 아닌 '썩은 과일, 소변, 라임, 인간의 대변, 그 밖의 발효될 수 있는 온갖 오물…'로 만들기 시작했다. 테레빈유(침엽수와 소나무 수액을 증류해 만든 기름. 주로 유화 물감을 녹이는 데 사용된다_옮긴이)는 가장 인기 있는 향료였다. 그리고 자극성을 더하기 위해 황산을 추가했다. 누구도 손님들의 눈이 멀거나 죽으리라곤 생각하지 않았다."

벌꿀주와 에일 품질 관리, 와인에 치즈 곁들여 먹기, 죄책감 느끼지 않고 두 번에 나눠 잠자기와 같은 부드러운 중세의 유산은 18세기에 이르면 괴롭고 죄책감을 느끼며 핏대를 세우고 의식을 잃거나 진에 찌들어 위험천만하고 떨면서 악몽으로 깨어나는 것으로 변했다.

1751년, 윌리엄 호가스William Hogarth(18세기 영국의 화가_옮긴이)는 예술과 금주 논쟁에서 상징적인 작품이 될 에칭 판화 두 점을 발표했다. 이언 게이틀리는 이를 가리켜 "술꾼 버전의 지킬 박사와 하이드"라고 했다. 호가스의 〈맥주 거리〉에서 우리는 제국의 자존심을 볼 수 있다. 훌륭한 영국인들은 애국심을 불태우며 근면하게 일해 돈을 벌어 맥주를 마셔 댄다. 손에 맥주를 들지 않은 사람은 구석에서 진 광고판을 그리고 있는 비쩍 마른 화가뿐이다.

반면에 〈진 골목〉은 아수라장이다. 한 장애인이 장님을 때리고, 소년은 뼈다귀를 두고 개와 다툰다. 미친 사람이 젖먹이 아기를 창에 찌른 채 휘두르고 있으며, 아기는 뼈만 앙상한 엄마가 벌거벗겨진 채 들려 관에 들어가는 모습을 바라보며 울고 있다. 지붕에선 벽돌이 떨어지고 이발사는 다락방에서 목을 맸다. 호황을 누리는 사람은 전당포 주인, 창녀, 진 판매상, 장의사뿐이다. 그림 한가운데에서는 매독에 걸린 어머니가 가슴을 다 드러낸 채 아기가 진 판매점 계단 밑으로 거꾸로 떨어지는 모습을 멍하니 쳐다보고 있다. 그녀의 발밑에선 뼈가 앙상한 전단지 배포원이 죽어간다. 그가 든 바구니에는 미처 뿌리지 못한 교훈적인 전단지 뭉치가 쏟아진다. 제목을 '진 부인의 몰락'으로 할 만하다.

1750년까지 영국에서 연간 약 900만 리터의 진이 소비되었다. 인구가 600퍼센트 증가했다는 점을 감안하더라도 오늘날의 두 배가 넘는 수준으로, 좀체 납득하기 힘든 수치인 셈이다. 성장일로의 제국은 이렇게 폭음으로 미쳐가고 있었다. 〈맥주 거리〉의 사람들은 다음 날 아침 거의 두통을 느끼지 않고 일어나 농담을 주고받으며 웃으며 일터로 가는 반면, 〈진 골목〉의 좀비와 광인들은 여태 겪어보지 못한 숙취의 지옥에서 불타며 기형이 되거나 죽어 영원히 타락해 사라진다.

중간계의 미친 모자, 그리고 이상한 경우 두 가지

검은 드레스를 입은 아름다운 여성은 진과 민트 잎, 으깬 얼음과 여러 재료를 넣은 차가운 잔을 건네준 뒤 가제트 형사의 정교한 음료 카트처럼 펼쳐지는 티크 상자로 만든 이동식 바를 챙겨 자리를 떴다. 진은 싫어하지만 강렬하고 진한 모히토는 정말 괜찮다. 한 모금 마시고는 방을 나와 크라슐라와 덩굴식물이 놓인 넓은 흡연실에서 소호의 소리를 들었다.

이 병원이 지어지기 전, 이 땅은 바다에서 배의 경도를 확인할 수 있는 항해용 시계를 발명해 세계 역사를 바꾸는 데 일조한 존 해리슨의 소유였다. 나는 럼주 거래와 해적에 대한 책, '술 취한 선원을 어떻게 다룰까'라는 뱃노래를 통해 그를 알고 있었다. 한때 그의 땅이었던 곳은 병원이 되었다가 이제는 일곱 개 층에 네 개의 바, 레스토랑 하나, 영화 촬영소, 시사회실, 아트 갤러리를 갖춘 '병원 클럽'이 되었다. 현재 마이크로소프트의 공동 창업자와 유리드믹스의 공동 프로듀서가 공동 소유한 이곳의 어둡고 편안한 미로는 현대적인 창의성을 불러일으키도록 디자인되었다. 그래서인지 꼭대기 층엔 라디오헤드의 스튜디오가 있다.

지도를 보면서 병원 클럽이 소설 속 지킬 박사와 하이드의 집 오른편, 잭 더 리퍼의 첫 번째 희생자가 발견된 곳과 영국에서 가장 유명한 주소인 베이커가 221B번지(셜록 홈스가 살던 곳_옮긴이) 사이에 있다는 걸 알게 됐다.

내가 가지고 있는 『지킬 박사와 하이드』의 도입부에서 로버트 미갤은 이 거리를 "가스등이 불을 밝힌 안개 자욱한 미로는 하이드 씨가 쉽게 잭 더 리퍼로 변신하고 셜록 홈즈가 마차를 불러 그 둘을 쫓을 것만 같다"라고 묘사했다. 바깥 공기는 탁하지만 시원하다. 이 도시가 진동하는 것 같다.

안으로 돌아와 아들과 여자 친구, 영국 위장관 프로젝트^{British Gut Project}에 메시지를 보냈다. 영국 위장관 프로젝트는 (그때쯤이면 스페인 해변에서 느긋하게 쉬고 있을) 스펙터 박사가 미국 위장관 프로젝트와 공동으로 대서양을 마주한 두 국가의 배 속 미생물의 다양성을 연구하기 위해 시작한 것이다. 나의 캐나다인 미생물도 샘플로 적합한지 알고 싶었다.

스펙터는 나의 위장관을 두고 이렇게 조언했다. "숙취 탐사 여정에 조금이라도 개인적인 부분이 있다면, 당신 세포의 90퍼센트와 유전자의 99퍼센트인 신체 일부를 무시해선 안 됩니다." 게다가 얼굴 홍조 증상도 겪지 않았던가. 새해의 나이아신 계시 이후, 전처럼 심하진 않지만 이런 증상이 다시 나타나기 시작했으니 이 문제에 대해 진짜 유전학자에게 묻지 않을 도리가 없었다.

스펙터는 갑작스러운 유전자 변이는 알코올에 대한 내 배 속 미생물들의 반응 변화 때문일 가능성이 있다고 신중히 의견을 제시했다. "제 생각엔 이러한 가능성이 굉장히 타당할 것 같습니다." 그가 말했다. "하지만 확실히 알아내기 위해선 우리가 당신의 미생물을 검사해보는 수밖에 없습니다." 그래서 엽기적으로 들릴 짓을 시작했다. 우선 온라인에서 서식을 작성해서 연구 가운을 입은 친구들에게 보낸 뒤 다른 종류의 술을 마시기로 한 것이다.

방에는 화려한 유리장으로 만든 미니바가 두 개 있다. 미리 섞어둔 영약 네 병이 들어 있는 걸 열었다. "쾌락의 열쇠"로만 열린다는 다른 바에는 벨벳 눈가리개와 회초리, 가죽 채찍, 젖꼭지 집게와 그 밖에 용도를 알기 어려운 물건들이 들어 있다. 라디오에서는 쇼팽이 흘러나오온다. 데본의 미니바에 삼켜졌다가 이곳 소호로 토해져 나온 듯, 재버워키 룸에서 지킬 스위트까지 긴 한 주였지만 쏜살같이 지나 기억이 흐릿하기도 하다.

음악을 켰다. 잠시 런던의 호젓한 밤을 만끽해본다. 런던에 와서 처음 느껴보는 기분이다. 직접 베스퍼 마티니를 만들었다. 〈카지노 로얄〉에서 영국 첩보기관의 매력적이고 멋진 소시오패스가 고안한 것이다. 와이셔츠를 꺼내고 커프스단추를 찾아 끼운 뒤 (브랜드명이 스카치앤소다이다) 구두를 닦으며 한 잔 마셨다.

런던의 늑대 인간

알코올의 불가사의한 변화의 힘은 무기력한 삼촌을 경쟁심 강한 브레이크 댄서로 탈바꿈시킬 수도, 회계사에게서 불편한 진실을 끄집어낼 수도, 수줍음 많은 동료의 스탠드업 코미디 재능을 드러내게 할 수도 있다.

이렇게 비교적 사소한 변신은 알코올이 대뇌 피질에 탈억제 효과를 일으키기 때문이거나, 취함의 영광을 찬양한 윌리엄 제임스^{William James}(미국의 심리학자이자 철학자_옮긴이)의 말처럼 "취함에는 맨정신일 때는 냉정한 사실과 건조한 비평으로 억눌려 있는 인간의 타고난 신비한 능력을 자극하는 위력이 있다. 맨정신이 능력을 약화시키고 차별하게 하며 '안 된다'고 말하게 한다면, 취함은 능력을 확장시키고 연합하여 '된다'고 말하게 한다. '된다'라는 말이 인간에게 훌륭한 자극제로 작용해, 애호하는 마음을 냉랭한 주변부에서 환히 빛나는 중심으로 끌어내며 바로 그 순간 그 마음을 실현하도록 이끌기" 때문일 수도 있다.

하지만 만약 그 진실이 잔인한 것이라면 어떨까? 하늘을 향한 거친 울부짖음으로 "예스!"의 세상으로 들어가는 대신, 자신이 누구인지 잊어버린 위험한 야수로 변신한다면? 다음 날 아침 정신을 차려 괴물이 깨어났음을 느낄 수도 있다.

영화 〈런던의 늑대 인간^{An American Werewolf in London}〉에서 겉보기엔 평범한

한 여행객은 보름달이 뜬 밤 런던 동물원의 늑대 우리에서 당혹감에 휩싸여 벌거벗은 채 눈을 뜬다. 우리를 기어 올라와 덤불에 몸을 숨기곤 지나가는 소년의 풍선과 여성의 긴 원피스를 훔쳐 몸을 가린 뒤, 마침내 영국인 여자 친구가 사는 런던의 아파트에 돌아온다. 하지만 그들 누구도 그날 밤 어째서 그런 일이 벌어졌는지 알지 못한다. 그저 그가 술을 마셨기 때문이라고 생각할 뿐이다.

뿌연 안개가 걷히고 보다 인간답게 느끼기 시작하면서, 우리 대부분은 기억을 끼워 맞출 수 있다. 하지만 무슨 일이 일어났는지 도통 기억하지 못한 채 하루 종일 비틀대야 하는 저주를 받은 이들도 있다. 취함에 대해 잘 알지 못하는 만큼, 필름이 끊긴 이가 보통의 숙취도 깜깜하고 뒤죽박죽인 미스터리로 바꿔버리는 스위치에 대해 알 리는 만무하다.

이러한 미스터리를 풀려는 시도는 〈어젯밤에 일어난 일을 기억하나요?〉, 〈어젯밤 무슨 일이 일어났지?〉, 〈내 차 봤냐?〉 그리고 당연히 〈행오버〉 등의 늑대 인간 영화와 숙취 영화의 대전제로, 우리 주인공들의 깜깜한 타락은 엔딩 크레디트가 올라갈 때까지 밝혀지지 않는다. 그제야 거나하게 취한 주인공이 무엇이 되었는지 볼 수 있다.

새뮤얼 클라크는 당신의 간을 망가뜨리는 120가지 방법을 제안하며 알코올이 "인간다움을 앗아가서 … 망가진 주정뱅이들에게 하느님께서 '이는 내가 의도한 모습이 아니다'라고 말씀하셨다"며 설교했다. 인간이 악마로, 신사가 늑대 인간으로, 지킬이 하이드로 변신하는 것이다.

로버트 루이스 스티븐슨의 이야기 속 선량한 의사는 악마가 아닌 자신의 지하 실험실에서 만들어낸 약품에 의해 변신하며, 술은 새로운 것을 창조해내기보다 이미 존재하고 있는 내면의 자아를 드러내고 증폭시키고, 가끔 선한 본성이기도 하지만 대부분 악의가 표출된다는 대중적 인식을 반복한다. 지킬은 자신이 발견한 묘약을 이렇게 설명한다. "이 약은 차별 없이 작용한다. 악마도 아니며 신성하지도 않다. 다만 내 마음 속 감옥의 문을 흔들 뿐이다."

지킬이 변신의 약을 삼키면 그는 난생처음 술 취한 사람처럼 변한다.

몸이 더 젊고, 가볍고, 활기가 넘친다. 내 안에서 자극적인 무모함, 상상 속 물레방아의 물줄기처럼 끝없이 이어지는 무질서한 감각적 이미지, 의무의 속박에서 벗어나려는 욕구, 미처 몰랐지만 순수하지 않은 영혼의 자유를 인식한다. 이 새로운 삶의 첫 숨을 내쉬는 순간, 자신이 보다 열 배는 사악해지고 내 안의 악마의 노예가 되었음을 깨닫고, 이런 생각은 마치 술처럼 나를 끌어안아 희열에 빠지게 한다.

물론 그러고 금세 지킬의 또 다른 자아, 인간의 굴레에서 해방된 구부정한 털북숭이 야수가 소호 거리를 거닐기 시작한다. 현재 병원 클럽이 자리한 곳이다. 내 발 밑의 거리는 워런 제본Warren Zevon이 유일한 톱 40 히트곡(Werewolves in London을 가리킴_옮긴이)에서 중국 식당 메뉴판을 들고 있는 늑대 인간을 본, 비 내리는 바로 그 거리다.

제본의 '런던의 늑대 인간'에서 귀에 쏙 들어오는 아우 하는 코러스만 기억한다면 난해한 농담 같은 가사를 놓치기 십상이다. 하지만 워런 제본은 톰 웨이츠, 닉 케이브, 크리스 크리스토퍼슨, 존 프린, 베시 스미스, 카니예 웨스트와 더불어 진짜배기 숙취 작곡가의 명예의 전당에 올라 (혹은 묻혀) 있는 인물이다.

제본의 가사 하나하나에는 의미가 담겨 있고, 그의 최대 히트곡도 예외는 아니다. '런던의 늑대 인간'의 네 번째 연에서 그는 론 채니와 론 채니 주니어의 이름을 부른 뒤 여왕과 나란히 걷게 한다.

채니 시니어는 할리우드에서 최초로 괴물로 등장한 배우이고, 스크린 밖에서도 그랬던 것 같다. 그는 "천의 얼굴을 가진 사나이"로 유명하다. 그의 외아들은 원래 론 채니 주니어가 아니었고, 하마터면 태어나지 못할 뻔했다. 대부분 이야기는 아기 크레이튼 채니가 사산되었지만 그의 아버지가 반쯤 얼어붙은 호수에 달려가 그를 물속에 집어넣었더니 겨우 살아났다고 전한다. 반면에 클레바 크레이튼만의 생각일 수도 있지만, 채니 시니어가 이 아기를 죽이려 하자 젊은 어머니는 그 충격으로 우울과 광기, 알코올 중독에 시달리게 되었고, 종국엔 그가 공연 중일 때 그녀는 수은을 삼켜 자살을 시도하기에 이르렀다. 그러자 그는 그녀와 이혼하고 단독 친권을 얻어 크레이튼에게 그녀가 죽었다고 했다는 설도 있다.

채니 주니어가 태어난 순간부터 고생했다는 것에는 의심할 여지가 없지만, 진실을 파악하려는 시도는 천의 얼굴을 가진 사람의 정체를 파악하려는 것과 같다. 채니 주니어가 무시무시하기로 유명한 아버지를 두려워했고, 채니 시니어가 죽고서야 어머니가 살아 있음을 알게 되었으며 아버지가 반대했던 영화배우가 될 수 있었다는 사실은 그 자신이 인정해야만 확실해질 것이다. 할리우드 영화사는 그가 유명한 아버지의 이름을 물려받길 원했다. 하지만 그는 주연일 때는 자신의 이름을 쓰고, 스턴트나 대역, 단역에는 다른 이름을 썼다. 그러다 마침내 굶어 죽을 지경에 이르렀을 때에야 그 제안을 받아들였다. 그는 한 할리우드 기자에게 이렇게 말했다. "영화사들이 내가 아버지의 이름을 쓰도록 내 밥줄을 끊은 게 분명하다."

그런 뒤 론 채니 주니어는 아버지의 뒤를 잇는 영화계의 위대한 괴물이 되었다. 그는 프랑켄슈타인, 드라큘라, 미라 그리고 가장 유명세를 얻은 할리우드 최초의 비운의 늑대 인간 영화 〈울프 맨〉(1941)의 래리 탈보트까지, 공포 영화 4대 괴물을 모두 연기한 유일한 배우가 됐다. 〈울프 맨〉으로 그는 아버지의 명성을 뛰어넘었고, 이 작품은 다섯 번이나 스핀오프 작품이 제작되기에 이르렀다. 하지만 아버지의 원죄인지 악마가 따라붙은 탓인지 매번 괴물 역할 뿐이었다.

　채니 주니어의 동료 이블린 앵커스는 이렇게 말했다. "술을 마시지 않을 때면 그는 너무도 다정한 사람이었어요. 그런 면이 드러날 때는 드물었지만 말이죠." 영화감독 찰스 바튼은 그의 필름 끊김 증상을 증언했다. "늦은 오후 무렵이면 그는 자신이 어디 있는지 알지 못했습니다."

　〈울프 맨〉 원작에서 래리 탈보트는 괴로워하며 의사에게 늑대 인간의 존재를 믿는지 묻는다. 아마 의사는 대답을 얼버무렸던 것 같은데, 오싹하게도 론 채니 주니어 역시 그랬던 것 같다. 인간이 마음의 안개 속에서 길을 잃으면 자신이 다른 존재라고 상상할 수도 있다.

　그가 마지막으로 늑대 인간을 연기한 1948년작 〈애보트와 코스텔로, 프랑켄슈타인을 만나다〉를 끝낸 뒤, 채니 주니어는 자살을 시도했다. 그의 아내가 말했듯, "변신 장면을 촬영하며 겪은 감정적 피로감"으로 촉발된 것이었다.

　이 사내가 마침내 사망하고 그의 시신은 과학에 기증되었다. 서던 캘리포니아 대학교는 극단적인 알코올 섭취로 일어날 수 있는 일을 보여주기 위해 여전히 그의 간을 통에 넣어 보관하고 있다. 그리고 나머지 장기는 무덤이 없다. 늑대 인간도, 론 채니 주니어도, 심지어 크레이튼 채니도 아닌 그는 태어난 바로 그날 죽었기 때문이다.

하지만 물론 그의 아버지처럼 그는 영원히 스크린 위와 노래 속에서 살아 있을 것이다. 그들 두 사람이 런던 거리를 행진하다 술집의 창문으로 머리카락을 살펴본다면, 인간 내면의 야수가 변신하기 전이다.

5막

12개 펍에서
맥주 12파인트 마시기

우리 주인공은 현대 영국에서 정신과 의사와 이야기를 나누고, 이 세상의 끝 혹은 세상의 종말까지 돌아다니며 엄청나게 맥주를 마셔댄다.
출연: 리처드 스티븐스 박사, 사이먼 페그, 닉 프로스트 그리고 로봇 바텐더 최소 하나

게리 킹: 잃어버리지 않았어? 웃음? 동지애? 싸움? 머릿속에
　　　개미가 우글대는 듯 지독한 숙취?
피터 페이지: 글쎄, 아마 처음 두 개일걸.

— 영화 <지구가 끝장 나는 날>

알코올성 숙취 연구소는 2009년 암스테르담의 요리스 베르스터가 세계 최고 숙취 연구자 열 명 혹은 전 세계 열 명뿐인 숙취 연구자들과 손을 잡고 만든 단체다. 맨체스터의 킬 대학교 심리학과 부교수 리처드 스티븐스 박사도 영국의 회원이다.

그는 긴 갈색 곱슬머리에 폴로 안경을 끼고 소년 같은 미소를 띤 사람이다. 그의 핸드폰 벨소리는 TV쇼 작가를 꿈꾸며 LA로 옮겨 간 냉소적이면서도 낙천적인 곱슬머리 영국인을 주인공으로 한 드라마 〈에피소드 Episodes〉 주인공의 벨소리와 똑같은 재즈 소품이다. 그의 악센트는 적어도 경박한 북아메리카 저널리스트에게 덜 날카로운 존 레논을 떠올리게 한다.

"리버풀에 살던 10대 시절, 밴드 활동을 했었습니다." 그가 사무실 의자에 몸을 기대며 말한다. "우리 연습실은 친구 엄마가 일하는 빙고 게임장이어서 돈이 많이 들진 않았어요. 하지만 문제는 토요일 오전 9시부터 12시까지만 사용할 수 있다는 거였죠. 그래서 우린 온갖 숙취에 시달렸어요. 그리고 우리가 깨달은 건 적어도 창조적인 면에서는 뭐든 할 수 있다는 의욕이 불탄다는 점이었죠. 우리 모두 이 점만큼은 좋다고 생각했어요. 제 말, 무슨 뜻인지 아시겠나요?"

심리학자들은 다른 과학자들보다 일화를 통해 이야기를 풀어나가는 경우가 많은 편이라, 나 같은 사람들이 이해하기 쉽다. 그의 말뜻이 뭔지 정확히 안다고 답했다. 사실 이미 그 현상에 대해 바로 이 책의 여기저기에서 이름을 붙여 불러왔다. '샤이닝 Shining', 창조성을 일깨우는 낮은 수준의 숙취 상태이다. 스티븐스는 내 얘기에 흥미를 보였다. 곧 출간될 그의 저서 『검은 양: 나쁜 일의 예상치 못한 혜택』의 주제와 실행 기능에 대한 그의 생각과 잘 맞아떨어지기 때문인 것 같다.

심리학에서 실행 기능은 정신 통제가 본질적으로 멀티태스킹을 수행 가능하게 한다는 가설을 바탕으로 한다. 정신 통제는 다른 자극은 억제하고 특정 자극에 집중함으로써 일에 우선순위를 두고 처리할 수 있도록 해준다. 그런데 이론적으로 인간 세상에서 가장 훌륭한 탈억제제인 알코올이 이러한 과정을 뒤죽박죽으로 만드는 것이다.

"물론 논리적 사고 회로를 따라야 하는 일도 있습니다." 그가 데스크톱 컴퓨터를 가리키며 말했다. "하지만 창의적인 일을 하려 한다면, 그 반대로 해야 합니다. 때로는 구상과 관계없는 것도 연결해보고 다양하게 사고해야 하죠."

"그러면 아마." 내가 그의 말에 덧붙였다. "거기서 멈추지 않고, 다음날 아침까지도 계속될 수 있겠네요. 그래서 '샤이닝'과 리버풀 밴드 현상이 일어나는 거죠." 이 친구와의 대화는 즐거웠다. 이런 기회는 날마다 오는 게 아니다.

"그럴듯한데요." 스티븐스가 말한다. "저는 실행 기능이 숙취에 크게 영향을 받는다고 생각하지만, 그러한 연구가 실제로 시행된 적은 없답니다."

그의 말은 제대로 된 적이 없다는 뜻이다. 인지 연구의 일환으로 다른 것들과 함께 실시한 실험은 있었지만 말이다. 나는 해당 자료 전부를 읽었다. 덴마크인 트럭 운전수들은 장거리 운전 시 나타나는 장애물에 대해, 항공기 조종사들은 버본이나 세븐업을 마신 뒤 화면에 나타난 형태에 대응하는 모의 비행을 하고, 상선의 선원들은 앤하우저—부시의 제품(알코올와 무알코올 모두)을 잔뜩 마신 뒤 발전기에 문제가 생기는 모의 상황에 대처하는 테스트를 받는다. 이 보고서에서 내가 재미있게 본 부분은 일종의 곁가지인 연구 절차였다. "도착했을 때 혈중 알코올 농도가 높거나 임신 테스트가 양성인 참가자는 배제되었다." 벌써 만취했거나 임신 사실을 알게 되었다는 이유로 상선 선원의 숙취 연구에 거부당한 군인을 상상해보라.

이상한 점은 이 연구 중 어떤 것도 일의 우선순위를 정하고 멀티태스킹을 하게 하는 능력과 숙취 간의 해로운 연관 관계는 보여주지 않는다는 점이다. 필요 이상의 이상함 때문일 수도 있다. "이런 문제를 연구하는 데 훨씬 효과적인 방법이 있습니다." 플랑커 과제Flanker Task에 관심이 많은 스티븐스 박사가 말했다. 참가자들에게 '방해물'이 나타났다 사라지기를 반복하는 동안 화면의 표적에 집중하게 하는 것으로, '가까운 수반자극'에 대해서 적절히 대응하지 못하는 정도에 따라 실행 기능 혼란을 나타내는 지표이다.

부분적으로는 신화를 해체할 의도로, 스티븐스는 최근 연구에서 여성이 남성보다, 나이 든 사람이 젊은이보다 숙취를 혹독하게 겪는다는 가장 보편적인 믿음을 다룬다. 그는 두 경우 모두 이 사실이야말로 진실이 아니며, 만일 진실이라면 본질적으로 이 두 집단의 잘못 때문이라고 생각한다. 혈중 알코올 수치가 똑같다면 일반적으로 똑같이 느껴야 한다. 이런 결과는 여성이 대체로 더 작고, 나이 든 사람이(10대만큼은 아니지만, 보통 사람보다는) 더 많이 마시기 때문에 생긴 것이다. 여기서 그와 나의 의견이 갈리기 시작했다.

"나이 문제는 오류라고 생각합니다." 그가 말했다. "대부분의 경우, 숙취는 젊은이들의 병이죠. 음주 분포도 역시 말편자 모양이랍니다." 여기

선 행운의 상징이 아니라('말편자를 발견하면 행운이 찾아온다'는 속담을 염두에 둔 말_옮긴이) U 모양이라는 뜻이다. 보통 10대와 대학 시절 폭음을 하다가, 취직을 하고 아이가 생겨 바빠지고 착실한 생활을 시작하면서 길고 깊게 하강한 뒤 직장과 육아에 치이면서 서서히 상승하여 마침내 자식들이 집을 떠나고 은퇴하면 술 마시는 생활로 복귀하는 것이다. 물론 글을 쓰거나 로큰롤을 하는 직업이라면 분포도가 롤러코스터나 아예 일직선을 그릴 가능성도 있지만 말이다.

"중요한 점은 사람들은 나이가 들어갈수록 현명해진다는 겁니다. (이 부분에서 그에게 신뢰를 조금 잃었다.) 보통 경험을 통해 배워가거든요. 그래서 장기적으로 보면 똑같은 양을 마신다 하더라도, 10대는 폭음을 하고 나이 든 사람은 한 주 내내 꾸준히 마시죠. 그래서 혈중 알코올 농도가 똑같이 나오지 않는 겁니다. 무엇을 어느 정도까지 마시면 되는지 알게 되었기 때문에 저는 더 이상을 숙취를 겪지 않습니다."

"다행이군요." 내가 말했다. "하지만 어째서 내 나이대의 많은 사람들은 숙취가 점점 심해진다고 생각할까요?"

"그건 잘 기억하지 못하기 때문일 겁니다. 아기를 낳을 때의 고통처럼 기억 속에 묻어버리는 거죠. 하지만 이건 제 생각일 뿐입니다. 이런 연구를 실시할 만한 대상을 찾기는 정말 어렵거든요. 하지만 추측이 틀리진 않을 겁니다."

최근 40대에 접어든 나는 걱정스럽게도 스티븐스가 틀린 것 같다.

검색 엔진에 '40대 이후의 음주'라고 치면 맨 위에 나오는 검색 결과는 (적어도 오늘은) 다음과 같다. '어째서 숙취가 더 지독해지나', '어째서 숙취가 더 심해지나', '숙취가 심해짐', '나이 먹을수록 숙취가 더 끔찍해지는 이유'.

펜실베이니아 대학교 정신의학 교수인 데이비드 W. 오슬린 박사^{Dr.} David W. Oslin는 최근의 연구 결과를 이렇게 요약한다. "알코올의 효과는 나이가 들어갈수록 증폭된다. 그래서 금단 증상도 복잡해지고, 숙취 증상도 더 복잡해진다."

확실히 40대에 접어들면 몸의 근육이 퇴화되어 지방질로 바뀌기 시작한다. 말하자면, 부빙을 차고 어두운 바다로 밀어 넣을 준비를 하는 셈이다. 그러나 지방질은 근육만큼 알코올을 흡수하지도, 대사 작용을 시키지도 못한다. 그리고 동시에 체내 수분 함유량과 알코올을 분해하는 효소인 탈수소효소처럼 유익한 기능도 감소한다. 그래서 몇 년 더 살아남아 계속 술을 마신다면, 이론적으로는 흡수되지 않으며 대사 작용도 하지 않는다. 즉, 희석되지 않은 알코올이 오랫동안 몸 안을 떠돌아다니고 있다는 의미다. 그러다 분해될 때쯤이면 건강도 나빠질 것이다.

여성은 매우 건강할지라도 대체로 체지방이 높고 탈수소효소는 적은 편이다. (스티븐스 박사의 추측과 달리) 똑같은 혈중 알코올 농도일 때 여성들이 남성들보다 숙취를 더 심하게 겪는 이유이기도 하다.

그리고 간의 문제도 있다. 성별에 상관없이 장기는 나이 들어갈수록 커지는 반면, 혈류와 간세포(간이 제 기능을 하게 하는 세포) 수는 감소한다. 그래서 기수騎手, 정부, 턱수염도마뱀, 콘셉트 앨범, 벤저민 고무나무, 스키니 팬츠, 불개미, 진공 상태의 헬륨가스 풍선, 엘비스 프레슬리, 기타 이와 비슷한 것처럼 간도 커질수록 비효율적이 되어가는 것이다.

앞 문장의 일부는 크라우드 소싱의 산출물이다. 딱 들어맞는 비유 대상을 찾기 힘들어서 친구들에게 SNS로 도움을 요청했다. 조사 결과, 이런 일을 더 자주 해야 할지도 모른다는 생각이 들었다. 분명 뇌도 시간이 지날수록 능률이 떨어지기 때문이다. 나이가 들수록 뉴런 간의 전달 속도도 느려지고, 거기에 술 몇 잔을 더하면 완전히 굼떠져서 술을 끊으면 진짜 바보가 된다는 최근 연구 결과도 있다. 이제 40대 초반이라고 말했던가?

어쩔 수 없이 쇠약해지는 내 마음과 간에 흥미를 보였지만, 물론 아직 숙취 치료법을 추적 중이다. 하지만 스티븐스 박사는 그렇게 생각하지 않는 눈치였다. "과연 그게 연구 주제로 적당한지 모르겠군요." 그가 말했다. "지극히 개인적인 의견입니다만."

스티븐스는 숙취는 필연적인 현상이며, 당연히 사회와 자신의 건강에 유익하다고 생각하는 사람에 속한다. 하지만 난 아직 궁금하다. "그러면 그럴 때 어떻게 해야 할까요? 적어도 고통을 줄이는 방법은 없을까요?"

박사는 어깨를 으쓱했다. "아스피린? 물? 영국식 아침 식사를 제대로 챙겨 먹는 건 어떨까요? 더 자세히 알고 싶으면 저희 아이들에게 물어보는 게 낫겠습니다." 그에게 새 책이 좋은 반응을 얻기 바란다며 감사 인사를 한 뒤 서둘러 나와 남쪽행 기차를 잡아탔다.

기차 식당차에서 모든 생각이 하나로 연결되기 시작했다. 어디로 가고 있는지, 어떤 음료를 주문할지, 늙어가는 내 몸뚱이에 대해 생각하던 중이었다. 바로 그때, 과부하를 일으킨 머리에 이런 생각이 떠올랐다. '다르게 생각하라.' 관계없어 보이는 개념을 연결하는 것이다.

기차는 연이어 나오는 터널을 빠른 속도로 지났고 휙휙 지나는 창밖 풍경을 보며 이질적이지만 변화 가능한 것을 연결해보았다. 기차역은 술집으로, 도심은 영화 세트장으로 그리고 한술 더 떠서 마을 사람들은 외계인으로, 조각상은 로봇으로, 공원은 완전 박살 나고….

분명, 나의 일부는 이것이 생각의 충돌을 야기한 실행 기능의 오류, 만성 숙취로 생긴 극도의 무지라는 부끄러운 상태에 이은 또 다른 망상은 아닌지 의구심을 품었다. 하지만 나머지는 암적색 에일을 주문하고 앞으로의 계획을 세웠다. 열두 개 술집을 휩쓸며 맥주 12파인트를 마시는 것. 〈지구가 끝장 나는 날〉의 도전을 재현하는 거다.

코르네토 3부작

코르네토 3부작Corenetto Trilogy은 영국 영화계의 절친 3인방, 에드거 라이트Edgar Wright, 사이먼 페그Simon Pegg, 닉 프로스트Nick Frost가 의기투합해 만든 세 편의 영화다. 첫 번째 〈새벽의 황당한 저주〉(2004)는 페그와 프로스트가 맡은 인물들이 일요일 아침 눈을 떴을 때, 마을 사람들이 완전히 죽지 않는 존재가 되어버린 대재앙의 세상에서 한참 걸려서야 위기를 깨닫는 좀비물이다. 페그는 숙취로 멍한 상태에서 이웃들이 모두 좀비로 변해버렸다는 사실을 알아채지 못한 채 모퉁이 상점에서 빨간색 코르네토 아이스크림(대학 시절 에드거 라이트가 실제 애용한 숙취 해소법이었다)을 사 들고 돌아온다. 마침내 무슨 일이 일어났음을 깨달은 페그와 프로스트는 마을 곳곳의 사랑하는 이웃들을 구하기 위해 단골 술집에 바리케이드를 치고 이 끔찍하고 불운한 사태를 끝낼 최후의 결전을 준비한다. 〈새벽의 황당한 저주〉는 지금까지 부모님, 누나와 함께 온 가족이 함께 극장에 가서 본 유일한 영화다.

〈뜨거운 녀석들〉(2007)은 단순한 버디 경찰 영화 이상의 작품인데, 프로스트가 경찰 파트너인 페그를 위해 파란색 코르네토 아이스크림을 고른다. 영화 홍보 인터뷰에서 코르네토 3부작을 계획 중인지 질문을 받자, 라이트는 그렇다고 대답하며 크쉬시토프 키에슬로프스키Krzysztof Kieslowski의 심오하고 난해한 세 가지 색 3부작처럼 자신들의 작품은 "세 가지 맛이죠"라고 덧붙였다. 덕분에 그는 자신의 말에 책임져야 했다.

〈지구가 끝장 나는 날〉(2013)에서 페그, 프로스트와 세 명의 고등학교 때 친구들은 20년 전 시도했던 일을 마무리 짓기 위해 고향 뉴튼 헤이븐에 돌아온다. 하룻밤 사이 골든 마일이라 이름 붙은 열두 개 펍에서 각각 맥주 1파인트(약 570밀리리터_옮긴이)를 마시는 도전에 성공하기 위해서다. 20년 전에는 술 취해 소소한 사건이 생기는 바람에 마지막 술집, '세계의 종말Worlds End' 문턱에서 좌절됐었다. 그리고 이번엔 상황이 훨씬 더 암울하다. 사이먼 페그가 맡은 게리 킹은 알코올 중독 재활원에서 갓 나왔으나 엄마가 돌아가신 척하면서 다른 이들에게 자신과 함께해 달라고 설득만 할 수 있을 뿐이고, 동시에 프로스트가 맡은 캐릭터 앤디도 한때의 절친 게리가 일으킨 사건을 계기로 오랫동안 술을 멀리한 상태다.

"난 15년 동안 술을 입에 대지도 않았다고." 그는 게리에게 말한다.

게리: 그럼 엄청 당기겠네.

앤디: 넌 기억하고 싶은 것만 기억하냐.

게리: 고맙다!

앤디: 넌 금요일 밤을 기억하겠지만, 난 월요일 아침을 기억해.

게리: 바로 그거야! 그래서 우리가 금요일 밤에 가는 거지.

하지만 알고 보니 가장 큰 장애물은 뉴튼 헤이븐의 마을 사람들이 모두 세계 정복을 획책하는 외계인에게 조종당하는 로봇으로 대체되었다는 사실이었다. 이 정도까지가 여러분이 알아둬야 할 내용인데, 덧붙이자면 이런 정보도 있다. 〈지구가 끝장 나는 날〉은 어울리지 않아 보이지만 결국 묘하게 어울리는 장소에서 촬영되었다. 레치워스 가든 시티Letchworth Garden City와 웰린 가든 시티Welwyn Garden City는 20세기 초 영국의 이상주의적 신도시 운동의 일환으로 건설된 최초의 '정원도시'이다. 이들 신도시에서는 공공장소에서 알코올을 판매하는 행위가 금지되었고, 이는 1958년까지 이어졌다.

따라서 영국의 어떤 마을에서 벌어지는 종말론적 술집 순례를 보여주는 〈지구가 끝장 나는 날〉은 그러한 일이 일어나기 힘든 장소, 대중 술집보다 공공 정원이 더 많은 신세대 영국 도시에서 촬영된 것이다. 실제로 아무 술집이나 골라도 골든 마일 도전을 생생히 보여줄 법한 완벽한 지역이 영국 곳곳에 적어도 1만 곳은 될 텐데, 굳이 정원도시를 선택한 건 정말 이해하기 어려운 결정이다. 그래서 로케이션 담당자는 이 두 도시를 합쳐 열두 개 술집을 섭외하기 위해 시야를 넓혀야 했다. 하지만 촬영 때까지 술집을 찾지 못했고, 결국 실제 레스토랑, 빈 가게, 극장, 기차역을 술집으로 등장시킬 수밖에 없었다.

열두 개 펍에서 맥주 파인트 열두 잔 마시기 도전의 내재된 장애는 논외로 하고, 웹사이트 무비로케이션닷컴MovieLocation.com에서 독자들에게 솔직히 "전설의 골든 마일 순례를 재현할 순 없을 것"이라고 정보를 준 건 바로 이런 이유 때문이다.

그래서 내가 도전해볼 계획을 세웠다.

.

12개 펍에서 파인트 12잔 마시기, 첫 번째 우체통

영화에서는 '첫 번째 우체통The First Post'으로 등장하지만 실제로 웰린 가든 시티 구석에 있는 이 펍의 이름은 '페어 트리Pear Tree'이다. 상쾌하고 햇살 화창한 늦은 오후, 짙은 덤불 울타리에 크고 오래된 배나무 한 그루가 지붕과 벽돌 담벼락을 에워싸고 있는 이곳엔 축제 장식의 자고새가 올라앉을 것만 같다. 적어도 밖에서 보기엔 고풍스럽고 예쁜 펍이다.

맥주 애호가, 영화 팬, 배낭여행자, 연구자라는 여러 마음을 품고 이곳에 왔다. 중년 남성들이 어린 시절의 단골 술집 순례를 재현하려 시도하는 영화에서처럼 한 펍에서 파인트 한 잔씩을 마시는 술집 순례를 시도함으로써, 젊음의 이상화, 술의 찬미, 음주 문화의 균질화, 소비자의 세뇌, 아마겟돈의 도래에 대한 영화의 뼈아픈 경고가 숙취라는 그만큼 중요한 난제에 어떻게 적용되는지 파악할 수 있기를 바랐다.

본격적인 도전에 앞서, 나는 이 과제를 함께할 파트너를 구했다. 이 동네에 빠삭하고 믿을 만한 동료이며 코르네토 3부작의 팬인 데다 내 나이의 반밖에 되지 않은 친구다. 적어도 우리가 집중력을 유지하기만 한다면 열두 잔 이상을 마실 수 있을 것이다. 최소한, 마흔 살의 베테랑과 스무 살의 잘나가는 젊은이 중 누가 더 잘 마시는지는 확인할 수 있을 것이 분명하다. 그리고 부츠Boots(영국의 드러그스토어_옮긴이)에서 구할 수 있는 모든 숙취 해소법을 알아볼 예정이다.

페어 트리에 들어가니 톰이 나보다 먼저 와서 구석의 높은 의자에 걸터앉아 나를 기다리고 있었다. 그 앞에 가득 채워진 파인트 두 잔이 놓여 있다. 반은 수줍고 반은 자랑스러운, 얄궂은 장난기가 섞인 미소를 지었다. 오랫동안 혼자 여행 다닌 끝에 그를 만나니 반가웠다.

나는 영국인 스파이인 그의 아버지 조나단 다트에게 토마스를 소개 받았다. 물론 아버지 다트는 자신이 반사 신경이 신속하고, 몸에 2킬로 그램 상당의 티타늄 뼈를 이식받았고, 열두 개 외국어에 유창하며 완벽한 헤어스타일을 한 평범한 공무원에 불과하다고 주장하겠지만 말이다. 그의 이름은 조나단 다트. 기가 막히게도, 제임스 본드보다 훨씬 더 스파이다운 이름이다.

조나단 다트를 처음 만난 건 지금으로부터 10년 전, 그의 공식 직함이 캐나다 주재 영국 총영사였을 때다. 전임지인 한국과 남아프리카(군용 지프를 타고 가다 두 번이나 전복 사고를 당했다) 근무에 대한 여왕의 감사 표현이었음은 말할 것도 없다. 우리는 친구가 되어 몇 번의 모험을 함께했고, 그러다 마침내 그는 영국, 아니 보다 정확하게는 레치워스 가든 시티로 돌아왔다.

현재 리비야 혹은 그 근방의 책임자인 우리의 다트 씨는 늦게까지 런던에 묶여 있어야 해서, 대여섯 번째 펍에서 우리와 합류하기로 했다. 하지만 그의 아들 톰은 이번 도전에 정말 완벽한 파트너였다. 능력과 노하우가 똑같진 않았지만 아버지의 모험 정신, 꼼꼼함, 어떤 허튼 짓에라도 기꺼이 도전하는 정신을 물려받았다. 자리에 앉아 우리는 잔을 부딪쳤다.

"벌써 바텐더와 얘기했어?" 내가 주위를 둘러보며 말했다. 우리 뒤의 테이블에선 회색 슈트 차림의 노신사가 혼자 술을 마시고 있다.

"음, 전 그냥 파인트를 주문만 했어요…." 그가 신중하게 말한다.

"그럼 나중에 얘기하자. 그래서 네 계획은 뭐야?"

사이먼 페그는 〈지구가 끝장 나는 날〉의 도입부 내레이션에서 이렇게 말한다. "영웅적인 탐사였다. 목표는 골든 마일 정복하기. 알코올 탐닉을 위한 열두 개의 펍이 이어져 있는 전설적인 도로였지. 첫 번째 우체통, 오랜 친구, 유명한 수탉, 수교, 좋은 동반자, 충실한 시종, 머리 둘 달린 개, 인어, 벌집, 왕의 머리, 구멍 난 벽… 그리고 우리 여정의 종점은 세상의 끝이었다."

하지만 이 지역은 실제로는 32킬로미터에 걸쳐 있어 도중에 기차로 이동해야 한다. 실제 펍이 아닌 곳에서 한잔하고 여왕 폐하의 리비야 연락책과 정확히 랑데부하기 위해서도 보다 세밀하게 계획을 세워야 했다.

톰은 핸드폰 지도에 모든 곳을 표시해 왔다. 데이터가 부족해서 나는 하루 종일 인터넷에 접속할 수 없었고, 게다가 배터리도 거의 방전 상태였다. 배낭에 챙겨 온 것을 그에게 보여주었다. 부츠 회복력 활성 파우더(타이레놀 성분이 함유된 일종의 제산제), 에너지 충전 알약(아스피린 성분이 함유된 오렌지 맛 발포 비타민류), 소화계 진정 효과를 주는 밀크시슬 캡슐 등 숙취에 효과 있다(영국 법에서 이런 식의 마케팅은 금지되어 있지만 말이다)는 건 죄다 담아 온 쇼핑백과 믿고 의지하는 나의 노트북, 옷 몇 벌, 최근 만든 벽난로 부지깽이와 남은 벌꿀주 세 병이 들어 있다. 전부 위험한 음주와 킬러 로봇에 대응할 때 필요한 것들이다.

지금까지 연구한 결과, 미리 먹어서 도움이 될 만한 건 밀크시슬뿐이다. 우리는 알약 두 알을 입에 넣고 맥주 한 모금으로 삼키곤 동시에 잔을 내려놓았다. "저 남자한테 가서 얘기 좀 해보자." 내가 말했다.

"좋아요. 하지만 먼저 부지깽이부터 내려놓으세요."

바텐더의 이름은 마틴이고, 7년간 에일을 따라왔다고 한다. 그는 잠깐 사이에 불쾌함부터 의심을 거쳐 재치 있는 투어 가이드로 변신했다. 이후 술을 마시며 이러한 변화를 계속해서 보게 되었고, 톰은 남은 평생 모든 영국 펍에서 캐나다인 저널리스트인 척하기로 결심하기에 이르렀다.

영화 속 사이먼 페그의 캐릭터 게리 킹은 어른이 되어서도 직접 지은 고등학교 시절의 별명 '킹'처럼 대접받을 거라 착각하고 고향에 돌아와 그 이름값에 걸맞은 동창회를 연다. 하지만 첫 번째 우체통에서 아무도, 심지어 바텐더조차 그를 기억하지 못한다. 그리고 두 번째 술집, 오랜 친구에 들어가며 첫 번째와 똑같은 농담을 던진다.

"그들은 정문으로 나갔다가 쪽문으로 들어오죠." 마틴이 양쪽 입구를 가리키며 말한다. "영화의 마법입니다."

나는 골든 마일의 궤적을 따르면서 물어보기로 했던 몇 가지 시시한 질문을 던졌다. 마틴은 그러라는 듯 어깨를 으쓱하더니 대답해주었다. 그리고 밤사이 바텐더들에 의해 반복될 주요 주제를 세웠다.

Q: 다른 사람들도 우리 같은 시도를 하나요?

A: 네, 그럼요. 많습니다.

Q: 정말요?

A: 그래요. 누구인지 기억하진 못하지만요. 대학생들도 가끔 도전하고요. 호주 사람들도 있었어요. 얼마나 멀리서 왔는지 몰라요. 하지만 실제로 성공하긴 힘들어요, 그렇지 않나요?

Q: 우리도 곧 알게 되겠죠. 그 영화에 대해선 어떻게 생각하세요?

A: 오, 정말 쓰레기예요. 내 말은 그러니까, 시작은 괜찮았어요. 펍이

랑 여기저기 돌아다닐 때는요. 그런데 뒤로 가면서 맛이 가더라고요.

Q: 추천해줄 만한 숙취 해소법 있으신가요? '술 마시지 않기'나 '술 좀 그만 마시라'는 것 말고요.

A: 물을 아주 많이 마시고 제대로 만든 볶음 요리 먹기라고 해주고 싶네요.

Q: 마지막 질문입니다. 영국 펍의 미래를 어떻게 생각하세요?

A: 글쎄요, 로봇 뭐 그런 건 잘 모르겠지만, 몇 달 후에 오면 이곳은 인도 식당이 되어 있을 겁니다.

Q: 정말요?

A: 그래요. 여긴 이 도시가 생기기 전부터 수백 년 동안 있었는데, 지난주에 팔렸답니다.

현대 영국 펍의 종말과 시작

산업혁명은 다른 모든 것들만큼 펍도 바꿔놓았다. 작은 마을의 방직공, 무두업자, 제분업자, 정육점, 제빵사, 촛대 제작자들은 대규모 공장으로 인해 일자리를 잃고 조립 라인에서 일을 해야 했다. 그리고 하루가 저물 때면 지치고 힘든 몸을 이끌고 술집으로 모여들었고, 그 수는 과거 어느 때보다 많았다.

과거에는 대장간과 들판에서 땀을 빼며 천천히 술을 마셨지만, 이젠 그 어느 때보다 커진 선술집에서 다 같이 단숨에 마시게 되었다. 그래서 산업화의 최전선, 특히 계급의 관점에서 과음과 숙취가 더욱 위태로운 문제로 대두된 것이다.

클레멘트 프로이드는 이렇게 평했다. "노동자 계급 희생자들은 공장 입구로 가는 13번 버스에서 거의 공감을 얻지 못하지만, 은행가는 동료들에게 이해를 받고 부러움을 산다. 숙취 상태에서 육체노동자들은 아주 일을 못 하진 않겠지만, 은행가들의 창의적 결과는 0이 된다는 점에서 참으로 이상한 반응이다."

1차 대전이 발발하면서 부유한 사업주들만 고민하던 노동자들의 생산성 문제에 관한 진지한 관심이 제국 전체로 확대되었다. 군수품 공장에서 오전 근무를 시작하기 전에 술을 마시거나, 맥주 한잔 하려고 일찍 자리를 뜨거나, 밤늦게까지 마시고 숙취 상태로 나타나는 짓을 억제하기 위해 펍은 정오부터 오후 3시 30분까지 그리고 다시 6시 30분부터 밤 11시까지만 문을 열 수 있었다. 그리고 이런 조치는 다음 세기까지 이어졌다.

앤드류 앤서니Andrew Anthony는 영국 신문 「가디언」에 이렇게 썼다. "몇 세대에 걸친 정부 정책 때문에 영국인들은 밤 11시 이후 술을 마신다는 것은 생각조차 하지 못했다. 그 과정에서 성숙한 시민들은 말할 것도 없고, 이 나라의 젊은이들은 효과적인 통행금지령과 반¾금주법 환경에서 자라났다. 이렇게 시간이 촉박한 가혹한 환경에서 우리가 술과 건강한 관계를 맺지 못한 건 당연하다."

일반적으로, 현대식 폭음(과 네오—훌리건)의 등장은 대영제국의 침몰로 이어졌다. 이는 말도 안 되는 폐점 시간과 미성숙하고 때로는 폭력적이기도 한 음주 습관이라는 두 가지 비문명적 요인 때문이라고들 한다. 전 내무 장관 잭 스트로Jack Straw가 말했듯, 그 결과 사람들이 "거리를 부수고 때로는 서로 폭력을 휘두르거나 혹은 이런 일이 동시에 일어나는" 상황이 초래된 것이다.

밀레니엄 시대 후반, 관공서나 언론, 심지어 펍에서도 자신들의 세련되지 못한 음주 습관을 조롱하고 한탄하지 않는 영국인을 찾기란 정말 어려웠다. "다른 나라에서는 술 취했다는 데 수치심이나 모멸감을 느낀다." 유행법학자 애니 브리턴Annie Britton은 영국 공무원의 음주 습관 연구에서 이렇게 밝혔다. "영국은 끔찍한 〈술꾼 영국Booze Britain〉 같은 프로그램으로 이런 풍토를 찬미하는 특이한 문화가 있다. 그래서 우리의 음주 습관은 더욱 악화되는 것이다."

2003년 영국 의회는 마침내 영국의 가혹한 펍 법을 폐지한다고 발표했고, 이로써 국민들의 음주 습관에 긍정적인 영향을 미치리라 기대했다. 한편으로는 술로 인한 종말을 예측하는 이들도 있었다. 대부분 언론은 반색하면서도 회한이 드러나는 글로 신중히 의견을 개진했다.

"우리는 술을 마시고 오줌을 싼다. 우리는 술을 마시고 춤을 춘다. 우리는 술을 마시고 먹는다. 우리는 술을 마시고 토한다. 이걸 즐거워하는 사람은 아무도 없다." 영국 술집의 24시간 영업이 허가되기 불과 몇 달 전, 가일스 위텔Giles Whittell은 〈타임스〉에 이런 글을 기고했다.

영국 펍이 다시 문을 닫지 않아도 되기 몇 달 전, 앤드류 앤서니 역시 영국인의 음주 습관에 대해 신랄하게 지적했다.

간혹, 특히 금요일과 토요일이면 언제 어디서든, 아니 적어도 펍이 문을 닫을 때까진 맨정신이 맞서 싸워야 하는 국가의 적이나 원수라도 되는 것 같다. 술 취함을 찬양함과 동시에 악마처럼 취급하는 어이없는 미디어를 포함해 당신이 누군가를 고발하고 싶다 하더라도, 영국인이 술을 마시는 것보다 취하는 걸 대체로 더 좋아한다는 사실만큼은 변하지 않는다. 말하자면, 우리는 알코올에 공리주의적으로 접근하는 것이다. 우리가 곤드레만드레 취하지 않는다면 소비할 필요가 있겠는가?

마치 골든 마일 여정을 시작하면서 게리 킹과 친구들이 벌인 논쟁처럼 말이다.

"이게 뭐야? 우리 여기 왜 온 거냐고?"

"우린 여길 끝장 내주러 온 거야."

12개 펍에서 파인트 12잔 마시기, 다음 몇 군데

영화에서 '오랜 친구'에 대한 농담은 인테리어가 먼저 방문한 곳과 똑같을 뿐 아니라 누구도 그들을 알아보지 못한다는 것, 두 부분이다. 현실에서, 적어도 바깥에서 보기에 이 펍의 이름은 '의사의 강장제'인데, 영화 속 이름이 훨씬 더 반어적으로 들린다.

이곳이 한때 어떠했으리라는 건 상상할 수 있다. 영국 음주 문화의 양면이 모두 담겨 있는 오래되고 큰 선술집. 안락하면서도 수상했던 곳. 숨겨진 방이 있고, 어두운 복도와 탁자 다리에 새겨진 시구가 있는 아늑한 수수께끼의 공간. 낯선 이들이 조용히 시선을 교환하며 인사를 나누거나 맥주 한잔을 같이하는 곳. 이가 빠졌지만 100년 된 접시를 사용하는 곳. 유리창은 짝짝이지만 금테를 두르고 있는 곳. 여자 바텐더는 딱딱거리지만 당신이 아는 누구보다 솔직한 곳. 모든 비밀과 꿈, 거짓말, 술판, 주먹다짐, 수많은 가족들의 귀향 추억이 쌓인 곳이다. 그런데 지금은 그 어떤 것도 남아 있지 않다.

오늘날 이 멋지고 오래된 '오랜 친구/의사의 강장제'는 재단장하여 넓은 테라스와 주차장을 갖춘 깨끗한 건물로 탈바꿈했다. 칼라 있는 티셔츠를 갖춰 입은 젊은 점원들이 잽싸게 서빙하고, 번쩍이는 전자오락 기계가 대여섯 대 놓여 있으며 최신 히트곡이 흘러나온다. 즉, 운영 잘 되는 성공적인 사업체이자 킹슬리 에이미스의 표현을 빌리자면 현대 영국 펍의 문제를 고스란히 보여주는 곳이다.

그는 『매일 마시기Every Day Drinking』의 서론에서 이렇게 설명한다.

15년 혹은 20여 년 전, 맥주 양조회사들은 자신들의 펍이 심각하게 페이스리프트를 받아야 한다는 사실에 눈뜨고는 최신 트렌드에 발맞추기 위해 수백만 파운드를 쏟아붓기 시작했다. 오늘날 펍의 인테리어는 화려한 공포를 테마로 한 TV 광고 같다. 영국 전투 펍, 원양선 펍, 즐거운 1890년대식 펍 등등 역겨운 '테마'로 소개된다. 드래프트 비어는 더 이상 통에서 따라주지 않으며, 아무리 게으르고 솜씨 없는 주류 판매업자라도 어디서든 균일한 맛을 낼 수 있도록 설계된 거대한 금속 통에서 따라주는 혼합 물질인 케그 맥주가 그 자리를 대신한다.

킹슬리가 불평을 쏟아낸 지 어느새 20년이 지난 지금, 힙한 수제 맥주와 미식 문화 덕분에 맥주와 음식은 실제로 그리 나빠지진 않았다. 하지만 동시에 이런 장소들은 거의 완벽히 똑같아지고 우리가 사랑한, 사랑하는지 알지도 못했던 작은 가게는 프랜차이즈로 관리되었다. 소년들은 뉴튼 헤이븐에 돌아와 말한다. "대기업들은 프랜차이즈로 작고 매력적인 펍에서 개성을 없애버리지." "스타벅스가 그렇잖아, 친구. 어딜 가도 똑같아."

'의사의 강장제' 매니저 알렉스는 우리가 사진을 찍을 수 있도록 '오 랜 친구' 입간판을 가져다주었다. 숙취에는 '블러디 메리와 기름진 프라 이'를 추천한다고 쓰여 있다. 그에게 영국 펍의 미래를 묻지 않았다. 그 러곤 과연 찾을 수 있을까 염려했던 세 번째 집으로 갔다.

영화에서는 '유명한 수탉'으로 나왔지만, 촬영 당시에는 '코르크^{Cork}' 였다. 하지만 톰과 내가 갔을 때 '버드나무 두 그루^{Two Willows}'로 바뀌어 있 었다. 각각 그 지역의 전원풍 느낌을, 없다면 이식해서라도 '개성적으 로' 브랜딩한 스톤게이트 펍 컴퍼니의 '전통 술집' 브랜드이다.

곧 인도 레스토랑으로 바뀐다는 '배나무' 펍이 실제로 오래된 배나무 아래에 자리 잡고 있다면, 버드나무 두 그루의 정문에는 언젠가 실제로 버드나무 두 그루로 자라날 작은 묘목이 심어진 큰 화분 두 개가 놓여 있다. 번쩍거리는 짙은 마호가니, 광택 나는 가죽, 유리창 틀의 세피아 무늬, 빅토리아 시대의 정원도시 지도 그림 벽지로 이루어진 내부에 들 어가면 모든 면에서 주객이 전도되었다는 느낌이 서서히 명확해진다. 환경이 바뀌자 자신의 꼬리를 먹어버린 정원뱀이 연상되는 느낌이다. 이제 점점 명확해진다. 정말로 '주제'가 있는 술집이다. 그리고 그 주제 는 '영국식 동네 펍'이다.

바 뒤에서 술을 따라주는 놀랄 만큼 별 특징 없는 사내에게 그가 매 니저인지 물었다.

"전 팀장 중 하나입니다." 맥주 거품을 고르며 그가 고개를 끄덕였다.

그에게 인사를 건넨 뒤 우리의 계획을 말했더니, 그는 뒤가 두 부분 으로 나뉜 창문을 가리켰다. 그 유리에는 멋지게 '유명한 수탉'이라고 새겨져 있다. 여기는 영화 속 바텐더가 테이프로 붙여놓은 '종신 출입

금지'라는 글과 함께 붙은 사진을 가리킴으로써 마침내 게리 킹의 존재감을 인정받은 곳이다. 하지만 목표를 달성하고 싶었던 게리는 임시변통으로 야외 테이블에 남겨진 맥주를 들이켠다.

팀장 바비는 바에 완벽히 따른 맥주잔을 올려주고는 성실히 내 질문에 대답해주었다. 그 영화는 '지역 경제에 도움'이 되었다고 한다. '비극적'이게도 이 영국의 펍이 사라질 위기인데 말이다.

그러면 최고의 숙취 해소법은 무엇인가?

"그건." 그가 우리를 빤히 쳐다보며 말했다. "오렌지 맛 하드죠."

지금껏 들어본 얘기 중 가장 특이한 대답이다. 마을의 누구도 실제 외계인 로봇이 아니겠지만 적어도 바비 팀장만큼은 그럴 것이다.

다음 장소 '수교'에서 영화는 전환점을 맞이한다. 주인공들은 게리가 자신의 엄마에 관해 거짓말하고 있음을 알게 되고, 게리는 욕실에서 힙한 젊은이로 변장한 외계인 로봇과 싸운다. 그리고 그들 '모두'가 욕실에서 외계인 로봇 일당과 싸움을 벌이게 된다. 잘린 팔다리로 머리를 치면 파란 피를 사방에 튀기는 모습을 목격한 그들은 뉴튼 헤이븐의 '모든' 주민들이 진짜 로봇임을 깨닫는다. 그리고 앤디는 금주 다짐을 깨고 다시 술을 마시기 시작해, 다섯 잔을 내리 들이켠다.

이곳의 실제 이름은 '파크웨이'이고, 프랜차이즈는커녕 재단장도 하지 않은 옛 모습 그대로라고 느낀 첫 술집이다. 바깥은 노동자 계급들이 즐겨 찾는 스포츠 바(술 마시며 스포츠 경기를 관람할 수 있는 술집_옮긴이) 느낌이고, 서까래와 나무판자가 드러난 통나무집 같다. 우리는 뒤쪽의 큰 부스에 관심이 갔다. 그리고 나중에 영화를 다시 보고서, 그것이 주인공 일행이 잠복했던 바로 그 공간이라는 걸 알아냈다.

우리 앞에 놓인 당구대 두 대에서 사람들이 게임 중이고 대여섯 명은 바에 앉아 구경하고 있다. 실제 단골들이 좋아할 법한, 배타적이면서도 아늑한 느낌의 공간이다. 우리는 짐을 내려놓고 바에 갔다.

바 뒤에는 젊은 청년과 아가씨가 있었다. 잘생긴 얼굴에 호리호리한 몸매의 청년은 벽에 선반을 달고 있다. 아담하고 귀여운 아가씨는 케그 맥주가 정말 싫었던 건지, 아니면 내 첫 질문이 거슬렸던 건지 동료에게 소리쳤다. "이분들이 맥주 이야기 하고 싶으시대!"

"맥주 어떠세요?" 그가 말했다.

"좋아요." 내가 그녀에게 말했다. "우리 각각 한 잔씩 주세요."

"오케이!" 그녀가 크게 말했다.

우리는 한 잔씩 들고 자리로 돌아왔다. 그 키 큰 청년은 망치질을 끝내자 우리에게 다가왔고 이야기를 나누었다. 그는 다소 알아채긴 힘들지만 매력적이었다. 그들 둘 다 그랬다. 그들의 이름은 코너와 제이드이다.

"있잖아!" 내 질문 중 가장 중요하지 않은 질문을 듣고선 코너가 제이드를 불렀다. "우리 하는 일의 이름이 뭐지?"

"잘 모르겠는데." 제이드가 진지하게 대답했다. "우린 바에서 일하잖아."

"그래, 그거야!" 그가 씩 웃으며 탁자를 두들기며 말했다. "아, 그리고 전 좋은 숙취 해소법을 알고 있어요. 나중에 잊지 말고 얘기하세요." 그러더니 바 쪽으로 몸을 돌렸다.

"여기 마음에 들어." 내가 말하자 톰이 웃음을 터뜨렸다. "왜 그래?"

"여기 좀 둘러보세요." 그가 말했다. "딱 캐나다 작은 마을의 바 같잖아요."

이런, 제기랄. 그의 말이 맞다. 바다 건너 영국 펍 대여섯 군데를 다니면서 캐나다 선술집을 떠올리리라곤 누가 생각이나 했겠는가? 하지만 지금까지 현실감을 느낀 건 여기뿐이다.

코너가 무료로 제공되는 술을 몇 잔 가져다주었다. 마치 빨강과 초록 얼룩이 노란 소용돌이 속을 떠다니는 작은 라바 램프Lava Lamp(혼합되지 않는 유색 액체가 담긴 램프_옮긴이) 같다. "신호등이라고 합니다." 그가 말했다.

우리는 감사 인사를 한 뒤 무엇으로 만들었는지 물었다. 그는 대답하려다가, 잠깐 기다리라는 듯 손가락을 들더니 바로 돌아갔다가 뭔가 적힌 종이를 들고 돌아왔다. "럼 약간, 아처스 슈냅스 약간, 워닝스 약간 그리고 빨간색 재료 약간."

"빨간색 재료라고요?" 톰이 말했다.

코너는 다시 손가락을 세우더니 알아보러 갔다. "네, 빨간색 재료 맞대요!" 그가 외쳤다.

우리는 신호등을 들고 쭉 들이켰다.

코너와 제이드가 〈지구가 끝장 나는 날〉을 봤을지도 모르지만, 제대로 본 건 아닌 것 같다. 그들은 호주 등지에서 날아와 그저 지금 우리가 하는 짓을 하던 다른 사람들을 떠올린 듯했다. 그런 이들은 영국 펍의 미래 따위는 중요하게 여기지 않았으리라. 마침내 코너가 내 책에 넣어달라며 자신의 숙취 해소법을 알려주었다.

"자, 어떻게 하면 되는지 알려드리죠." 그가 대단한 비밀을 알려주는 듯 입을 열었다. "잠자리에 들기 전 물 1파인트를 마십니다. 그런 뒤 아침에 파라세타몰(해열진통제_옮긴이) 두 알을 삼킨 뒤… 그다음엔… 기름진 전통식 튀김 요리를 먹는 겁니다!"

"그러니까." 성실히 받아 적으며 내가 확인했다. "물, 아스피린, 영국식 아침식사⋯."

"맞아요." 코너가 완전히 진지한 표정으로 말했다. 그러곤 돌아가 망치질을 계속했다.

"저 코너란 친구." 톰이 말한다. "완전 터프가이인데요."

하지만 캐나다인이고, 코너보다 한참 나이가 많은 나는 대체 톰이 왜 이런 말을 하는지 모르겠다.

"아저씨 세대가 사용하는 터프가이라는 단어와 느낌이 달라요. 이건 좀 더⋯ 그러니까, 모두가 알고, 고개를 절레절레 젓는 사람⋯이라는 느낌이랄까요. 재미있는데 어딘가 의심스러운 구석이 있는 사람. 설명하기 어렵네요."

"게리 같은 사람 말이야?" 내가 말했다.

"누구요?"

"게리 킹 말이야. 그 영화의 주인공⋯ 우리가 지금 하는 짓을 한 사람."

"아, 그래요. 그 사람은 진짜 터프가이예요."

그러니까 내가 제대로 이해했다면, 게리 킹은 최고의 터프가이다. 굉장히 수상쩍지만 이상하게 매력적이며 권위에 반발하는 인물로, 그의 반항심이 이해가 된다. 그는 골든 마일의 도전이 수용되던 시절에서 벗어나지 못하고 세월의 흐름에 몸소 맞서 싸운다.

〈지구가 끝장 나는 날〉은 그저 펍 순례와 로봇이 전부인 영화는 아니다. 초능력 외계인들이 지구를 획일적이고 균일한 안정적인 브랜드로 재단장해 스타벅스처럼 만든다는 아이디어는 국민을 무책임한 10대 청소년처럼 취급해 멋대로 자정 전까지 술집 문을 닫게 한 고압적인 제국

주의 정부에 일침을 가한다. 이런 세상에서는 가장 불완전한 시민이 유일한 희망으로 대두되는 법이다. 그리고 게리 킹이 자신이 로봇이 아니라고 입증할 수 있는 유일한 증거는 최근 알코올 중독 재활원에 수용되었을 때 생긴 팔목 흉터이다. 그 이면에는 많은 의미가 숨어 있다.

다음 장소 '좋은 동반자'는 폐점한 가게 터에 세운 세트이며 실제로는 존재하지 않는다. 하지만 우리는 액체 같기도 하고 아닌 것 같기도 한 신호등을 마신 걸로 퉁 치기로 했다. 그래서 기차를 놓치고 택시와 흥정해서 또 다른 정원도시 레치워스로 향할 때 아직 6파인트밖에 마시지 않은 상태였다. 아직 여섯 잔을 더 마셔야 한다.

영화에서 이후의 펍으로 가는 과정은 몽타주 기법으로 연출되며, 짐 모리슨이 리메이크한 베르톨트 브레히트^{Bertolt Brecht}의 '알라바마 송^{Alabama Song}'이 흐른다(다음 위스키 바로 가는 길을 알려주오. 오, 왜 그런지 묻지 말고, 오, 왜 그런지 묻지 말고…). 의심을 피하기 위해선 펍마다 파인트 한 잔씩 마시는 원래 계획을 고수해야 한다는 생각만으로, 로봇처럼 아무 생각 없이 술을 마시는 이 장면은 마치 〈새벽의 황당한 저주〉의 좀비처럼 숙취에 젖은 모습을 떠올리게 한다.

현실에서는 맥주 5파인트와 술 한 잔^{Shot}을 마시고 해 질 무렵 택시에 올라타 다른 정원도시로 가고 있다. 그런데 음주 경력이 갓 시작된 스무 살이건 한창인 마흔 살이건 간에 변화가 생기기 시작했다. 최소한 이제 술이 좀 오른다 싶은 느낌이었는데, 아마 훨씬 술 취한 상태였을 것이다.

원래는 기차로 이동할 계획이었기 때문에 다트 장군과는 영화 속에서 벌집으로 등장한 기차역에서 만나기로 했었다. 거기엔 실제 펍이 없지만, 파인트를 파는 멋진 이탈리아 식당이 있다. 그리고 근사한 유럽인 느낌을 물씬 풍기는 주인이 우리에게 한 잔 가져다주었다.

"황당한 영화죠." 그가 말했다. "하지만 정말 멋진 녀석들이에요."

그에게 숙취 해소법과 영국 기차역에 자리한 이탈리아 식당의 전망 혹은 뭐 그런 걸 막 물으려는데, 갑자기 조나단 다트가 평소처럼 인기 척 없이 나타나 우리 등짝을 철썩 때렸다.

"세 주정뱅이네!" 톰이 소리쳤다.

게리와 앤디가 지하에 내려와 지구인들은 젊은 시절의 모습을 원한 다는 문제를 두고 지상 은하계 조직의 보이지 않는 대장과 논쟁을 벌이 는 영화 후반부의 한 장면을 언급한 것이다.

"그래서 우리의 간섭이 필요한 것이다." 빌 나이Bill Nighy가 기계적인 목 소리로 말한다. "은하계가 너희 같은 사람으로 가득 찬 행성에 영향을 받아야 하는가? … 너희는 언제나 똑같은 자멸적인 순환을 반복하지 않는가."

"이봐! 병신 짓을 하는 것도 인간의 기본 권리라고! 이 문명 자체가 병신 짓을 토대로 만들어진 거야! 그리고 그거 알아? 난 그 점이 자랑 스러워! … 이런 말도 있잖아? 실수를 범하는 것은…."

"'실수를 범하는 것은 인간이다.'"

"'실수를 범하는 것은 인간이다!' 그래서… 어…."

"너희가 전체 인류를 대변한다고 볼 수 없다. 너희는 고작 두 사람일 뿐이다. 두 주정뱅이…."

"'세' 주정뱅이!" 이 망한 행성의 마지막 남은 인간 친구가 땅 위에서 줄을 타고 내려오며 외친다.

"세 주정뱅이!" 내가 반복하고는 톰과 동시에 잔을 들었다.

하지만 중동 지역의 서구 이권을 관리하다 바로 합류한 조나단 다트는 눈도 풀리지 않았고 자세도 똑바르며 재킷과 타이를 제대로 갖춰 입은 데다 혀도 풀리지 않은 채 또박또박 말하는 것이 너무도 말짱해서, 상대적으로 내 혈중 알코올 수치가 급상승하고 톰과 내가 균형을 잃은 것처럼 보였다.

"어서, 당신도 한잔해요!" 내가 말했다. 그런데 조나단 다트가 사이더 1파인트를 주문하는 방식이 미친 듯이 웃기는 바람에 그에게 다시 한 번 보여달라고 해서 핸드폰으로 녹화했다. 그리고 톰과 나도 2분의 1파인트를 마시기로 했다. 아까의 '신호등'으로 맥주 1파인트를 대체하기엔 부족하다 싶었기 때문이다.

두어 시간 동안 세 군데 펍을 다녀오고 나자 세상이 기울어졌다. 우리 세 주정뱅이는 길바닥에 드러누워 노래를 부르며 트림을 해대고 낄낄대다 시답잖은 걸로 논쟁을 벌였다. '세상의 끝'은 내 생각보다 훨씬 먼 마을 끝자락에 있었고, 우리가 도착했을 땐 이미 문을 닫은 뒤였다.

영화에서도 그들이 '세상의 끝'에 도착했을 때 이미 문을 닫은 뒤였지만, 이들은 서로 투덕대고 로봇과 싸움을 벌이다 트럭으로 정문을 향해 돌진한다. 마침내 게리 킹이 마지막 잔을 따르기 위해 맥주 탱크에 다가가지만, 그가 맥주 탱크의 손잡이를 잡아당기자 바닥이 열리더니 외계인의 은신처로 떨어지고 만다.

현실에서 우리는 어깨를 으쓱하고는 몸을 돌려 다트네 집으로 향했다. "이러는 거 어때." 돌아가는 길, 내가 말했다. "집에 가서, 냉장고에서 500밀리리터 맥주 큰 캔을 꺼내서 누구에게도 방해되지 않을 곳을 찾아가는 거야. 그렇게 12파인트를 채우는 거지!"

"정말 훌륭한 계획이에요!" 톰이 말했다. "아빠 생각은 어때요?"

"난." 그의 아빠가 말했다. "오늘 밤 자정까지 도착하지 못할 것 같은데다, 아침에 출근해야 하니까 그냥 자려고. 아 그리고 톰, 너 평소보다 많이 마신 것 같구나. 하지만 너도 이제 성인이니까 전적으로 네 뜻에 맡기마."

"좋아요!" 톰이 말했다. "훌륭한 계획이에요!"

"그런데." 주머니에 넥타이를 쑤셔 넣으며 조나단 다트가 말했다. "영화에서 그들은 열한 잔밖에 마시지 않았잖아. 그런 다음에 지하 은신처로 떨어졌고."

땅 밑으로 떨어진 게리와 앤디는 번쩍이는 외계인 재판관과 마주한다. 나선형 발코니가 그들 머리 위로 올라온다. 뉴튼 헤이븐 마을 사람들 얼굴을 한 로봇들이 자리 잡고 있다.

"우린 자진해서 따르려는 사람들에게 매력적인 보상을 제공하려 한다." 빌 나이의 목소리가 말한다. "선택적 기억만 유지한 채 다시 젊어지는 거지. 네가 원하던 거 아닌가? 네가 항상 원했던 거잖아."

그 순간 위에서 빛이 번쩍이더니 그들 앞에 스무 살 게리가 나타난다. 게리의 오랜 바람, 꿈이자 그의 막무가내식 낙관론이 고스란히 구현된 모습이다. "오 이런 세상에!" 게리는 말을 제대로 잇지 못한다. "나 완전 멋진데!"

그리고 지금 우리는 레치워스 정원도시의 공원에 있다. 술 취한 스무 살 톰이 자라난 곳이다. 큰 관목들이 세 면을 둘러싼 이 큰 잔디밭 한가운데 나무가 서 있다. 나는 마흔 살 난 내 등짝을 나무에 기대고 하늘의 별을 바라보며 열두 번째 맥주를 마셨다.

나는 술이 잔뜩 올라 격렬한 감정에 휩싸인 톰의 이야기를 듣고 있다. 울고 웃는 그의 눈이 눈물로 반짝인다. 사랑의 상처로 가슴이 찢어진 그는 두렵지만 용기를 내어 나아가려 한다. 정글을 뚫고 사막을 건너 세상 끝 험준한 벼랑에 부딪치는 파도에 뛰어들려는 것이다. 나도 그럴 수만 있다면. 오래전 술 취해 용기 넘치던 영웅적인 나. 그 시절의 나를 또렷이 기억하지만, 돌아갈 순 없다. 날아가 버린 꿈처럼.

멋진 젊은 게리 킹은 나이 든 자신 앞으로 다가오며 말한다. "내가 당신의 전설을 이어가도록 해주시지. 현재의 당신은 과거의 당신이 되어서 말이야."

알코올 중독에 막장 인생을 살고 있는 게리는 한창때 자신을 바라본다. 그리고 잠시 후, 확고하지만 웃음 띤 부드러운 표정으로 말한다.

"싫은데." 그러고는 일본도로 젊은 자신의 머리를 베어버린다.

그는 재판관에게 소리친다. "게리 킹은 오직 한 사람뿐이야!" 그런 뒤 베어낸 머리를 둘러싼 어둠 속으로 걸어찬다.

톰은 관목 사이로 들어갔고, 지금 그가 되고 싶지 않다. 그는 잠시 무릎을 꿇고 있다가 일어나서 정원의 광장을 비틀대며 걷기 시작했다. 오른손을 빙빙 돌리며 울타리를 쓸어댄다.

나는 정원 한가운데 나무에 기대고 앉아 그가 뱅뱅 도는 모습을 지켜보다가 데려와 앉혔다. 그리고 내 맥주를 다 비우곤, 톰의 열두 번째이자 나의 열세 번째를 시작했다. 그가 거의 다 마신 것이긴 했지만.

보호본능, 공감, 부러움, 향수가 동시에 느껴졌다. 술을 마시며 머나먼 우주에서 빛나는 별들을 바라보았다.

전혀 새로운 의미

스포일러 주의! 은하계에 획일화된 네트워크를 구축하려는 외계인 침략자들이 결국 게리 킹과 나머지 인류를 포기하고, 모든 기술 문명을 폭발시켜 파괴함으로써 세계 종말을 야기한다.

"그날 아침." 미래의 지구에서 앤디가 말한다. "'숙취'라는 단어에 전혀 새로운 의미가 부여됐지. 우리는 런던까지 걸어가기로 했어. 그런데 길이 끝나지 않는 거야. 걷고 또 걷고 계속 걸어야 했지. 우리 모두 완전한 유기농적 삶을 살아야 했어. 하지만 솔직히 말하면, 내가 정말 그리워했던 가공식품의 맛이 하나도 기억나질 않아." 울타리 뒤의 앤디는 중세시대 떠돌이 전사 옷차림에 손에는 삽을 들고 있으며, 그 곁에는 염소가 있다. 그때 철조망 너머에서 초록색 코르네토 껍질이 날아온다. 본능적 충동으로 그는 그것을 잡으려 뛰어오른다. 하지만 그것은 바람과 함께 날아가 버린다.

10대의 반항심을 타고난 게리 킹은 종말 이후 다시 고향으로 돌아갔다. 버림받고 목마른 로봇을 이끌고 황무지가 되어버린 인간 세계를 방랑한다. 영화의 마지막 장면에서, 성난 표정의 바텐더는 로봇 난민들에게 서빙하기를 거절하며 그들 두목의 이름을 묻는다.

"저 친구들이 나를 '왕'이라 부르더군." 게리가 말한다.

그는 검을 뽑아 들고 바로 달려든다.

그러곤 암전이다.

브렉시트 투표를 치르기 몇 해 전, 영국은 그들이 한 번도 그러지 못했던 '유럽의 술꾼'이 되기를 바라며 100년간 이어진 법을 폐지했다. 이러한 조치는 아마겟돈을 촉발하지는 않았지만 영국인의 음주 습관을 바꾸지도 못했다. 오히려 정반대의 결과가 일어났다. 오히려 유럽 대륙의 자칭 세련된 교양인들이 야만인이 된 것이다.

"대체 무엇이 문제일까?" 2008년 존 헨리Jon Henley는 「가디언」에 이런 의문을 제기했다. "프랑스 젊은이들을 분별력 있는 술꾼에서 고주망태 술꾼으로 변화시킨 촉매제는 무엇인가?"

마약과 알코올 중독 퇴치를 목표로 하는 부처를 이끄는 에티엔 아페르Étienne Apaire는 이런 현상을 말 그대로 '빨리 취하고' 싶은 전 세계 젊은이들의 '세계화된 행동'의 일환으로 파악한다.

아니면 앤디가 그 얼굴을 드러내지 않은 거대한 외계인에게 말했듯이, "우리 인간은 너희 생각보다 훨씬 명청하고 고집불통"이기 때문일지도 모르겠다.

12개 펍에서 파인트 12잔 마시기, 세상의 또 다른 끝

우리가 일어났을 때 조나단 다트는 세상을 구하러 이미 런던으로 떠난 뒤였다. 그래서 톰과 나는 다소 고통을 느끼며 부츠에서 챙겨 온 걸 죄다 삼키고는 마지막 임무를 끝내러 다시 나갔다. 게슴츠레한 눈으로 거리를 걸어 내려가 잔디밭과 공원을 지나고, 틴 타운(2차 대전 동안 런던 폭격으로 집을 잃은 런던 사람들이 판금으로 집을 지어 살다가 정착한 곳)을 지나 철조망이 쳐진 육교로 철길을 넘은 뒤 '세계의 끝'/'정원사의 무기'까지 걸어가 매일 정오까지 제공하는 아침 식사를 먹을 계획이다.

우리는 블러디 메리와 물을 주문하고 골든 마일 도전을 정리했다. 어린 톰에게 그가 토한 걸 쓰지 않겠다고 안심시켰지만, 양심상 그가 펍 열두 곳에서 파인트 열두 잔을 마셨다고 할 수는 없었다. 나무에 기대 앉아 내가 그의 맥주를 다 마셨기 때문이다. 그래서 톰은 블러디 메리에 추가로 파인트 한 잔을 더 주문하고, 우리는 지나온 과정을 하나씩 복기하기 시작했다. 하지만 매번 하나가 부족했다. 우리는 핸드폰을 꺼낸 뒤 펜과 종이를 빌려서는 최선을 다해 쓴 기록을 살펴보았다. 그런데 톰이 맥주잔을 쾅 내려놓으며 말했다. "'머리 둘 달린 개'! '머리 둘 달린 개'가 빠졌어요! 우리가 너무 취해서 빼먹은 거라고요!"

"그러니까⋯."

"그러니까 우린 열한 잔만 마신 셈이죠!"

"음, 사실 내가 네 마지막 잔을 마셨잖아. 그러니까⋯."

"이런 젠장! 전 겨우 열 잔 마신 거예요! 꼴랑 10파인트 마신 거죠!"

그래서 우리는 이렇게 했다. 스무 살 톰은 블러디 메리에 이어 2파인트를 더 마시고, 마흔 살 나는 1파인트 더 마셨다. 그러면 확실하다.

우리 도전 결과를 살펴보니, 우리 둘의 숙취 상태만 단순히 비교하기에 앞서 참작해야 할 요인이 상당히 많았다. 술이 세다는 점 혹은 적어도 술을 버티는 면에서는 나이에서 오는 경륜이 젊음의 활력을 능가한다는 점이 그랬다. 그리고 물론 톰은 토해버린 탓에 숙취 증상이 완화되었을 수도 있지만, 어느 쪽이든 간에 우리 둘 누구도 평소의 숙취보다 더 힘들진 않았다. 밀크시슬이 효과가 있었던 것 같다. 그래서 더 시험해볼 목록에 추가했다.

도전 과정에서 지역 주민들에게 들은 다양한 숙취 해소법은 꽤 확실했다. 바비 팀장이 알려준 오렌지 맛 하드라는 특이한 방법을 제외하고, 많은 이들이 추천한 '기름진 아침 식사, 물, 아스피린' 조합은 그만큼 효과가 있었다는 사실을 부인하지 못하겠다.

다양성과 창의력 부족은 플리니우스의 시대를 더 길게 만들기에 충분했다. 아니 프랭크 M. 폴슨의 시대라고 하는 편이 더 낫겠다. 불과 50년 전, 그는 북아메리카의 바와 선술집을 다니며 인류학적 술집 순례를 하면서 여러 술꾼들에게 이백예순한 가지 방법을 수집했다. P 항목으로 분류된 내용만 해도 파슬리, 파스닙, 감, 프룬 주스, 청어 절임, 파파야, 후추 뿌린 아이스크림, 특정 방식으로 쿤닝링구스하기 등 다양하다.

기사를 통해 폴슨의 연구를 알려준 사라 마샬^{Sarah Marshall}도 바다 건너편에서 현대판 술집 연구를 시도했지만, 나와 똑같은 평범한 결과를 얻었다. 그녀는 "엉뚱한 사람들에게 물어본 것이든지" 아니면 음주 문화가 "폴슨이 그토록 집착했던 '구전 문화의 거대한 소용돌이'와 접점을 잃을 정도로 변했기" 때문이라고 파악했다.

이젠 자칭 영국인 '마녀'가 이메일로 알려준 방법을 밝혀야 할 때다.

안녕하세요, 쇼녀시. 나는 물을 엄청 많이 마시고 아스피린 두 알을 먹는 걸 추천합니다. 그리고 듣자 하니 기름진 영국식 아침 식사도 숙취 해소에 좋다더군요. 이왕 여기 오셨으니 한번 시도해보시길 바랍니다. 행운을 빌어요.

루시아로부터.

심지어 터프가이나 마녀조차도 이렇다면, 우리 모두 이미 완전히 세뇌된 것 아닐까? 숙취라는 체제에 맞서 싸울 생각은 접고, 플라스틱 메뉴와 단순한 답변으로 획일화되어버린 것이다.

"저기요." '세계의 끝'/'정원사의 무기'의 낮 근무 바텐더에게 물었다.

"숙취 해소법 좀 알려주세요."

"그런 거 없습니다." 그가 청구서를 내려놓으며 말했다. "전 술은 입에 대지도 않거든요."

위드네일 시상식: 보도 자료

　〈잃어버린 주말〉부터 〈내 차 봤냐?〉까지, 〈행오버〉가 역사의 한 획을 긋기 한참 전부터 숙취는 영화의 주요 소재였다. 모든 장르에서 얼마나 많은 전환 장면들이 베개 밑에 머리를 묻고 한쪽 팔을 뻗어 더듬대며 알람시계를 끄는 주인공의 모습으로 시작했던가? 낭만적인 첫 만남이나 서서히 퍼져 가는 박수의 물결 같은 극적 효과만큼이나 익숙한 상징으로, 이런 장면이 없으면 페이드아웃 장면이 이어지기란 쉽지 않다.

　이런 점을 염두에 두고, 멀미 아카데미^{Academy of Motion Sickness}에서는 '헛구역질'이라는 애칭으로 알려진 국제 위드네일 시상식의 후보를 발표한다. 우리가 이 느낌을 겪을 때마다 떠오르는 이 상은 숙취 영화의 역사에서 방대한 성취를 인정하는 작품에만 수여되며, 당연하게도 〈위드네일과 나〉(1987)에서 리처드 E. 그랜트^{Richard E. Grant}가 완벽히 연기한 술고래 백수 배우의 이름을 딴 것이다.

　올해에는 역대급 술 마시기 게임 '위드네일과 퍼마시기'를 주제로 삼았다. 팬들은 영화 속 캐릭터와 술 대결을 펼치고(영화에선 레드 와인 아홉 잔 반, 사이더 반 파인트, 독주 한 잔, 진 두 잔 반, 셰리주 여섯 잔, 위스키 열세 잔, 에일 반 파인트를 마셨다) 방송을 보는 시청자들에게도 자신만의 술 마시기 게임을 하도록 권한다. 예를 들어보자. 사회자가 가짜 딸꾹질을 하고, 진행자가 자신의 타이를 풀거나 닉 놀테가 우연히 비틀대며 무대

위로 올라올 때마다 한 잔씩 마시는 식이다.

그건 그렇고, 영예의 후보작을 발표하겠다.

가장 황당한 기상 장소 〈덤보〉(나무에 걸림), 〈아직은 사랑을 몰라요〉(역시 나무), 〈올드보이〉(지하 감옥), 〈라스베가스의 공포와 혐오〉(도마뱀 꼬리와 포장 테이프로 마이크가 붙은 채, 텅 빈 코코넛과 양념 범벅의 제단에 둘러싸여 있음), 〈체인지 업〉(다른 이의 몸 안에서), 〈핫 텁 타임머신〉(1980년대에서)

가장 파괴적인 숙취 스토리 〈핸콕〉(숙취 상태의 슈퍼 히어로가 시내 중심가에 900만 달러 상당의 피해를 입힘), 〈다이하드 3〉(사이코 테러리스트가 도심을 폭발시켜 숙취 해소를 완벽히 방해함), 〈새벽의 황당한 저주〉(일요일 아침에 좀비 떼와 조우하는 대재앙), 〈엔드 오브 데이즈〉(세계 종말이 숙취 상태인 아놀드 슈워제네거의 손에 달림)

가장 알코올 중독 아닌 것 같은 인물 아놀드 슈워제네거(〈엔드 오브 데이즈〉), 산드라 블록(〈21일〉)

가장 일관된 숙취 연기 피터 오툴(〈아름다운 날들〉), 맷 딜런(〈삶의 가장자리〉), 니콜라스 케이지(〈라스베가스를 떠나며〉), 조니 뎁(〈캐리비안의 해적: 블랙펄의 저주〉)

가장 극적인 육체 노폐물 활용 〈컴 백 록스타〉(구토), 〈트레인스포팅〉(설사), 〈내 여자친구의 결혼식〉(구토와 설사)

최고의 숙취 대화 〈앵커맨〉("오늘 아침 눈을 떠보니 어떤 일본인 가족의 거실인데, 그들이 비명을 멈추지 않는 거야."), 〈아름다운 날들〉("숙녀들은 불편하고, 신사들은 토하지."), 〈다이하드 3〉("맥주는 보통 속으로 마신다고, 존."), 〈더 브레이브〉("네가 위스키 마시고, 코 골고, 침 뱉고, 쓰레기 더미에서 뒹굴며 네 인생과 상황을 한탄할 수 있다는 거 알아. 그 나머지는 죄다 허풍이지.")

올해의 각 부문 후보작에 이어, 마지막으로 '평생 메스꺼움 상'의 수상자를 발표하겠다. 지미 스튜어트, 폴 뉴먼, 제시카 랭에 이어 그 영예의 대상에 합류할 사람은 바로 위대한 제프 브리지스^{Jeff Bridges}다. 그는 〈사랑의 행로〉, 〈피셔 킹〉, 〈위대한 레보스키〉, 〈더 브레이브〉, 〈크레이지 하트〉 등의 고전 영화에서 비틀대며 중얼대는 숙취 명연기를 선보였지만, 반어적이게도 〈살의의 아침〉에서는 당황스러울 만큼 내내 말짱한 정신 상태를 유지한다.

올해의 위드네일 시상식을 함께하며 숙취의 메스꺼움을 느끼기를 바란다.

6막

숙취 상태에서 치른 경기

스코틀랜드에 간 우리의 주인공은 눈가리개를 한 채 지프를 운전하고, 강풍을 맞으며 활을 쏘고, 술 '마시기'를 넘어 '음미'하는 연습을 한다.
출연: 몰트 마스터 킨스먼, 아서 코난 도일 경 그리고 전설적인 맥스 맥기

"연습이 필요 없는 타고난 운동선수가 있듯, 타고난 술꾼도 있는 법이다. 하지만 이 중 어느 쪽이라도 노력을 기울여본 이들은 잘 안다. W. C. 필즈나 윌리 메이스 같은 이들은 한 세대에 한 명 나올까 말까 하다는 것을."

— 조지 비숍

"시케인입니다!" 조수석에 앉은 가이드가 외쳤다. '왼쪽'이라는 건지 '오른쪽'이라는 건지 알아들을 수 없을 정도로 그의 사투리 억양이 심한 탓인지, 아니면 가벼운 숙취 상태인 데다 눈도 가린 탓인지 그가 뭐라고 하는지 도통 귀에 들어오지 않았다. 하지만 그 말을 듣자 바로 멈추었다. 진흙탕에 미끄러지며 브레이크를 밟고는 고개를 돌려 어둠 속에서 물었다. "시케인이라고요? 정말요?"

내가 아는 바로는, 이 단어는 방향을 가리키는 켈트어 지시어거나 커브가 이어진다는 뜻의 카레이싱 용어다. 어느 쪽이든, 눈을 가린 채 덜덜 떨며 지프를 운전해 스코틀랜드 하이랜드의 비탈을 오르는 캐나다인에게는 그다지 도움이 되지 않는다.

"차를 움직이세요." 그가 말한다. 적어도 그가 그렇게 말한 것 같다. 내 생각엔 액셀을 밟고 있는데 말이다. 숙취팀 대 스페이사이드팀, 다시 말해 현실주의자 대 홍보대사의 대결에서 우리가 무슨 짓을 한다 해도 우리 팀이 질 리는 없다.

기본적으로 우리 저널리스트들은 모두 술에 취해 있다. 그랜츠Grant's와 글렌피딕Glenfiddich, 발베니Balvenie의 고향인 거칠면서도 웅장한 하이랜드에서 사흘간 이어진 멋지고 세련된 '글렌피딕 탄생 125주년 기념 파티' 덕분이다. 우리는 향을 맡고 음미하는 척했지만, 정말 할 줄 아는 건 마시는 것뿐이었다.

그리고 오늘 아침, 우리는 스코틀랜드 하이랜드 스타일의 기업 전문 팀 빌딩 회사의 손아귀에 떨어졌다. 이 말은 곧, 눈을 가린 채 지프를 운전하고 배우지도 않은 상태로 활을 쏜다는 뜻이다. 클레이 사격도 예정에 있었으나, 담당하는 사람이 이쪽으로 오던 중 교통사고로 다쳐 병원에 입원했다. 그의 안부를 걱정해야 함에도, 모두들 그도 눈 가린 채 운전했느냐는 농담을 참느라 진땀을 흘리고 있었다.

하지만 나보다 먼저 지프를 탔던 독일의 식품 전문 기자는 그런 농담이 생각나지 않았는지 "눈이 보이지 않으면 다른 감각이 예민해지겠죠?"라며 진지하게 말했다. 그는 액셀을 밟고 핸들을 돌렸다 풀었다 하면서 시속 4.8킬로미터의 속도로 하이랜드 진흙탕을 지났다. 알고 보니, 창문이 닫혀 있고 잠시 동안만 눈이 안 보이는 상태라면 다른 감각이 깨어나지 않는다고 한다.

그러나 나는 꽤 빨리 움직이는 것 같았다. 적어도 조수석에 앉은 슈렉의 소리로 짐작건대 그렇다고 생각했다. 그래서 보이건 안 보이건 운전 좀 한다는 자신감이 생겼다. 취함과 숙취의 딱 중간 상태에서 카레이싱 트랙을 열 바퀴 돌았을 때에 비하자면 지금 상태는 꽤 괜찮다. 물론 어젯밤 엄청 많이 마신 것치고는 그렇다는 얘기다.

통에서 갓 따른 세계에서 가장 오래된 최고급 위스키를 마실 기회가 생기면 마음껏 마셔라. 향을 느끼고 맛을 음미한 뒤 뱉어낸다면 사악한 디오니소스에게 잡혀갈 테니. 그러니까 내가 하려는 말은 오늘 아침처럼 유머 감각이라곤 조금도 없는 스코틀랜드인의 난해한 지시를 들으며 진흙탕을 빙빙 돈다면 적어도 차멀미라도 해야 할 텐데, 실제로 꽤 멀쩡하다는 거다.

"내려요!" 가이드가 퉁명스레 말했다. 적어도 그렇게 들렸다. 나는 문을 열고 안대를 벗은 뒤 우리가 아직 움직이고 있는지 살펴보기로 했다. 그래서 차에서 내리며 사이드 브레이크를 당겼다. 문을 닫는데 그가 욕을 했다. 상쾌한 하이랜드의 공기를 깊이 들이마셨다. 스코틀랜드 부랑아들에 대한 어빈 웰시$^{Irvine\ Welsh}$의 시적 탐구인 『트레인스포팅』에서, 청년들은 개중 희망을 품고 사는 토미에게 이끌려 산에 올라 글래스고 경찰을 피하려 한다. 시도는 거창했지만, 극심한 사회 부적응과 결합된 숙취의 무게로 인해 그들은 그곳까지 가지 못한다. 대니 보일이 연출한 영화에서 그들이 비틀대며 하이랜드를 향해 올라가는 장면이다.

"토미, 이건 정상인이 할 짓이 아냐."

"멋진 경치잖아. 공기도 신선하고… 너희는 스코틀랜드인이라는 게 자랑스럽지 않아?"

"스코틀랜드인은 무슨. 우린 바닥 중에서도 밑바닥이야…. 획일화되어서 변변한 문화라고는 찾을 수도 없어. 우린 힘없는 병신들에게 지배받는 거라고. 그게 우리가 사는 세상이야, 토미. 이 세상 신선한 공기는 다 거기서 거기라고."

이렇게 확고한 스코틀랜드식 논리에도 불구하고, 몇 세기 동안 산의 맑은 공기는 탈진, 우울, 불안, 무기력, 편집증, 망상, 신경과민 등 좀처럼 이해하기 힘든 질병의 의학적 치료법이었다. 그리고 이 증상은 어마어마한 폭음의 여파에 따른 증상과 일치한다.

고도가 높으면 실제로 숙취가 악화되는 현상에는 과학적 근거가 뒷받침된다. 그래서 심각한 고산병을 겪는 사람들은 적어도 신체적인 면에서는 지독한 숙취 증상과 다르지 않다고 느끼기 마련이다. 그런데, 라스베이거스나 암스테르담 같은 저지대에서 겪는 숙취는 산으로 달려 올라가게 할 정도다. 구원을 얻으려는 유서 깊은 방법이니 말이다. 그런데 효과가 있을까?

앤디 토퍼는 『포도의 분노』에서 장교 조지 패로가 들려준 이른 아침

정찰 임무에 대해 이야기한다. "산을 오를수록 … 숙취가 사라졌다. 그래서 카메론 하이랜드에 도착했을 무렵엔 머리가 완전히 맑아졌고 더이상 메스껍지도 않았다. 챙겨 온 점심을 먹으며 몇 잔 더 준비했다. 좀 전까지는 생각만으로도 토할 것 같은 일이었는데 말이다."

토퍼는 이렇게 판단했다. "이러한 현상을 간단히 설명하면 등산이 숙취를 해소할 수도 있다고 할 수 있다. (일반적으론 고도가 알코올의 효력 증대에 영향을 미친다는 의견이 지배적이지만.) 그러나 이 고통에 대한 원인은 그리 단순하진 않다."

정오가 다 된 지금, 허리케인급 바람이 불어온다. 아마추어 궁사들이 활을 쏘기에 완벽한 날씨다.

"이전에 활 쏴보신 적 있는 분 계신가요?" 두 명의 가이드 중 더 젊고 사투리가 덜 심한 쪽이 물었다. 젤을 잔뜩 발라 바짝 세워 회오리바람에도 끄떡도 안 할 것 같은 머리를 한 이 친구는 에너지가 넘치는 것 같다. "아무도 안 계십니까?" 의기양양한 미소를 띠며 그가 소리쳤다.

아무도 손을 들지 않는다. 눈에선 눈물이 흐르고 펄럭이는 옷이 찢어지지 않도록 안간힘을 쓰고 있다. 하지만 뾰족 머리가 다시 입을 열자, 나는 손을 번쩍 들고 팀을 위해 한마디 한다. "저요."

"여어, 안녕하세요, 브레이브 하트! 당신을 뭐라고 부를까요?" 방금 나를 브레이브 하트라고 부르지 않았느냐고 알려주는 대신, 내 이름을 포기했다.

"좋아요, 쇼크네시!" 그가 나에게 활을 건넸다. "한번 보여주세요."

자라오면서 나는 많은 경험을 하진 못했다. 하지만 내 직업 덕분에 이상한 걸 배워야 하는 곳에 가게 되는 편이다. 예를 들자면, 지난달 부성애 칼럼을 쓰기 위해 '활쏘기와 완전히 죽지 않은 사람들'이라는 워크숍에 다녀온 것처럼 말이다.

"이전에는 뭘 쐈나요?" 화살통을 건네며 뾰족 머리가 물었다. 그때는 호박 머리에 좀비처럼 옷을 입은 허수아비를 향해 쏘았다.

"호박이요." 내가 말했다.

뾰족 머리가 콧방귀를 뀌며 웃었다. "쇼크네시에게 박수 좀 주세요!" 마치 내가 뻐기기라도 한 양 그가 말했다. "꼼짝도 않는 야채를 쏘셨답니다!" 나는 활을 쥔 채 이를 꽉 물고 바보처럼 미소 지으며 고개를 끄덕였다. 보통은 이런 조롱에 개의치 않지만 이번엔 바람이 지독하게 불고 있는 데다 나는 뾰족 머리의 부탁을 들어준 사람이었고, 실제로 호박 머리 좀비/허수아비를 죽인 걸 자랑스레 생각하기도 했다. 그날은 숙취가 더 심했는지 내가 쏜 화살마다 번번이 빗나가 진흙탕에 꽂히기 일쑤였다. 그러다 기진맥진해지고서야 내내 화살을 시위에 잘못 메기고 있었다는 걸 깨달았다. 한 대 뽑아 들고, 좀비 호박의 눈 사이를 겨누었다.

뾰족 머리는 자신이 누구를 상대하고 있는지 모르고 있다. 나는 힘겨운 숙취 상태에서 그보다 훨씬 터무니없는 활쏘기를 해낸 사람, 자신이 무엇을 하는지 아는 척하는 데 능숙한 영혼 아니던가. 나는 손가락을 핥아 허리케인의 바람을 가늠한 뒤 눈을 가늘게 뜨고 멀찌감치 떨어진 건초 더미 위에 묶여 있는 풍선을 바라보며 도저히 불가능할 것 같은 긴 원호를 그릴 각도를 잡았다. 그러곤 화살을 쏘았다.

모든 역경을 넘어서

전 세계 수백만 명의 사람들이 아침마다 자신이 해야 하는 일이 무엇이든 간에 처참하게 실패하거나 모습을 나타내지 못한다.

하지만 숙취를 극복하려는 용기와 끈기, 절박함이 놀라운 성공 혹은 그 이상의 성공으로 이어지는 경우도 있다. 작가, 로커, 배우, 철강 노동자 등은 늘, 아마도 매일 숙취 상태에서 일어날 것이다. 그러나 그 영향력의 정도는 일류 운동선수들만큼 크지 않다. 격렬한 몸싸움, 팀과 대중의 기대가 자신을 극한으로 몰아붙이는 본능과 결합된 영웅적인 숙취의 성역은 역사적으로 프로 스포츠 경기장이다.

브리티시 포뮬러 원British Formula 1의 챔피언 제임스 헌트James Hunt는 삶의 열정이 있었지만 자신이 탁월한 능력을 발휘한 스포츠에는 무관심한 사람이었다. 카레이싱은 온갖 최고의 파티에 초대받는 가장 빠른 길이었다. 사실 스탠 볼스Stan Bowles가 숙취 상태로 치른 여러 경기 중에서 특히나 처참한 성적으로 비난받았을 때 함께 마신 사람이 바로 헌트였다.

안타깝게도 이미 죽었지만 신화로 남은 볼스는 셰인 맥고완Shane MacGowan이 다소 가미된 영국 축구계의 헌트였다. 그의 부주의함은 음주나 도박 습관만큼 전설적인데, 두 신발 회사와 동시에 스폰서십 계약을 체결하는 바람에 양쪽에 한 짝씩 신는 어이없는 방법으로 마무리한 적도 있었다.

1974년, 그는 여러 종목의 엘리트 선수들이 올림픽 방식으로 경기를 치르며 겨루는 TV 프로그램 〈슈퍼스타The Superstars〉에서 최저점을 받는 부끄러운 영예를 얻었다. 「가디언」에서는 다음과 같이 그의 부진한 성적을 요약했다. "그는 수영에서 한 바퀴도 마치지 못했고 역기도 들어 올리지 못했으며, 테니스에서는 J. P. R. 윌리엄스(웨일스 럭비 스타)에게 전부 6-0으로 졌고 카누에서는 물살에 뒤집어졌으며, 사격에서는 절반을 판에 쏘았다."

과녁을 크게 빗나간 데 대해 볼스는 이렇게 해명한다. "전날 밤 제임스 헌트와 어울리며 생긴 극심한 숙취 상태에서 곧장 출전한 겁니다. 터지기 일보 직전이었죠." 하지만 그의 인생 대부분은 그런 식이었던 것 같다. 볼스는 자서전에 이렇게 썼다. "가는 곳마다 혼란으로 끝났다." 물론 그가 경기장에 있을 때는 예외였다. 그때는 제다이처럼 움직이며 자신의 기량을 발휘해 공을 요리조리 몰았고, 그러다 탈진하면 벤치에 쓰러지곤 했다.

하지만 팀 스포츠에서는 선수 개개인의 의지에 맡겨두지 않는다. 숙취 상태라면 출전하지 못하고 코치와 팀 동료와 함께 나무토막처럼 자리를 지킨다. 하지만 다른 축구에서 반대의 예를 찾아 바다를 건너보자. 인디애나의 동인도인 샨 조시Shaan Joshi는 「프라그 리뷰Prague Revue」 잡지에 최초의 슈퍼볼 서사시에 관해 기고했다. "기량을 겨루거나 경쟁하는 곳이라면 어디에든 전설이 등장하기 마련이다. … 때로는 바로 그 전설들이 챔피언전 아침에 밤새 마신 술 냄새를 풍기며 팀 뷔페에 나타나기도 한다. … 때로는 그 전설이 벤치에서 일어나 지독한 숙취로 경기를 지배하기도 한다. 때로는 그 전설들은 하나의 이름으로 불린다. 그 전설의 이름은 바로 맥스 맥기Max McGee이다."

최초의 슈퍼볼은 LA에서 열린 캔자스시티 치프스와 그린베이 패커스의 경기였다. 맥기는 그린베이 패커스 선수였지만, 시즌 내내 벤치 신세였으니 이번이라고 다를 것 같진 않았다. 게다가 LA는 그의 고향 아닌가. 그래서 나가 놀 생각이었다. 통행금지고 뭐고 알 게 뭔가.

조시는 말한다. "맥스는 마음껏 즐겼다. 그래도 된다고 생각했다. 신경 쓸 일이 뭐가 있겠는가? … 어차피 맥스 맥기는 일요일 슈퍼볼 경기에 출전하지 못할 텐데 말이다." 그는 기껏해야 두어 시간밖에 자지 못했다. 그래서 그가 눈을 떴을 때, 맥기는 '영혼까지 울리는 숙취의 구렁텅이에 앉아 있는' 기분이었다. 심지어 벤치를 지키고 있는 것만으로도 버거울 정도였다.

그런데 첫 슈퍼볼 경기의 첫 드라이브에서 불가능한, 아니 지극히 일어나기 힘든 일이 벌어졌다. 시즌 내내 주전으로 활약한 보이드 다울러가 패커스의 세 번째 플레이에서 심각한 어깨 부상으로 쓰러진 것이다. 맥스는 헬멧도 챙겨 오지 않아서 빈스 롬바르디가 경기장에 들어가라고 했을 때 다른 사람 걸 빌려야 했다.

조시는 이렇게 썼다. "바로 그 순간 맥기가 두려움을 느꼈다 해도 아주 잠깐이었을 뿐, 금세 폭음의 고통스러운 후유증으로 대체되었을 것이다. 하지만 성공하는 사람들에게는 그럴 만한 이유가 있듯, 전설이 되는 사람들에게도 그럴 만한 이유가 있는 법이다…."

격렬한 메스꺼움, 수분 부족으로 인한 두통, 맞지 않는 헬멧 때문에 벌겋게 달아오른 얼굴로 고생하는 와중에 아드레날린이 여기저기서 뿜어져 나왔고, 맥스 맥기는 1쿼터 후반에 공격 기회를 열어 한 손으로 슈퍼볼 최초의 터치다운 패스를 잡았다.

그리고 경기 종료까지 138야드를 달리고 일곱 번의 캐치와 두 번의 터치다운을 기록하며 35 대 10으로 승리했다. 하지만 MVP는 스타 차지였다. 이를 두고 조시는 말했다. "이 쿼터백은 언제나 영광을 누린다. 그러나 다른 것도 얻었다. 바로 맥스 맥기가 전설이 된 바로 그날 함께했다는 사실이다."

숙취가 없어도 그만큼 잘했을 수도 있고, 아니면 훨씬 더 잘해서 역사에 남았을 수도 있다. 하지만 전설로 남을 수 있었을까? 전설이 되려면 고난과 견디기 힘든 역경으로 가득 찬 사연이 있어야 하고, 특히 이어려움에 자신도 일부 책임이 있다면 더 좋다. 그리고 전설적인 숙취는 그 영예가 영원히 지속될지, 적어도 명예의 전당에 오를지 상관하지 않을 때 달성된다.

숙취 게임, 마스터와 몰트위스키

어떤 점에 있어서 브라이언 킨스먼[Brian Kinsman]은 맥스 맥기와 정반대 지점에 있는 인물이다. 하지만 그 역시 스코틀랜드의 슈퍼 히어로가 될 법한 자질을 갖추고 있다. 온화하고 사려 깊으며, 단정한 적갈색 머리와 주근깨는 그의 경쾌한 스코틀랜드 사투리만큼 보기 좋다. 그리고 상냥하고 참을성 있으며 겸손하다. 화학자가 된 백파이프 연주자는 이제 세계에서 가장 생산량이 많은 몰트 마스터[Malt Master]가 되었다.

지난 5년간 출시된 글렌피딕(지구상 어떤 싱글몰트위스키보다 양이 많다)의 라벨에는 그의 서명이 들어가 있다. 전 세계 바의 맨 위 선반에서 발견되는 몰트 마스터스 에디션[Malt Master's Edition]은 주머니에 손을 넣고 반짝이는 위스키 통 사이에 서 있는 킨스먼의 사진과 닮았다. 하지만 바에 앉아 그 바로 옆에서 바로 그 위스키를 마신다 해도 이 사실을 알아채긴 힘들다. 그는 당신이 만난 누구보다 예의 바르고 주제넘게 나서지 않는 사람이다. 호기심 많은 펍 후원자에게 대한 호의 차원에서 한두 번 자신의 정체를 밝히기도 하지만 그런 뒤 곧 자리를 뜬다. 그곳의 모든 술꾼들이 보내는 동지애가 부담스럽게 느껴지기 때문이다.

하지만 오늘 밤 그는 붙잡혀 글렌피딕의 장엄한 다이닝 홀에서 가장 무식하고 끼어들기도 잘하는 수다쟁이 옆에 앉았다.

"그러면." 좀체 맛보기 힘든 20년산 위스키를 털어 넣으며 내가 물었다. "스카치위스키의 색을 내는 것이 통이라면, 맑은 글렌피딕을 만들어보는 건 어떤가요? 그것도 마케팅으로 괜찮지 않을까요? 꽤 팔릴 것 같은데요."

그렇다. 내가 브라이언 킨스먼에게 던진 질문이다. 법적 허용 나이 전부터 위스키를 마셨으며, 지난 이틀간 전통적이라고 막연히 상상만 했던 제조 과정을 구석구석 견학했고, 직업상 잘 알고 있다는 인간이 슈퍼 히어로 몰트 마스터 브라이언 킨스먼에게 이따위 질문을 한 것이다.

하지만 세계 최고의 그리고 가장 자애로운 몰트 마스터는 "글쎄요, 아시다시피 그게 단순히 색의 문제만은 아니잖습니까. 그 대부분은 나무에서 우러나온 향이랍니다"라거나 "대체 여기 왜 앉아 있습니까?" 혹은 "그 입 좀 다물어주시겠습니까?"라고 대응하는 대신, 이렇게 대답했다. "흐음. 그런 부분은 생각해보지 못했네요. 언젠가 술집에서 투명한 글렌피딕을 보게 되는 날, 당신에게 로열티를 지급하겠어요."

황당한 질문에 대한 재치 있고 친절한 답변이었다. 그러나 내가 물어보고 싶었던 질문은 또 있었다. 최근 착향료에 대해 많은 자료를 읽었는데, 읽을수록 더 헷갈리게 되었다. 그나마 확실히 이해한 부분이라곤 '착향료'는 알코올보다 알코올성 음료에 함유된 모든 성분을 가리키는 단어로, 최근에 생긴 조어造語라는 것 정도이다. 술의 맛과 색을 결정하는 것이 바로 착향료이지만, 동시에 '불순물'로 간주되어 지독한 숙취를 야기하는 포괄적인 희생양으로 이용된다.

바버라 홀랜드는 말한다. "이러한 재료는 맛을 내는 첨가제이자 우리가 마시는 술의 서로 다른 개성을 만들어내는 강화제로, 맨눈으로도 쉽게 알아볼 수 있다. 색이 탁하면 질이 나쁘고, 깔끔하면 좋다. 착향료 면에서 브랜디는 레드 와인, 럼, 위스키, 화이트 와인, 진, 보드카보다 치명적이다. 버번은 보드카보다 두 배는 지독한 두통을 야기한다."

그녀를 의심하고 싶진 않지만, 이 방정식에 의문이 든다. 때로는 모호한 경험 법칙이 도움이 되기도 하지만, 지나치게 단순화했다간 틀리기 십상이다. 킨스먼은 이에 대해 훨씬 세련되게 답해주었다. "음, 고급 보드카 정도라면 그 연관성을 적용할 수 있겠습니다. 보드카는 굉장히 정류된 술이니까요. 증류를 반복하다 보면 결국 에탄올이 남습니다. 가끔은 약간의 메탄올도요. 대충 그 정도예요. 아주 순수하고 깨끗하고 아무맛이 나지 않죠. 하지만 그런 것들이 서로 연관되어 있다는 의미는 아닙니다. 위스키가 만들어지는 과정을 한번 보세요."

오늘날 세계 시장에서 팔리는 모든 증류주는 기본적으로 똑같은 방식으로 제조된다. 곡물 혹은 뿌리채소에 물과 증기를 가한 뒤 이스트를 추가해서 만들어지고, 그 후 며칠간 발효작용이 이어진다. 그리고 흔히들 맥주라 부르는 그 잔여물을 응축된 순도 높은 알코올이 남을 때까지 반복해서 찐다. 이러한 과정을 증류라 부른다.

스카치위스키는 토탄 불로 건조된 맥아보리로 만들어진다. 이는 맛의 일부분이 되어, 토탄 향이 감도는 싱글몰트가 된다. 그런 점에서 (더 좋은 단어를 찾기 힘들어 굳이 사용하자면) 이 연기 잔여물을 일차적 착향료로 간주할 수 있다. 그런 다음 양조, 발효, 증류 과정을 거친다. 증류해 만들어진 맥주에는 에탄올만이 아닌 메탄올과 프로판올, 뷰탄올, 헥산올을 비롯하여 킨스먼이 속사포처럼 줄줄이 읊어댄 온갖 종류의 장쇄 알코올이 들어 있다. 이것들은 장쇄산과 결합한다.

"그렇게 해서 수백 가지의 복합체가 형성됩니다." 킨스먼이 말한다. "그리고 맨 마지막에는 기름, 맨 위에는 아로마가 자리하죠." 증류 과정에서 유기적으로 생성된 이러한 성분은 조합향으로 불리며, 우리가 먹고 마시는 모든 것에 존재한다. 그러나 좋은 스카치위스키를 만들기 위해 이스트, 온도, 발효와 증류 비율과 시간 등 모든 부분에서 이러한 조합향을 제어해 균형을 맞춰야 한다. 그러면, 세월이 흘러도 완벽히 유지되는 개성 있는 술이 탄생하는 것이다.

굉장히 과학적이면서도 필수 원료이지만 그 속성을 잘 알지 못하는 이스트를 베이스로 만들어내는 점에선 마법 같기도 하다. 아담 로저스는 이렇게 말했다. "이스트의 기적은 믿기지 않을 만큼 경이롭다. 이 곰팡이는 설탕을 우리가 마시는 알코올로 바꾸는 자연의 나노기술 기계이다. 식물이나 동물, 박테리아나 바이러스 그 무엇도 아닌 단세포생물일 뿐인데 말이다."

만일 없었더라면 아무것도 (적어도 맥주와 빵은) 가질 수 없었을 이렇게 근본적인 생명체는 거의 모든 곳에서 자라난다. 그래서 이스트의 존재는 불과 150년 전까지는 거의 알려지지 않았지만, 연구를 통해 현재는 생활의 지식을 얻게 되었다. 사실, 이스트는 게놈이 연속 배열된 세포와 핵을 가진 최초의 생명체이다.

발효와 달리 증류는 인간, 즉 생명의 묘약을 찾던 연금술사에 의해 발명된 기술이다. 그들은 와인이나 맥주를 높은 열에서 끓여 굉장히 순수하고 보다 응축된 형태의 농축 알코올을 만들어냈다. 그런 다음, 오크통에 넣어 저장하고 옮겼다. 하지만 처음에는 통에 남아 있는 맛을 없애기 위해 안에 불을 지르곤 했다. 그러다 이상한 점을 알아챘다. 여정이 힘들고 길수록 알코올이 더 부드러워지고 풍미가 좋아진 것이다.

"위스키는 마법 같은 우연으로 탄생한 거죠." 킨스먼이 말했다. "오크통보다 큰 역할을 한 건 없습니다." 동물의 껍질을 가죽으로 변화시키는 바로 그 나무가 번개처럼 거칠고 강렬한 싸구려 증류주를 감성을 자극하는 유성으로 바꿔놓는 것이다. 마법처럼 머리에 크게 나쁘지 않은, 머릿속을 스치는 맛 좋은 혜성 같다고나 할까. 그건 바로 오크통 안을 태우면 그을리는 과정에서 구워진 층과 탄 층, 두 개의 층이 생기기 때문이다. 킨스먼에게 그 차이를 물어보자, 그는 참을성 있게 대답해주었다. "뭔가를 굽는 것과 음… 다른 것에는 차이가 있습니다."

"아, 그래요, 태우는 것 말이에요."

구워진 층은 첨가물이다. 킨스먼은 색과 향, 연질 설탕 같은 매력적인 요소들을 나무 안에 풀어 넣는 일종의 티백과 같다고 설명했다. 이러한 요소들이 맛을 배가해주는 착향료인 셈이다. "구워진 층의 변화가 궁극적인 맛에 영향을 미칩니다."

반면에 탄 층은 마이너스 요인이다. 킨스먼은 이를 벨크로에 비유했다. "고유황, 산성 물질, 독하고 휘발성 강한 화합물 같은 원치 않는 여러 착향료를 끌어당기는 아주 작은 갈고리인 셈이죠." 그래서 순도 높으면서도 풍성한 술을 만들어낼 수 있도록 오크 통 내부를 그을리는 방법이 고안되었다.

"조심히 다루면, 통은 완전히 고갈되어 남은 게 없어질 때까지 주고 또 줄 겁니다." 그가 이용한 은유를 이용하자면, 벨크로의 고리가 닳아 없어지고 티백이 텅 빌 때까지라는 것이다. "이걸 확인하려면, 10년쯤 돼서 아직 신선한 통을 열어보세요. 기대와는 다른 위스키를 맛볼 수 있을 겁니다. 그래서 두통이 생길 수도 있지요." 킨스먼이 말했다.

"두통이라고요?"

"그럴 가능성도 있죠." 이런 문제에 대한 나의 이상스러운 집착을 이제 막 떠올린 듯, 킨스먼은 글렌피딕 솔레라를 따른 자신의 잔을 들어 촛불에 비춘 뒤 호박색 액체를 가볍게 훑어보며 말했다. "색깔은 많은 걸 알려줍니다. 하지만 거짓을 말하기도 하죠. 만일 나무에서 색이 우러난다면 색이 짙을수록 오래 숙성되고 정제된 술이라 할 수 있을 겁니다. 순도와 색의 방정식과 반대되는 결과죠. 하지만 캐러멜처럼 인공 첨가물에서 나온 색이라면, 잘못된 판단으로 이끌 겁니다. 저도 그런 적 있는데… 젊은 위스키를 마시고 다음 날 죽도록 고생했죠. 반면에 정말 좋은 고급 위스키를 마시면 엄청나게 마셔도, 물론 자랑스레 떠벌리진 않겠지만, 다음 날 말짱하게 눈을 뜰 수 있습니다."

일리 있는 말 같다. 난 지금껏 대부분, 아니 한 번도 선반 맨 위층에 있는 술을 마셔보지 못했다. 그런데 스페이사이드에 도착한 이후로는 다음 날 아침이 그다지 힘들지 않았다. 고대의 미학적이고 금욕적이며 중구난방이었던 연금술이 얼마나 아름답고 불가능한 결과를 만들어냈는지. 달콤하지만 미묘하고 심지어 우연히 얻게 된, 쾌락의 향과 맛을 결정하는 열쇠가 우리의 머리를 구원할 수도 있다.

"음, 인간의 감각이 그렇게 작용하는 것 같아요." 킨스먼이 잔의 액체를 응시하며 동의했다. "우리를 해칠 수 있는 것이라는 경고를 받으니, 그러지 않는 데 끌리는 거죠."

"행운이 계속되길!" 말장난에 움찔해서 내가 말했다. 그와 잔을 부딪치고 다시 한 모금 마셨다. 사람들이 잔을 부딪치는 이유를 떠올렸다. 한 가지 가설은 옛날 사람들이 한데 모여 술을 마실 때, 상대의 잔에 독을 타지 않았다는 걸 보여주는 우호적인 방식으로 서로의 잔에 술이 튀어 넘치도록 크게 잔을 부딪친 데서 기원했다는 것이다.

다른 가설은 꽤 시적이다. 술을 마실 때면 잔에 든 액체의 색깔, 입술에 닿는 감촉 그리고 향과 맛으로 인간의 네 가지 감각을 일깨우는데, 서로 잔을 짠 부딪치면 때로는 완벽히 낭랑한 음으로 다섯 번째 감각을 자극한다는 것이다.

"내가 위스키의 어떤 면을 제일 좋아하는지 아십니까?" 킨스먼이 물었다.

잘 모르겠다고 대답했다.

"술이 계속 변화한다는 점입니다. 심지어 잔에 따른 뒤에도 말이죠. 우리는 일정한 맛을 내는 제품을 만들기 위해 굉장히 노력하지만, 마시는 사람의 기분, 먹은 음식, 분위기, 친구 등 셀 수 없는 요인에 따라 언제나 다른 맛이 나거든요. 그러다 갑자기 생각도 못 했던 걸 찾게 되죠."

멋진 일이라고 생각하는 사람들이 있을 수도 있겠다. 하지만 이 남자의 직업은 이 세상 어떤 것보다 감각을 완전히 일깨워야 하는 일이다.

그는 색과 목 넘김, 향과 맛을 창조해낸다. 그는 자신의 창조물을 한 모금 마신 뒤 수백만 명의 사람들에게 그들의 잔에 담긴 것에 대해 묘사한다.

하지만 놀라울 만치 일관성 있는 맛으로 유명한, 세계에서 가장 인기 있는 싱글몰트위스키 제조자가 가장 좋아하는 부분이 그 예측 불가능함이라는 것이다. 정형화되지 않은 주관적인 느낌은 백 번을 마셔도 매번 다른 느낌을 준다. "당신은 어때요?" 그가 내 잔에 담긴 솔레라를 가리키며 물었다. "이번엔 어떤 느낌이 드나요?"

나는 향을 맡고 다시 한 모금 마신 뒤 말했다. "좋은 느낌이에요." 머리를 쥐어짰더니 몇 단어가 떠올랐다. "벌꿀, 오렌지. 바이올린…." 그런데 벌꿀은 글렌피딕의 샘플링 노트에서 봤다는 생각이 들었다. 물론 킨스먼이 쓴 것이다. 오렌지가 있었는지는 확실치 않지만, 색이나 향이 그렇게 느껴졌다. 촛불이 깜박이며 오렌지 빛으로 환히 빛나는 방이 떠오른다. 그리고 구석에서 바이올린을 켜고 있는 한 여성이 눈에 들어왔다. 아마 내게는 공감각은 고사하고, 머릿속에 떠오르는 느낌을 이해하기는 커녕 이에 접근할 능력도 없는 지독히 교양 없는 머리만 있는 것 같다.

반면에 킨스먼의 머리는 오랜 집중적인 샘플링 경험을 통해 모든 부분에 이르는 수만 가지 신경 회로를 만들어내, 증기 한 방울의 특징도 아무 말 없이 즉시 알아채고 새로운 무언가를 찾아낼 수 있다. 그리고 그는 이러한 느낌을 말로 표현한다.

그는 잔을 들어 코에 가져다 대고는 달콤하고 끈적이는 무언가를 생각한다. 건포도나 내가 여섯 살 때 할머니 댁에서 처음 먹어본 어떤 사탕 봉지를 열었을 때의 달콤함과 끈적임 같은 것이다. 그리고 그것은 그가 오랫동안 솔레라를 마시고 제조하였음에도 느끼지 못했던 것이다. 자신의 마술에 놀란 마술사처럼 입에서 뭔가 흘러나온다. 감초, 스모크 향, 증기, 달궈진 인도에 비가 내릴 때의 냄새….

킨스먼이 미소 짓는다. "당신 말이 맞네요. 좋은 느낌이에요."

스코틀랜드의 또 다른 국민 음료

배우, 코미디언, 뮤지션, 현대의 계관시인 빌리 코놀리 경Sir Billy Connolly은 '전날 밤 이후의 아침 이후의 오후The Afternoon after the Morning after the Night Before'라는 제목으로 스코틀랜드인의 숙취에 대한 절절한 애가哀歌를 썼다. 1974년 공연 실화 녹화에서 그는 이 시를 이렇게 소개했다. "이 짧은 시를 아이언 브루Irn-Bru 제조자, 바Barr 부부와 수많은 일요일 아침 나를 구해준 이 음료에 바칩니다."

다른 사람들은 이 말이 무슨 뜻인지 이해되지 않겠지만, 지역의 탄산음료 판매량이 코카콜라를 앞지르는 지구상 유일한 곳인 스코틀랜드에서는 아이언 브루의 유산이 〈브레이브 하트〉와 우위를 다툰다.『옥스포드 컴패니언 투 푸드Oxford Companion to Food』에서는 이 음료를 "스코틀랜드의 소프트드링크로, 신선한 품질만큼이나 중요한 상징성을 가진 음료"라고 정의한다. 아이언 브루에는 소프트드링크 이상의 가치가 담겨 있다. 스코틀랜드인들에게 이 신화적 음료는 무알코올의 감미롭게 역설적이며 확실한 숙취 치료제이다.

1901년 로버트 바Rober Barr와 그의 아들 앤드류 그레이그 바Andrew Greig

Barr(회사의 이름은 A. G. Barr이다)가 처음 출시한 이 음료는 글렌피딕만큼이나 오랜 역사를 자랑하며, 여전히 가족기업으로 운영되고 있다. 아이언 브루Iron Brew라고 불리지만 실제로 양조 과정Brewing을 거치지 않았기 때문에 1940년대에 이름이 바뀌었고, 철분이 얼마나 들었는지에 대한 의문은 수수께끼의 비밀 원료와 밀접한 관련이 있다.

『스코틀랜드 관용어와 우화 사전A Dictionary of Scottish Phrase and Fable』에 따르면, "어두운 비밀의 방에 보관된 레시피는 한 달에 한 번 밀폐된 방에서 재료를 배합하는 회장과 이름이 공개되지 않은 또 다른 직원, 두 사람만 볼 수 있다. 이들 두 사람은 동시에 같은 비행기를 타지도 못 한다"라고 한다.

실제 스코틀랜드 사람들에게 아이언 브루 이야기는 네스호의 괴물보다 훨씬 중요하다. 1980년대, 바 가문 사람들은 "대들보부터 전부 스코틀랜드인의 손으로"라는 슬로건을 걸었다. 글래스고의 철강노동자들에 대한 경의와 함께 엄청난 영향력을 암시했지만, 실제 원료만큼은 공개하지 않았다. 아이언 브루를 둘러싼 철문은 좀체 파괴하기 힘들다는 사실이 입증된 셈이다.

혼자 힘으로 실패하자, 나는 글렌피딕에서 만난 좋은 친구들에게 현재 거기서 일하는 과거 그들의 회계사를 소개해달라고 부탁했다. 그마저도 실패하자, 나는 큰 총을 꺼내어 조나단 다트에게 총구를 겨눴다. 아이언 브루를 캐나다 시장에 진입시키는 것도 내 친구 다트의 국제 임무 중 하나였기 때문이다. 하지만 지금까지 상황으로 미루어, 그조차도 내가 두드릴 새로운 문만 찾은 것 같다.

호주의 에너지 드링크 레드불Red Bull처럼, 아이언 브루는 스코틀랜드와 인접 지역의 바와 클럽, 가정과 펍에서 다양하게 희석 음료로 활용되지만 결코 술에 섞을 용도로 제조되진 않았다. 심지어 이 광범위한 숙취 사업은 사람들을 술의 병폐에서 벗어나게 하려는 원래 목적과 정반대로 작용한다고 해야겠다. 『옥스포드 컴패니언 투 푸드』에는 "이러한 음료가 상업적 생산으로 이어지게 되기까지 금주 운동도 일부 영향을 미쳤다"라고 적혀 있다. 나의 두드림에 누구도 대답하지 않은 이유가 어느 정도 설명되는 것 같다.

아주 이상한 방식으로 모든 서구 사회에 영향을 미치고 미국의 금주법까지 야기한 금주 운동은 진 광풍Gin Craze, 산업혁명과 콜레라라는 처참한 삼위일체에 의해 처음 유럽에서 조성되었다.

술을 마시는 것만이 유일한 예방책이었던 흑사병과는 반대로, 콜레라는 직접적이진 않지만 과음으로 인해 악화되는 양상을 보였다. 여론을 이끄는 금주가들은 이러한 계획을 밀어붙였고, 특히 칼뱅주의 직업윤리와 스카치위스키의 생산량이 증대되고 있던 스코틀랜드에서는 술꾼들과의 관계가 점점 더 불편해졌다.

1832년 스코틀랜드 보건국이 발행한 공공 서비스 포스터를 보면, 콜레라가 하층계급의 치명적인 숙취 증상이었음을 확인할 수 있다. 보건국은 세계로 시야를 넓혀 독자들을 전 세계 콜레라 투어에 초대했다. 그들이 강조한 부분을 살펴보자.

러시아

"모스크바와 리가에서는 하류층이 모이고 만취가 흔한 큰 축제 뒤으레 환자수가 두드러지게 증가한다는 사실이 관찰되었다"

"이 제도에서는 전날 폭음의 여파가 그 어떤 요인보다 병을 야기하기 쉬운 것 같다."

— 르페브르, 상트페테르부르크의 콜레라 실태

인도

"술을 마시지 않고 규칙적인 습관을 가진 사람은 불규칙한 생활을 하며, 과음한 뒤 밤의 찬 공기에 자주 노출되는 술꾼과 방탕아들보다 훨씬 면역력이 뛰어나다."

— 제이미슨의 보고서, 벵갈의 콜레라 실태

폴란드

"바르샤바의 푸줏간 주인 셋이 선술집에 가서 폭음을 하다가 인사불성이 되어 집에 실려 왔다. 몇 시간 지나지 않아, 이 끔찍한 사내들은 온갖 콜레라의 증상을 보이더니 네 시간 만에 셋 모두 급속도로 치명적인 상태로 발전되었다."

— 브리에르 드 브와스몽, 폴란드의 콜레라 실태

독일

"베를린의 콜레라 환자 대다수가 추위, 피로, 특히 무절제한 음식 섭취와 음주 등의 보편적인 병인에 노출된 사람들이다."

— 닥터 벡커의 베를린 콜레라 실태 보고서

마침내 스코틀랜드의 금주 운동은 일주일 중 하루를 금주의 날로 정하는 성과를 거두었다. 1853년의 검열법에 따라 '진짜 여행자'를 제외하고는 일요일의 음주가 금지된 것이다. 이로 인해 주민들은 주일이면 이웃 마을로 여행 가서 술을 마셨고, 전혀 새로운 양상의 월요일 숙취가 생겨났다.

하지만 적어도 정치 선전의 관점에서, 금주 운동이 가장 집중한 대상은 아이들이었다. 가장 유명한 사람은 조지 크룩생크George Cruikshank이다.

친구 찰스 디킨스^{Charles Dickens}의 소설 삽화가로 유명한 왕년의 술꾼인 크룩생크는 전국 금주 연맹의 전속 작가가 되었다가 나중에는 부회장까지 지냈다. 그는 미래 세대가 술병을 들지 않게끔, 아니 술병을 부숴버리게끔 교육시킬 목적으로 많은 글과 판화를 제작했다.

〈술병^{The Bottle}〉이라는 제목의 8장 연작 판화에서 화목한 가정의 가장이 생전 처음으로 술을 마시는 모습을 볼 수 있다. 일곱 장이 이어진 뒤, 이렇게 말한다. "술병은 제 할 일을 다 했다. 아기와 그 어머니를 파괴했고, 아들과 딸을 악에 물들게 하고 거리로 내몰았으며, 그 아버지는 가망 없는 광인으로 만들었으니."

하지만 아직 더 남았다. 〈술병〉의 후속편인 〈술꾼의 아이들^{The Drunkard's Children}〉에서는 아들과 딸이 진 술집^{Gin Shop}에서 술을 마시는 모습을 보여준다. 마지막 장면에는 이렇게 쓰여 있다. "술에 미친 아버지와 범죄자가 된 오빠는 죽었다. 집도 친구도 없고 가난에 지쳐 피폐해진 진 중독자가 되어버린 가련한 딸은 스스로 목숨을 끊는다."

이러한 가족 중심 우화는 술만 취하면 가족을 학대하던 크룩생크 본인의 아버지에게서 영감을 받은 작품이다. 폭음과 뒤이은 숙취로 점철된 크룩생크의 과거도 과음의 위험을 직접적이고 구체적으로 묘사하는데 충분한 소재가 되었다. 그의 1835년 판화 〈두통과 소화불량^{The Head Ache and Indigestion}〉은 각각 순서대로 그 고통을 직접적으로 보여준다.

숙취 게임, 마지막 한 방울

스코틀랜드에서의 마지막 밤, 나는 존 맥페트릭과 '마지막 한 방울^{the} Last Drop'에서 맥주와 위스키를 마시고 있었다. 펍에 딱 어울리는 이름이다. 실제로 3차로 온 곳이니 말이다. 과거 일탈자들은 거리에서 공개 교수형에 처해졌는데, 이곳 문 위의 나무 푯말이 매달려 있는 올가미가 그 상징이다. 게다가 에든버러 성의 음산한 그림자가 드리워진 이곳의 분위기는 "마차에 올라탄다^{Go on the Wagon}(술을 끊는다는 의미_옮긴이)"라는 표현을 절로 떠오르게 한다.

과거, 사형수들은 지하 감옥이나 탑에 갇혀 있다가 말이 끄는 수레를 타고 거리를 지나 교수대에 올랐다. 때로는 치안판사가 아량이 넓거나 사형수가 원한다면 펍에 들러 최후의 한 잔을 마시기도 했다. 죄수가 아마도 천천히 잔을 비우고 나면, 이젠 '마차에 올라탈' 시간이 된다.

"음, 유익하기도 하고 재미도 있네." 대학 시절부터 변함없는 냉소적인 이요르(영국 작가 A. A. 밀른의 소설 〈곰돌이 푸^{Winnie the Pooh}〉에 등장하는 당나귀_옮긴이) 같은 톤으로 맥페트릭이 말한다. 그 시절, 우리는 굉장히 친하게 지냈지만 비슷한 점은 거의 없었다. 하지만 20년이 지난 지금, 스코틀랜드에서 술을 마시고 있는 아일랜드계 캐나다인이며, 둘 다 어린 아들이 있고, 복잡한 가정사에, 영혼 깊이 새겨진 심각한 모순, 위스키 사랑, 우리 주변에 도사리고 있는 이상한 악마들 그리고 그들과 얽히는 위험한 습관까지 상당한 공통점이 생겼다.

내가 숙취를 연구하는 동안, 맥페트릭은 오랫동안 에든버러 대학교에 수용된 조울증 환자들의 수천 시간에 달하는 대화 영상을 연구해왔다. 우리는 과거와 새로 생겨난 아이러니를 위해 건배했다.

해기스^{Haggis}(양의 내장으로 만든 스코틀랜드식 순대_옮긴이)를 주문한 뒤, 그의 숙취 증상에 대해 물었다. 내가 기억하기론 그에게 굉장히 특이한 증상이 있었던 탓이다. 그는 우리가 알게 되기 전의 일에 대해 들려주었다. 푹푹 찌는 더운 날, 뷰글^{Bugle}(군대의 신호용 나팔_옮긴이)이 울리며 그의 중대가 출동하려는데, 갑자기 훈련 담당 하사관에게 토해버렸다고 한다. 그는 이 이야기를 하며 웃어댔다. 나는 우리가 몬트리올 교통경찰에 체포되었을 때 이야기를 꺼냈다.

밸런타인데이였다. 오래 사귀었던 여자 친구 이비와 나는 환각 버섯을 먹고 술을 마신 뒤 〈칼리굴라〉 심야 영화를 보러가기로 했다. 도중에 우리는 맥페트릭에게 회전식 개찰구를 뛰어넘어 보라고 했다. 하지만 그가 발이 걸려 넘어지자 지하철 경찰이 내려왔고, 몹시 위태로운 상황이 뒤이어 전개되었다.

"즐거운 시절이었어." 맥페트릭이 말했다.

주변을 둘러보니 자연스레 로버트 루이스 스티븐슨과 아서 코난 도일 경이 바로 이 바에 앉아 있는 모습이 떠오른다. 어쨌거나 그들은 이 대학의 동기이자 술친구였으니까.

몇 주간 영국을 여행하며 내가 지나온 경로에서 몇 가지 연관성을 파악했다. 나는 맥페트릭에게 작은 데번 마을 대장간에서 만든 부지깽이를 보여주며, 벅페스트 애비^{Buckfast Abbey} 바로 옆이었다고 말해주었다.

"벅패스트 애비는 말이지." 말을 꺼내는데 주문한 해기스가 나왔다. "너 그게 뭔지 알아?"

"수도사들이 사는 데 아냐?" 맥페트릭이 말했다.

"뭐, 그런 셈이지. 그런데 버키^{Buckie}가 처음 만들어진 곳이기도 해."

벅패스트 토닉 와인 혹은 스코틀랜드 도시의 거리에서 부르는 이름, 버키는 스코틀랜드 경찰과 몰트 마스터 킨스먼 같은 이들 모두에게 끔찍한 악몽이다. 어처구니없이 싼 데다, 뭔지 모르는 착향료와 엄청난 양의 설탕, 코카콜라 여덟 캔보다 높은 카페인이 함유된 알코올 15도짜리 술이다. 간단히 말해서, 훅 가게 되는 술이라는 거다. '교육받지 못한 비행청소년'이라는 뜻의 네즈^{Neds}들이 즐겨 마신다.

스코틀랜드에서 가장 큰 경찰서에 따르면, 버키는 100건이 넘는 벅패스트 병을 휘두른 폭력 사건을 비롯해 5,000건이 넘는 범죄 조서에 등장한다고 한다. 그래서 정부 당국은 불량 청소년들과 수도사 양측을 모두 소환했고, 지역 경찰은 구매자를 추적할 수 있도록 병에 표식을 남기기 시작했다.

2013년 12월, 스코틀랜드 보건 장관 알렉스 닐은 벅패스트 애비의 형제들에게 제품 생산을 중단해달라고 요청했다. 그러나 영국 수도사들은 그러지 않겠다는 듯 아무 대응을 하지 않으며 좋건 나쁘건 버키를 계속 만들어 스코틀랜드 전역에 내보냈다. 그리고 지금, 병에 든 괴물, 변형된 강장제, 내면의 야수에 대한 떨리는 두려움은 하이랜드의 산 밑에 자리한 스코틀랜드 도시에 새로운 형태로 되살아났다.

우리는 펍이 문 닫을 때까지 스카치위스키와 맥주를 마셨다. 나는 거리에서 오랜 친구와 포옹하며 택시 타고 호텔로 가겠다고 했다. 하지만 그 말을 내뱉자마자 마음이 바뀌어, 버키를 찾아 나섰다. 대체 어떤지 알아보고 싶어서였을 뿐이라고 해두자.

끔찍한 기상의 기억

베를린 버스 정류장 꼭대기.

— 패트 페어반, 33세, 스마트한 힙스터, 치즈 가게에서 일함.

탬파의 텅 빈 화학 실험실.

— 켄 머레이, 44세, 작가, 교사, 조정 선수, 이 책 여기저기서 등장함.

마사틀란의 환상적인 항구의 당장이라도 무너질 듯 낡은 요트. 나는 옷을 제대로 입고 있었지만 벌거벗은 남자 둘과 함께였다. 어쩌다 정신을 잃고 바닥에 눕게 되었는지는 기억나지 않는다. 눈을 떠서 그들이 갈라파고스로 항해하기 전에 겨우 내 짐을 챙길 수 있었다.

— 린지 레딘, 31세, 마사지 테라피스트, 모험가.

집 바닥에서 완전한 방화복에 내 머리도 너끈히 들어갈 거대한 부츠를 신고 바닥에 여기저기 교차된 호스를 든 소방관 다섯 명에 둘러싸여서 눈을 떴다. 나는 불붙은 담배를 문 채 쓰러져 잠이 들었는데, 친구가 눈을 떠서 내 옆에서 디너 접시 크기의 불타는 구멍을 보고는 그 위에 물을 붓고 나를 굴려 떨어뜨리곤 목재로 지은 발코니에 이 매트리스를 던졌다. 매트리스는 이웃이 소방서에 신고할 때까지 계속 불타고 있었다. 여기서 알게 된 점. 매트리스에 붙은 불을 끄기란 거의 불가능하고, 소방관은 정말 거대한 부츠를 신는다.

— 브루스 르페브르, 58세, 동료 작가, 동료 술꾼.

내 침대에서… 녹은 하겐다즈 아이스크림 반통과 함께 눈떴다. 전혀 다른 걸 생각했던 것 같다.

— 멜린다 밴큐렌, 응급실 간호사, 함께 술 마시고 아이스크림 먹기 좋은 사람.

나이아가라 와이너리 투어 도중 오크통 뒤에서. 수가 확인해줄 것임.

— 로버트 허프, 51세, 훌륭한 작가, 허풍쟁이 이야기꾼, 수의 남편이라 다행인 인물.

한 번도 가본 적 없는 어떤 집 부엌에서 바지를 벗은 채.

— 던컨 실즈, 41세, 고등학교 친구, 한때는 굉장히 똑똑하고 멀쩡했음, 아마 지금도 그러리라 생각함.

대답은 한창 시절, '부엌 바닥에서 딜 피클에 얼굴을 묻은 채'였다고 하자.

— 존 맥페트릭, 48세, 피클 성애자.

숙취 게임, 폐막식

이상할 정도로 뜨거운 내 두개골에서 나는 덜컹대고 윙윙대는 소리에 잠을 깼다. 옷을 벗다 만 채 침대 옆 구석에 떨어져 찌그러져 있다. 발은 하늘을 향하고 머리는 창문 아래의 히터 위에 얹었다. 창문 너머 에든버러 성의 근사한 광경을 안내문이 가린다. "투숙객 주의 사항: 히터의 열이 나오는 그릴이나 공기 유입구를 덮거나 막지 마십시오."

머리를 들어 그릴에서 떨어지려 했지만, 뇌가 튀어나올 것 같은 느낌이다. 그래서 마음을 고쳐먹고, 나직이 신음을 내뱉으며 지금 자세를 유지하기로 했다.

한 시간 남짓 지나 몸을 일으켜 침대 발치의 작은 욕실에서 물을 콸콸 틀어 머리를 적셨다. 셔츠를 챙겨 입고 체크아웃한 뒤 가방을 끌고 옆의 서점으로 갔다. 두통은 잦아들었지만, 당장이라도 토할 듯 지독한 메스꺼움은 여전하다.

세련되고 멋진 서점의 2층에는 요리책, 자기계발서, 펭귄 클래식 문고 사이에 카페가 있다. 카페 카운터 옆의 진열장 곁에 놓인 작은 냉장고에 아이언 브루가 있다. 나는 한 캔 사서 언덕 꼭대기의 성이 바로 보이는 창가 테이블에 앉았다.

알루미늄 캔은 적당히 시원했다. 조심스레 뚜껑을 따서 한 모금 마셨다. 달지만 상당히 톡 쏘는 것이 생각보다 맛이 괜찮다. 허를 찌르는 차가운 오렌지 맛이라고 할까. 마시고 나니 조금 편해지는 느낌이 들기 시작했다. 이젠 내 머리를 정리할 때다. 방탕한 생각은 접어두고 정신 차려서 비행기를 타고 캐나다 나의 집으로 돌아가야지. 아들과 여자 친구를 위한 선물을 사러 기념품 가게에 잠시 들렀다.

로라를 위해서는 섹시한 타탄체크 스타킹을, 제브를 위해서는 다스 베이더 옷을 입은 테디베어를 골랐다. 그러곤 아이언 브루 여섯 팩과 함께 그걸 가방에 집어넣고 공항으로 향했다.

239

만능 치료법의 근원

　얼마 전, 사람들이 계속해서 한국의 아이스크림 숙취 해소법에 대한 기사를 보내왔다. 뭔가를 오랫동안 연구해왔고, 그 사실을 모두가 안다면 이런 일이 생기기 마련이다. 작년 내 SNS는 (아이언 브루를 가리키며) 최근 오렌지 맛 탄산음료가 숙취 해소에 완벽하다고 주장하는 중국 연구자들로 북적였고, 그전에는 일본 배, 탄산 양배추 주스, 발효시킨 토마토, 백 가지도 넘는 계란 요리법이 있었다.

　하지만 토마토, 양배추, 배, 소다, 기름진 아침 식사는 모두 지금껏 익숙하게 접한 방법이다. 그런데 한국 아이스크림의 참신하고 흥미로운 재료는 1600년대 이래 숙취 해소에 이용되어온 헛개나무에서 추출한 것이었다.

　마법의 치료법이 우리가 익히 알고 있는, 그야말로 알기만 하는 재료 안에 숨겨져 있을 리 없다는 뜻이 아니다. 연속성과 역사적 흥미, 우리가 연구하고 있는 것을 검토하기 위한 목적에서, 오랜 세월을 거치며 검증받아온 숙취 치료제 재료를 간단히 총정리해보도록 하겠다. 반드시 효과를 거두었다고 하기보다는, 사람들이 수백 년에 걸쳐 지금까지 다양한 방식으로 시도한 재료라는 뜻이다.

　청어 절임을 예로 살펴보자. 숙취 해소제로서의 기원은 인류가 처음으로 생선을 절이기 시작했던 때로 거슬러 올라간다. 독일에는 '청어가 필요한 사람'이라는 청어와 숙취를 연계한 오랜 표현이 있다. 그래서 13세기 프랑스의 짓궂은 대학생들은 일요일 아침 미사에 줄지어 들어가며 '청어 게임'이라는 걸 했다. 뒤의 바닥에 끌리도록 가운에 청어를 매달고, 자신의 것은 보호하면서 앞 사람의 것을 밟는 게임이다. 청어 게임의 진짜 목적은 전날 밤 술 취했던 기분을 만끽하며 엄숙한 성직자들을 골려주는 것이었다. 오늘날까지 유럽, 스칸디나비아, 러시아의 조식 뷔페에서는 압도적인 기름이 알코올로 인한 속 쓰림을 중화시킨다고 믿는 이 생선을 차려놓는다.

숙취 치료제로 더 널리 사용되는 것은 북쪽 지방에서 기름진 생선에 곁들이는 흔한 반찬, 사워크라우트 혹은 그 주재료이다. 고대로 거슬러 올라가면 사람들은 예방과 치료를 목적으로 식초 혹은 소금에 절이거나 생으로, 가장 일반적으로는 찌는 등의 방법으로 양배추를 섭취했다. 3세기의 그리스 수사학자 아테나이오스는 이렇게 썼다. "이집트인들이 술꾼인 것은 연회에서 제일 먼저 찐 양배추를 내는 그들만의 독특한 관습 덕분이며, 이러한 습관은 오늘날까지 이어진다."

아리스토텔레스도 이에 대해 짧은 시를 남겼다.

어제 저녁 술을 많이 마신 탓에

머리가 깨질 듯해 자러 간다네.

눈 뜨면 찐 양배추를 먹어보게.

두통이 사라질 테니.

이것이 사실이라면 양배추의 킬레이팅^{Chelating} 작용 때문일 것이다. 몸 안의 유독 원소와 결합해 밖으로 배출하게 한다는 뜻이다. 자연의 킬레이터^{Chelator}로는 밀크시슬, 구아바잎, 고수, 숯, 엔아세틸시스테인 등이 있고, 이는 모두 최근 숙취 해소 제품 시장에서 각광받는 재료들이다. 사실, 현대의 상품화된 치료제의 역사는 숯 성분 혹은 '활성탄'으로 만든 알약 체이서Chaser에서 시작된다. 이제는 생산되지 않지만, 적어도 사업적인 면에서 뉴올리언스 의사가 백년초 추출물을 주재료로 만들어 플라스틱 병에 담은 물약 노호NoHo와 더불어 지금까지 성공한 단 두 개의 숙취 제품 중 하나이다.

노팔 선인장 혹은 부채 선인장으로도 알려진 백년초에는 베타레인이 함유되어 있는데, 이 물질은 또 다른 유서 깊은 숙취 치료제인 비트의 기이한 붉은색을 내는 보기 드문 유색 항산화제이다. 백년초는 수백 년간 자양제와 약으로 (적어도 멕시코에서는) 사용되어왔다. 10여 년 전쯤, 노호보다 한발 늦은 기업가들은 긍정적인 결과를 기대하며 이중맹검법, 플라시보, 숙취 임상 실험을 후원했다.

백년초 추출물이 "전반적인 숙취 증상을 경감시키지 못한다"라는 결과가 나오긴 했지만, "심각한 숙취의 위험을 50퍼센트 감소"시키긴 한다. 또 "구역감과 입 마름 증상을 줄여"주지만, "두통, 속 쓰림, 무력감, 떨림, 설사, 어지러움 증상은 플라시보를 실험한 그룹과 비슷"했다.

연구자들은 항염증 반응이 숙취를 일으킨다는 이론을 토대로, 이러한 효과는 백년초의 항산화 물질뿐만이 아닌 강력한 항염증 효과에서도 비롯되었다고 주장한다. 더 이상 발표된 연구는 없지만, 한 연구를 통해 노호 마케팅팀에서 거둔 성과가 있다. "임상적으로 효과가 입증됨"이라는 문구를 패키지에 넣을 수 있게 된 것이다.

가장 최근에 '임상적으로 입증된' 새로우면서도 오랫동안 전해 내려온 치료제는 호베니아 둘시스Hovenia Dulcis로도 알려진 헛개나무의 디하이드로미리세틴 성분이다. 한국 아이스크림 바에 함유되어 있다고 신문에 난 바로 그 성분인데, 그것이 어떻게 (그리고 여러 가지로) 알려지게 되었는지를 살펴보면 일반적인 숙취 산업에 대해 많은 걸 알 수 있다.

아담 로저스는 『프루프』에서 UCLA의 신경과학자 리처드 올슨Richard Olsen이 헛개나무를 재발견했다고 말한다. 올슨은 우리가 알코올에 반응하는 방식이 신경전달물질GABA 그리고 그 수용체와 밀접한 관련이 있다고 생각한다. 최근 그는 와인 한 잔 정도의 적은 에탄올의 농도에도 미묘하게 반응하는 '시냅스 외' GABA 수용체에 관심을 기울이고 있다. 이것이 숙취를 비롯해 알코올과 관련된 모든 기능 장애를 야기하는 열쇠라고 판단해, 그의 연구팀은 효과적인 방법으로 그 기능을 중화시킬 약물을 찾기 시작했다.

로저스는 이렇게 설명한다. "올슨의 박사 후 과정 학생 중 하나인 징량은 그녀의 고향 중국의 전통 의학에서 알코올 분해에 효과가 있다고 알려진 약초들을 실험하기로 했다." 그리고 그때 중국 식료품점 선반에서 헛개나무를 찾은 것이다.

올슨과 그의 연구팀은 헛개나무를 과학적으로 분석해보기로 하고는 실험실에서 정제하여 디하이드로미리세틴 성분을 추출해 알약으로 만들어 술집으로 향하는 동료들에게 건네주었다. 복용자들은 다음 날 아침 숙취가 덜했을 뿐 아니라 술도 덜 취한다고 말했다.

추측하건대, 올슨의 연구에 지원을 한 회사가 재빨리 숙취 해소 제품을 출시한 것 같다. 단언하긴 어렵지만. 블루세틴(부정확할 수 있음)은 선디타(건강식품 회사)가 출시했는데, 회사 홈페이지의 Q&A에서 이렇게 설명한다. "친구와 한잔한 다음 날 아침, 지독한 괴로움과 무력감을 느끼십니까? … 오늘 블루세틴을 드셔보십시오. 당신의 간과 몸이 현대 생활의 요구에 부응하는 데 꼭 필요한 영양분을 보충해줄 것입니다."

그러고 얼마 지나지 않아 또 다른 헛개나무 제품이 출시되었는데, 이번엔 완곡어법으로 홍보하지 않았다. 예를 들어 소버는 소비자들의 기대에 훨씬 직접적으로 말한다. "디하이드로미리세틴^{DHM}은 섭취한 알코올의 취기를 감소시킴으로써 숙취 증상을 확실히 감소시켜줍니다."

이 문제에 대해 올슨 박사에게 연락했을 때 그는 유감과 단호함, 체념이 혼재된 기분인 듯 보였다. "제가 말하고 싶은 건 이겁니다." 그가 입을 열었다. "우리(징량과 나)는 DHM이 알코올의 효과를 떨어뜨려 술 취함과 여기서 유발되는 제반 증상을 막아주는 훌륭한 숙취 치료제라고 믿지 않습니다."

올슨이 규명하고자 하는 것은 술 취함과 숙취의 문제 간에 아직도 이해하기 힘든 언어적, 사회적 그리고 과학적인 오랜 혼란과 관련된 연속성이다. 나는 의도적으로 처음에 술기운을 치료했으니 그럴 거라는 치료법들을 건너뛰기 시작했다. 적어도 마음속으론 우리 탐구의 목적에 벗어나는 것 같았다.

나는 술을 마시기 전후 혹은 동시에 찐 양배추, 숯가루, 헛개나무 우려낸 물, 백년초 가루를 녹인 물, 알약, 기름진 생선을 먹으며 오랫동안 다양한 재료와 제품을 시험했다. 마구잡이로 하는 역겹고 불확실한 방법이라서인지, 결과적으로 아무것도 하지 않았을 때보다 숙취는 더 악화되었다. 하지만 언젠가는, 아주 한참 뒤겠지만 맑은 정신에 가벼운 상태로, 아무런 고통도 없고 굉장히 상쾌한 기분으로 눈을 뜰 수 있을지도 모르겠다.

7막
———

미래는 아주 밝다

우리의 주인공은 시내에서 파티를 열고, 암스테르담의 전설적인 클럽 소유주와 저녁 식사를 한다.
출연: 히에로니무스 보스, 배럴 풀 오브 몽키스 맥주, 치즈버거라는 이름의 남자

"어떤 날 내 머리는 차마 입 밖에 꺼낼 수 없는 난잡하고 특이한 생각으로 가득 찬다. 또 어떤 날은 술집이 문을 닫는다."

― 프랭크 베라노

작지만 멋진 파티다. 멋지지만 투박한 촬영 감독이 소유한 멋지지만 투박한 밴쿠버 아파트 꼭대기에서 열두 사람과 아이리시 위스키 여섯 병이 함께하는 파티다. 그와 작가인 그의 친구 마사는 내가 전념하는 연구에 대해 듣고는 숙취 해소제를 들고 온다는 조건으로 친절하게도 올해 성 패트릭 데이 한정판 위스키 시음회에 나를 초대해주었다.

지난 몇 달간 온갖 알약, 파우더, 팅크제, 차, 유화액, 에너지 드링크를 조합해 시험해보았다. 처음엔 혼자 했지만 포커 게임, 결혼식, 와인 투어에서 친구와 가족과 함께 하다가 지금 여기 23세부터 56세까지 다양한 연령대의 건축가, 생태학자, 조경사, 정신 건강 전문가, 의학 교육자, 비디오 게임 디자이너, 작가 여섯 명까지 직업도 다양한 믿음직하고 낯선 이들의 멋진 소규모 파티에 이르렀다.

그들의 관심을 끌기 위해 나는 탈라모어 듀^{Tullamore Dew}(아이리시 위스키_옮긴이) 잔으로 쨍그랑 소리를 내고는 과학 발전을 위해 그들의 간을 제공해준 데 감사를 표한 뒤 규칙을 읊었다. 그들에게 각자 다른 아홉 가지 혼합물을 하나씩 건네준 뒤 언제 어떻게 먹어야 하는지 설명해주었다. 여기에는 두 가지 숙취 제품과 물에 녹는 파우더, 허브 캡슐, 브로닌 오브 가이아 가든에서 제공한 액체 혼합제, 토드 칼데코트가 제조한 아유르베다 팅크제와 내가 혼합한 알약이 있었다.

아홉 가지 치료제에는 각각 밀크시슬, 치커리 씨앗, 보리순, 우엉뿌리, 감초, 숙지황, 민들레, 인삼, 은행, 강황, 칡, 칼슘, 엽산, 비타민, 마그네슘, 아미노산, 치커리 추출물, 포도 추출물, 야자수 추출물, 백년초, 케이퍼, 아르주나 껍질, 야로 꽃, 까마중 및 그 밖의 이름을 잊은 재료 등 마흔 가지가 넘는 재료가 함유되어 있다. 하지만 내일 혹은 모레쯤 그들의 상태가 나아지기 시작해 보고할 때까지 누구도 자신이 뭘 받았는지 알 수 없다.

그들이 보여준 신뢰에 감사 인사를 전하며, 제공된 음식을 먹고 가까운 문에 붙여둔 차트에 무슨 술을 마셨는지 표시하고 실험 도중 최소한 번은 내게 음주 측정을 받아달라고 요청했다. 그리고 무엇보다 오늘 밤 마음껏 즐기라고 덧붙였다. 그러곤 다 같이 잔을 들어 성 패트릭 데이를 축하했다.

다섯 시간 후, 멋지고 터프한 촬영 감독은 자신의 욕실에다 토하고 있었고 한 부부는 언쟁을 하다 자리를 떴다. 스물세 살 작가는 향정신성 약물을 먹은 깡패 두목 같은 느낌을 풍기며 음악 선곡을 맡았고, 생태학자는 와인에 대해 강의했으며, 정신 건강 전문가는 조경사와 춤을 추었고, 난 아직 위스키를 시음하고 있었다.

언제든 숙취를 경감시키거나 완화시키고, 치유하거나 해소해준다는 제품을 전 세계적으로 족히 여든 가지는 찾을 수 있다. 나는 그런 회사 열두 곳에 접근해, 창립자와도 연락이 닿았다. 하지만 일단 방문과 인터뷰 일정에 대해 논의하려 하면 번번이 매장을 철수하는 것이다.

이러한 일은 내가 짠 상세한 조사 계획이나 너무 급히 달려드는 듯한 모습과 관계가 있을 수도 있겠지만, 급성장에서 몰락의 위기를 거쳤다가 과포화 상태가 된 이해하기 힘든 산업의 특성을 보여주는 단면이기도 하다.

무엇보다 잔혹한 진실은 처음에 긍정적인 반응을 보였던 한 명 이상의 숙취 해소제 기업가들이 나야말로 그들의 숙취 해소 기업을 인수할 완벽한 사람이라고 제안한 것이다. 기사로는 책, 강의로는 칼럼, 도박으로는 강의, 글쓰기로는 도박의 수입을 보충하는 수준의 작가인 나에게 말이다.

우습게 들리겠지만, 이 중 어떤 회사도 제품이 좋지 않아 망한 것 같지 않았다. 분명 제품이 허접할 수도 있겠지만, 그보다 중요한 건 그들의 접근 방식이나 노력의 부족과 이 행성에 사는 사람들의 금주 풍토, 믿음과 상상력의 부재 때문이다.

그러자 숙취 문제를 해결하기에 앞서 숙취와 직면하는 것이 처음 계획보다 훨씬 더 중요하다는 생각이 들기 시작했다.

멀리서 보기에 성 패트릭 데이 파티는 대성공이다. 나는 차트, 메모, 일화, 음주 측정 결과 외 많은 유용한 증거를 모았다. 다음은 몇몇의 증언이다.

23세 에이드리엔 매튜스의 기록부터 살펴보자. 맥주 다섯 병, 위스키 다섯 잔 마심. 혈중 알코올 농도 0.12. 치료법: 분말 오푼티아 피쿠스-인디카(노팔 선인장/백년초).

밤새 컨디션이 좋아서 굉장히 말을 많이 했고 사생활을 너무 드러냈다. 어느 순간 내 취향이 아닌 음악을 참지 못하게 됐다. 돌이켜 보면 나 자신의 선곡도 그리 대단하진 않았는데 말이다. 새벽 5시쯤 잠자리에 들어 9시에 일어나 셰이크를 마셨는데 오후 3시까지는 아무 효과가 없었다. 산책을 나왔다가 반쯤은 '아름답고 고요한 자연에 젖어드는' 느낌이 들었지만 반쯤은 토할 것 같다는 생각이 들었다. 그러지는 않았지만.

로빈 에스록은 맥주 두 병, 위스키 네 잔을 마셨고 혈중 알코올 농도 0.06이 나왔다. 치료법: 칡뿌리.

새벽 2시에 술이 약간 오른 채 잠자리에 들었지만 한참을 잠들지 못해서, 일요일 아침이면 상태가 더 나빠질 줄 알았다. 장담하건대, 이가 나는 두 살 아기가 있으면 밤새 제대로 자지 못하게 마련이니까. 우리 딸이 6시 30분에 깨자 아내도 지쳐버려서 나도 덩달아 일어나야 했다. 지독한 숙취 해소를 위한 많은 요법이 있지만, 이건 아니다. 그래서 a) 이 빌어먹을 알약에 뭐가 들었든 간에 플라시보 효과이며 b) 이 알약에 뭐가 들어 있든 c) 스코어보드에 적힌 제프의 대단한 기록에 미치지 못했다고 믿는다.

파티 주최자 43세 제프 토팸은 이렇게 말한다.

공식 기록으로 나는 저녁 7시부터 새벽 3시까지 맥주 여섯 병, 위스키 베이스 칵테일 아홉 잔을 마셨다(11시 이후는 잘 기억나지 않는다는 점을 감안하면, 공식 기록보다 더 마셨을 수도 있다). 파티가 끝날 때쯤 내 혈중 알코올 농도는 0.13이었다. 자정 무렵 눈이 제대로 기능하지 않고 내 위장은 내용물을 거부한다는 (다시 말해 구토가 나온다는) 사실을 깨달았다. 15분 정도 위층의 침대에서 잠깐 휴식/기절 했다가, 파티로 돌아와 다시 술을 마셨다. 다들 이러한 회복력을 보고 '영웅적' 이라고 생각할 것이다. 알코올이 체내에 흡수되기 전에 먹으라는 알약 세 알과 잠자리에 들기 직전 먹으라는 호박색 큰 알약으로 구성된 치료제 3번을 지침대로 복용했다.

평소, 이런 저녁 시간을 보내면 다음 날 뻗어서 일어나지 못하곤 한다(다시 말해 '맛이 간' 상태라는 거다).

하지만 오늘은 25년이 넘는 음주 역사의 경험과는 다르다. 아침 9시 30분에 눈을 떴고, 약간 피곤한 느낌이었지만 그 외에는 기적적일 정도로 아무렇지 않았다. 머리도 아프지 않았고 정신도 이상하게 맑아서, 실험이 어찌 되었냐고 묻는 두 친구에게 "기적이 일어났어"라고 문자 메시지도 보냈다. 무엇보다 경이로운 사실은 꽤 평범한 일요일이었다는 점이다. 일도 좀 하고, TV도 보았다. 몸은 피곤했지만, 빈속에 열다섯 잔이 넘는 술을 들이부었다는 느낌은 전혀 들지 않았다.

이상의 증언이 전부 진실이며 과장이라곤 하나도 없다고 맹세한다. 당신의 훌륭한 프로젝트에 나를 불러준 데 감사를 전한다. 추가 질문이 있으면 언제든 연락하고, 그 굉장한 마법의 호박색 알약이 뭔지 알려주길.

마법의 호박색 알약은 질 좋은 유향이었고, 지금껏 가장 두드러진 효과를 보인 3번 치료제는 자랑스럽게도 엔아세틸시스테인을 주재료로 해서 내가 스스로 조제한 것이다. 그것이 나의 불타는 어항 경험의 원인이 아니라는 걸 깨달은 뒤, 매번 이걸로 시험할 때마다 놀라운 결과를 얻는다.

하지만 매번 효과가 있진 않았고, 물론 위험도 따른다. 친구를 도와 즐거운 시간을 보내려 최선을 다했지만 엉망진창으로 만들 수도 있다. 그래서 그들이 치료제가 효과 있다며 감사를 표하듯, 효과가 없으면 욕할 수도 있다. 공평하게, 랜디 베이커를 보자.

여러 면에 있어서 그는 특이한 실험 대상이다. 그만 맥주와 위스키 대신 레드 와인을 마셨고 11번 치료제를 받았다. 케이퍼, 치커리씨, 까마중, 아르주나 껍질, 야로 꽃, 능수버들 성분을 함유한 허브 제품이다. 이 중 무엇이 문제인지는 잘 모르지만, 이걸 다시는 이용하지 않을 것이다. 다음은 베이커 씨의 기록이다.

살면서 술 마신 뒤 이렇게 아파보긴 처음이다. 저녁 8시부터 새벽 1시까지 와인 한 병, 위스키 스트레이트 세 잔, 약간의 식사와 물 몇 잔을 먹었다. 평소에 비해 많이 마신 건 아니었다. 새벽 1시 무렵 제프의 집을 나섰을 때 혈중 알코올 농도는 0.1이었고 약간 취기가 올랐을 뿐 그리 상태가 나쁘진 않았다. 집으로 돌아오는데, 처음엔 걷다가 힘이 들어서 택시를 탔다. 급격히 술기운이 오르더니 시야가 흐려지며 방향감각을 잃었다. 가까스로 집에는 돌아왔지만 이를 닦았는지 어떻게 잠자리에 들었는지 기억나지 않는다. 침대에 누워 눈을 감자 지금껏 그 어느 때보다 지독하게 뱅글뱅글 돌았다. 비틀비틀 침대에서 일어나 휘청대며 욕실로 가서는 15분간 죄다 토해냈다. 그리고 내내 변기와 싱크대를 오갔다. 그러고 나자 속은 좀 편해졌고, 더 이상 토해낼 것이 없자 침실로 돌아와 쓰러졌다.

아침 9시에 눈을 떠서 하루 종일 구토감과 불쾌함을 느끼며 기운 없는 상태로 보냈다. 심지어 월요일 새벽 1시에 눈을 떴을 때에도 어지럽고 이상한 기분이 들었다. 그리고 오후 1~2시쯤이 되어서야 비로소 내 간이 녹지 않고 살아났다고 깨닫기 충분할 정도로 회복되었다. 행복한 얼굴로 와인 잔을 들기까지 최소 이틀은 걸린 것 같다.

몇몇 친구와 내가 이 고통을 겪는 과정을 지켜본 여자 친구 조앤에게 이 경험에 관련해서 이렇게 말하겠다. "그러니까 너희가 파티에 가서 술을 권하는 낯선 사람을 만났는데 대체 무슨 성분이 들었는지 모르는 알약을 주고는 혼자 집에 보냈다면… 말 다 한 거 아냐?"

네, 진심이에요.

랜디, 건투를 빌어요.

내 탓이로소이다, 그리고 또 다른 가능성

랜디, 미안해요. 진심으로요. 성 패트릭 데이에 내 입담이 좋아 보였을지도 모르지만 그건 단지 아일랜드계 혈통이 드러난 것뿐이랍니다. 나는 한순간도 사람들의 신뢰를 저버리지도, 강요하지도 않았습니다. 설사 그랬다면, 다시는 그러지 않겠습니다. 나뭇가지, 씨, 나무껍질, 열매 같은 등의 불확실한 혼합물로 인해 당신에게 일어난 일에 전적으로 책임을 통감합니다. 그리고 내 목록에서 삭제해두었습니다.

하지만 다른 가능성도 있습니다. 다른 사람들이 모두 맥주와 아이리시 위스키를 마시는 동안 당신 혼자 와인을 마셨으니까요.

나는 누군가 물으면 (그리고 그러지 않을 때도 꽤 자주) 말하곤 합니다. 남은 평생 한 가지 술만 허락된다면 난 레드 와인을 선택하겠노라고. 그 유익함에 대해 한 챕터는 족히 쓸 수 있을 정도죠. (레드 와인이 당신에게 얼마나 잘 맞는지는 고려하지 않고요.) 하지만 내가 아무리 와인을 사랑한다고 해도, 내 인생에는 와인과는 비교도 할 수 없을 만큼 사랑하는 사람들이 있습니다. 사실 레드 와인으로 생기는 고통이 레드 와인을 마시지 않는 고통보다 훨씬 커서, 와인 마시기를 포기하는 사람들이 매일같이 생겨납니다. 숙취, 보다 자세히는 지독한 편두통 때문이죠.

최근, 레드 와인으로 인한 편두통은 제1세계의 골칫거리 리스트 상위에 올라 있습니다. 그러나 무선 이어폰이나 강아지 불안증과는 달리, 이 문제는 주목할 가치가 있지요. 나는 비극적이면서도 불가사의한 이 현상은 더 큰 요인이 있다는 사실을 드러내는 게 아닐까 의구심을 품기 시작했습니다.

상식적으로 레드 와인의 (때로는 한 모금만 마셔도 생기는) 이러한 부정적 반응은 황화물이나 타닌 혹은 둘 모두가 원인입니다.

지극히 현실적인 영국의 가죽 무두장이조차 타닌이 모든 껍질에 작용하는 결과를 설명하며 '마법'이라는 단어를 사용했습니다. 레드 와인의 감미롭고 묵직한 풍미는 포도 껍질에 함유된 타닌에 의해 형성되는데, 발효 과정을 거치며 그 떫은맛이 약해집니다. 그리고 이는 즉각적인 편두통이나 편두통과 유사한 숙취를 느끼게 하는 요인이기도 합니다. 껍질을 거의 넣지 않거나 아예 넣지 않은 화이트 와인이나 로제 와인은 이런 점에서 비교적 위험성이 덜한 걸 보면, 원인은 분명 타닌입니다.

이 말이 맞는다면, 어째서 이번만 그런 걸까요? 수천 년 된 와인 제조에 대한 문서는 고사하고 지난 수백 년간의 기록에서, 어째서 잘 만든 레드 와인이 지금처럼 온몸에 심지어 즉각적인 고통을 야기한다는 내용을 하나도 찾을 수 없는 걸까요? 우리 부모님이 술을 마시던 젊은 시절까지 거슬러 올라가지 않더라도 말이죠. 사실, 이런 생각을 해본 지는 얼마 되지 않았어요. 자주 보진 못하지만 사랑하는 누나가 저녁 식사에 초대했을 때였죠.

"아무것도 가져오지 마." 그녀가 초대장에 이렇게 썼더군요. "하지만 정 그러려거든, 난 유기농 와인만 마시는 걸 알아둬. 그러지 않으면 편두통이 생기거든. 이상하지? 나도 정말 믿기진 않아. 그러니까 진짜 아무것도 들고 오지 마."

괴짜인지 아닌지 모르겠지만, 그런 사람은 내 누나만이 아니었습니다. 그 뒤로 나는 편두통이나 심각한 숙취 때문에 레드 와인을 기피하는 사람들에게 유기농 와인을 들고 가기 시작했고, 거의 모든 사람들이 효과를 보았습니다. 왜 그런 걸까요? 유기농이건 아니건 타닌 수치는 별반 다르지 않을 텐데 말이죠.

그래서 관건은 황화물이라는 결론을 내렸습니다.

와인 제조 과정에 반드시 필요한 요소인데, 유기농 와인의 황화물은 보통에 비해 절반 정도거든요. 그래서 '유기농'이라는 딱지를 붙이는 거고요. 타닌과 마찬가지로 황화물에도 극도로 예민하게 반응해 알레르기나 천식, 편두통이 생기는 사람들이 있을 수도 있습니다.

그러나 또 다른 가설도 있습니다. 가죽 무두장이, 소화기관 연구자, 와인 제조업자, 사랑하는 내 누나를 비롯한 여러 좋은 친구들과 이야기를 해보며 떠오른 생각인데요. 그래서 이를 통해서 풀 보디감을 자랑하는 레드 와인이 이러한 고통의 근원으로 지적받는 이유와 어째서 현대에 들어서야 이러한 현상이 나타났는지, 제대로 생산해 적당히 마시면 유기농 와인은 왜 이런 고통을 왜 야기하지 않는지 그 이유를 설명할 수 있을 것 같습니다.

미래는 매우 밝다, 빨간 경고등은 거의 없이

"그러니까, 원인을 알고 싶다는 거죠?" 센트럴 암스테르담의 최고급 레스토랑 중 하나인 브라세리 하르케마의 웅장하고 건축 미학적인 무대 위에서 강한 스포트라이트를 받은 것처럼 탁자 위에서 안경을 집어 들며 내가 말했다.

그러곤 미키엘 클라이스Michiel Kleiss에게 무신경하게 이 불쾌한 수사적 질문을 (나 외엔 아무도 묻지 않은 질문에 대한 답을 언급하며) 던졌다. 그는 우리가 앉아 있는 이 화려한 레스토랑의 소유주이자 우리가 달려들어 먹고 있는 호화로운 육식 식사를 제공하고, 지금 우리가 마시는 와인(바로

사 계곡의 100년 된 포도나무로 만든 희귀하지만 절대 구할 수 없진 않은 그르나슈 와인)을 사고, 내가 온갖 것을 배우고자 하는 바람을 품고 암스테르담으로 찾아오게 한 사람이다.

"그래요." 그가 말했다. "원인이 뭡니까?"

나는 향을 맡고는 한 모금 머금은 뒤 꿀꺽 삼켰다.

"농약입니다."

식사 자리가 조용해지더니 사람들이 의자에서 벌떡 일어나 내 말에 반박하려 하자 클라이스가 앉으라 손짓하는 건 아마 내 상상일 뿐이었나 보다.

"아시겠지만." 나는 말을 계속했다. "와인용 포도보다 농약을 많이 치는 과일은 이 세상에 별로 없습니다. 와인용 포도는 엄청난 값어치가 있고, 모든 경제는 그걸 보호하는 데 달려 있지 않습니까? 그리고 여기서 중요한 건 표면 부분입니다. 껍질에 둘러싸여 즙이 나오는 작은 부분이죠. 그리고 물론 껍질에는 발효를 야기하는 효소가 들어 있습니다. 그래서 압착하기 전에 씻을 수 없죠. 화이트 와인을 만들기 위해선 껍질을 제거하지만, 레드 와인은 통째로 들어가고 와인의 계획된 보디감에 따라 다양한 방법으로 오래오래 숙성시킵니다. 사람들은 레드 와인을 마신 뒤 편두통이나 지독한 숙취를 느낀다는 최근의 현상이 타닌(불변의 원인 중 하나)이나 황화물(대다수 유기농 와인에선 50퍼센트 정도 줄어듦)이라고 생각하는데, 와인 한 병에 들어가는 수천 개의 포도알에 뿌리는 독성 농약(수백 가지도 아니고 열두 가지 정도라고 함)에 대해서도 생각해봐야 하지 않을까요?"

그렇다. 내가 대단한 연설가는 아닌 탓에, 이 허튼소리를 운율에 맞취 멋지게 끝내지는 못했다. 그리고 주최자가 경매에서 구한 와인을 들고 하기에 절대 품격 있는 건배사도 아니었다. 하지만 지난 몇 달간 유명 와인 컬렉터, 스페인 와인 협회 회장이었던 국제 심사위원, 브리티시 칼럼비아 대학교의 와인 연구소 소장, 와인 유통업자 열두 명과 더불어 저명한 신경외과의 앞에서 족히 열두 번은 이 연설을 연습해왔다. 그들 대부분이 지금 미키엘 클라이스와 비슷한 반응이었다. 짜증 섞인 황당함, 온화한 거만함, 괴짜를 상대하고 있다는 사실을 깨달았을 때의 유감이 혼재된 표정이다. 하지만 내가 뭔가 이뤄내고 있다는 생각이 든다.

"그런데 당신…." 클라이스의 엄청나게 세련되고 매력적인 여자 친구가 끼어들었다. "그런 문제를 겪고 있나요? 와인을 마시면 편두통이 생기는?"

"다행히, 전 아닙니다."

"그러면 걱정할 거 하나도 없잖아요!" 그녀가 잔을 들었다. "한 병 더 마셔요."

저녁 식사에는 우리 일행 셋에 엘라드가 합류했다. 홍등가 숙취 투어를 기획, 진행하는 사람이다. 영리한 젊은이인데, 사실상 전설이 된 우리의 완벽한 초대자를 숭배하고 있다. 의아하게도 그들 둘은 지금껏 만난 적이 없다. 클라이스의 새 사업체가 엘라드의 숙취 투어에서 주요 거점인데도 말이다.

미키엘 클라이스의 첫 번째 사업은 세계적으로 유명한 나이트클럽이었다. 록시The Roxy는 스튜디오54가 디스코, CBGB가 펑크이듯 하우스 뮤직을 주로 했다. 파티 피플들은 아직도 순례차 록시가 있던 곳을 찾아가곤 한다. 그다음으로 클라이스는 홍등가에 세련되고 누구나 탐낼 만한 레스토랑을 두 곳 열었다. 그렇게 클럽 소유주에서 비행과 진보를 동시에 상징하는 도시의 레스토랑 사장으로 변신한 클라이스는 건강하지만 쾌락적이고, 근사하고 멋지게 나이 든 모습으로 매력적인 도시 재생 프로젝트를 대변하는 모델이기도 하다.

홍등가의 우편번호에서 따온 프로젝트 1012는 세계에서 가장 악명 높지만 가장 사랑받는 여행지를 섹스와 마약, 로큰롤을 버리지 않고도 '보다 안전하고 매력적이며 살 만한' 곳으로 만들기 위한 도시 차원의 계획이다. 이 프로젝트의 핵심은 매춘 사업의 면밀한 규제(알려진 바에 따르면 매춘부 보호 차원이라 한다)와 상가 홍등 쇼윈도의 3분의 1을 사서 다른 용도로 변경하는 것이다.

"나를 1012 지역의 품위 있고 정직한 사업가라고 생각했나 봅니다." 클라이스가 말했다. "그들이 나를 부르더니 말하더군요. '당신에게 업소 하나를 맡길 테니 다른 걸로 바꿔줬으면 좋겠습니다. 좋은 아이디어 있나요?' 그들은 스스로 뭘 생각하지도 못했어요." 꽤 까다로운 주문이었다. 이곳 가게의 90퍼센트가 매춘업소, 바, 마리화나 카페인 현실에서, 서점이나 잡화점이 잘될 리 없었으니 말이다. 하지만 마침내 그는 방법을 찾아냈다. "실제 프로젝트 1012의 홍보물에서 아이디어를 얻었습니다." 그가 말을 시작했는데 두 번째 병이 나왔다. "'더 밝은 미래를'이라는 슬로건을 보자 아이디어가 떠올랐어요. 그래, 숙취야!"

처음에 클라이스가 생각한 건 아스피린, 알카셀처 등 숙취를 진정시키려는 사람들이 찾을 법한 걸 제공하는 편하고 작은 가게였다. 이 아이디어를 들고 시의회에 가서 회의했을 때 모두가 마음에 들어 했다. 그런데 며칠 후 다시 만났을 때는 다들 지극히 냉철하게 고민해서인지

우물쭈물하며 말했다. 이 프로젝트가 억제하려는 방종을 오히려 장려하는 것처럼 보인다는 것이다. 이 부분에서 클라이스는 냉정을 잃었다.

"난 그들에게 트루리그^{Trurrig}라고 욕을 퍼붓고 말았어요. 그게… 짜증난다? 쪼다? 아, 그게 아닌데. 이 네덜란드어 단어가 딱 맞는데…."

"그게 말이죠." 엘라드가 말했다. "순진한 구석이 있으면서도 바보 같은 느낌. 그런데 아주 바보는 아니에요."

"어리숙한?" 내가 말했다.

"'어리숙하다'에 가까워요!" 클라이스가 말했다. "하지만 그보다… 조금 더… 잘 모르겠네요. 딱 들어맞는 단어인데, 그리 좋은 표현은 아니에요."

내가 찾아보겠다고 말했다.

"어쨌거나 핵심은." 클라이스가 우리에게 와인을 따라주며 말했다. "그들은 굉장히 까다로운 일을 하려 했다는 겁니다. 개성 있으면서도 깨끗하고, 안전하고, 경제 효과도 개선되어야 하죠. 그런데 다른 것이 돼서도, 식상한 것이라 사람들이 발길을 끊을 것도 안 된답니다. 대체 뭘 하자는 건지 모르겠어요. 신발 가게? 케이크 가게?"

그래서 클라이스는 짜증이 치솟아서 그들에게 어리숙한 것과 비슷한 어떤 말을 내뱉었던 것이다. "그게 먹혔어요." 그가 말한다. "하지만 그때 아이디어가 내 머릿속에서 훨씬 흥미로운 무언가로 발전했지요."

클라이스가 좀체 찾기 힘든 치료법을 찾아 내가 한참을 매달려온 길을 시작한 건 바로 그때였다. "찾고 또 찾았습니다. 여러 방법이 있었지만 그중 무엇도 이해되지 않았어요. 그래서 이건 당신도 명심해야 하는 점인데, 의사의 시각으로 문제를 바라보기 시작했죠."

"당신, 의사였어요?" 클럽 소유주 겸 레스토랑 사장, 사업가에게 내가 물었다.

"아뇨. 하지만 의학을 공부했었답니다." 그가 애매모호하게 대답했다. "핵심은, 네덜란드에만 있고 '정말 효과 있겠어!'라고 생각한 것을 상품화한다는 겁니다. 그것도, 그러니까 뭐랄까… 사고 싶은 걸로요!"

클라이스에 따르면, '리셋Reset'은 부유한 친구들을 둔 한 네덜란드 화학자가 만들었다고 한다. 숙취 걱정 없이 한 주 동안 이어지는 요트 경주에 나가려는 바람이 동력이 되었다. 그리고 꽤 효과가 좋아서 그들이 투자도 했지만, 그렇다고 해서 판매할 수 있었다는 뜻은 아니었다.

"그들도 다른 사람들처럼 식상한 방식으로 접근했습니다." 클라이스가 말한다. "가슴이 큰 여성들을 내세우고, 럼 두 병을 사면 하나 끼워주고, 학생들을 타깃으로 홍보했죠. 하지만 그건 보기에도 별로고 맛은 더 별로였어요. 그러니 아무도 사지 않았지요. 정말 '아무도' 사지 않았어요. 그러니 투자자들은 그만두고 싶어 했죠." 그래서 이렇게 생각했다. 한 준의료인이 찾아낸 치료법이 세상에서 유일하게 효과가 있을지도 모른다. 그러면 누구나 기꺼이 지갑을 열게 되지 않을까.

그래서 클라이스는 투자자들의 지분을 매수해, 리셋의 지분 50퍼센트로 그 화학자와 리셋의 공동 소유주가 되었다. 그는 패키지도 다시 디자인했고, '도저히 삼킬 수 없는' 정도였던 맛도 '그럭저럭 삼킬 만한' 수준으로 끌어올렸으며, 제품명도 '브레인워시Brainwash'로 바꾸고 가게 이름도 그렇게 할 생각이었다. 하지만 그 지역의 문화를 지우려 하는 시의원들은 그 이름이 너무 노골적이고 외계인 침략자 용어 같다고 생각했다. 그래서 결국 '리셋'을 고수하기로 결정되었다.

거기다 알고 보니 제품명으로 가게 이름을 사용할 수도 없었다. 대부분 EU 국가들처럼 네덜란드에서도 숙취 해소제 광고가 법적으로 엄격히 제한되어 있어서 별도로 허가를 받아야 했다. 하지만 '홍보와 체험'은 할 수 있었다.

"결국, 그게 행운의 열쇠였던 셈입니다." 클라이스가 말했다. "옛날과 똑같은 방식으로 무작정 가게를 열고 제품을 시장에 내놓을 수 없게 된 상황이 오히려 복이 된 거죠. 이건 복잡한 제품이라서, 홍보와 체험 외에는 제품에 대해 설명할 완벽한 방법이 없었으니까요." 그리고 붉은 조명은 푸른빛으로 바뀌고, 쇼윈도에는 반라의 여성이 아닌 리셋이 가득 채워졌다. 이렇게 '숙취 정보 센터^{Hangover Information Center}'는 찬란한 새날을 향해 문을 활짝 열었다.

원숭이 집에 오신 걸 환영합니다

사전을 찾고 있다. 계집애 같은, 바보 같은, 까칠한, 촌스러운, 점잔빼는, 구닥다리의, 변변찮은, 시시한, 얼간이 같은. 이 모든 걸 조합하면 트루리그의 의미를 이해할 수 있을 것이다. 용기가 공식 브랜드인 나라답게(술김에 내는 용기 Dutch Courage라는 표현을 빗댐_옮긴이) 신랄한 표현이다.

"술 좀 들어가면 용기가 샘솟는다는 거 아냐!" 게리 킹은 〈지구가 끝장 나는 날〉에서 파란 피 외계인들 면전에 대고 술을 들이켜며 말한다. "영국 군인들이 전쟁에 나가기 전에 네덜란드 진을 마시면 슈퍼 파워를 얻는 것처럼 말이지!" 물론, 그렇진 않지만.

헤로인이건, 대마초건 밀주건 간에, 네덜란드인들은 우리 나머지를 위해 용기를 내야 하는 사업을 오랫동안 해왔다. 네덜란드는 유럽 국가 중 처음으로 대규모 증류사업을 시작한 나라다. 그래서 외국인들은 네덜란드의 우중충한 날씨 탓에 술이 저지대 삶의 필수품이 되었으며, 이런 면이 그들의 성격적 특성이 되었다고도 한다.

"네덜란드인의 타고난 독창성과 실험 정신은 그들이 독주를 빚지 못하게 되면 사실상 발현되지 못할 것이다." 진타임닷컴은 이렇게 말한다. 동인도 회사와 네덜란드 서인도 회사의 선대船隊 덕분에 네덜란드에는 온갖 술이 넘쳐나게 되었고, 이는 국가의 부로 돌아왔다. 그리고 많은 원숭이들도 함께였다.

'In't Aepjen'은 '원숭이들 사이에서'로 번역된다. 암스테르담의 오래된 술집, 아니 다른 어느 곳보다 오랫동안 예네버르Jenever를 팔아온 곳의 이름이다. 곡식에서 추출한 에틸알코올과 노간주나무 열매로 만든 예네버르는 현재 우리가 진Gin이라 부르는 것의 네덜란드 선조이다. 예네버르가 차가운 튤립 모양의 잔에 가득 채워져 제대로 서빙되면 집어 들지 말고, 탁자 위에 둔 채 머리를 숙여 한 모금 후루룩 마셔라. 그리고 뒤이어 맥주를 마시는 걸 콥스토예Kopstooje 혹은 '작은 박치기'라고 한다.

'원숭이들 사이에서'에서 사람들은 500여 년간 곤드레만드레 술을 마셨다. 이곳은 여전히 구舊 항구에서 가장 가까운 여관인데, 당시에는 상륙 허가를 받은 선원들이 이곳에 머물렀다. 그들은 분명 돈이 떨어지면 동남아시아에서 데려온 원숭이로 값을 치렀을 테고, 그렇게 이 술집의 이름이 된 것이다. 또한 사람들은 속아서, 다시 말하면 강제로 혹은 납치되어 배에 오르는 경우가 많았다. 예네버르를 퍼마신 다음, 위층 방에서 원숭이에게서 옮은 벼룩에 물어뜯기고 숙취에 시달리며 눈을 떠보면 가려운 가슴팍에 1년짜리 선원 계약서가 올려져 있기 일쑤였다.

여기에서 네덜란드어 표현 'In De App Gelogeerd' 즉 '원숭이와 함께 머무르다'라는 말이 나왔다. 보통 당신이 말려든 온갖 골칫거리를 가리켜 사용되는데, 보다 구체적으로 설명하면 당시에는 좋은 생각 같았는데 돌이켜 보니 원숭이 벼룩처럼 되레 골칫거리가 된 상황을 뜻한다. 차갑고 독한 술 열두 잔을 퍼마시고 정신을 차리지 못한 상태에서 체결한 1년짜리 숙취 계약서에 따라 배에 오르는 것 같은 상황이다.

그런 점에서 회사 자금 5억 4,000만 달러가 사라졌다는 직원의 전화로 눈을 뜬 스티브 퍼킨스야말로 '원숭이들과 머무르는' 경험을 했다고 할 수 있다. 몇 시간 동안 술을 마시다 만취한 상태에서 밤늦게 원유 700만 배럴 구매 계약을 하는 바람에 국제 유가가 급등하게 된 것이다.

폴 허튼도 같은 사례이다. 그는 법적 허용 수치를 두 배 웃도는 수준만큼 취한 상태로 딸의 어린이용 분홍색 바비 전동차를 훔쳐 탔다는 (굉장히 느리게 운전했지만) 이유로 운전면허가 박탈되었다. 전직 항공 엔지니어는 이렇게 말했다. "그걸 타려면 곡예사처럼 몸을 구겨 넣어야 합니다. 그러고는 내리지도 못해요. 과장이 아니라 진짜 그래요."

앨리슨 웰런도 그렇다. 그녀는 람부리니 와인에 취해 14미터짜리 더블데커 페리보트의 닻을 올리고 호화 쌍동선雙童船 몇 척을 들이받은 뒤 상류에 좌초해서는 "나는 잭 스패로다!" 소리쳤다.

2002년 네덜란드 연구자들은 소량의 음주조차도 뇌의 능력을 감퇴시켜 판단에 실수를 저지르게 한다고 발표했다. 그러나 최근 미주리 대학교의 브루스 바톨로 박사Dr. Bruce Barthlow는 실수나 잘못을 감지하는 능력은 술을 마시고 있을 때도 똑같이 유지되지만, 취하면 그 부분을 개의치 않는 것일 수도 있다는 가능성을 제기하며 이러한 의견에 도전했다. 그리고 이 주장이 진실임을 보여주는 연구 결과를 제시했다.

"사람들이 주정을 부리는 건 자신들의 행동을 인식하지 못하기 때문이 아닙니다." 바톨로가 말한다. "그보다는 그로 인한 영향이나 결과에 덜 신경 쓰기 때문이죠."

그래서 만취했을 때, 그 순간 당신이 진짜 잭 스패로, 오일 시장의 큰손, 바비 전동차 드라이버가 되고 싶거나 원숭이로 숙박비를 계산하고 싶다면, 내일이야 어찌 되든 모든 게 가능할 것처럼 느껴지는 것이다. 그리고 비결은 술 취해 내린 결정을 기꺼이 수용하는 것뿐이다. 샘 스미스처럼 말이다.

비호감 팝 스타와 이름이 똑같은 샘 스미스는 어느 날 밤 친구들과 술을 마시고선 이름을 베이컨 더블 치즈버거로 바꾸기로 했다. 그는 술 취한 채 신청 서류를 완성했고, 몇 주 후 서류가 도착했을 때 다시 술에 취해 절차를 마무리했다. "후회는 없어요." 치즈버거가 기자에게 말했다. "엄마는 분노했지만 아버지는 정말 빵 터지셨어요. 제 새 이름을 부를 때 엄청 재미있어 하세요."

그가 알았는지 모르겠지만, 베이컨 더블 치즈버거는 사고와 음주의 전통에 있어서 고대 페르시아인을 따르고 있다. 헤로도토스는 이렇게 말했다. "중요한 결정을 한다면 술 취했을 때 문제를 논의하라. … 반대로 정신이 말짱할 때 내린 결정은 술 취한 뒤에 재고해보라." 역사가 타키투스도 고대 골^{Gaul}족에 대해 비슷한 글을 남겼다. 그들은 충분히 취한 뒤에야 "적과의 화의和議, 가문 내부, 지도자 임명, 전쟁과 평화 문제를 논의했고, 그러지 않으면 영혼이 진실을 향해 활짝 열리거나 영웅 정신이 발현되지 않는다고 생각했다."

사실, 이런 생각은 근대 철학에서도 이어진다. 임마누엘 칸트는 술로 생겨난 '개방성'은 곧 '윤리성'이라고 주장했다. 하지만 '이성을 잃을 만큼 취하는 것은 부끄러운 행위'라고도 경고했다. 한 브라질 정비공은 개방성이 동물의 왕국까지 확장되어 다시 원숭이 시절로 돌아갔다.

브라질 상파울루에서 주앙 리트 도스 산토스가 술에 취해 거미 원숭이들과 친구가 되겠다며 소로카바 동물원의 물웅덩이를 헤엄쳐 건너는 모습이 카메라에 잡혔다. 영상을 보면 작은 영장류들이 도스 산토스를 둘러싸고 있는데, 결국 그는 여기저기를 심각하게 물린 채 구경꾼에 의해 구조되어 병원으로 후송되었다. 그는 원숭이와 함께 지낸다는 표현을 곧이곧대로 재현해준 셈이다. 등에서 원숭이를 떼어내려 하는 것까지 말이다.

미래는 매우 밝다, 당신은 반박하겠지만

홍등가의 어두운 골목은 몹시 좁아서 지나다 보면 다른 행인과 가슴이 닿을 정도이다. 게다가 굉장히 어두워서 상대의 얼굴도 알아보기 어렵다. 마치 과거 시대처럼 음산하고 악취가 진동하는 기이한 분위기다. 마약이 놓인 출입구, 성을 판매하는 쇼윈도를 지나 천년의 희망과 꿈이 배어 있는 조약돌 길을 걸으며 거리 끝의 차갑고 푸른빛을 향해 간다. 문에는 이런 간판이 달려 있다.

숙취 정보 센터

"보다 밝은 내일을 위해"

그리고 안으로 들어가면 마치 암울한 과거에서 수정처럼 맑은, 스탠리 큐브릭이 그린 미래처럼 하얗게 밝은 긴 방으로 이어진다. 방은 거울의 마법으로 실제보다 더 길게 느껴진다. 방에는 흰 카운터가 길게 놓여 있고, 뒤의 벽에는 천 개(어쩌면 만 개)의 파란 병들이 반짝이며 줄지어 늘어서 있다. 카운터에는 이 방과 완벽히 어울리는 남자가 있다. 키 크고 늘씬한 몸매에 구김 없는 푸른 셔츠를 입고, 은빛 머리에 새파란 눈동자이다. "상태가 어때요?" 미키엘 클라이스가 말했다.

이번에 암스테르담을 처음 방문한 건 아니다. 이곳에는 전 세계 음탕한 영혼으로부터 삼킨 작은 불꽃 하나하나로 더욱 깊어지는 유서 깊은 방탕함이 있다. 지독하지만 청결하고 현대식이었던 라스베이거스의 숙취와는 반대로, 히에로니무스 보스가 그린 거리처럼 암스테르담에서 느끼는 숙취는 온몸의 뼈가 저리고 우리의 도마뱀 뇌를 살짝살짝 핥아먹는다.

술집을 스무 곳쯤 다니며 술이란 술은 다 마시고 즉흥 바텐딩 공연을 본 뒤 홍등가 숙취 투어에 나서서 숙소에 돌아갈 생각도 않고 원숭이 집에서 본연의 임무에 몰두한 지난 이틀 밤을 돌이켜 생각해보았을 때, 컨디션이 꽤 좋은 혹은 괜찮은 상태다. 분명, 최소한 부분적으로나마 리셋 덕분이라는 점을 인정해야겠다. 하지만 클라이스가 지적했듯, 리셋은 사용하기에 꽤 복잡한 제품이다.

리셋을 복용하려면 집중력과 약간의 손재주가 있어야 한다. 파란색 액체가 담긴 400밀리리터 실린더 모양 플라스틱 병 위에 흰 가루가 든

100밀리리터짜리 병이 뚜껑처럼 올려져 있다. 적당한 때, 그러니까 술을 마시고 잠들기 전 사이의 위태로운 순간이 올 무렵 플라스틱 포장을 벗기고 병 두 개를 분리한 뒤 각각 뚜껑을 열고 흰 가루를 파란 액체에 넣어 다시 뚜껑을 닫고 흔든다. 나는 뭔가를 몇 모금 빨고, 비틀대며 운하를 지나 원숭이 집으로 갔다가 클라이스의 레스토랑에서 고주망태가 되었던 저녁 식사를 끝낼 무렵 한번 해보았다. 가루가 녹으면 마시는데, 쌉쌀하면서도 달콤한 맛이다. 한편으로는 역겹고 수상쩍지만 놀랄 만큼 효과가 있는 것이 마치 아첨꾼 같다.

핵심 성분은 글루타티온으로 버섯, 식물, 동물과 사람으로부터 추출한 항산화 물질이다. 동시에 우리의 클라이스가 카운터에 앉아 음용 방법과 맛에 대해 설명해줘야 하는 물질이기도 하다. 숙취 정보 센터의 정보에 따르면, 글루타티온은 아세트알데히드의 농도를 낮춰 숙취를 경감시킨다고 한다. 그리고 신기원을 이룬 다른 치료법과는 반대로, 리셋은 체내의 알코올 성분에 작용하지 않는다. "술 취한 상태가 유지됩니다." 벽에 붙은 안내문에는 이렇게 쓰여 있다. "하지만 더 밝은 내일이 찾아올 것입니다."

"멀쩡히 살아남았군요." 클라이스가 말했다. "이제 캐나다로 돌아가나요?"

"곧 갑니다." 내가 말했다. "먼저 베르스터 박사와 발음할 수 없는 동네에서 차 한잔 마신 뒤에요."

"그래요. 진짜 의사로군요." 클라이스가 말했다. 그는 알겠다는 표정을 지으며 작별 선물로 리셋 한 병을 주었다.

미키엘 클라이스와 술을 한잔 하면서 긴장이 풀렸다가 요리스 베르스터 박사와 커피를 마시니 정신이 번쩍 들었다. 여러 면에서 이들 두 사람은 네덜란드의 숙취 연구에서 극명히 대비되는 인물이다.

클라이스는 사업의 이익을 위해서라면 무엇이든 할 수 있는 달변이 매력적인 사업가다. 그는 하향식 관점에서 숙취 문제에 접근했다. 관심을 끄는 제품을 찾아 그것을 인수하고 개선하여 그 효과를 입증한 뒤 시장에 출시하려 한다. 그렇게 숙취 정보 센터를 연 것이다.

반면에 베르스터는 누구보다 숙취 연구 분야에서 권위를 인정받은 과학자이다. 그는 알코올성 숙취 연구 그룹의 창립자이자 실질적인 최고 책임자이며, 숙취 연구에 있어서 세계적으로 인정받는 선도적인 전문가이다. 그럼에도 불구하고, 그는 클라이스나 리셋 같은 것엔 어떠한 관심도 보이지 않는다.

사실 그들 누구도 언급하지 않았지만, 클라이스가 베르스터에게 자신의 제품 샘플과 편지를 보내 손을 내밀었다는 사실을 알게 되었다. 그리고 박사는 아마 내가 마침내 그를 만났을 때 했던 것과 똑같이 답했을 것이다. "제품의 어떤 성분도 효과가 있다고 할 만한 과학적 근거가 없습니다. 연구에 따른 결과가 아니니까요."

하지만 알코올성 숙취 연구 그룹이 이러한 연구를 수행하기에 완벽한 단체가 아니라면? 베르스터는 이렇게 생각하진 않지만 말이다. 그는 근본적인 원인을 찾아 숙취를 연구하는 상향식 관점으로 접근한다. 그래서 이 연구가 완성될 때까지 그는 리셋 같은 제품을 들여다볼 생각도 하지 않는 것이다.

지금 베르스터는 우리가 경험하는 숙취 증상의 상당 부분이 자가 면역 반응과 염증 때문에 일어난다고 생각한다. 이는 내가 만나본 영국 위장관 프로젝트의 스펙터 박사, 『프루프』의 저자 아담 로저스를 비롯한 숙취 제품 사업가 등 전문가들의 의견과 일치한다.

그래서 베르스터 박사에게 숙취 경감 효과를 보이는 특정 제품이나 물질, 화학 물질 혹은 성분을 연구하면 특정 증상의 해소는 물론이고 근본적 원인을 찾는 실마리가 될 수 있지 않을까 제안했지만 그에게 단호히 묵살당했다. 그리고 나니 숙취가 다시 오르는 느낌이 들었다.

바다 건너 돌아오는 길, 논문 및 관련 자료와 메모를 살펴보다 마침내 클라이스의 글루타티온와 나의 엔아세틸시스테인은 상호 호환된다는 사실을 깨닫게 되었다. 더 정확히 말하면 엔아세틸시스테인은 글루타티온의 전구물질이다. 가루와 물이 섞이면 이상한 맛의 영약이 탄생하는 이상한 방정식보다 쉽게 충분한 양의 글루타티온을 몸 안에 직접 흡수시키는 방법은 없다. 반면에 고농축 엔아세틸시스테인은 캡슐 형태로 복용할 수 있고, 그것은 몸 안에서 많은 글루타티온을 생성한다. 적어도 그렇게 작용한다고 나는 생각한다.

나는 이 흥미로운 아미노산에 대해 보다 많은 걸 찾아보았다. 그러나 웹사이트를 뒤지고 엔아세틸시스테인을 이용한 다양한 신제품 숙취 해소제 표지를 살펴봐도 이 성분 혹은 글루타티온이 어떻게 작용하는지에 대한 설명은 중구난방이라 헷갈리기 짝이 없다. 간단히 말하면, 이것이 작용한다면 최소한으로 작용할 것이며, 그렇지 않다면 알코올 금단 상태에서 세포를 보호하고, 아세트알데히드를 분해하고 자유 라디칼Free Radical을 제거하는 체내 연쇄 작용이 숙취 증상의 처음이자 중간, 끝 혹은 그런 식이라고 해석할 수 있다.

적어도 내게 가장 놀라운 점은 계란 노른자에 엔아세틸시스테인이 함유되어 있다는 사실이다. 캡슐만큼 효과가 강력하진 않지만, 플리니우스 덕분에 전해진 고대의 올빼미 알 레시피가 신뢰할 만하다는 근거가 되기엔 충분하다. 전통 영국식 아침 식사의 가치는 물론이고.

물론 베르스터가 지적하듯 이런 이론을 입증할 연구가 시도된 적은 없다. 사실 여러 다른 연구를 살펴보았을 때, 내가(대부분 나 자신이었지만 가족과 친구, 지인들까지) 시도한 실험이 가장 광범위하다는 생각이 들기 시작했다.

최근 숙취 해소 보충제 시장에서 두각을 나타낸 모든 재료를 혼합한 신제품이 내 관심을 끌었다. 디트로이트에서 제조된 '파티의 갑옷Party Armor'은 백년초, 헛개나무와 엔아세틸시스테인을 그 밖의 다른 재료와 섞은 음료다. 곧 미시간으로 가봐야겠다.

동시에 클라이스 덕분에 엔아세틸시스테인 혼합물을 나에게 맞게 복용하는 방법을 알게 되었다. 엔아세틸시스테인을 함유한 대부분 제품들이 설명하듯, 술 마시기 전과 잠에서 깨어난 뒤보다는 술 마신 후와 잠들기 전에 훨씬 많은 양을 복용하는 것이다. 사실, 점점 더 확신을 갖게 된다.

다음 날이면 항상 너무 늦은 뒤다. 너어어무 늦다.

킬러 파티

오늘은 논쟁의 여지가 없다. 역사가, 휴머니스트, 경제학자, 복음주의자, 시인, 정치인, 그 밖의 모든 사람이 모두 입을 모아 미국의 금주령은 지독하게 시행된 말도 안 되는 정책이며, 본래의 의도와 정반대의 결과를 야기했다는 데 동의할 것이다. 범죄가 더욱 극렬하고 조직화되었으며 일상생활도 위험해졌고, 감옥은 연일 만원이고 경제는 침체되었다. 부패는 심해지고 사회는 분열되고 거리엔 위험한 마약이 넘쳐나고 알코올 중독이 늘었으며 최악의 숙취를 겪은 10년이었다. 사이코패스 산타클로스의 환각은 말할 것도 없고.

1926년 크리스마스이브, 한 남자가 뉴욕 시립 벨뷰 병원에 난입해 산타가 야구 배트로 자신을 때려 죽이려 한다고 고함쳤다. 간호사들이 무슨 일인지 상황을 파악하기도 전에 그 남자는 뛰어내려 죽었다. 그러곤 또 다른 남자가 크리스마스의 환각을 소리치며 비틀대며 들어왔고 그리고 또 하나, 또 하나 계속 이어졌다. 크리스마스가 끝날 때까지 뉴욕의 술꾼 백여 명이 병원에서 지옥을 겪었고, 서른 명이 넘는 사람이 죽었다.

기괴하고 오싹한 일이지만, 의료계 종사자들은 이미 이런 일에 익숙해져 있었다. 경제학자 리처드 코원Richard Cowan이 '금주법의 철칙'이라 말한 원인 때문이다. "마약이나 알코올성 음료를 금지하면 점점 독해져서

효능의 가변성이 커지고, 잘 알지 못하거나 위험한 물질이 섞이면서 정
상적인 시장 제약을 벗어나 생산되고 소비된다."

미국 금주법 시대 초기 불법으로 유통되던 술은 대부분 디트로이트—
윈저 국경을 넘어 밀수된 질 좋은 캐나다산 위스키였다. 우리 캐나다인
들에게는 수익성 높은 금주령이었던 셈이다. 술을 사거나 마시는 것은
불법이었지만 만들어 미국인들에게 팔 수는 있었다. 그것도 밀수 가격
으로 말이다. 1920년대 중반 무렵 국경 지대의 밀수 단속이 심해지자 시
골로 들어가 다른 생산 방식을 찾아내게 되었다. 미국 밀주 제조업자들
은 제품을 충분히 숙성할 수 없자, 이언 게이틀리가 말하듯 "비슷한 효
과를 내기 위해 죽은 쥐와 썩은 고기를 추가"하기에 이르렀다.

산업용 알코올로 만든 독주도 있었다. 금주법에 따라 알코올은 '변성'
되어야 했다. 이는 알코올을 마시지 못하거나 혹은 극도로 맛이 없도록
느끼게끔 형편없는 맛의 화학물질을 추가하라는 정부의 지침이었다.
하지만 데버라 블룸^{Deborah Blum}은 저서 『독살범 안내서^{The Poisoner's Handbook}』에
서 이렇게 말한다. "밀주업자들은 화학자들에게 정부보다 많은 돈을 지
불했고, 그들은 자신들의 분야에서 뛰어난 능력을 발휘했다."

그래서 그들은 상당량의 구정물을 '재생'시켰고, 이렇게 훔쳐서 재증
류한 산업용 알코올은 1926년까지 미국 주류 시장의 원천이 되었다. 일
종의 화학 무기 경쟁에서 산업용 알코올 제조업자들은 정부의 강압으
로 독성 물질 비중을 훨씬 더 높였다. 이렇게 미국 금주법 시대의 광기
속에서는 정상이라고 여겨진 잔혹한 논리로, 미국 정부는 효과적으로
그리고 다 알고 있다는 듯 자국민들을 독살하기 시작했다.

"1927년 중반 무렵, 새로운 변성 공식에는 등유, 브루신(스트리키닌과

밀접하게 관련된 알칼로이드성 물질), 가솔린, 벤젠, 카드뮴, 요오드, 아연, 수은염, 니코틴, 에테르, 포름알데히드, 클로로포름, 장뇌, 석탄산, 키니네, 아세톤 등 널리 알려진 독이 포함되었다. 재무부도 메틸알코올의 비중을 10퍼센트까지 높이라고 요구했다. 가장 치명적인 건 바로 이 마지막 조치였다."

크리스마스이브의 죽음은 비극의 서막일 뿐이었다. 금주법이 폐지될 때까지 블룸의 표현을 빌리자면 '연방 독살 프로그램'에 의해 수만 명이 살해되었다. 오늘날에는 사실상 잊혔지만 당시에는 공공연한 사실이었다. 1926년 기자 회견에서 뉴욕시 검시관 찰스 노리스^{Charles Norris}는 그 위험성을 경고하며 노골적으로 비난 의사를 드러냈다.

정부는 알코올에 독을 넣는다고 해서 사람들이 음주를 멈추지 않으리라는 걸 알고 있으면서 중독 절차를 지속한다. 이는 술을 마시려고 마음먹은 사람들이 매일 이 독을 섭취하게 된다는 사실은 개의치 않는 조치이다. 이 사실이 진실임을 안다면 미국 정부는 독주로 야기된 죽음에 대해 법적인 책임은 아니더라도 윤리적으로 책임져야 한다.

재치 있는 말솜씨에 밧줄 묘기로 유명한 카우보이 영화 스타 겸 칼럼니스트인 윌 로저스^{Will Rogers}도 이렇게 말했다. "과거 정부는 총알로만 살인했습니다. 하지만 지금은 술병으로 하고 있죠."

금주법은 미국인들의 조국에 대한 시각을 좀먹었다. 적어도 부유한 백인들은 드러난 치부에 놀라움을 금치 못했다. 신사였던 밀주업자 조지 카시데이^{George Cassiday}는 「워싱턴 포스트」에 기고한 연재 기사에서 권력층의 위선과 권력 남용이 너무도 분명해서 무시할 수 없다고 (이름은 밝히지 않고) 털어놓았다. 검시관 노리스가 지적했듯, 죽은 사람들은 '비싼 법적 보호를 받을 수 없어서 싸구려 술을 마셔야 했던 이들'이었다.

그러나 킬러 파티를 지탱한 건 라이벌 갱들과 공화당원만이 아니었다. 진정한 미국인의 용기와 디오니소스, 디지 길레스피 같은 멋진 부류 덕분에, 금주법 시대는 재즈시대라는 이름을 얻고 술 전쟁은 바쿠스의 부활을 가져왔으며 미국인들은 전에 없던 방식으로 파티를 즐기게 되었다.

모든 주요 도시에서는 암거래 가격이 금세 과거 술집의 두 배로 뛰었고, 사람들은 다 같이 연루된 공범자가 된 기분으로 쾌락을 즐겼다. 술을 들고 있는 것만으로 감옥에 가거나 심지어 시체안치소에서 발견될 수 있던 시절엔 현실을 즐기는 것이 최선이었다. 칵테일은 바텐더가 출처가 의심스러운 술의 맛을 덮기 위해 새롭고 창의적인 방법으로 선택하는 술이 되었고 이제 남자와 여자, 흑인과 백인이 한데 어울려 술을 마시고 전에 존재하지 않던 음악에 맞춰 춤을 추었다. 암시장의 성장과 새로운 불법 트렌드로 코카인, 마리화나, 헤로인 같은 불법 마약은 한층 손쉽게 구할 수 있었다.

새로운 술, 새로운 마약, 새로운 음악의 등장과 더불어 모든 이들은 교리, 피부색, 계급에 상관없이 쾌락주의적 반대와 저항 행위로 밤새 담배를 피우고 술을 마시며 춤을 추는 현대식 술판을 탄생시켰다. 그리고 그 숙취는 사상 최대의 대공황이라는 증상으로 나타났다. 하지만 정부의 권위에 정면으로 도전해 민주적 방탕을 즐기는 행위로써 부활한 파티 문화는 플래퍼^{Flapper}(재즈시대의 자유분방한 젊은 신여성_옮긴이)족부터 비트닉^{Beatnik}(기성세대의 가치관이나 인습에 반발한 비트 세대의 한 부류_옮긴이), 블루스 브라더스^{Blues Brothers}부터 비스티 보이스^{Beastie Boys}, 올나이트 파티 키드까지 맹렬히 진화했고, 다음 날 아침의 문제도 계속되었다.

8막

지붕 위의 호랑이

우리의 주인공은 국경의 강을 건너 디트로이트에서 술을 마신 뒤, 플레이보이 모델, 성난 뱅갈 호랑이와 함께 일출을 본다.
출연: 야구의 위대한 전설들, 미국에서 가장 부유한 인도인과 굉장히 큰 고양이

"모든 병은 금지에서 비롯된다. 금지는 미신에서 유래했을 뿐이다."

— 알레한드로 조도로프스키

캐나다 온타리오 주 윈저에서 미국 미시간 주 디트로이트로 국경을 건널 때면 종말론적 상징 아니면 불길한 생각이 떠오르곤 한다. 그리고 그건 오늘도 예외가 아니다.

국경 근처에 이르니 하늘에 연기, 아니 먹구름처럼 검은 연기가 자욱하다. 아무리 봐도 좋은 징조는 아니다. 고속도로 갓길에서 원인을 알수 없이 폭발해 불꽃에 휩싸여 있는 SUV를 향해 갔다. 지나는 차들만 있을 뿐, 바주카포를 휘두르는 악당도 소방차도 보이지 않는다. 나는 한쪽에 차를 대고, 가까이 다가가 내가 주변의 유일한 인간인지 확인한 뒤 렌터카로 돌아와 미국으로 운전해 들어갔다.

내가 건너고 있는 이 강은 별의별 이상하고 의심스러운 물건의 거래를 지켜본 증인이다. 금주법 시대에는 미국에서 불법으로 유통되는 술의 절반 이상이 바로 이 강을 건너거나 통하거나 아니면 밑으로 들어왔다. 얼어붙은 강 위를 개썰매로 지난다든가, 한밤중에 트럭 대대로 배달한다든가, 버려진 선상가옥의 방들을 통과하는 케이블을 설치해 끌어올린다든가, 심지어 캐나다 증류소부터 연결한 조악한 파이프를 통해 펌프로 퍼 올리는 식이었다.

게다가, 디트로이트의 주류 밀수와 관련된 범죄 조직은 퍼플 갱Purple Gang이 꽉 잡고 있었다. 알 카포네Al Capone조차 건드리지 않고 손잡는 쪽을 택한 카리스마 넘치는 유대인 악당이 이끄는 조직이었다.

이러한 현상은 불길한 징조를 보여주는 디트로이트의 이상한 입지 때문이기도 했다. 경기침체에 이은 불황과 제한 조치는 이 지역을 제일 먼저 강타했다. 자신의 디트로이트 공장이 술 취하지 않은 말짱한 정신으로 일하는 일터이기를 바랐던 헨리 포드 덕분에 금주법은 1917년 미시간 주에서 처음으로 시행되어 전국적으로 퍼졌다. 따라서 이미 도박과 주류 밀수를 선점하고 있던 이곳의 갱들은 자동차 제조업에 이어 미시간 주에서 두 번째로 큰 산업체로 성장해 있었던 것이다.

　다른 원인은 퍼플 갱 자체의 특징이다. 그들이 어떻게 이름을 알리게 되었는지는 불확실하지만, 그들은 이 도시를 지배하는 시간이 길어지면서 점점 더 무섭도록 폭력적이고 강박적으로 세를 과시해갔다. 이는 거리를 어슬렁대며 노래를 부르고 침을 뱉는 잔혹한 검댕이투성이의 건달이라는 디트로이트 갱 스타일의 원형이 되었다. 그리고 물론 상황이 얼마나 심각했든지 간에, 그것은 언제나 스포츠이기도 했다. 이곳은 일시적 호황과 술, 금주령의 도시일 뿐 아니라 라이언스와 타이거즈, 레드 윙스의 도시이기도 하다.

　디트로이트는 금주법 시대 어느 도시보다 무자비하고 술 취한 노상강도 피해가 컸던 곳이다. 미국 주류 밀수의 전성기에 550만 인구의 뉴욕에는 3만여 개의 주류 밀매점, 진 술집, 불법 클럽, 불법 선술집이 있던 반면, 인구가 100만 명도 안 되는 디트로이트에는 2만 5,000개가 있었다. 그리고 여전히 이곳에선 미국 심장부 및 다른 지역에 유통되던 희석시킨 뒤 화학 성분을 잔뜩 넣은 제품이나 에탄올보다 메탄올 성분이 더 많은 밀주, 산업용 알코올에 쥐를 넣어 만든 쥐술이 아닌 꽤 질이 좋은 술을 구할 수 있었다.

　그래서 1920년대는 미국 역사상 최악의 숙취를 경험한 10년이었지만, 질 좋은 술을 마실 수 있던 디트로이트의 술꾼들에게는 그렇지 않았다. 숙취를 상징하게 된 도시의 지극히 역설적 상황이었던 셈이다. 결국 몇 년 전, 디트로이트는 파산을 선언했으며 중심지의 집들은 1달러에 팔리고 저녁 뉴스 앵커는 로보캅^{Robocop}을 언급하기에 이르렀다.

이 자동차 도시는 경제적, 구조적, 사회적, 역사적으로 종말, 필연적 쇠락, 숙취로 상징되는 암울한 미래에 대한 경고를 받은 것 같았다. 하지만 지금 디트로이트는 숙취 산업에 완벽한 도시로 자리매김하며 숙취 이후의 여명이 밝아오고 있다. 적어도 이론적으로는 말이다.

요즘은 디트로이트 시내로 진입하기가 여간 어려운 게 아니다. 교통 혼잡과 총을 든 경찰 때문이 아니라, 건설 경기 호황과 신호 체계 부족 때문이다. 이 도시는 암스테르담처럼 기업가, 개발자, 사업가들이 저마다 창조적인 동기로 도심 재생 프로젝트에 기여하면서 빠르지만 과감하게 재건되고 있다. 그리고 나는 암스테르담에서와 똑같은 이유로 여기에 왔다. 새로 출시된 숙취 해소 제품을 시도해보는 것이다. 하지만 비슷한 건 성대한 저녁 식사에 이어 그 회사를 소유한 사내와 진탕 술을 마신 뒤에 제품을 시험해본다는 것뿐이다.

네덜란드의 리셋 병은 수정처럼 맑은 느낌의 미래지향적인 디자인이다. 반면에 파티 아머 프로텍션^{Party Armor Protection}은 샷건^{Shotgun} 탄환 모양의 금속 재질 검은색 원통에 담겨 있다. '오늘 밤의 마지막 한 방'이란다. 암스테르담의 투어가 홍등가, 술집, 현대 미술에 집중되었다면, 이 도시에서는 갱과 차, 금주법과 프로 스포츠가 주제다.

중간에 뜬 공

알 카포네와 베이브 루스^{Babe Ruth} 두 사람은 1920년대 미국 금주법 시대의 유산과 야구계의 전설로 지금까지 사람들의 기억에 오래도록 남아 있다. 과음, 과식, 과체중으로 인해 경기장을 빛내기엔 턱없이 건강해 보이지 않던 이 인물은 스포츠계의 극히 이례적이면서도 가장 위대한 인물이기도 했다. "간단해, 친구." 베이브는 조언했다. "나만큼 술 마시고 담배 피우고 먹고 섹스한다면? 그러면, 자네도 언젠간 운동을 잘하게 될 걸세."

베이브 루스는 원기왕성하게 태어난 덕분에 숙취조차도 겪지 않았다. 양키스가 시카고로 원정 경기를 갔을 때, 화이트 삭스는 단골 바텐더에게 독하기로 유명한 그의 펀치를 밤비노(베이브 루스의 애칭_옮긴이)에게 잔뜩 대접해달라고 요청했다. 팀 동료 토미 헨리치^{Tommy Henrich}가 그를 가리켜 "트롬본 같은 식도를 가진 사나이"라고 했듯, 루스는 새벽까지 고주망태가 되도록 마셨지만 화이트 삭스를 완파하고 경기장을 가로질러 그날 밤 어디서 술을 한잔 할지 물으러 갔다.

베이브가 술을 많이 마시는 유일한 슬러거는 아니다. 최악의 컨디션에서 최고의 경기를 펼친 선수들은 많았다. 한때 위티스^{Wheaties}(시리얼 상품명_옮긴이) 박스를 빛냈던 위대한 미키 맨틀^{Mickey Mantle}은 「스포츠 일러스트레이티드^{Sports Illustrated}」지에 자신의 실제 '챔피언의 아침 식사'는 브랜디, 칼루아 앤 크림이라고 인정했다. 발목이 부러지고 3주 후 치러진 원정 경기에서 그는 (발목이 부러진 덕분에 마음껏 술을 마시고) 만취한 상태로 볼티모어 벤치에 앉아 맛이 간 발목과 숙취를 다스리며 앉아 있었다. 혹은 그렇게 생각했다. 사실 그날 아침 팀 닥터가 그의 이름을 출전 명단에서 지웠지만, 그는 7회 말 대타자로 호출되었다.

전기 작가 앨런 배라^{Allen Barra}는 "훗날 맨틀은 3볼 상황이 되자 한복판으로 들어오는 그 공에는 휘둘러야겠다고 생각했다고 말했다"라고 기록했다. 결과는 물론 홈런이었다.

이렇게 거짓말 같은 일은 다른 이에게도 일어났다. 버트 랜돌프 슈가 Bert Randolph Sugar는 루스와 맨틀 중간 세대의 슬러거 폴 와너Paul Waner에 대해 이렇게 썼다. "맥밀런 야구 백과사전의 선수 기록 중 '숙취' 부문을 작성한다면 이 부문에서 역대급 활약을 보일 선수는 단연 폴 와너이다. 와너보다 숙취를 잘 다스린 사람은 없었다. 누군가가 그렇게 자주 숙취를 겪는데 대체 어떻게 공을 칠 수 있는지 묻자 그는 이렇게 대답했다. '볼 세 개를 보내고선 한복판에 들어오는 공을 칩니다.'"

대단한 술꾼답게 '빅 포이즌Big Poison'이라는 별명으로도 불린 와너에게는 격렬하지만 간단한 그만의 숙취 해소법이 있었다. 바로 수도 없이 뒤로 공중제비를 도는 것이다. 보스턴 브레이브스 시절 그의 룸메이트였던 버디 해싯Buddy Hassett은 그가 "15분에서 20분 정도 뒤로 공중제비를 돌고 나면 완전히 술이 깨서 경기에 나가 3안타를 칠 준비가 끝난다"라고 증언했다.

물론 그다음 세대에는 데이비드 '부머Boomer(승리의 분위기를 띄운다는 의미의 별명_옮긴이)' 웰스도 있다. 위대한 밤비노가 현대에 환생한 듯한 선수였다. 그는 축복인지 저주인지 루스와 비슷한 심장, 간, 욕망을 지녔으며 체격도 비슷했고, 마운드에서 루스가 현역 시절 쓰던 야구 모자를 쓰기 위해 벌금 10만 달러를 내기도 했다. 그의 팬심은 그가 베이브 루스에게 공을 던지는 복잡한 도안의 문신으로 팔에 남아 있다.

토론토 블루 제이스, 디트로이트 타이거즈, 신시내티 레즈, 볼티모어 오리올스를 거쳐, 드디어 뉴욕 양키스에 입단했을 때 웰스는 루스의 등

번호 3번을 요구했지만 영구결번이라 달 수 없자 대신 33번을 달았다.

과음에 방탕한 생활을 즐기고 다소 별난 구석이 있는 웰스는 양키스 선수가 되자 다른 부분에서도 그의 우상을 따라 했다. 그의 영웅이 자랑스러워하거나 즐거워할 법한 신나는 만행을 저지르며 연일 불타는 밤을 보냈다. 그리고 1998년 봄, 웰스는 유명하고 또 악명 높은 〈새터데이 나이트 라이브Saturday Night Live〉에 출연했다. 촬영 후 뒤풀이에서 새벽까지 마신 뒤 한 시간 자고는 비틀대며 트윈스와의 오후 경기를 위해 투수 마운드에 올랐다.

공을 잘 치기가 아무리 어려워도 (숙취는 신경 쓰지 말자) 9이닝 동안 내내 아무도 치지 못하고, 아니 심지어 베이스도 밟지 못한다는 건 사실상 불가능하기 때문에, 이러한 위업을 퍼펙트게임이라고 한다. 1998년 5월 17일 그날까지, 1880년부터의 메이저리그 야구 역사를 통틀어 단 열네 명만이 달성한 기록이었다.

그런데 그에 관한 이해는커녕 가능성도 없었던 데이비드 '부머' 웰스가 통산 열다섯 번째 퍼펙트게임을 달성했다. 심지어, 때맞춰 진행된 비니 베이비Beanie Baby 행사(어린이 팬들에게 인형을 나눠 주는 행사_옮긴이) 덕에 고함치는 아이들로 가득 찬 경기장에서 말이다. 그의 말을 빌리자면 "핏발 선 눈에 숨은 턱턱 막히고 골이 울리는 숙취로 술이 덜 깬" 상태였다고 한다.

지붕 위의 호랑이, 밤중의 숲에서

지금껏 특이한 저녁 식사 자리에 몇 번 가봤지만, 단연코 이번이 최고다. 디트로이트 시내에서 가장 호화로운 레스토랑의 개별 다이닝룸 속 커다란 테이블을 가운데 두고, 뉴욕 교외에서 경주마를 기르며 재미 삼아 플레이보이 모델로 활동하는 러시아 상속녀와 마주 앉아 있었다. 그녀 옆에는 문신을 새긴 라스푸틴 느낌의 사내가 앉아 있다. 그는 콜로라도부터 차량으로 보브캣 한 마리, 늑대 두 마리, 벵갈 호랑이 한 마리 우리를 싣고 이제 막 도착했다. 그리고 야생 동물 조련사, 카우보이, 모델 두어 명과 오늘 모임의 주최자 및 그의 수행원 그리고 파티 아머의 케이슨 소스비^{Cason Thorsby}가 있다. 그도 나만큼이나 당황한 것 같다.

우리는 데이비드 얘로^{David Yarrow}의 손님으로 이곳에 왔다. 어젯밤 소스비가 클럽에서 우연히 만난 국제적으로 유명한 영국의 사진작가다. 우리는 새벽에 예정된 그의 사진 촬영에도 초대받았다. 그는 이 자리에 있는 사람들과 좀 전에 데려온 야생동물들, 불타 폐허가 되어버린 디트로이트 공장 위로 떠오르는 일출을 찍을 계획이다.

"어떻게 생각하십니까?" 소스비가 방을 품에 안으려는 듯 두 손을 활짝 벌리며 물었다. 그는 내가 자신의 파티 아머를 시험할 독특한 방법을 생각해내려 하고 있었다. 그러곤 러시아 상속녀와 인디 영화 스태프, 줄에 묶인 호랑이까지 완비되었으니, 앤디 워홀의 '해프닝'과 영화 〈행오버〉를 초현실적 영화로 조합하자는 아이디어를 들려주었다.

"괜찮은데요." 버번 사워를 다 마시고 빨간 병을 시작하며 내가 말했다.

얘로가 연설하려 자리에서 일어났다. 차분한 시선에 위엄 있는 목소리의 어깨가 넓은 남자다. 그는 환영 인사에 이어 촬영에 관해 간단히 설명하고는 이렇게 말을 맺었다. "오늘 밤 식사를 마음껏 즐기시되, 지나쳐서는 안 됩니다. 해가 떴을 때 최고의 컨디션이어야 하니까요." 소스비와 나는 잔을 부딪쳤다. 큰일이야 나겠는가?

케이슨과 그의 동생 셸든은 대학 졸업 무렵 파티 아머의 아이디어를 떠올렸다. 디트로이트가 파산했을 때였다. "우리도 대학 시절엔 당신처럼 마셨죠." 케이슨이 말했다. "대부분은 멀쩡했는데, 우리는 다음 날이면 지옥을 맛봤죠. 그리고 이 도시에 남아 뿌리내리고 싶기도 했어요. 그래서 이렇게 해야겠다고 생각했지요."

상관관계가 명확하지 않지만 케이슨은 언제나 사업가 마인드를 품고 있었고, 건강과 신체 단련에 관심 많은 화학 전공자인 동생은 건강 보조제에 대해 잘 알고 있었다. 그래서 케이슨은 시장 조사를 맡고 셸든은 상품을 기획했다. 셸든은 이미 출시되어 있는 숙취 해소제가 많다는 사실을 확인하고 이 모든 걸 하나로 조합하면 효과가 어떨지 시도해보았다. 한편 케이슨은 소비자 성향 보고서와 시장 분석 보고서를 연구한 뒤 보조제계의 구루를 찾아갔다.

"마노 바르가바Manoj Bhargava를 찾아갔습니다. 그도 여기 미시간에 살고 있거든요." 케이슨은 내가 그 사람이 누군지 반드시 알아야 한다는 듯 숭배하는 어조로 말했다. "'파이브 아워 에너지Five-Hour Energy' 알죠? 미국에서 가장 부자인 인도 사람은요?"

이는 바르가바가 최근 「포브스」 커버스토리에서 직접 말한 이야기다. 파이브 아워 에너지는 전 세계적으로 판매되지만, 이 음료가 체이서Chaser라는 숙취 해소제의 일종의 후발 주자로 시작되었다는 사실은 잘 알려져 있지 않다.

"체이서는 대박이었죠. 파이브 아워 에너지만큼은 아니지만, 거기서 그는 시작했어요."

그래서 케이슨은 바르가바가 자신의 숙취 해소제 론칭에 관해 조언을 해줄 수 있는 사람이라고 생각한 것이다. 같은 지역에 살고, 이미 같은 일을 시작해 성공시킨 사람이니 말이다. "느닷없이 그를 찾아가서는 질문을 퍼부었습니다. 그러자 그는 숙취 해소제에 대해 이미 사실로 입증된 두 가지 사실을 말해주었습니다. 모든 사람이 의심을 품고 있으며, 모든 사람이 전문가라고요." 케이슨은 와인 잔을 내려놓고 물 잔을 집어 들었다. "다들 탈수의 문제라고 합니다. 그러면 해결이 쉬우니까요. 그리고 동시에 해결 불가능하다고도 생각하죠. 만약 그 제품에 실제로 효과가 있다면, 진즉 들어봤을 거라는 겁니다. 신문 1면마다 실리고, 올해의 가장 흥미로운 인물로 〈20/20(ABC방송국의 뉴스 쇼_옮긴이)〉에 출연하겠죠. 그렇지 않으니까, 거짓말이라고 하는 겁니다."

케이슨은 제품 자체보다 소비자들의 심리와 제품의 접근 용이성을 더 중요시했다. "술만큼 쉽게 구할 수 있어야 합니다. 이것이 바로 바르가바의 진짜 성공 비결입니다. 그는 체이서를 모든 마트에 입점시켰어요. 월마트, 월그린 등등 당신이 이름을 들어본 곳이라면 다 들어갔죠. 숙취 제품 사상 가장 큰 성공이었어요. 하지만 보고서에 따르면 매출은 1200만 달러에 불과했죠. 그러다가는 잘못될 수도 있었어요. 매대에 쌓아두었지만 반품을 받아야 했던 겁니다. 그가 진짜로 돈을 벌었는지 잃었는지 누가 알겠어요? 하지만 그건 고려할 가치가 없습니다. 어쨌거나 그 남자는 지금 억만장자가 되었으니까요. 그는 그 병에서 숙취 하나

지워서 미국에서 가장 부자인 인도인이 되었습니다. 파이브 아워 에너지 판매만으로요. 그게 뭐가 중요하냐고 할 수도 있겠지만, 정말 대단하지 않나요!"

소비자의 의심과 게으름에 대한 구루의 경고에도 소스비 형제는 단념하지 않았다. 파티 아머를 들고 체이서가 떠난 자리에 뛰어든 것이다. 셸든은 엔아세틸시스테인, 글루타티온, 백년초, 밀크시슬과 온갖 비타민, 미네랄을 모두 혼합해 60밀리리터 병에 넣는 방법을 찾아냈다. 그리고 맛도 그리 나쁘지 않았다.

바르가바의 10억 달러짜리 보조제 대박을 통해 밝혀진 또 다른 사실은 소비자들이 알약 먹는 건 부끄러워하지만, 마시는 건 그렇게 여기지 않는다는 점이다. 그리고 케이슨은 다른 사람의 경험을 통해 배울 줄 아는 사람이었다.

저녁 식사가 끝나고 다른 이들은 방으로 돌아갔지만 케이슨과 나는 시내로 나왔다. 그리고 바에서 그의 친구들과 합류했다. 그들은 파티 아머 프로텍션을 일상의 필수품으로 여기는 서글서글한 사람들이었다. 소스비 형제는 다음 날 아침을 위한 흰 병에 담긴 파티 아머 리커버리도 만들었다. 두 제품은 흑백 샷건 탄환처럼 테이블 위 잔 사이에 놓여 있다.

"각각 효과가 있지만, 함께 복용하면 효과가 배가되죠." 소스비가 말한다. "하지만 하나만 선택한다면, 프로텍션을 권해요. 잠자리에 들기 전에 마시는 거죠."

"경험상 아침이 되면 너무 늦더라고요." 내가 그에게 말했다.

"맞아요." 그가 흰 병을 들며 말했다. "하지만 이건 꽤 잘 듣는답니다."

두 제품의 재료에 대해 소스비에 대해 물었다. 정확히는 함유량, 농도, 비율이라고 해야겠다. 하지만 잘 대답하지 못했다. 배합 공식을 감추려는 의도가 아니라 정말 모르기 때문이었다. 어쨌거나 그 방정식을 찾아낸 화학자는 그의 동생인데, 그는 어디에서도 보이지 않았다.

몇 잔 더 마시자, 케이슨은 파티 아머를 만든 이후 자신과 셸든의 '사이가 틀어졌다'고 고백했다. 자세한 내용은 말하지 않았지만 불편한 기색이 완연했다. 암스테르담에서 만난 이와 비슷한 상황이다. 그곳에서도 리셋의 실제 제조자는 우리 저녁 식사 자리에 합류하지 않았다.

우리는 동 트기 전 호랑이와 함께 지붕에 올라가 있어야 한다. 그래서 케이슨은 내가 묵는 호텔 바에서 제임슨 위스키 더블 샷으로 '오늘밤 마지막 잔'을 들자고 제안했다. 그리고 우리는 검정색 작은 병을 열어 꿀꺽 들이켰다. 새콤달콤하지만 매캐한 맛도 있다. 그리 나쁘진 않다. 그러곤 케이슨은 몇 시간 후 나를 데리러 오기로 하고는 집으로 자러 돌아갔다.

나도 자러 가야 한다. 하지만 최근 상원의 승인 덕분에 디트로이트 술집의 마지막 주문이 세 시간 늦춰진 사실을 알고 있는 데다 주변에 역사적으로 흥미로운 바가 몇 군데 있을 것 같았다. 숙취 상태가 아니라 술이 덜 깬 채 일어나야 파티 아머가 어떻게 작용하는지 경험할 수 있지 않겠는가. 돌아가 시험해보라며 케이슨이 준 패키지도 있고, 앞으로 덜 극적인 테스트를 할 시간은 충분하니 말이다. 그리고 정말로 한 잔 더 마실 수 있었다. 요즘 계속 그런 식이었으니까.

암스테르담에서 돌아온 이래 지난 두 달간, 작년보다 더 많은 제품을 테스트했다. 지금 우리 집엔 반쯤 빈 프리톡스^{Pretox}, 드링크웰^{Drinkwell}, 행오버 건^{Hangover Gone}, 소버^{Sobur} 케이스가 남아 있다. 전부 제조자들이 자신 있게 출시한 제품들이다. 어떤 건 제법 효과가 있었지만, 어떤 건 전혀 그렇지 못했다.

이와 동시에, 나의 자체 처방을 다른 제품들을 능가할 수준으로까지 수정했다. 한동안 엔아세틸시스테인이 괜찮은 마법의 성분인지 의심했는데, 클라이스와 이야기를 나눈 뒤 다음 단계로 발전하게 되었다. 복용량을 늘리는 것이다. 그리고 리셋과 파티 아머 제조자 둘 다의 지침대로 술 취해 잠들기 전의 위태로운 시간대에 제대로 챙겨 복용했다.

또한 오늘까지 매일 밤 꽤 많이 취했다. 이 사실은 내가 진짜 뭔가 하고 있다는 강력하고 예측 가능하며 다소 무서운 지표이기도 하다.

자유의 맛

역설적이게도 미국에서는 금주법으로 인해 알코올이 보다 널리 사회적으로 수용되었고, 역사적으로 술이 금지되었던 사람들도 쉽게 접근할 수 있게 되었다.

노예제도 아래서 아프리카계 미국인들은 술을 마시면 체벌을 받거나 심지어 죽임을 당하기도 했다. 노예제가 존재했던 모든 사회에서 이런 일들이 만연했다. 스파르타인들이 두드러진 예외인데, 그들은 시민들에게 숙취로 고통스러워하는 모습을 경고의 수단으로 활용하기 위해 노예로 하여금 술을 마시게 하고 고주망태 모습을 보여주었다.

그리고 남성 중심의 역사에서 여성들은 재산의 일부로 간주되었다.

자유의 땅인 미국에서도 내전과 대외전쟁, 금주법 시대를 지나고서야 여성들에게도 술 취할 수 있는 천부 인권이 있음을 인식하기 시작했다. 누구든 숙취라면 좋게 보이진 않지만 대체로 여성들은 더 좋지 않게 보았다고 하는 편이 공정하겠다.

몇몇 과학 연구에서는 여성이 남성보다 숙취를 더 심하게 느낀다고 하지만, 반대 주장도 있다. 사실 이들은 그저 신체적 숙취 증상만 관찰한 것이다. 추상적인 면에 있어서는 역사적으로 비교할 자료 자체가 없다. 여성들은 술에 취하기는커녕 문자 그대로 술 마시는 것조차 수치스럽게 생각했기 때문이다. 그래서 적어도 완고한 여성 혐오론자들 사이에선 숙취를 드러내지 않으려 최선을 다했다.

가족 상담사 클로디아 벱코^{Claudia Bepko}와 조 앤 크레스탄^{Jo-Ann Krestan}은 역사적으로 "음주에서 비롯된 남성들의 흐트러진 행동은 수용되고, 심지어 장려되었으나" 반면에 술을 마신 여성들은 "남성과 아이들을 병들게 하고 타락시키는 존재"로 인식되었다고 기술했다. 그리고 언제나 술은 통제 및 섹스와 관련되었다. "1세기 로마에서는 여성의 음주가 범죄였다. 술을 마신다고 의심받는 여성은 남편을 성적으로 배신했다고 간주해 죽일 수도 있었다."

이렇게 도통 납득되지 않는 논리는 (항상 처벌이 그리 가혹하진 않았지만) 거의 모든 문화권에서 오래도록 전해져 왔다. 13세기의 시인 로베르 드 블루아^{Robert de Blois}는 이렇게 썼다.

음식과 와인을 넘치도록 먹은

그녀는 곧 좋아하게 된다.

허리 아래의 대담한 즐거움을.

반대로, 조안 아마트레이딩^{Joan Armatrading}은 1976년 발표한 동명 타이틀의 걸작 앨범 '와인 섞인 물^{Water with the Wine}'에서 술 취한 남성에게 데이트 강간을 당한 트라우마를 드러낸다. 고통스러운 아침, 고개를 돌렸을 때 가해자가 아직 곁에서 베개에 머리 묻은 채 코를 고는 모습을 보았던 악몽 같은 장면을 생생하게 그린다.

이 노래의 작곡자이자 가수는 (그녀가 얼마나 재능 있고 잘 회복되었는지는 논외로 하고) 마음을 의지하고 달랠 사람이 없었던 탓에, 플라톤의 말에 귀를 기울이고 그 뒤로는 와인에 물을 섞기 시작했다. 그렇게 하면 조금이라도 도움이 될 것처럼. 조안 아마트레이딩이 체념조로 자책감을 (이보다 나은 단어가 없다) 드러내는 현실은 트라우마가 가부장 사회에서 정상화되는 과정이 얼마나 냉혹한지 보여준다.

성폭력의 위험 지대 밖에서도 여성의 숙취에 대한 자세한 역사적 설명이나 묘사를 찾기 어렵다. 내 소중한 친구이자 위대한 작가인 타바사 소데이^{Tabatha Southey}는 내게 이런 편지를 썼다. "여자들은 아무 데서도, 모든 것에 대해서도 말을 하지 못하고, 남자들처럼 숙취를 과시하지도 못하지. 남자의 숙취는 과거 여자들의 탐험을 달갑지 않게 여긴 영역에서 성취한 위업을 통해 얻은 기념품으로 여겨져. 하지만 우리는 살금살금 들어갔다가 살금살금 나와야 해. 우리가 술에 취했거나 숙취 상태라는 게 알려지면 좋지 않으니까. 여성판 팔스타프^{Falstaff}(셰익스피어 희곡 『헨리 4세』와 『윈저의 즐거운 아낙네들』에 등장하는 뚱뚱하고 유쾌한 기사_옮긴이)는 존재하지 않아."

비교적 최근인 1987년, 뛰어난 프랑스의 소설가이자 극작가인 마르그리트 뒤라스^{Marguerite Duras}는 자신의 음주벽이 어떻게 인식되는지 글을 남겼다. "여성이 술을 마시면 마치 동물이나 아이들이 술을 마시는 것처럼 여긴다. 알코올 중독은 여성에게 치명적인 스캔들이며, 여성 알코올 중독자는 희소한, 굉장히 심각한 문제가 있는 사람으로 취급된다. 이는 우리 본성의 신성함에 대한 치욕이다."

그렇기 때문에 놀랍지 않게도, 어떤 형식으로든 숙취에 시달리는 여성 예술가의 자화상을 찾기란 여간 어려운 일이 아니다. 하지만 그들의 남성 동료가 대부분 사랑스럽게 그린 유명 작품이 몇 점 남아 있다. 파리의 술집과 댄스 클럽에서 대부분 시간을 보내던 알코올 중독의 난쟁이 장애인, 앙리 드 툴루즈 로트레크^{Henri de Toulouse Lautrec}라면 〈숙취〉라는 제목의 자화상을 그릴 법하다고 생각하겠지만, 그는 대신 숙취 상태의 쉬잔 발라동^{Suzanne Valadon}을 캔버스에 그렸다.

그의 술친구이자 동료 예술가였던 발라동은 15세에 공중 그네에서 떨어질 때까지 재능 있는 서커스 곡예사로 주목받았다. 툴루즈 로트레크가 이 특별한 아침을 포착했을 때 그들은 둘 다 스무 살을 넘지 않았지만, 그녀의 눈에서 하늘 높이 나는 희망은 이미 지난 과거이며 앞날에 무엇도 기대할 수 없다는 처연한 관조를 엿볼 수 있다.

지붕 위의 호랑이, 두려운 균형

해가 8층 높이까지 떠올라 돌무더기가 여기저기 흩어져 있는 폐허가 된 공장의 지붕을 비추자, 어스름한 빛 속에서 형체가 보인다. 검은색 벨트를 두른 검정 가죽 코트 밑에 아무것도 입지 않은 키 큰 금발 여성이 손에 굵은 쇠사슬을 들고 있고, 한쪽에는 새벽빛에서도 줄무늬가 또렷이 보이는 벵갈 호랑이가 그녀 옆에 위풍당당하게 서 있다. 대부분 피부색이 짙은 열 명 남짓한 사람들은 야구 모자를 쓴 채 그래피티로 도배된 굴뚝과 콘크리트와 강철봉 무더기 사이에서 다양한 포즈를 취하며 폐허가 된 지붕 너머로 태양을 몰래 쫓아가려는 그 여성과 호랑이를 내려다보고 있다.

작품이 말하려는 바를 난 잘 모르겠다. 인종과 성性? 통제와 무력함? 묶는 쇠사슬? 섹스와 고정관념? 아니면 아무 의미 없는 걸지도 모르겠다. 그저 숙취 상태의 몽롱한 꿈일지도.

해가 더 높이 떠오르자, 이 공간에 불안감이 더욱 팽배해진다. 상황이 통제와 계획을 벗어난 것 같다. 호랑이는 지쳐서 잔뜩 성나 당장이라도 달려들 준비가 되었고, 이제 헬리콥터 프로펠러 도는 소리가 들리더니 경찰과 뉴스진들이 머리 위를 날고 있다.

몇 시간 후 토론토에 돌아와 보니, 이 이야기가 (그렇게 부를 수 있다면) 전국 저녁 뉴스에 나온다. "디트로이트 공장 폐허에서 사진을 촬영하는 동안 호랑이가 얌전히 있었습니다." 그러고는 이래라저래라 하는 지시에 질린 표정의 호랑이 화면이 나온다. 일부는 공중에서, 일부는 근처 땅에서, 그러곤 무너진 계단에서 찍은 것이다. 핸드헬드 카메라는 문신을 새긴 라스푸틴이 호랑이를 향해 정원용 연장을 흔들자 고집스러운 호랑이가 겁먹은 모습을 담는다.

뭐가 뭔지 모르겠다. 일출인지 꿈인지, 미래인지 허구인지, 치료법을 찾는 건지 원인을 탐색하는 건지. 심지어 파티 아머가 효과를 발휘하는지도 모르겠다. 술 취함, 맨정신, 숙취 모든 상태의 경계가 흐릿해지기 시작한다. 하지만 적어도 지금 난 집에 있다. 세상은 아직 내 편이다. 호랑이는 우리로 돌아갔고, 나는 빈 파티 아머 병을 내려놓고 다른 병을 집어 들었다.

오늘 아침 나는 눈을 떴네

끔찍한 두통과 함께. 머릿속이 뒤죽박죽이야. 머리가 딩딩 울려. 가슴은 불타고 있어, 뜨거운 열로. 눈앞에 태양이 빛나고 입 안은 씁쓸해. 문 밑에 잇자국이 있어. 손에는 와인 잔. 턱수염엔 파리. 홀로 마룻바닥에 누워 있어. 정말 희한한 기분이야. 이제 11시 11분. 비어 있는 침대로, 텅 빈 하늘을 향해 가. 다시 옷을 입고. 골칫거리가 방문을 두드려. 버터와 계란이 침대 안에 있어. 내 개는 죽었어. 우울이 내 머리를 감돌아. 우울이 얼굴에 내려앉아. 그리고 내 사랑이 떠났어.

마지막 문장이 바로 핵심이다. 저며오는 비통함을 근본적이고 간결하게 드러낸다. 마치 항상 그랬고, 계속 그럴 듯이. 원곡은 이렇다.

오늘 아침 나는 눈을 떠보니, 내 사랑이 떠났어.

오늘 아침 나는 눈을 떠보니, 내 사랑이 떠났어.

가슴이 찢어지고, 숙취로 고통스러운 채 난 홀로 남았어.

미시시피 델타 지역의 목화밭에서 생겨난 이 열두 마디 곡은 간단하게 '오늘 아침 나는 눈을 떴네' 블루스로 알려져 있다. 그리고 이 노래는 대공황을 거치며 죽은 개, 잃어버린 사랑이 블루그래스Bluegrass(기타와 밴조를 중심 조합으로 한 미국 컨트리 음악의 한 갈래_옮긴이)와 홍키통크Honky Tonk(초기 재즈 스타일의 연주 방식. 주로 싸구려 선술집이나 댄스홀에서 연주되었음_옮긴이)로 변주되어 북쪽 시카고와 디트로이트까지 전해져, 격렬한 미국인의 숙취 노래가 되었다. 지금은 로큰롤 버전으로 더 잘 알려져 있지만.

물론 상쾌하게 아침에 일어나고 열렬한 사랑에 빠지는 찬란한 나날을 찬양하는 노래도 있다. 하지만 그렇지 않은 노래가 훨씬 더 많다. 베시 스미스Bessie Smith(1920년대 활약한 흑인 여성 블루스 가수_옮긴이)는 혼자 일어났고, 로버트 존슨Robert Johnson(미시시피 델타 블루스 스타일을 완성한 뮤지션_옮긴이)은 신발을 찾지 못했다. 워런 제본은 침대에서 떨어졌고 마크 노플러Mark Knofler(영국의 기타리스트 겸 작곡가이자 다이어 스트레이츠의 리더_옮긴이)의 자쿠지는 고장 났다. 그리고 킹 미사일King Missile(미국의 록 밴드_옮긴이)은 페니스를 다른 데 놓아둔 바람에 일어나 어리둥절해졌다.

어쨌거나 '오늘 아침 나는 눈을 떴네'의 주제는 남은 하루를 계속 살아가라는 것이다. 보통 아침 식사로 시작하는데, 그러지 못한다면 시카고의 멋진 노래에서처럼 "일어나기 힘든 아침엔, 아침 식사 대신 한 시간 동안 샤워"를 하면 된다.

라디오에서 자주 나오는 피터 세트라Peter Cetra의 영화 사운드 트랙 히트곡으로 후기 시카고만 아는 사람들을 위해 설명하자면 이 곡은 전혀 그런 풍이 아니다. 긁어내는 목소리로 부르는 기발하고 참신한 이 노래는 지금은 고인이 된 위대한 술꾼 테리 캐스Terry Kath가 작사·작곡했는데, 그는 굴곡 많은 삶을 살다가 우발적인 총기 사고로 머리에 총을 맞아 죽음을 맞이했다. 그의 노래들은 불행하게 고집스럽고 고집스럽게 불행하다. 그래서 가사를 읽는 것만으로는 충분하지 않기 때문에, 그가 재즈의 영향을 받기 전인 초기의 프로그레시브 록 느낌의 곡을 들어봐야 한다.

그러나 가사를 읽으며 캐스가 어떻게 했는지 보자. 구성상 전통적으로 중요한 라인을 뒤집어, 숙취를 아침의 우울이라고 부르며 이를 직시한다. 마치 사기꾼이 술에 취해 입에서 나오는 대로 대담하게 쓴 부도덕한 시 같다.

오늘 눈을 뜨니

아침의 우울이 숙취로 남아 있네

그래서 그걸 똑바로 쳐다봤어

그러곤 달려가 한 시간 동안 샤워했지

오 좋은데

그래, 언제나 이러면 좋아졌었지

마음을 진정시켜줘

그 우울을 똑바로 보고

배수관으로 내려보내자…

지금쯤 보통 아침밥을 먹어

맛있는 스팸으로

그래, 그거라면 삼시 세끼 먹을 수 있어

하지만 난 오직 한 브랜드만 좋아해

그리고 다른 데서는 찾을 수 없지

그래서… 건너뛰어야 해

그리고 해시시로 만족해

네가 여기 없는 게 얼마나 힘든지

오… 사랑스러운, 사랑스러운 스팸이여.

가슴 아프게 표현되는 스팸에 대한 갈망 역시 '오늘 아침 눈을 뜨는'

전통의 일부이다. 뜨거운 커피, 알사탕, 젤리 롤, 납작 귀리에 대한 절절한 찬가는 보통 섹스나 죽음 혹은 숙취를 유발한 갈망의 완곡한 표현이다.

숙취를 기발하게 표현한 존 프라인John Prine은 '불법적인 미소Illegal Smile'에서 오트밀 그릇에게 무시당하고, '나를 묻지 말아줘Please Don't Bury Me'에서는 아침 식사 테이블로 가지도 못한다. 눈을 떠서 부엌으로 가던 중 죽는 것이다. 이 곡이 숙취 블루스 사상 가장 짧고 치명적이라 생각하겠지만, 이를 능가하는 곡이 있다. 열렬히 블루스를 개척하던 지미 헨드릭스와 짐 모리슨의 비공식 음반에 실린 '아침에 눈을 떠보니 내가 죽어 있네I Woke Up This Morning and Found Myself Dead'라는 오싹한 제목의 곡이다. 실제로는 술 취해 정신없는 와중이라 이 가사를 쓰기 어려웠겠지만 말이다.

모리슨의 가장 유명한 숙취 가사이자 가장 활기차면서도 허무주의적으로 숙취를 달래는 가사에 관해선 여러 이야기가 있다. 지미가 런던의 호텔 방에서 죽은 뒤 불과 9개월 만에 짐이 파리의 욕조에서 똑같은 일을 당하고 사실상 도어스 보컬이 된 레이 맨저렉에 따르면, 모리슨이 마약으로 인해 3주 동안 의식을 잃었다가 깨어나 '로드하우스 블루스 Roadhouse Blues'의 가사를 썼는데 원래 가사는 '오늘 아침 눈을 떠보니/턱수염이 자랐네'라는 초현실적 조크였다가 나중에 으스스한 것으로 바뀐 것이라고 한다.

이 블루스 속 사내의 묘비명을 뭐라고 할까?

"나는 오늘 아침 눈뜨지 못했네."

9막

———

화산 위에서

우리의 주인공은 연옥에서 갑자기 홀로 눈을 뜨고, 고통스럽게 정화되었다가 걷는 법을 배우고 산을 오르며, 맥주 축제에 갔다가 거의 죽을 뻔하고, 산 채로 묻혔다가 시간이 유동적으로 흐른다는 사실을 발견한다.
출연: 실레누스, 마틴 루터 그리고 동에 번쩍 서에 번쩍하는 수고양이(톰캣)

"그는 술 취했다가 술이 깼다. 그러자 갑자기 숙취가 찾아왔다."

— 맬컴 라우리 『화산 밑에서』

젖먹이 아기 신의 꿈속인 듯 특이한 나선형의 몽환적 평행세계에서 눈을 떴다. 사원, 미나레트(이슬람 사원의 첨탑_옮긴이), 탑, 돔으로 이루어진 비현실적인 건축물이 깊은 땅속에서 솟아올라 있다. 나지막한 산으로 둘러싸인 들판과 숲이 용의 둥근 등 같은 지붕 위로 펼쳐져, 땅과 인간이 만든 거주지가 하나로 똑같아 보인다. 온천 풀, 분수, 바위 터널로 연결된 정원과 지하 동굴, 흙으로 만든 다리 위엔 수증기와 햇살, 수정이 만들어낸 미로가 있다.

이곳은 수평적으론 오스트리아 알프스 기슭에 100에이커(약 40만 제곱미터, 12만 2,000여 평)에 국한되어 있지만, 그 범위는 무한하다. 온천 배관을 통해 방의 욕조로 흘러 들어오는 물은 지구 중심의 열로 데워진 깊은 원시 바다에서 오고, 승객을 실은 거대한 열기구는 소풍 바구니를 매단 이카루스처럼 하늘로 날아오른다.

주위를 둘러싼 휴화산은 땅을 비옥하지만 불안정하고 자성을 띠게 한다. 오렌지 와인과 영적 연결성에 이상적인 조건이다. 전화, 컴퓨터, 전기 조명 등 일체의 과학 기술이 배제되고 오직 촛불만이 부드럽게 빛을 밝히는 방에서 수도사처럼 잠잘 수 있다. 화산의 온천, 분수, 사우나에서는 수영복이나 옷을 입는 것이 금지되어 있다. 사람들은 나체인 채로 환하고 아름답게 빛난다. 공기에선 라일락 향이 나고 플루트 소리가 들려온다. 내게는 지옥처럼 느껴지지만, 깊이 호흡하며 희망을 가져보려 한다.

지난 과거는 어둡고 힘들었다. 캐나다의 내 엉망진창 아파트부터 크로아티아에서 열린 작가 페스티벌에 갔다가 알프스 기슭을 지나 지금 연옥에 이르기까지 초현실적이고 술 냄새 풍기는 포스트모던 블루스 노래처럼 비틀대는 삶이었다. 나는 여자 친구를 잃었다. 돈도 잃고 짐도 잃고 숙취 해소 알약도 잃었다. 그렇게 길을 잃고 헤매다 마침내 이곳, 이 이상한 화산 세계에 도착했다. 균형과 건강을 창의적으로 해석한 온 마을은 나무, 돌, 벽돌과 유리로 만들어져 있고 영혼이 볼 수 있는 한도 내에서는 단 하나의 직선도 없다.

몇 세기 동안 크게 성공한 배덕자들, 주정뱅이들, 공상가들은 구원까지는 아니더라도 평온을 바라며 낮은 산에 숙취를 불시착시켜왔다. 클레멘트 프로이드는 말했다. "그들이 피난처에 돌아올 수 있을 때는 짝사랑이나 도박장에서 생긴 재앙으로 날개가 잠시 꺾였을 때뿐이다."

그러나 이곳은 그 이상이다. 최첨단 설비에서 최대치의 휴식을 만끽하며 원기를 회복할 수 있다. 신화적인 인본주의 예술가이자 건축가인 프리덴슈라이히 훈데르트바서 Friedensrich Hundertwasser가 "세계에서 가장 큰 거주 가능한 예술 작품"으로 디자인하고, 혁명적인 개발업자 로버트 로그너 Robert Rogner가 "손대지 않은 자연과 희망을 품은 인간을 잇는 도관"으로 건설한 로그너 바트 블루마우 Rogner Bad Blumau는 치유력 충만한 낭만적이고 영적인 건강 리조트이다.

안내판을 보면, 이 온천의 물은 "지반 운동으로 인한 외부 압력으로 밀폐되어 있던" 100만 년 된 바다에서 솟아 나왔다고 한다. 지하 3,000미터에서 흘러나오는 섭씨 110도의 물은 "피부 건강과 신진대사를 촉진하고 … 혈액 순환을 도우며 온몸에 치유 효과를 준다". 심지어 풀 주변을 거니는 것만으로 확실히 좋은 효과가 나타나는데, 이 온천이 "많은 힘의 원천, 생활 에너지의 중심과 자연의 치유력이 발견되는 매우 민감한 땅에 있기 때문이다."

그래서 천상의 해안에 불시착한 지금, 나는 자신을 포기하고 완벽히 완전히 그리고 무한히 이곳의 치유력을 받아들일 만반의 준비가 되어 있다. 디톡스가 더 이상 빌어먹을 술을 깨운다는 뜻의 축약어가 아님을 잘 알고 있긴 하다. 한편 '생활 에너지'와 '자연의 치유력'은 나 같은 영혼에게는 없거나 적어도 찾기 어려운 경우가 많다는 것도 잘 알고 있다. 그래서 도착하자마자 받은 브로슈어 첫 줄은 하느님의 꾸짖음 같다. "어떤 이들은 삶의 방식을 바꿀 기회를 한 번도 갖지 못했고, 나머지는 기회를 얻고도 깨닫지 못한 사람들이다."

　"난 깨닫긴 했어." 치유의 호수 불카니아를 둥둥 떠다니며 혼잣말했다. 물 아래의 스피커를 통해 팬플루트 소리가 들린다. "난 깨달았어." 4원소 정원의 바냔 나무 아래서 밀 싹과 블루베리를 우물대며 읊조렸다. "난 깨달았어." 휴화산 중심의 열을 이용한 적외선 사우나에서 땀을 쏟아내며 생각했다. "난 깨달았어." 사해에서 실어 온 소금을 수정이 박힌 석순에 메워 만든 동굴에서 벌거벗은 채 누워 중얼댔다. 부드럽게 합성된 소리와 광파가 흘러나온다. 내가 깊이 호흡하는 소리도 들린다. 그러자 한 여자가 내 이름을 부른다. "난 깨달았어." 고백한다. 그녀는 나를 사해 소금 밖으로 데리고 나간다.

　영어를 거의 하지 못하는 하이디는 나를 흰 정사각형 방의 흰 정사각형 침대 위에 눕혔다. "신체 노폐물 배출 치료입니다." 그녀는 모든 단어를 또박또박 발음하며 말한 뒤 수건을 걸고는 나에게 이런 내용을 알려주었다. 이 치료법은 새롭다. 그러니까 내가 그의 첫 번째 남자일 정도로 새롭다. 지금까지는 여성의 신체에만 배출 치료를 해주었다고 한다. 하지만 이 치료를 받고 나면 나는 정화되며, 아마도 지금껏 살아온 그 어떤 때보다도 정화된 상태일 것이다. "해보시겠어요?"

그녀에게 그렇게 하라고 했다.

그러자 그녀는 엔야의 노래를 켜고 손가락을 풀었다.

하이디의 손은 강하지만 자유자재로 움직이며 독소가 쌓인 근육을 눌러 내 몸의 긴장을 풀면서, 실제로 '신체 노폐물 배출'을 시행했다. 젤을 바른 작지만 믿기지 않을 만큼 강력한 진공청소기가 내 껍데기만 남기려는 듯 살을 누르며 노폐물을 뽑아냈다. 기계가 내 위에서 윙윙거리고 하이디는 내 귓가에 속삭인다. 침략당하는 느낌이지만 불가항력이고, 고통스러우면서도 관능적이다. 이제 사해의 물이 눈을 제외한 온몸의 땀구멍에서 흘러나온다. 온몸이 울기 시작하는 것 같다.

하이디의 손길로 몸속 깊은 곳의 독소가 배출되며 정화되는데, 지난 추억과 폭음의 시간들, 어둠 속에서 섬광처럼 떠오른 기억이 머릿속을 맴돈다. 로라와 헤어지고, 크로아티아에서 무너져 내리고, 슬로베니아에선 처참히 방황하던, 끔찍하고 술 취해 있던 흐릿한 수많은 순간이 나를 이곳으로 이끌었다.

하이디의 손이 아래로, 아래로, 아래로 내려가더니 돌담을 치듯 신장을 때린다. "신장이군요." 숨이 턱 막혀 말을 내뱉을 수 없다. 영어의 이 단어는 그녀에게는 아무 의미가 없을 테니, 강낭콩, 뒤통수치기, 캘리포니아 수영장에 대해 지껄이기 시작한다. 내가 치유의 손에 강타당하며 혼란에 빠져 있는 사이, 그녀의 손은 계속 아래로 내려가더니 마침내 끝났다.

"이제 당신의 신장은 정화되었어요." 그녀가 말한다. "물을 많이 마시세요." 그 말대로 했다. 불쌍한 간과 심장, 뇌를 끌고 바다 건너 국경 넘어 이 건강의 별천지에 왔다. 지금껏 살면서 가장 건강에 집중한 날이 끝날 무렵, 차가운 화산 암반수를 마시며 뜨거운 화산 온천수에 몸을 담그고 앉아 있다.

내 짐, 마음의 평정, 내 사랑, 일말의 분별력… 최근 잃은 것에 대한 생각으로 혼란스러운 중에 다시 떠오른 것은 나와 산전수전을 함께했던 낡은 짐이다. 팔려고 했던 책들과 입으려 했던 슈트로 채워진 짐 가방은 3킬로미터 상공에서 캐나다와 크로아티아 사이 어디쯤 떨어진 것 같다. 거의 손에 넣은 것 같았던 숙취 치료제는 그렇게 사라졌다. 이 말은 레시피가 아닌, 알약 자체를 잃어버렸다는 의미다. 약국의 해적들이나 멍청한 청소부가 자신이 손에 쥔 것의 정체를 알아내려 끙끙대는 모습을 상상해본다.

한편으론 마법의 알약 없이 최근 계속된 폭음으로 누적된 체내 유해 물질로부터 살아남기를 바라는 마음이 있다. 디톡스의 강력한 효과로 균형이 강화되고, 뭐라 불러야 할지 모르겠지만 눈덩이처럼 커지는 숙취/두통이 사라질 수도 있을 것이다. 우울하고 탈진한 상태지만 동시에 막연히 낙관적인 기분도 든다. 별을 바라보며 물을 마저 마시곤 화산 밑의 잠자리에 든다.

타면서 굳는 유체 용암 같은 상태에서 눈을 떴다. 고개가 돌아가지 않고, 온몸의 근육은 붉게 달궈진 돌에 묶여 있고, 내 피는 끓는 진흙처럼 뜨겁다. 그리고 이제 숨을 쉬려 하자, 침대에 가득 찬 강력한 중력이 잠깐 희망을 품은 우주 가장자리의 치명적인 블랙홀로 빨아들이려 한다.

억겁의 시간 혹은 한 시간쯤, 서서히 고통스럽게 마그마와 지독히 무거운 공기를 뚫고 몸을 움직여 침대 가장자리에 닿았다. 일어나 옷을 못 입겠다. 무릎이며 팔꿈치며 굽혀지지 않는다. 머리가 침대에서 떨어진 별에 반쯤 박혀 있는 것 같다. 손은 대장장이의 풀무에서 끄집어낸 쇠처럼 뜨겁다. 손을 들어 머리를 누르며 가까스로 바닥을 디뎠다.

정신을 차리고 비틀대며 옷을 걸쳐 입었는데, 아직 오전(혹은 이른 오후)이다. 바트 블루마우 욕실 가운을 걸친 깡통맨이 흐느적흐느적 유토피아의 복도로 나가는 꼴이다. 화끈함을 느끼며 뒤뚱뒤뚱 한 걸음 내디딜 때마다 몸 안의 장기에 충격이 느껴진다. 화산 온천에 닿으면 다시 나체가 되어야 한다는 건 정말 역설이다. 비틀대며 인식과 치유의 기하학적 미로를 지나는데, 등에 개가 매달린 듯 힘들고 지친다.

이곳은 치료사, 도우미, 스와미, 마음 챙김 상담사, 내가 필요로 하는 모든 사람으로 북적인다. 그런데 그들에게 뭘 물어야 하나. 내 기氣가 탁한가? 하이디는 나를 죽이려 했던 건가? 내게 생활 에너지 알레르기라도 있나?

그러는 대신 땀 흘려 병 기운을 몰아내기 위해 사우나로 가는 길을 물었다. 가면서 처절한 기분을 맛봐야 했다. 벌거벗은 채 환히 웃으며 손을 잡고 안개 속에서 평화롭게 은은한 빛을 발하는 멋진 커플들 사이를 비틀대며 지나는데, 원숭이와 함께 잔 떠돌이 개처럼 당황하고 탈진한 나의 흉측스러운 꼴에 꽂히는 그들의 호기심 어린 시선이 느껴진 탓이었다.

구석자리를 찾아 잠시 쉬고 나니 다시 일어날 수 없었다. 그래서 그 자리, 이 기이한 연옥에 계속 있기로 했다. 땅 밑 3킬로미터에서 화산의 열기가 끓어오르고, 벌거벗은 오스트리아 연인들이 둘러싸고, 휴머니스트 예술가가 설계한 건축물들이 미로처럼 서 있는 곳. 내 머리 위 벽엔 그가 쓴 글이 새겨져 있다.

자연에는 악이 없다.

악은 사람의 내면에만 있다.

독성 쇼크

아주 최근까지 '디톡스'라는 용어에는 상당히 부정적인 의미가 있었지만, 중독의 고통을 끊게 하는 불편한 과정을 뜻한다는 점에서 지금보다 훨씬 의미 있고 제대로 함축적인 표현이었다고 말하고 싶다.

하지만 이제 세상의 기네스들(디톡스 열풍을 일으킨 배우 기네스 펠트로를 빗댐_옮긴이)은 물이며 공기, 쿠키 앞에도 디톡스라는 단어를 덧붙여, 지금껏 잘만 살아온 잘 알지 못하는 독성 물질로 가득 찬 더러운 세상으로부터 자신을 보호한다. 더욱 생기 넘치고 마르기 바라며 사소한 것에도 비싼 돈을 지불하거나 이어 캔들, 관장, 닥터피시 족욕 등 복잡하고 불편한 일을 하게 만든다.

하지만 의학계 전문가들은 우리 몸에 이미 위험한 독성 물질을 처리하는 능력이 갖춰져 있다고 한다. 피부, 폐, 간 같은 오래된 장기 덕분이다. 엑서터 대학교 대체의학 교수인 에드자르트 에른스트[Edzard Ernst]는 말한다. "디톡스 요법으로는 아무것도 개선하지 못하며, 그럴 필요도 없습니다. 대체요법으로써 디톡스를 지지하는 사람들은 자신들의 처치를 통해 실제로 체내 특정 독성 물질 수치가 낮아졌다는 사실을 입증하지 못합니다." 에른스트는 사람들이 모든 문제를 이에 적합한 요법으로 고칠 수 있다고 생각하며 자신에게 좋지 않은 것에 탐닉하게 한다는 점에서 현재의 디톡스 요법에 대한 인식이 "완전히 잘못되었을 뿐 아니라 위험하다"라고 지적한다.

하지만 이런 방식이 아직 과학계에 수용되지 않았다고 해서 불가능하다는 의미는 아니라고 하는 편이 정확하겠다. 지금껏 숙취 해소 요법에 대한 연구 자료를 읽으며 거기서 부족하다고 느낀 부분을 생각했을 때, 적어도 나는 그렇게 생각한다는 뜻이다.

하지만 디톡스 유행에 다른 위험이 있을 수 있을까? 예컨대, 마사지와 신체 노폐물 배출 요법 같은 방법은 유해 물질이 가득 쌓인 몸에 진정과 정화 작용을 하는 대신 오히려 이 물질을 몸의 다른 부분으로 퍼뜨리진 않을까?

물론 과장된 질문에 불과하다. 하지만 이런 생각을 한 사람은 나 혼자가 아니다. 딘 어바인Dean Irvine은 과음 후 스파에 간 경험으로 CNN 웹사이트에 "마사지가 역효과를 내는 경우"라는 기사를 썼다. "긴장이 풀려 편안한 상태가 12시간 정도 이어지다가, 끔찍한 반전이 일어났다. 지독한 두통이 생기고 온몸이 쑤시며 발열과 오한 증세가 교차로 나타난 것이다." 그의 마사지 치료사는 이러한 증상은 "혈류를 타고 돌아다니는 독성 물질을 땀과 림프관을 통해 배출하도록 몸을 자극함으로써" 해독하는 것이라고 설명했다. 그래서 어바인은 심부 조직 마사지가 "지금까지 어딘가 갇힌 채 실제로 작용하지 않던 다량의 유해 물질을 활성화시켰다"라는 합리적인 가설을 떠올린다.

하지만 과학 작가이자 전 정식 마사지 치료사 폴 잉그램Paul Ingraham은 역효과 이상의 극단적인 결과가 발생할 수도 있다고 생각한다. 아주 강한 마사지는 존재하던 유해 물질을 활성화시키는 데 그치지 않고, 새로운 독성 물질을 '만들어낼' 수 있다는 것이다. "마사지로 인해 중독되다"라는 제목의 기사에서 잉그램은 사실 이러한 요법이 가벼운 횡문근 융해증을 일으킬 수 있다고 주장한다. 근육이 파손되어 세포 내 물질이 혈액으로 흘러 들어가 생기는 독성 쇼크의 일종으로, 주로 교통사고와 지진 희생자들에게 발견되는 증상이다. 심각한 정도에 따라 감기 증상부터 근육통, 용암류에 산 채로 묻힌 느낌까지 여러 증상을 야기한다.

이 모든 이론을 고려했을 때, 심부 조직 마사지는 얼마나 '해독해주든 간에' 몸속 깊이 누적된 숙취 증상을 해소해주기엔 좋은 방법이 아니라고 해야겠다. 그리고 오스트리아 알프스의 스파는 Verschlimmbessern(개악)의 시작점으로 드러났다. 말 그대로, 이 진정한 바이에른의 사원에서 상황을 좋게 하려다 더 악화된 셈이다.

화산 위에서, 그리고 알프스로

다시 움직일 수 있을 때까지 닥터 수스Dr.Seuss(미국의 동화작가이자 만화가_옮긴이)가 만든 듯한 연옥에 며칠 더 머물렀다. 그러곤 직접 운전대를 잡고 산 깊이 차를 몰고 들어갔다.

이 길을 선택한 이유는 최종 목적지인 옥토버페스트와 옥토버페스트 숙취 병원을 위해서다. 뮌헨 외곽에 자리한 대형 〈M.A.S.H.〉(한국전쟁 당시의 미 육군 이동외과병원을 배경으로 한 영화와 동명의 드라마_옮긴이) 스타일의 막사형 숙취 전문 요양소인 그곳에서는 섹시한 의사 가운과 간호사

복장을 한 숙취 병원 도우미들의 병맛풍 보살핌을 받는 전 세계 술꾼들이 파티와 입원, 음주를 반복하고 있다. 지금까지 나는 몇 달에 걸쳐 이곳의 창립자와 연락을 취해왔고, 그는 나만의 막사에서 풀코스를 경험해보라고 제안했다. 물론 내가 무사히 도착한다면 말이다.

옥토버페스트에 도착하려면 아직 일주일 남았고, 이번 여행을 처음 계획했을 때와는 많은 부분이 달라졌지만 원래 계획을 따르려 애쓰는 중이다. 구세계 산악 지방에 술 취한 사람을 관에 넣어 찐 다음 건초 더미에 묻는 숙취 해소법이 있다는 이야기를 들었다. 지금 그곳으로 향하는 중이다. 그리고 그 산골 마을에 가는 도중 알타우제 키르크타그 Altaussee Kirchtag에 들를 것이다. 또 다른 많은 이야깃거리가 있는 유서 깊은 연례 술 축제인데, 여기서 필요한 숙취를 얻으려고 한다. 하지만 알타우제의 모든 숙박 시설은 한참 전에 모두 예약이 된 터라, 조금 떨어진 그룬들제의 마을에 묵기로 했다.

차로 두 시간 거리에 있지만, 알프스 산맥인 데다 크로아티아에서 빌린 내 차엔 GPS가 없었고, 나는 덜 개발된 도로를 선택하는 편(연옥 같은 화산에서 기어 나오기 전에도 원래 그랬다)이라 한참을 돌고 돌아 도착할 수 있었다.

마침내 도착하고 보니, 내 방은 터무니없이 낭만적이라 몸살이 날 것 같았다. 이 개방형 스위트룸은 부엌에서 식당, 자쿠지, 소파, 침대까지 하나씩 거쳐 내려가면 멋진 호수로 이어지는 커다란 프랑스식 문에 이른다. 호숫가엔 날개를 접고 있는 듯한 작은 탑들이 세워진 성이 있다. 서비스로 제공된 샴페인 병을 따고 헤어진 여자 친구들이 아닌, 숙취만을 생각하려 노력했다.

내 방의 스파는 선착장으로 이어져 있어서 사우나에서 맑고 차가운 호수로 바로 뛰어들 수 있다. 하지만 알프스식 숙취와 관련해 더욱 주목할 만한 것은 이곳의 소유주이다. 제호텔Seehotel은 영원한 베스트 셀링 에너지 음료의 오스트리아 제조사들이 소유, 운영하는 덕분에 호텔 미니바의 반은 술이고 나머지는 레드불로 채워져 있다.

술 축제에서 음주운전해서 돌아오는 사태를 피하기 위해 그룬들제 마을에서 알타우제 축제가 열리는 마을까지 걸어가기로 했다. 산 하나만 넘으면 된다.

"정 걸어야겠다면 산을 둘러가세요." 호텔 매니저는 지도에 길을 표시해주며 말했다. "약 두 시간 정도 걸릴 거예요. 아님, 두 시간 반쯤 걸리려나⋯."

두 시간 반쯤 지났을 때, 나는 깊은 숲속 가파른 비탈길에 서 있었고, 아주 오랜 시간이 지난 것 같았다. 지친 몸을 이끌고 한 번 더 모퉁이를 돌고는 죽은 듯 멈춰 섰다. 한 걸음만 더 내디디면 떨어질 산꼭대기 절벽에 있었던 것이다.

1,000미터 아래에 알타우제 호수와 마을이 있었다. 숨을 가다듬고 벼랑 끝에서 뒤로 물러나 주위의 망루를 보았다. 그러곤 그곳으로 천천히 올라가 주위를 둘러보았다. 내가 걸어온 쪽에 마을이 있다. 지금까지 걸어온 만큼 걸어가야 한다. 길을 잘못 들어 산을 '둘러가는' 대신 산을 '오른' 것이다. 날개가 돋아나면 좋겠다.

몇 시간 동안 방향을 잃은 채 걷고 또 걸어 벼랑 끝에 오른 지금, 태양이 발아래로 지고 있다. 멀리서 축제 소리가 들리지만 거기까지 갈 도리가 없다. 미끄러지고 비틀대며 숲길을 나와 비탈과 절벽을 넘었다.

마침내 땀에 흠뻑 젖고 독기 어린 눈에 부상을 입은 채 숲을 빠져나와 산기슭 호숫가에 이르렀다. 하지만 '다른' 호숫가다. 알타우제 마을이 보이고 사람들의 노랫소리도 들린다. 호수 멀리에서 말이다.

호수 너머를 바라보며 내게 남은 선택지를 생각했다. 참아왔던 맥주 생각이 점점 간절해지며 모든 걸 압도했다. 옷을 벗어 가방에 집어넣었다. 그러곤 등에 배낭 하나 짊어지고 벌거벗은 채 짙은 호수로 터벅터벅 걸어 들어가 헤엄치기 시작했다. 물 건너편에선 불빛이 번쩍이고, 함성 소리가 깊게 울려 퍼진다.

마침내 그룬들제를 떠난 지 6시간 만에, 바트 블루마우의 연옥을 떠난 지 10시간 만에, 짙은 물에서 기어 나와 젖은 옷가지를 입고 터덜터덜 걸어 숲을 지나 환히 빛나는 거대한 출입구에 이르렀다. 안은 그야말로 별세계였다. 던들과 레더호젠(티롤 지방의 민속 의상_옮긴이)을 입은 금발 머리 수백 명이 거대한 연회 테이블 앞에서 맥주잔을 서로 부딪치며 뿜빠뿜빠 악단에 맞춰 노래를 부르고 있다.

맥주와 땀, 건초, 소시지, 꿀과 호박 냄새가 뒤섞여 공기가 탁하다. 매년 지역 소방관들의 자원봉사로 새로 지어지지만, 오스트리아 젊은이와 노인들로 가득 찬 이 거대한 맥주홀은 시대를 초월하고 영웅적이며 배타적인 느낌을 준다. 마치 어리석음과 핸드폰을 어떻게든 금지시킨 것 같다.

구세계 바이에른 지방과 조화를 이루지 못하는 유일한 것은 맥주홀 출입문 밖의 레드불 텐트와 둘 사이를 끊임없이 오가는 인파 행렬이다.

엄청난 황소 무리

술 마시는 장소와 습관, 숙취에서 서양 역사상 가장 두드러진 전환점은 증류 기술의 발견, 산업혁명, 금주법의 재난, 레드불의 급부상이다.

다른 현상과 마찬가지로 레드불의 등장은 과장해서 말하자면 축복과 동시에 저주이기도 했다. 특히 숙취에 관련해서는 더욱 그랬다. 술 마신 다음 날 당신을 일으켜주고 '날개도 달아'주지만, 술과 섞어 마신다면 레이징 불, 불도저, 수중 폭탄, 스피드볼, 스위프트 킥, 너츠 등등 전혀 새로운 칵테일이 된다.

1980년대 중반 처음 등장했을 때 레드불은 파티족들이 마음껏 밤새 파티를 즐기는 길을 여는 전조이자 혁명적 제품이었다. 이제 모퉁이 가게와 주유소도 족히 300종이 넘는 에너지 드링크를 의무적으로 비치하고 있는 것 같다는 점에서 일부는 사실이라 할 수 있다. 그리고 이제는 생기 부여와 재생이라는 이중 목적이 선택한 캔 패키지의 번개 모양에써 넣은 회복, 개선, 반등 같은 단어를 통해 직접적으로 광고된다. 그러나 여러 전문가들이 증명했듯, 이 중 무엇이 취기나 그 후유증을 전혀 새로운 차원으로 개선시키는지는 명확하지 않다.

예를 들어 행오버 헤븐 웹사이트에서 우리의 오랜 친구 닥터 버크는 이렇게 설명한다. "(세상 어떤 의사보다 많이) 수많은 숙취 증상을 치료한 결과, 밤사이 에너지 드링크를 두세 병 이상 마신 사람은 최악의 숙취를 경험할 가능성이 높다는 사실을 발견했다. 방문 치료를 가서 방 밖에 놓인 빈 레드불 열두 병을 보면, 치료해도 소용없다는 신호로 여겨졌다." 하지만 닥터 버크는 "에너지 드링크와 알코올을 조합한 칵테일이 치사율과 병원 입원 비율을 얼마나 높이는지 섣불리 결론내리기 앞서 충분한 데이터 축적이 선행되어야 한다"라고 인정했다.

암스테르담 교외에서 함께 커피를 마셨던 알코올성 숙취 연구소의 창립자 요리스 베르스터 박사는 이런 데이터를 정확히 추출해내려 노력해왔다. 알코올과 섞인 에너지 드링크는 전통적인 칵테일보다 훨씬 위험하다는 내용의 최근 연구와 보도에 비추어, 그는 널리 알려진 두 가지 이론을 제시한다. 술과 에너지 드링크를 섞으면 알코올을 더 많이 소비하고, 에너지 드링크는 취한 느낌을 감춘다는 것이다.

그가 네덜란드 대학생 2,000명을 대상으로 실시한 조사 결과는 (조사가 레드불 후원이었다는 걸 밝혀둬야겠다) 이 두 주장을 반박한다.

그런데 여기서 포 로코, 스파크, 틸트 같은 다른 회사들은 제품을 팔면서 대놓고 그러라고 하는 반면, 레드불은 에너지 드링크와 알코올을 섞으라고 공식적으로 광고한 적 없다는 사실도 언급해야겠다.

퍼플을 보자. 현재의 '디톡스' 열풍에 파란을 일으킨 제품이다. 숙취 해소 효과가 입증된 에너지 드링크/칵테일 혼합주로 마케팅하는 퍼플의 슬로건은 "독으로 해독하라"이고 CEO 테드 판스워스^{Ted Farnsworth}는 이렇게 말했다고 한다. "당신이 걷지 못할 지경까지 보드카에 우리 제품을 섞어 마시고 숙취를 느낀다면 돈을 돌려드리겠습니다. 보드카 값까지 포함해서." 이렇게 흡수 과정 후의 결과에 따라 거래가 성립될 수는 있겠지만 상상만 해도 불편하다.

화산 위에서, 산이 되살아나다

짙은 어둠이 드리웠지만, 태양 너무 가까이 날다가 날개가 녹아 떨어졌는데 샴페인 초신성의 힘을 빌려 다시 올라가는 듯 시끌벅적하고 눈부시게 밝은 밤이다. 블랙 라군에서 밀려 올라온, 말도 못하는 길 잃은 짐승이 된 듯한 밤이다. 그리고 적당한 순간에 마음의 불덩어리에 딸깍 불을 붙이면, 갑자기 이 밤의 주인공이 된 기분이 든다. 수백 명의 새 친구들과 맥주잔을 부딪치며 상대의 건강과 품위 있는 죽음을 위해 건배한다. 아까 함께 춤췄던 아가씨는 이제 뿜빠뿜빠 오케스트라를 지휘하고 있다. 짐작할 수 없이 위험하지만 다칠 리 없는 밤, 주인공이 되어 마음껏 만끽한 밤이다.

상실과 공허감을 느끼며 눈을 떠, 숙취 상태에서 운전대를 잡고 떠오르듯 케른텐 알프스로 올라갔다.

멋진 광경은 〈사운드 오브 뮤직〉을 비롯해 전에도 본 적이 있다. 하지만 이토록 험준하면서도 감미로운 알프스는 감히 상상도 하지 못한 장관이었다. 넓게 펼쳐진 초록빛과 파란빛은 마치 거칠게 깎아낸 물 분자 안에 있는 듯한, 달에서 지구를 보고 있는 듯한 느낌을 준다. 지금껏 많은 산을 넘으며… 왜 주변을 돌았을까? 아무튼 그래서 레드불의 힘을 빌려 제대로 산을 올라 드넓은 세계와 드러나지 않은 절벽의 참모습에 압도되어볼 참이다.

가드레일도, 보호 장치도, 추락을 방지하는 장치도 아무것도 없다. 계속해서 오르고 또 오르니 구름 속에 들어왔다. 이제 아무것도 보이지 않는다. 다음 교차로에서 턴하니 새로운 내리막길이 시작된다. 운전을 하는 건지 떨어지고 있는 건지 모르겠다. 속도가 점점 빨라지다 마침내 구름을 벗어났지만 아직 우주에서 빙빙 돌고 있는 이 타락한 행성의 산간 도로에 있다. 다시 오르고 또 오르다 마침내 깨달았다. '이 길은 어디로도 이어지지 않는다.'

누가 알았겠는가. 한때 절망적인 벌목꾼이나 무모한 설상차 운전사들을 위해 만들어졌을 길이 사라졌으리라곤. 오른쪽은 절벽, 왼쪽은 1.6킬로미터 깊이의 낭떠러지인 이 길은 수직에 가까울 정도로 가파르고 너무도 협소해서 도저히 차를 돌릴 수 없다. 더 이상 올라가면 상황이 더 악화되기만 할 것이다. 이 사실을 깨닫자 공포에 질려, 4단 수동 변속 기어에 4기통 크로아티아 차의 속도를 줄이다 거의 움직이지 않을 지경에 이르렀다. 그래서 클러치와 브레이크를 밟았다.

그러자 이젠 완전히 망했다.

클러치에서 발을 떼는 순간 차는 뒤로 밀려 내려갈 것이다. 길로 나가려면 차를 돌려야 한다. 하지만 차에서 1미터만 가면 1.6킬로미터 깊이의 낭떠러지다. 다리가 덜덜 떨린다. 발이 조금만 빗나가면 나는 죽는거다. 천천히 손을 뻗어 비상 브레이크를 잡아당겼다. 그러자 온몸이 덜덜 떨리며 아드레날린이 혈관에 흐른다. 내 가슴을 벗어나려 요동치는 큰 망치처럼 심장이 쿵쾅댄다. 젠장, 죽기 싫다. 목을 가다듬고 크게 외쳤다.

"젠장, 죽기 싫다고!"

살아남기 위해 해야 할 일을 재빨리 그려보았다. 핸드 브레이크와 풋 브레이크, 클러치를 풀고 엔진을 고속회전 시킨 뒤 낭떠러지 쪽으로 핸들을 돌리며 과감히 나아갔다가 멈추는 과정을 반복한다. 이번엔 반대로 반복한다. 조금씩 움직이며 차를 돌리고 1.6킬로미터 아래 낭떠러지가 아닌 알프스 방향으로 다시 뒤로 물러난다.

이 압도적이며 고요한 순간, 나는 생각했다. 아마 몇 년 후 내 옷을 걸친 해골, 차 트렁크에서 팔리지 않은 책과 입지 않은 셔츠로 가득한 낡은 슈트케이스가 발견되고 수사관은 미궁에 빠지겠지. 왼손으론 핸들을 꼭 쥐고 오른손은 핸드 브레이크에 올려둔 채 발의 힘을 풀고 숨을 내쉬었다.

몇 시간쯤 지나, 당황스럽게도 내 시계로는 불과 몇 분밖에 지나지 않았지만, 나의 작은 크로아티아 차는 산 '아래'를 향했고 난 땀으로 흠뻑 젖었다. 차는 먼지를 휘날리며 천천히 움직여 자갈 길, 암벽 길을 지나 드디어 포장도로에 들어섰다. 나는 길가에 차를 세우고 차에서 내려 한 판 토했다. 그러곤 드러누워 빙빙 도는 하늘을 뚫어져라 바라보며 한참을 그대로 누워 있었다.

마침내 외진 알름도르프 자이너차이트 ^Almdorf Seinerzeit^ 리조트에 도착했다. 내가 바라던 장소이다. 알프스 정상에 은둔한 신화적인 구루, 훈련 중인 부유한 수도승 전사, 치유의 온천이 발견될 것 같은 곳.

이곳은 자연을 사랑하는 신혼부부들에게도 인기다. 직접 땔감을 패서 2층짜리 통나무집의 마룻바닥에 놓인 나무욕조를 데우고, 그 지역에서 생산된 스파클링 와인을 홀짝이며 발아래 세상을 내려다볼 수 있다. 하지만 나는 관에서 쪄진 뒤 건초 더미에 묻히려고 이곳에 왔다.

허브 건초욕 ^Kräuter-Heubad^ 이 어디서 시작되었는지 정확히 말하긴 어렵다. "이 지역에서 유래했습니다." 칠흑처럼 검은 머리에 반짝이는 초록 눈동자의 그녀는 이렇게 말하며 땅거미가 드리운 발아래의 산과 계곡을 훑었다. 가파른 돌계단을 내려가서 촛불이 빛나고 돌로 벽을 세운 창고로 나를 안내하는데 하나로 묶은 그녀의 머리가 살랑댄다.

맹렬히 타오르는 불 앞에 뜨거운 물이 가득 담긴 나무 상자가 놓여 있다. 사람 몸통이 들어갈 크기에 경첩 뚜껑이 달렸다. 뚜껑은 어깨까지만 덮기 때문에, 맹렬히 불타는 화덕 위 쇠사슬에 매달린 거대한 검은 가마솥을 볼 수 있다. 가마솥 안에서 끓고 있는 것은 주변 산비탈에서 낫으로 베어 온 수백 가지 약초이다. 그녀가 가마솥에서 끓는 물을 발밑에 뚫린 구멍을 통해 통 안에 부어준다. 나는 그저 촛불만 깜박이는 어둠 속에 누워 있으면 된다. 낯설지만 생전 처음 느껴보는 편안한 기분이다. 눈을 감고 몸을 둥실 띄운다.

물에서 나올 때가 되자 그녀가 나를 건초 침대로 데려가 눕게 했다. 그러곤 천을 덮고 그 위에 엄청 많은 건초를 덮어주었다. 굉장히 무겁지만 포근한 느낌이다. 내 몸에 익숙한 기억이 떠오른다. 아기일 적 내 맨가슴 위에서 잠든 아들의 기억이다. 아들의 따뜻한 맨살과 맞닿은 채 우리는 함께 호흡했다. 엄청난 고통이 흘러 나왔다가 이곳저곳으로 퍼져 소멸되며 기억나게 한다. 나는 스스로 묻혔음을.

마침내 흑발에 초록 눈동자의 그녀가 나를 꺼내준 뒤, 온몸에 오일을 붓더니 전신 마사지를 해준다.

"지난번에 마사지 받다가 거의 죽을 뻔했어요." 그녀에게 말했다.

"그러면 이번엔 부드럽게 할게요." 그녀가 대답했다.

그녀가 손을 뗐을 때, 나는 잠자고 있는 느낌이었지만 일으켜져 주홍색 가운을 걸치고 있었다. 자리에서 일어나 한 걸음 한 걸음 땅속 돌계단을 올라 산 공기 속으로 들어왔다. 하늘은 맑고 별이 가득하다. 그 아래에서 저녁을 먹으며 오렌지 와인을 마셨다. 화산 지역에서의 마지막 식사다. 도시 사람들이 사는 곳으로 돌아가기에 충분히 활력을 얻어, 부활한 짐승이 된 것 같다.

술 취한 실레누스

오비디우스의 『변신 이야기』에는 모험에서 귀환한 디오니소스가 허세 부리며 들고양이들이 이끄는 전차를 타고 마을을 도는 즉흥적인 개선 행렬 장면이 나온다. 이 모습을 본 실레누스는 이렇게 말한다.

화려한 고삐를 맨 스라소니가 그의 전차를 끈다.
사티로스, 바쿠스의 여사제들 그리고 실레누스가 뒤를 따른다.
몸을 가누지 못하는 늙은 술꾼, 비틀대며 뒤를 따른다.
한쪽엔 절뚝이는 그를 도울 막대기를 짚고 있다.
세 다리인 데도 다리 둘처럼 떨거나, 혹은 아슬아슬
불쌍한 그의 작은 당나귀 안장에 앉아 있다.

판테온에 조각된 초능력을 가진 올림푸스의 신들 중 실레누스는 그리 인상적이지 않은 신이다. 술의 신의 이중성을 보여주는 땅딸하고 우울한 알코올 중독자 같은 모습이기 때문이다. 신화 속의 갈리피아나키스(〈행오버〉 시리즈 등 다수의 영화에 출연한 배우_옮긴이) 같다고나 할까. 그는 인간이 신처럼 마시면, 아니 디오니소스가 아닌 다음에야 신이라 하더라도 그렇게 마시면 어떻게 되는지 잘 보여주는 인물이다. 그는 프랑스 호텔의 욕조에 영원히 오줌을 갈기는 턱수염 나고 뚱뚱한 짐 모리슨이며,

레저슈트를 입고 영원히 그레이스랜드에서 TV 촬영을 하는 엘비스이며, 천하무적 디오니소스에 대응하는 숙취라는 평형추이다. 1618년 페테르 파울 루벤스가 그린 〈술 취한 실레노스〉는 거장의 작품이라는 사실 외에도 몇 가지 면에서 두드러진 특징이 있다. 방탕과 타락에 관한 이야기는 오랫동안 끝없이 전해져 내려왔지만, 실레누스는 두드러지게 선한 본성을 유지한다. 그는 당나귀 등에서 떨어졌을 때조차도 떨어뜨린 걸 탓하기보다 두 팔 벌려 자신을 희화화하며 허허 웃는 인물이다.

하지만 이 그림에서 루벤스는 실레누스가 개인적 괴로움을 느끼는 순간을 포착해, 배불뚝이 신의 몸에 자신의 얼굴을 그림으로써 술에 취해 정신을 잃고 축 늘어진 모습을 더욱 생생하게 표현했다. 그는 그림 속 님프와 사티로스로 표현된 루벤스의 가까운 친구들이 연 술잔치에서 술에 취해 비틀대고, 그들은 그가 걸어가려는 모습을 온화하지만 당연한 조소를 띠고 바라본다.

화산 위에서, 진일보하려는 시도

산을 내려온 뒤 일이 썩 잘 풀리지 않았다. 오늘날의 숙취 해소법을 탐색하는 과정으로 돌아가려 했지만 계획이 틀어졌다. 오스트리아 숙취 해소제 카히 제조자들과 캐나다에서 연락했는데, 그 뒤로 사라진 것이다. 독일의 해소제 큐어 엑스도 마찬가지였다. 더 이상 존재하지 않는 것 같다.

그래서 지금 현재, 내가 이 가을에 뮌헨에 온 이유는 마치 물에 빠져 죽거나 적어도 필스너 통에 익사하기 위해서인 것 같다.

"말하자면 복잡합니다." 히틀러가 시간을 보냈을 것 같은 맥주홀에 앉아 있는데, 줄리아노 자코바치 Giuliano Giacovazzi가 그의 큰 맥주잔을 들여다보며 말했다. 자코바치는 이탈리아계 남아프리카인 파티 프로모터이자 숙취 병원의 원장이다. 아니, 그랬다. 일종의 쿠데타가 일어나 그의 동업자가 막사와 배너, 섹시한 환자 분류 의상을 들고 도주할 때까진.

여기엔 많은 이야기가 있지만 우리의 목적에서 가장 중요한 것은 숙취 병원이 이젠 없어졌다는, 적어도 우리 자코바치가 책임자로 있지 않다는 사실이다. 렌터카를 반납했는데 더 이상 머물 곳이 없다. 옥토버페스트가 시작될 무렵의 뮌헨에서 숙소를 찾는 건 불가능하다.

"내 친구가 당신을 자기 소파에서 재워준대요." 자코바치는 도우려 최선을 다했다. "아니면 스토케토버페스트를 알아봐도 되고요."

스토케토버페스트는 파티광들을 위한 캠프로, 전체적인 테마를 제외하곤 숙취 병원과 상당히 유사하다. 그리고 자코바치는 나에게 텐트 하나를 마련해줄 수 있다고 한다.

"괜찮은 것 같은데요." 내가 어깨를 으쓱하며 말했다. "모험의 세계로 들어갈 기회네요." 하지만 사실 이런 모험은 할 만큼 해봐서 질릴 지경이다. 그리고 내 복잡한 머리를 누일 정해진 장소가 없다면, 지금 당장 가장 가고 싶지 않은 곳은 바로 뮌헨의 옥토버페스트이다. 그리고 내가 가장 들어가고 싶지 않은 곳이 이 시답잖지만 유명해서 사람이 바글대는 맥주홀, 술은 입에 대지도 않던 미래의 총통이 술 마시는 척하던 곳이다. 화장실에는 픽토그램으로 바이에른 남자들은 앉아서 소변을 봐야 한다는 표시가 붙어 있다.

맥주홀이 문을 닫자 나는 짐을 끌고 거리를 지나다 광장 분수대에 오줌을 갈겼다. 독일 경찰들에게 걸려, 앉아서 볼일 보라고 훈계 듣기를 기대하는 마음도 조금은 있었다. 그러곤 고장 난 슈트케이스를 짜증스럽게 분수대에 집어 던지고, 전혀 말도 안 되는 범죄 현장의 시신처럼 반쯤 가라앉은 그걸 내버려두고 자리를 떴다.

세상의 수고양이들

20대 시절, 나는 멕시코 전역을 누비며 살았다. 그리고 이 책에 착수하기 전, 숙취에 대해 가장 많은 걸 배운 것도 바로 그곳이었다. 20년 전, 바라 데 나비다드에서 나는 맥주 여섯 잔으로 한 멕시코 의사와 친구가 되었다. 그는 비타민B12와 (최근 지진 구호 활동에 활용된) 토라돌을 주사기 가득 채워 내 팔목 정맥에 놔주었다. 주사는 효과가 있었다. 적어도 다음 날 다시 함께 마실 수 있을 만큼은 효과가 있었다고 해야겠다.

멕시코 사람들은 숙취를 '날것'이라는 의미의 '크루다'라고 부른다. 꽤 적절한 표현이다. 하지만 닥터 바소는 크루즈라고 발음하는 것처럼 들렸다. 멕시코계 스페인어는 가톨릭의 영향이 크기 때문에 '십자가'를 의미하는 크루즈라는 표현이 그럴 듯하다고 납득했었다. "이것은 내가 오늘 지고 있는 것이다. 고통스럽고 끔찍하게"처럼 말이다. 하지만 이렇게 되면 숙취라는 또 다른 오해의 소지를 불러일으킬 수도 있겠다.

나는 스페인에도 살았는데, 거기서는 숙취를 레사카라고 했다. 저류 또는 바다의 폭풍으로 생긴 표류물이나 해양폐기물, 쓰레기처럼 조류가 밀려간 뒤 남은 잔여물이라는 의미이다. 세상에 이보다 시적으로 숙취를 표현하는 단어가 얼마나 될까?

현재, 나는 세계적으로 유명한 광고홍보 회사인 하바스 월드와이드 Havas Worldwide 본사에 있다. 대기업 본사라기보다는 마치 건강관리를 위한 스파처럼 친환경적으로 설계한 초현대식 독일 빌딩에서도 햇빛이 잘 들어오는 흰 벽으로 둘러싸인 방에 있다. 열대우림의 폭포수 떨어지는 소리가 보이지 않는 스피커를 통해 은은히 들려온다. 창과 벽을 투사하는 조명의 마법으로 바깥 공중정원과 유선형의 복도, 회의실이 한데 어우러진다. 내 앞의 탁자 위에는 작은 검은색 털북숭이 사각형이 올려져 있다. 연옥에서 한 발짝도 벗어나지 못한 것 같다.

"이게 마지막 남아 있는 털 달린 것입니다." 마틴 브루어 Martin Brever가 탁자 위의 책을 가리키며 말했다. "원본이랍니다. 편히 보세요."

『세계의 유명 숙취 10가지 Die 10 berühmtesten Kater der Welt』는 브루어와 하바스 팀이 토마피린이라는 제품을 광고하기 위해 만든 결과물이다. 독일과 오스트리아에서 유통되는 토마피린은 ASA(아스피린), 파라세타몰(타이레놀)과 카페인을 혼합한 제품이다. 영국의 엑세드린, 영국의 아나딘과 유사하며 편두통에 추천된다.

하지만 다른 효과 좋은 진통제처럼 이 제품도 숙취가 극심한 시기와 장소에서 즐겨 찾는다. 단적인 예를 들자면 새해 첫날 판매 수치가 급증하는 식이다. 브루어는 이러한 동기를 창의적으로 연결해, 사람들이 숙취를 느낄 때면 토마피린을 떠올리게 하고자 했다.

독일에서는 숙취를 케이터 혹은 수고양이라고 부른다.

"아이디어 단계에서 케이터를 수용한 다음 세계적으로 숙취에 관해 떠올리는 이미지를 조사해보았습니다." 브루어가 말했다. "세계의 다른 지역에서도 똑같은 느낌, 똑같은 상징을 떠올릴까?" 원래는 각지의 예술가들에게 고국의 숙취와 그 해소법을 그리게 할 계획이었다.

하지만 독일의 유명한 거리 화가 데니스 슈스터$^{Dennis\ Schuster}$가 즉흥적으로 그린 듯하면서도 시대를 초월한 목판화 방식으로 술에 찌든 고양이를 완성해 제시했다. 원래 아이디어에 딱 들어맞는 그림이었다. 수고양이라는 문자가 세계 10개국의 완곡하면서도 사실적인 상징으로 표현된 것이다.

"우리가 아는 대부분의 광고 캠페인은 색상이 화려합니다." 내가 책을 펴자 브루어가 말했다. "하지만 이건 그렇지 않습니다. 숙취는 화려하지 않으니까요. 오히려 어두운 느낌이죠. 그리고 이 그림들은 좀 웃겨요. 그래요, 술 마시는 건 즐거운 일이니까요. 하지만 한편으로 어둡기도 하죠. 전날 밤 술 마시는 건 누구나 좋아하지만, 그다음 날 아침을 좋아하는 사람은 아무도 없듯이 말이죠. 이 고양이에게서 그런 면을 가져왔어요."

전에 웹사이트에서 이 그림들을 보고 원본의 글을 번역했다. 다음은 슈스터의 멋진 그림에 나의 면밀한 검토와 편집을 거친 글을 첨부한 것이다.

1. 케이터^{KATER}(독일)

기원: 케이터(영어로 톰캣Tomcat)이라고 불리던 19세기의 맥주. 독일 학생들은 "술을 너무 많이 마신 다음 날이면 이 녀석이 머리에 앉아 긁어댄다"라고들 표현한다.

해소법: 신선한 올빼미 알(늘 그렇듯, 이 '치료법'은 플리니우스의 것으로 간주된다.

하지만 여기서 영악하게 끼어들자면, 올빼미 알에는 시스테인이 함유되어 있다).

2. 퇴머민^{TØMMERMÆND}(덴마크)

기원: 퇴머민은 목수를 의미한다. 여기엔 두 가지 의미가 있다. 과거 덴마크 목수들은 새로운 지붕보를 올릴 때마다 새로 술을 따라 건배를 했고, 당연히 다음 날 아침이면 길드 전원이 머릿속에서 망치질하는 기분을 느낄 수 있었다.

해소법: 우유에 벽난로 재를 섞어 마시기(추측하건대 빅토리아 시대 영국 굴뚝청소부의 근면함에서 빌려온 듯함).

3. 행오버^{HANGOVER}(미국)

(여기 행오버의 어원으로 추정되는 것에 대한 완전한 번역이 있음. 그리고 정말 당혹스럽겠지만 나는 이에 대해 어떤 발언도 삼갈 예정임. 심지어 캐나다 원주민의 땅, 아시리아인의 영향 그리고 밑도 끝도 없겠지만 몰약에 대해서도.)

기원: 문자적으로 '행오버'란 돌출되어 나온다는 뜻이지만, 이 단어에는 서성인다는 의미도 있다. 그리고 이는 최초의 아메리카 이주민들이 원주민들과 독주 마시기 대결을 한 뒤에 즐겨 하던 일이다. 대결은 명예뿐만이 아닌 땅을 두고도 이루어졌다. 마지막까지 버티는 사람이 차지하는 것이다. 숙취(행오버)는 변소를 오가며 땅을 산 여파인 셈이다.

해소법: "숙취는 아시리아에서 유래한 인디언 전통 치료법과 대결했다. 제비부리를 빻아 몰약 반죽에 섞은 것인데, 우연히 그걸 바르지 않고 먹게 된 데서 기원한다."

4. 레사카^{RESACA}(스페인)

기원: 설명에 따르면 매일의 번잡한 일, 스페인 웨이터들을 향해 잘못 손을 흔드는 해변의 손님이라는 추상적 개념을 가진 잔잔한 파도(하

지만 이 단어는 앞서 언급한 내가 가장 좋아하는 숙취 외국어 표현에 비해 별 감흥이 없다. 다행히 슈스터의 스노클링하는 고양이가 파도에 떠밀려 온 쓰레기라는 원초적 이미지를 훨씬 적절히 표현해준 것 같다).

치료법: (이번엔 구세계 스페인이 아닌, 신세계 스페인어권 섬나라의 방법을 제시하겠다) 푸에르토리코의 미심쩍은 방법인데, 반으로 자른 레몬을 겨드랑이에 문지른다.

5. 바바라스BABALAS(남아프리카)

기원: '그 전날의 다음 날 아침'이라는 단순명료한 의미의 고대 줄루어(아마 줄루족들은 다른 누구보다 숙취라는 단어를 먼저 사용한 것 같다).

치료법: 이번에 제시하는 치료법은 지리적 배경과 조금도 상관없는 고대 몽골인들의 방법이다. 절인 양의 눈알을 토마토 주스에 넣어 마시기.

6. 겔르 드 부아GUEULE DE BOIS(프랑스)

기원: '나무 입마개'(정말 멋지다)로 번역된다. 눈을 떴을 때 입 안에서 느껴지는 나무와 톱밥이 가득한 느낌뿐 아니라 나무통에서 코냑을 숙성시키는 관습까지 아우르는 의미다(나라면 '나무 아래턱'이라고 번역하겠지만, '입마개' 쪽이 더 나은 것 같다).

치료법: 레드 와인에 편으로 썬 마늘을 넣어 마신다. 어쩌면 계속 마시기 위한 핑계일지도.

7. 수리SURI(바이에른 주)

기원: 미안하다Sorry의 술 취해 혀가 꼬인 발음일지도….

치료법: (이곳 문화와 진정한 융합을 이룸) 계란 노른자 두 알과 코냑 1샷 넣은 누들 수프.

8. 박스맬라BAKSMÄLLA(스웨덴)

기원: (이 부분의 설명은 거름과 탁자 상판이 포함되어 복잡하다. 하지만 번역이 맞는다면, 더 이상의 설명은 필요 없을 것 같다.) 번역된 의미로 '반발'.

치료법: 장어와 아몬드를 먹는다는 전통적인 방식.

9. 파흐밀리예похмелье(러시아)

기원: (번역이 맞는다면, 장황하게 늘어놓을 필요 없을 것 같다.) 번역된 의미로 '인사불성으로 술 취함'

치료법: (이상하게도 아버지의 혐오 요법 단지가 떠오른다) "커피를 잔뜩 따른 뒤 담배를 푼다. 그 혼합물에 소금과 후추를 뿌린 뒤 역겨움을 느끼며 바라보다가 다시는 술을 마시지 않겠다고 맹세한다. 그리고 30분 뒤 맹세를 깨고 다시 보드카를 마신다."

10. 크라풀라KRAPULA(핀란드)

기원: (분명 헛소리Crap보다 게Crab를 의미했을 것이다. 하지만 제시된 이유를 설명하려니 이유 없이 지친다. 그래서 해답을 찾았다.) 헛소리Crap라고 해두자.

치료법: (핀란드계 아이티인들이라면 더 이상 개의치 않겠다는 바로 그 정신으로 이 마지막 치료법에 분명 동의할 것이다) "부두교에서 유래한 레시피: 공포의 원인이 된 술병의 코르크 마개에 머리가 검은 핀을 열세 개 꽂는다."

밤새 술판이 벌어지는 독일의 예술 축제 기간 동안 (털은 없지만 여전히 예쁘게 만들어진) 이 작은 검정색 책 수백 부가 배포되었고, 반응은 어마어마했다. 이 책은 디자인상을 받았고 책에 담긴 이미지는 여전히 널리 공유되고 불법으로 재생산되며 유명해졌다.

수반된 글에는 다소 실망했지만, 난 이 작은 검정색 책의 열렬한 팬이고 그 그림들을 사랑한다. 하지만 이 책이 존재한다는 자체에도 감동을 받았다.

지금껏 봐온 바에 의하면 대다수 기업들은 자신들의 제품과 숙취를 결부시키지 않으려 노력하는 편이었다. 그 제품 상당수는 마음속으로 숙취를 생각하며 개발한 것임에도 말이다. 어쩌면 지방법에 따라 해소 효과 홍보가 금지되기 때문일지도 모르겠지만. 그런데 브루어가 어떤 제재나 반발 없이 이걸 성공적으로 해냈다는 사실은 이 산업의 불문율이 틀렸음을 보여주는 반증이다.

부르어는 그 점을 몰랐는지 당황한 표정으로 말한다. "어디가 문제일까요? 제품이 숙취 해소 효과가 있는데 왜 말하지 않죠? 어쨌거나 사람들이 가장 흔히 찾는 건 양의 눈알과 토마토 주스 같은 게 아니잖습니까. 제일 많이 찾는 건 아스피린입니다. 그런데 이 제품은 그보다 더 좋답니다."

그는 작은 검은 책을 집어 들고 마지막 페이지를 펴더니 번역해 읽어 주었다. "이 모든 것보다 숙취를 더 '빨리' 없애고 싶을 땐, 토마피린이 효과적이다. 그냥 그렇다는 말이다."

그가 책을 내려놓으며 말했다. "단순하면서 괜찮지 않나요?"

화산 위에서, 오갈 데 없이

인사불성으로 취해 토하고 텐트를 잘못 찾아 들어오는 젊은 술꾼 여행자들로 가득 찬 캠핑장에서 잠을 자려 노력하고 있었다. 이미 레더호젠을 입고 아놀드 슈워제네거가 금관 악대를 지휘하는 거대한 맥주 텐트에서 큰 맥주잔을 들이켜봤다. 지금 이 시점에서, 여행이건 책이건 내 인생이건 어디에 관련해서도 옥토버페스트에서 얻을 건 더 이상 없다는 확신이 들었다. 그런데 캐나다로 돌아가려면 며칠 더 있어야 한다.

아들이 보고 싶지만, 한편으론 불타는 다리로 돌아가야 한다는 사실이 두렵다. 하지만 여기건 다른 곳이건 있고 싶지 않다. 내 몸과 마음은 계속 화산에 있을 때 그대로이고, 남은 지폐도 없고 신용카드는 훼손되었고 기발한 아이디어도 떠오르지 않는다. 늙은 실레누스처럼 맥 빠지고 술에 질린 채 비틀대며 거리를 방랑하고, 산길을 달리고 분수에 오줌을 갈기기도 했으며 정화의 물에서 님프와 사티로스 사이에서 기절했다가 눈물과 바이에른 맥주의 웅덩이에 빠져도 봤다. 이젠 이 모든 걸 끝내야 한다.

동전 한 줌을 들고 버스에 올라, 운전수에게 이 도시 밖, 그가 갈 수 있는 가장 먼 곳으로 데려다 달라고 했다. 그는 큰 동전 몇 개를 집고는 한 시간 남짓 운전해 가더니 친절한 묵례와 함께 어딘가에 내려주었다. 이름을 모르는 작은 마을이었다.

남아 있는 동전을 탈탈 털어 와인 한 병, 큰 소시지 하나, 빵 한 덩어리와 아스피린을 사서는 길을 걸어 내려가다 보니 마을 밖 숲으로 이어지는 길이 나왔다. 걷고 또 걷다 보니 날이 어두워졌다. 숲길을 나와 좀 더 걸었다.

아스피린 또는 슬픔

　정제되고 안정적인 아세틸살리실산 샘플이 최초로 만들어진 건 1897년이었다. 그때까진 술에 취하지 않고는 고통을 잠재울 마땅한 방법이 없었다. 아스피린과 숙취가 거의 동시에 어휘사전과 우리의 인식에 등재된 것을 단순한 우연으로 치부하긴 어렵다.

　지난 천 년의 마지막 세기 이전의 문학에서 숙취의 흔적을 찾으려면 오랜 시간 품을 팔아야 하는 반면, 그 후 100년이 넘는 동안 모든 소설에서 숙취는 가장 흔한 소재가 되었다. 진지한 이야기를 쓰는 작가들은 마침내 사랑이나 죽음, 주인공이 마침내 집으로 돌아오는 장면을 표현하듯 '숙취 장면'을 그리기 시작했다. 사실, 현대 문학에는 게슴츠레한 핏발 선 눈에 몸을 떠는 술꾼이 너무도 흔해서, 현대 문학의 숙취 목록을 작성한다면 끝도 없이 이어질 것이다.

　키스가 사랑을, 수의가 죽음을, 어린 시절의 침대가 귀향을 상징한다면, 아스피린은 촉각 상징으로 숙취를 뜻한다. 하지만 일단 탐색을 시작하면 그런 한 가지 비유조차 빌어먹게 큰 차이가 된다. 문학 속 아스피린만으로 책 한 권은 족히 나올 수 있다. 그래서 몇 가지 찾아보았다.

　헤밍웨이가 1927년 발표한 『무기여 잘 있거라』에는 사랑과 죽음, 귀향, 아스피린이 한 장면에 한꺼번에 등장한다.

　"오스트리아산 코냑일세." 그가 말했다. "별 일곱 개짜리라고. 산 가브리엘레에서 노획한 건 이것뿐이야."

"거기 갔었나?"

"아니. 어디에도 안 갔어. 난 내내 여기서 수술만 했다니까. 이봐요, 베이비, 이 건 자네가 쓰던 낡은 양치질 컵일세. 자네를 잊지 않으려고 내내 보관하고 있 었지."

"이 닦는 걸 잊지 않으려고 그런 거겠지."

"천만에. 내 건 따로 있다고. 내가 이걸 보관한 건 말이지, 자네가 욕지거리를 하며 아스피린을 삼키곤 창녀에게 저주를 퍼부으며 이에서 빌라 로사의 기운 을 닦아내려고 애쓰던 모습을 잊지 않기 위해서였어. 이 컵을 볼 때마자 자네 가 칫솔로 양심을 깨끗이 하려고 애쓰던 모습이 떠오르거든."

1918년부터 1975년까지 발표된 P. J. 우드하우스^{P.J.Wodehouse}의 '지브스 앤드 우스터^{Jeeves and Wooster} 시리즈'는 최초로 60년간 이어진 숙취 문학이 다. 『지브스에게 전화해^{Ring for Jeeves}』에서 우스터는 전날 밤 일어난 일을 떠올리려 애쓰고 있다.

"지브스." 그가 말한다. "어디서 시작해야 할지 모르겠어. 자네 아스피린 있나?"

"그럼요, 주인님. 저를 위해 가지고 다니는걸요."

그가 작은 깡통 상자를 꺼내 열었다.

"고맙네, 지브스. 뚜껑을 꽉 닫지 말게."

"알겠습니다."

말콤 라우리^{Malcolm Lowry}가 자신의 방탕과 비애를 그린 자전적 소설 『화 산 아래서^{Under the Volcatno}』에서 한 영국 영사는 숙취에 시달리는 들개처럼 비틀대며 오악사카를 헤맨다. 사랑을 잃고, 분별력도 잃고, 마음을 달래 줄 만한 건 아무것도 없다. 술과 아스피린뿐. 그것이 더 이상 작용하지 않을 때까지.

　(그는) 자신이 술에 취해 반쯤 얼빠진 상태로 새벽같이 일어나 이른 버스 편으로 아내를 떠나보내곤 "세상에, 난 이 정도밖에 안 되는 놈이야, 쳇! 쳇!" 하며 자조하는 인간처럼 느껴졌다. 하지만 이미 늦었다. 아침 식사를 차려놓은 식탁에는 메모가 놓여 있다. "어제 예민하게 군 걸 용서해요. 당신이 나에게 상처를 주었더라도 그렇게 화를 내서는 안 됐는데." 그 밑에 추신 같은 글이 덧붙여 있다. "여보, 우리 이런 식으로 계속 살아갈 순 없어요. 그건 너무 끔찍해요. 그래서 난 떠나요." 그리고 어젯밤 바텐더에게 누군가의 집이 어떻게 불에 타버렸는지 시시콜콜 장황하게 말했다는 사실이 기억났다. 그런데 그 바텐더의 이름은 왜 셜록일까? 도저히 잊기 힘든 이름 아닌가! 그는 포트와인 한 잔을 마신 뒤 아스피린 세 알과 물을 들이켰다. 그런데 메스꺼워졌다. 그 술집이 문을 열기까지 다섯 시간이 남았다는 사실을 떠올렸다….

　이제 우리는 아세트살리실산이 술과 섞이면 이부프로펜(애드빌)처럼 위통, 내출혈, 궤양을 야기할 수 있다는 사실을 알고 있다. 그리고 아세트아미노펜(타이레놀)은 소량이라도 술과 섞이면 술꾼의 간 기능을 마비시켜 죽을 수 있다. 술에 취하게 하지 않고 효과를 준다는 순한 진통제가 결국 우리를 파멸시킬 수도 있다는 뜻이다.

　마지막으로, 물론 이건 별로 중요하지 않은 사실이다.

10막

도마뱀이 눈을 핥을 때

시간과 공간에서 자유로워진 우리의 주인공은 과거로 여행을 떠나 총각 파티에 참석하고, 딸꾹질을 치료하며, 사막에서 기어 나와 최초와 두 번째 숙취 현장을 본다.
출연: 존 딜린저, 보리스 옐친, 태양의 신 라와 신부 들러리로 가득 찬 밴

"술 취한다는 것은 자발적으로 미치는 짓일 뿐이다."

— 세네카

지금으로부터 10여 년 전, 아직 공식적으로 길고도 불안한 숙취 연구의 길에 오르지 않았을 때다. 비교적 젊고 용기 있던 나는 두 발목을 모두 삔 상태로 임신한 여자 친구와 함께 총각 파티에 참석하러 라스베이거스에서 투손으로 가는 중이었다. 아직까지 아무 일도 생기지 않았는데 무슨 큰일이야 나겠는가?

한쪽 다리를 접질린 건 일주일 전 비 내리던 날, 늑대 보호구역에서 열린 음악 축제 때 일이었다. 폴 쿼링턴은 노래하는 사이사이 산소 탱크로 호흡하면서 마지막 무대를 마쳤다. 우리 아버지만큼 내게 글쓰기와 인생, 술을 가르쳐준 사람이었고, 토론토에서 산 10년간 나의 가장 가까운 친구였던 그는 내가 아빠가 된다는 사실을 알게 된 바로 그 주에 암 말기 진단을 받았다.

폭우가 맹렬히 쏟아지는데 폴은 빠르게 죽어가고 있었고 축제 천막에는 위스키가 바닥나고 없었다. 우리 오두막에서 한 병 가져오려고 어둠을 헤치며 가다가 한쪽 발이 싱크홀에 빠지고 말았다. 말을 타고 가다 빠지면 말의 다리가 부러지며 당신은 튕겨 나가 바닥에 거꾸로 곤두박질칠 정도의 깊이였다.

다른 한 쪽은 불과 며칠 전, 길가 모텔 뒤의 협곡 비탈길을 걷다가 접질렸다. 라스베이거스에서 산 염소 머리 장식 지팡이를 짚고 왜 그 길을 내려갔는지 도무지 모르겠다. 다치지 않은 발목에 무게를 싣고 걷다가 발을 헛디며 다른 한 쪽도 접질리고 만 것이다. 그래서 나는 양쪽 발목을 다친 채 배가 남산만 한 예비 엄마와 함께 협곡을 어느 정도 내려와 뜨거운 사막 모래에 파묻혀 흐느껴 울었다.

"이렇게 생각해봐." 내가 꼼짝달싹 못 하고 있을 때 그녀가 말했다.

"절름발이 균형이 맞게 되었잖아."

한참을 달려, 그녀는 나를 투손의 호텔에 내려주었다. 존 딜린저^{John} ^{Dillinger}(대공황시대 미국의 갱_옮긴이)가 죽기 전 며칠간 가명으로 몸을 숨긴 곳이다. 슬로모션 총격전이나 멋지게 차려입은 사내들의 술집 싸움이 언제든 벌어질 것 같은 분위기이므로, 도주 중이거나 위장 총각 파티에 가는 기분을 내기 위해 참석한 이들의 이름과 외모를 살짝 바꾸겠다.

나와 함께 이 호텔에 묵는 이들은 엘 디아블로, 토마스 크라운과 테드이다. 우리가 예비 신랑과 술을 퍼마시고 있는 동안, 태어날 내 아기의 어머니는 가장 친한 친구 안젤리카의 결혼식이 열릴 멕시코 국경 근처의 리조트에 머무르고 있었다.

엘 디아블로는 안젤리카의 남동생으로, 명석하고 매력적인 흥분의 대명사 밴 와일더(라이언 레이놀즈 주연의 미국 대학 섹스 코미디 영화 제목이자 주인공의 이름_옮긴이) 타입이다. 그는 할리우드에서 잘나가는 라이언들의 역을 맡을 수도 있을 정도다. 그와 같은 방을 쓰는 토마스 크라운은 엘 디아블로의 매형인데, 나는 그의 결혼식에서 처음 만났다. 미스터 크라운은 유명 다국적 기업의 온화하고 기발한 영국인 CEO이다. 휴 로리나 리처드 E. 그랜트를 닮았지만, 눈은 부리부리하지 않고 맞춤형 안경을 끼고 있다. 그들과 내 방 사이는 테드의 방이다. 그는 눈에 띄지 않는 외모에 굉장히 똑똑해서 스파이를 하기에 안성맞춤인 가족의 친구이다.

우리 넷은 총각 파티에 초대된 사람 중 유일한 외국인이고, 나는 낙천적인 세계 시민으로서 그들 모두를 좋아하고 신뢰한다.

우리는 호텔에서 신랑을 위해 축배를 들고는, 택시를 타고 신랑의 형제 중 하나가 총각 파티의 1차 장소로 잡아둔 외곽의 별장으로 갔다. 웅접실에는 특정 방식으로 비워질 데킬라 병과 아슬아슬하게 몸을 가린 전문가들, 같은 날 일제히 머리를 깎은 듯 똑같은 머리 모양에 실험적인 향수를 뿌린 사내들 한 무리가 잔뜩 있었다.

몇 시간 후, 우리를 근처의 남성 전용 사교 클럽에 데려다줄 리무진이 도착했을 때 모두가 갈 수 있는 상태는 아니었다. 예비 신랑은 퀼트 이불을 덮고 쓰러져 있었고 다른 사람들은 넓은 뒷마당에서 토해대고 있었다. 미스터 크라운과 엘 디아블로는 뒤에 남아 부상병들을 보살피기로 하고, 테드와 나만 나섰다.

우리가 투손 호텔에서 다시 만났을 때, 그 많은 데킬라는 물론이고 내가 정말 말해서는 안 되는 물건이 사라지고 없었다. 그리고 지금 호텔 바는 예쁜 아가씨들로 북적인다. 하지만 생기 넘치는 매력과 마성에도 불구하고, 엘 디아블로는 상당히 고전하고 있는 것 같다. 그래서 테드와 미스터 크라운은 이러다 흐지부지되기 전에 나더러 그의 윙맨^{Wingman}이 되어주라고 했다.

그런데 그때 딸꾹질이 시작됐다.

이후 상황을 제대로 이해하기 위해 설명해두자면, 내가 딸꾹질하는 걸 본 사람이라면 거의 병이라고 생각할 수 있을 정도다. 내가 지옥처럼 끔찍하게 여기는 건 술이 아닌, 숙취와 비통함 그리고 딸꾹질이다. 특히 딸꾹질이라면 치가 떨릴 정도라서 치료하기 위해 수백 가지 방법을 써봤는데 유일하게 이 방법만 효과를 봤다. 설탕 1 테이블스푼을 식초에 녹인 뒤 단번에 마시기. 식도는 경련을 일으키겠지만, 그러고 나면 짜잔 하고 딸꾹질이 멈춘다.

그래서 술 취해 딸꾹질하는 절름발이 윙맨은 투손에서 새벽 2시에 식초와 설탕을 주문한다. 딸꾹질이 끊이지 않는 중에 바텐더에게 설명했지만, 그는 식초를 한 잔 따라주더니 또 한 잔 주었다. 그리고 그때부터 기억이 흐릿해졌다.

지붕 위의 엘페노르

"술이란 녀석이 그리하라고 하는구려." 오디세우스는 신분을 감추고 의심스러운 임무를 수행하며 말한다. "술이란 놈은 가장 현명한 사람도 목청껏 노래하고 바보처럼 웃게 하며 … 말하지 않는 게 더 좋을 말도 내뱉게 한다오." 이 말은 물론 용기와 영웅이 아닌, 불운과 광기에 대한 이야기이다. 지붕 위의 엘페노르처럼 말이다.

오디세우스의 부하 중 가장 젊었던 엘페노르는 트로이 전쟁에 참전해 승리를 거둔 후 키클롭스를 술 취하게 해 무찌르고 몇 년 동안 '짙은 포도주 빛' 바다를 방랑한다. 하지만 엘페노르의 죽음은 『오디세이아』 10권에서 등장한다. 매혹적인 키르케가 자신의 님프들과 함께 살고 있는 아이올리에 섬에 도착했을 때였다.

키르케는 군인들에게 묘약(현재 시각에서는 벌꿀주와 맥주, 포도주를 혼합한 것으로 추정됨)을 대접해 그들을 돼지로 바꿔버린다. 오디세우스는 그들을 구하러 가다가 술에 취하지 않게 해주는 특별한 약초를 손에 넣는다(문학 식물학자들은 맨드레이크의 일종이라고 한다). 그러고는 키르케를 제압해 그의 군인들을 다시 사람으로 되돌려놓게 한다. 그들은 마법에서 풀려났지만 이번엔 그가 단순한 마법에 걸린다. 바로 포도주와 키르케였다. 키르케는 일단 그가 유혹에 넘어가 안주하자, 그간의 피로를 달래고 술에 취하는 쾌락을 선사하며 은연중에 그에게 모든 걸 내팽개치고 계속 술을 마시며 살아야겠다는 생각을 심어주었다.

인간이 살아가는 모든 이야기마다 술이 등장한다. 술은 신의 선물, 사악한 덫, 진실을 말하게 하는 영약, 악마의 음료, 기초 의약품, 맛없는 독약이며 우울증 억제제, 영감의 동력, 내면의 해방, 심각한 문제, 낭패, 지옥 불, 문명의 상징, 물로써 얻는 행복, 병 속의 어둠, 전날 밤의 즐거움, 다음 날 아침의 괴로움으로 작용한다. 우리는 술을 만들고, 찬양하고, 문제 삼다가, 복종하고, 끝장내고는 욕하기를 반복한다. 술은 우리를 만들고, 찬미하게 하고, 의심을 불어넣었다가, 우리 뜻에 따라 우리를 죽이고 욕하게 한다. 운이 좋다면 멈출 방법을 찾을 것이다.

오디세우스의 부하들이 그를 정신 차리게 해 고향땅으로 돌아가고 싶다고 생각하게 하기까지, 그러니까 이타카 생각과 분별력을 되찾고 그들의 가족과 아이들이 있는 곳으로 향하기까지 1년이 걸렸다.

그런데 술과 님프의 섬을 떠나기 전날 밤, 젊은 엘페노르는 만취해별 잘 드는 성의 지붕에서 잠들었다가 닻 올리는 소리에 눈을 뜬다. 배를 놓칠까 두려워 허둥대던 그는 지붕에서 미끄러졌든지 발을 헛디뎠든지 해서 떨어져 죽는다. 숙취 역사상 흔치 않은, 발을 헛디뎌 죽는 극적 장면이다.

오디세우스는 엘페노르의 가련한 영혼을 구하기 위해 곧장 고향으로 가는 대신 하데스의 지하세계를 찾아간다. 그의 죽음은 오디세우스의 운명을 바꿨을 뿐 아니라 오늘날까지 영향을 미쳐, 술 취해 정신없는 상태를 엘페노르 증후군으로 진단한다. 수면 장애나 과음 후 숙취가 너무 심해서 방향감각 상실, 망상, 극도로 위험한 행동을 유발하는 일종의 정신병이다.

도마뱀이 눈을 핥을 때, 그리고 전화가 계속 울린다

계속 울리는 전화 벨소리에 드디어 눈을 떴다.

"여보세요."

"여보세요? 어젯밤 대체 뭘 한 거야?"

"시답잖은 짓이지. 하지만 별일 없었어. 왜 그래?"

"당신들 데려오기로 한 사람들이 호텔에서 쫓겨나서 여기로 왔어. 그리고 당신은 아직 침대에 있고."

"무슨 소리야?"

"지금 말한 그대로야."

상황을 알아보러 테드 방으로 갔다.

분명, 기절해 있던 엘 디아블로는 소변 보러 일어났었다. 그리고 얼마 지나지 않아 누군가가 문을 두드렸다. 미스터 크라운이 문을 여니 호텔 매니저와 경찰관 두 사람이 서 있었다. 한 사람은 수갑을 들고 있고, 다른 사람은 핸드폰을 들고 있다. 그들은 영상 속 주인공을 찾고 있다며 핸드폰을 켜서 미스터 크라운에게 보여주었다. 아래에서 찍은 영상인데, 한 젊은 남자가 발코니에서 벌거벗은 채 밑의 정원에서 파티를 즐기고 있는 사람들 머리에 오줌을 갈기고 있었다. 할리우드의 라이언을 닮은 이였다.

경찰들은 사각 팬티를 입은 이 영국인이 그들이 찾는 현대의 딜런저가 아님을 알아챘다. "하지만 이 방 발코니인데요." 매니저가 방 안으로 들어오며 말했다.

"하지만." 다른 누구보다 놀란 미스터 크라운이 말했다. "여기 다른 사람은 없잖습니까."

경찰들은 욕실이며 그 문제의 발코니를 둘러보았다. 하지만 마침내 매니저가 미스터 크라운의 침대 밑에서 밝은 초록색 말을 찾아냈다. 잡아당겨 보니 엘 디아블로다. 벌거벗은 채 초록색 양말만 신고 있고 여전히 옆으로 쪼그려 있다. 과잉 성장한 신생아 레프리콘(아일랜드의 요정_옮긴이) 같다.

"젠장." 내가 말했다.

"그러게." 테드가 말했다. "최소한 체포하진 말아야 하는데."

그래서 이제 계획을 바꾸어, 술을 끊었기 때문에 어젯밤 오지 않았던 신랑의 또 다른 형제가 우리를 데리고 96킬로미터 떨어진 리조트의 결혼식 전야 만찬에 가기로 했다. 하지만 그는 2시간이 되도록 도착하지 않는다. 먼저 예비 신랑을 태우고, 결혼식에 필요한 다른 걸 챙겨야 하기 때문이다. 그래서 테드에게 시간이 되면 깨워달라고 하고는 잠시 눈을 붙였다.

물론 이건 전부 '그전'의 일이다. 중요한 건 '그다음'에 일어난 일이다. 알렉스 샤카의 『루미나리움』에서 이 변화를 잘 묘사했다.

그는 꿈도 꾸지 않는 깊은 망각으로 빠져들었다. 불과 몇 초 지난 듯했지만 실상은 몇 시간 흘러 숙취를 느끼며 깼다. 두개골 안쪽 면이 되새김 동물에 씹히는 거대한 단일 신경처럼 요동친다.

숨이 턱 막혀 눈을 떠보니 이를 악물고 있다. 세상이 바뀌었다. 고통 스럽고 뜨겁고 뒤집어져 보인다. 벽을 붙잡고서야 겨우 움직일 수 있었 다. 바깥 공기는 상상 이상으로 뜨겁다. 용의 입 안으로 걸어, 아니 두 다리를 절룩이며 들어가는 기분이다. 그리고 위장에도 한 마리 더 있다. 이제 신경을 갉아먹는 것이 안과 밖, 여기저기 다 있다. 시동을 켠 채 우 리를 기다리고 있던 SUV에 가까스로 올라탔다.

앞의 조수석에는 예비 신랑이 앉아 있고, 옆에는 그의 형제 100명 중 하나가 있다. "칩이라고 해요!" 림프 비즈킷의 노래에 맞춰 핸들을 두드 리며 그 형제가 말했다. 그러고는 액셀러레이터를 밟자 테드가 더듬더 듬 안전벨트를 찾는다.

칩은 고속도로를 타기 전 몇 군데 더 들러야 했다. 제일 먼저 맥주 양 조장에 가서 맥주 몇 통을 실었다. 내가 첫 번째로 토한 곳이다. 화장실 의 홉 냄새가 너무 짙어서 숨을 쉴 때면 마치 맥주를 빨아들이는 것 같 았다. 다음 장소에서 다시 토했다. 이번엔 테이블보와 냅킨을 가지러 온 곳이다. 그다음엔 고속도로 타기 전, 차 문밖이었다. 그리고 속도를 올 리자 이번엔 창문 밖으로 토했다. 우리 뒤에 반짝이는 기름막 흔적이 남았다. 다들 환호하고 칩은 경적을 울렸다. "당신 대체 어젯밤 뭘 마신 거예요?" 그가 말했지만 대답할 수가 없었다. 빙빙 돌며 신경을 갉아먹 는 되새김 동물이 내 목구멍에서 요동을 치며 털북숭이 발로 내 입을 막는다.

"데킬라를 잔뜩." 예비 신랑이 말한다. 그는 금세 토해버리곤 그날 밤 8분의 1은 평화롭게 기절해 있었다.

"그리고." 테드가 진지한 표정으로 말했다. "식초도 잔뜩 마셨지." 내 안의 다양한 설치류들이 발버둥치고 발작하기 시작한다. 차를 멈춰달라고 소리치려는데, 이미 속도를 줄여 갓길에 정차했다.

"젠장." 칩이 말했다. 문을 열고 뜨거운 사막에 식초와 데킬라로 흠뻑 젖은 동물들 약간을 토해냈다. 그러곤 입을 닦고 문을 닫았다. 에어컨이 꺼진 것 같다.

"젠장." 칩이 반복했다. 나는 쓰러져 문에 기댄 채 사과하려 했다.

"믿든 말든 네 맘이지만, 너한테 그러는 거 아니야." 테드가 차분히 말했다.

"아, 빌어먹을, 망할!" 칩이 말한다.

"우리 기름 떨어졌나 봐."

"젠장, 이런 빌어먹을!" 칩이 말했다. "들를 데가 한 군데 더 있다는 걸 깜박했어."

모두 일제히 입을 다물었다. 그리고 열기를 더 이상 참을 수 없을 지경에 이르렀다. 우리는 차에서 내려 몸을 웅크렸다. 죽을 그늘을 찾을 수만 있다면 좋겠다. 하지만 지금 태양은 바로 우리 머리 위에서 뜨겁게 쏟아지고 있다. 신은 지독히도 무자비하다.

"물 좀 있어?" 물어본다. 있다 한들 토하지 않을 도리가 없다는 걸 알면서도.

"아니." 테드가 말한다. "하지만 맥주 150리터가 있지." 맥주 통을 가볍게 두드리는 그들을 뒤로하고 나는 절룩이며 사막으로 걸어갔다. 하지만 내 다리는 나를 지탱하지 못해 주저앉을 수밖에 없었다. 나는 그늘을 찾아 눈부시게 이글대는 사막을 기어갔다.

그러다 선인장을 발견하고는 그 옆에 쓰러져 누워 불타는 하늘을 향해 뻗어 있는 무기 같은 가시를 올려다보았다. 태양신의 무자비한 광선을 막아 나를 보호하기 위해 휘두르는 완벽한 검이다. 태양의 신 라^{Ra}여! 동물들이 내 안에서 끓어오르며 몸을 뒤트는 게 느껴진다. 내가 이용감하고 희망을 주는 선인장 밑에서 폴보다 먼저 죽음을 맞이할 수 있다니 얼마나 경이로운가. 하지만 이런 생각이 들었다. 아들을 만나보지도 못하겠구나. 우리 아들, 이런 열기가 없는 축복받은 빛이여. 모두 빌어먹을 딸꾹질 때문이다. 그리고 난 기절했다.

반의식 상태에서 사막과 악마의 꿈에서 깨어난다. 입 안에는 모래가 한가득하다. 흐릿한 사막 너머인 듯, 저 멀리에서 어떤 목소리가 들려온다. 물을 달라는 애원이다. 움직이려 하지만 꼼짝도 할 수 없다.

새로운 동물이 안이 아닌 밖에서 긁어댄다. 용인가 보다. 눈을 뜨자 일순간 긁어대는 것이 멈춘다. 채찍 같기도 하고 뱀 꼬리 같기도 한 것이 보인다. 눈 깜박임보다 빠르게 움직인다. 내 눈알을 지켜야 하지만 나의 뇌는 파충류의 분노에 사로잡혀 있다. 나는 도마뱀 왕이다. 나는 아무것도 할 수 없다. 내 왕국은 욕조. 파리의 수돗물에 빠져 죽게 해줘. 하지만 이것만은 아니다. 저것들이 내 눈알에서 물을 마시다니! 감히 물을 마시다니!

그러자 즉시 도마뱀들이 사라졌다. 그러곤 햇살도 사라졌다. 누군가 그늘을 드리운다. 찰칵, 삐 소리에 이어 라의 목소리가 들린다. "성자여, 이젠 결혼식 전야 만찬에서 누구를 보호해야 할지 모르겠구나. 사람들 머리에 오줌을 갈긴 자인가. 아니면 너, 사막에서 횡설수설하고 있는 자인가."

"당신은 스파이야. 태양의 신 따위가 아니고." 말하려 했지만 용처럼 숨을 뿜어낼 뿐이었다.

열사병과 숙취

끔찍한 숙취와 심각한 열사병 사이에는 하늘에서 아른거리는 희미한 선만이 존재한다. 어떤 단계가 되면 그 구분이 전혀 무의미해지고, 두 증상이 결합하면 각각의 총합보다 더 고통스러워진다. 아원자Subatomic 융합처럼 말이다.

오늘 도마뱀의 혀를 경험하기 전, 비슷한 연쇄 반응을 겪은 적이 있다. 정확히는 두 번이다. 두 번 다 지금 우리가 가려고 하는 남쪽 국경 근처에서 일이 일어났다. 그리고 두 번 다 엄청난 양의 데킬라와 지독한 열기가 함께했다.

한번은 오래전 일이다. 오악사카 해변에서였다. 그곳에서 언젠가 페라리로 바글대는 이탈리아 마을로 옮겨 갈 여자와 처음으로 헤어졌다. 공기며 알코올, 격정, 불가능한 결정을 내리게 하는 판단력까지 모든 게 극단적으로 격렬해지는 몬순 계절이었고, 내 머리와 몸은 과열로 자폭하여 내부부터 파열되고 말았다. 그때 방금 헤어진 여자가 해변에서 땀에 흠뻑 젖은 내 시체를 보고는 응급센터에서 병원을 거쳐 비싼 개인병원까지 데려갔다. 거기서 연애와 수분 보충, 인간이 오류를 범할 가능성에 관한 새로운 배움을 얻고 위기에서 벗어났다.

두 번째는 불과 몇 년 전, 친한 친구가 플라야 드 카르멘 외곽의 아름다운 해변에서 순조롭게 결혼식을 올린 뒤 나를 제외한 모두가 돌아간 뒤에 벌어졌다. 나는 며칠 더 머무르며 마을을 둘러볼 생각이었다. 그리고 그다음 날, 엘페노르처럼 나는 바다가 내려다보이는 뜨거운 지붕 위에서 눈을 떴다. 떨어져 목이 부러지지 않은 게 다행이었다. 엘페노르와 달리, 나는 공항 가는 버스를 탔다. 와스코를 위해 산 거대한 솜브레로까지 챙겨서. 곧 있으면 그의 생일이었고, 나는 술 취해 마음이 넓어진 상태였다. 그런데 아침, 푹푹 찌는 버스에 앉아 있는데 식은땀이 나며 신물이 올라오고, 몸에서 열이 올라 땀에 흠뻑 젖었고, 메스꺼워졌다. 그때 버스가 움직이기 시작했다.

영혼의 한계에 직면해보려면 뜨겁고 북적이는 2등석 버스를 타보라. 주위의 잘 차려입은 멕시코인들은 당신 무릎에 올려둔 솜브레로에 계속해서 토해대도 예의 바르게 눈 하나 깜짝 않는다.

도마뱀이 눈을 핥을 때, 그리고 아직 살아 있다

얼마 후, 용감한 예비 신랑이 투손에서 유조차를 히치하이크해서 돌아오자 테드가 나를 다시 SUV에 끌어다 놓았다. 그리고 고속도로를 달릴 무렵 에어컨도 다시 작동되어 불타는 세계는 사라지고 없었다. 내 안의 동물들이 서서히 되살아나는 느낌이었지만 다시 칩에게 갓길에 차를 세워달라고 할 만큼은 아니었다. 그저 꿀꺽 삼키고 몸을 만 채 주위의 목소리에 귀를 기울였다.

전혀 새로운 문제가 생긴 것 같다. 예비 신랑이 지금까지 결혼 허가서Marriage License를 받으려고 기다렸는데 사무소가 곧 문 닫을 시간이 된 것이다. 여러 원인에서 비롯된 실수다. 그의 형이 SUV에 기름 넣는 걸 깜박한 것이 가장 큰 원인이지만. 앞좌석의 불평과 관계자들과의 통화 내용으로 미루어 무슨 상황인지 눈치챌 수 있었다. 난 이미 한 판 토한 뒤 차 아래에 찌그러져 있었다. 이 문제 때문이 아니면 위기관리를 논의하는 통화에서 그렇게 계속 내 이름이 등장할 다른 이유가 있겠지. 나는 생각을 접고, 그 행복한 커플의 미래에 내 숙취를 바치기로 했다.

계획을 바꿔 우선 고속도로를 나와 승마용품점으로 가기로 했다. 그곳에서 예비신부를 만나 나를 내려놓고 결혼 허가서를 신청하러 달려가는 것이다. 내가 어떻게 될지는 불확실하다.

SUV가 떠나고 잠시 길가에 쌓인 수백 개의 마른 귀리 자루 사이에 앉아 애리조나의 뜨거운 열기를 피하고 있는데, 마침내 신부 들러리로 가득 찬 밴이 나타났다.

최악의 숙취

셰익스피어 시대 유명한 배우들은 무대에 토하곤 했다. 보리스 옐친은 이른 아침 피자집에 가겠다며 백악관 밖에서 속옷 차림으로 택시를 잡으려는 모습으로 발견됐다. 불확실하지만, 밤새 폭음한 뒤 거대한 아나콘다 배 속에서 눈을 뜬 인도 남자에 관한 뉴스도 있다.

하지만 전혀 다른 차원의 결과를 야기한 숙취도 있다. 수전 치버Susan Cheever는 『미국에서 술을 마신다는 것: 숨겨진 역사Drinking in America: Our Secret History』에서 수면부족으로 흐릿하고 핏발 선 경호 요원의 눈을 통해 JFK가 죽음에 이르기까지의 과정을 시간, 분, 초 단위로 새롭게 관찰한다. 그리고 마피아 암살자들이 아직 반향이 가시지 않은 라이플총을 들고 풀 덮힌 언덕 사이로 서서히 내려오는 장면을 보여줌으로써, 대통령을 경호하기 위해 훈련받고, 이를 맹세한 사람들 대부분이 이 운명의 순간에는 극심한 숙취 상태, 어쩌면 아직 술이 깨지 않은 상태였을 가능성을 보여준다.

그 전날 밤 댈러스에서, 비밀 경호국 요원들 상당수가 술집이 문을 닫을 때까지 술을 마셨다. 그들은 시내 술집에서 밤늦게 190 프루프(알코올 도수 95도의 술_옮긴이)짜리 불법 밀주를 판다고 알려진 셀라로 옮겨가서, 그중 여섯 명은 새벽 3시까지, 한 명은 새벽 5시까지 마셨다. 자유세계의 지도자이자 희망찬 미래의 화신을 경호하는 그들의 임무는 아침 8시에 시작해서 점심시간 전에 끝났다. 케네디가 죽은 것이다.

누군가의 숙취로 역사가 바뀌었는지 확실히 알아낼 방법은 없다. 그러나 대법원 수석 판사 얼 워런은 비밀 경호국 수장에게 말했다. "전날 밤 술 마시지 않고 적당한 시간에 잠자리에 들었다면, 새벽 3시, 4시, 5시까지 비트족들과 어울려 술을 마셨을 때보다 훨씬 기민하게 경계하지 않았을까요?"

그런 점에서, 이런 처참한 순간의 슬로모션 장면은 유난히 더 느리게 보인다. 차가 앞으로 가다가 방향을 틀면 갑자기 사정권에서 벗어났을 테고, 바로 그때 엘리트 요원이 행동을 시작하면 됐을 것이다. 치버는 전날 밤 셀라에 있던 사람들이 '잠시 얼어붙은 것처럼 보였다'는 데 주목한다. 그들 중에는 클린트 힐이 있었다. 그는 리무진 뒤로 기어올라 영부인을 보호했다. 그녀의 손은 뇌수와 피로 흠뻑 젖어 있었다.

"내 잘못입니다." 그는 1960년대 TV인터뷰에서 통한의 눈물을 쏟으며 말했다. "조금만 더 빨리 움직였더라면…. 죽을 때까지 이 마음을 안고 살아갈 겁니다." 그리고 그만이 아니다. 수많은 그의 형제들이 숙취를 떨쳐내지 못한 채 새롭게 변한 세상에서 눈을 뜬다.

작가, 셰프, 사설탐정과 마찬가지로, 폭음은 오랫동안 비밀 경호국 조직문화의 일부이자 상징이었다. 하지만 그들의 폭음은 아무도 다치지 않았을 때조차 큰 반향을 일으킨다. 최근에는 한 요원이 호텔 문 앞에서 경호는 하지 않고 복도 바닥에 쓰러진 채 발견되어 헤드라인을 장식하고 숙취 상태로 집에 돌아간 적도 있다.

치버는 원래 미국 대통령 경호 기구인 비밀 경호국의 창설이 승인된 날이 에이브러햄 링컨이 암살당하던 바로 그날이었다는 쏩쓸한 역설에 주목한다. 그리고 그가 극장 특별석에서 총격을 당했을 때, 대통령 경호원들은 거리 술집에서 쉬고 있었다.

지금껏 몇 년 동안 여러 사람들에게 일생 최악의 숙취에 대해 물어보았다. 사연들은 그리 단순하지 않았다. 겁에 질린 닭 떼, 부서진 BMW, 교도소의 고문, 아기에게 안전한 회사, 비디오테이프, 무술, 전범, 자선 카누 경기, 이혼 법정, 꽁꽁 언 토사물, 학위논문, 포이즌 아이비 등등 각양각색이었다. 처절하게 슬프거나 끔찍하게 폭력적이거나 혹은 뼈아프게 모욕적인 경험이었지만, 그저 웃긴 사연도 일부 있었다.

최고의 '최악의 숙취'는 내가 전 여자 친구의 가족을 처음 만났을 때 그녀의 친척에게 들은 사연이다. 그녀는 거실 난로 앞에 서서 특정 부분에서는 손짓발짓까지 해가며 아주 세세하게 이야기를 들려주었다.

친구의 화끈한 생일 파티 후 메스꺼움의 파도를 힘겹게 넘으며 출근길 러시아워에 운전 중일 때였다. 그때 두 가지 일이 생겼다. 장이 뒤틀리기 시작했는데, 차가 꽉 막혀 움직이질 않는 것이다. 다음 교차로까지 1킬로미터도 채 남지 않았지만, 1분에 1미터를 움직이는 게 고작인 데다 장이 터지려는 상황에선 끝없이 멀게 느껴졌다. 몇 분이 지나도 별다른 변화는 없었다. 그녀는 고개를 돌려 다른 차에 앉아 있는 사람들을 둘러보고는 앞을 똑바로 보면서 볼일을 보았다.

얼마 후 교차로를 지나 주유소에 들어가, 극도로 조심하며 차에서 내려 화장실까지 안짱다리로 뒤뚱뒤뚱 걸어갔다.

좁은 사각형 안에서 할 수 있는 걸 다 한 뒤, (지금까지 내가 그녀를 존경해온 건 이런 상세함 때문이기도 하다) 그녀는 묵직한 팬티를 휴지에 싸서 휴지통에 넣었다. 그러곤 펜을 꺼내 종이 위에 "정말 미안합니다"라고 쓴 뒤 20달러 지폐와 함께 접어서 싸놓은 대변 위에 놓았다.

내가 이 이야기에서 가장 마음에 들었던 점은 굳이 말하지 않아도 됐다는 사실이다. 모르는 관리인에게 보상하려 할 필요 없었듯이 말이다. 하지만 우리 모두에게 즐거움을 주고 아마도 조심하라는 경고를 전달하기 위해, 그녀는 타닥타닥 타오르는 난로 앞에서 기꺼이 털어놓은 것이 분명하다.

최악의 숙취를 조사할 때, 응급실 사례 보고서만큼 적절한 건 없다. 내가 가장 재미있게 본 것 중 하나는 "토요일 밤의 마비 혹은 일요일 아침의 숙취? 알코올 유발성 압좌 증후군(음주 후 불량한 자세로 잠자다 팔의 요골신경이 마비되는 증상_옮긴이)"인데, 보드카 500밀리리터와 라거 4파인트를 마시고 여행 가방 위에서 이상하게 찌그러져 자다가 오른쪽 팔에서 고통과 마비를 겪고 있는 환자에 대한 보고서이다.

그 주치의의 보고서에 따르면, 이렇게 잠을 통해 술을 깨려는 방식은 주로 "타박상, 골절이나 쓰레기 밑에 깔리는 것"(혹은 흔하진 않지만 신체 노폐물 배출 마사지도 있다)과 유사한 빠르고 심각한 근육 손상을 야기하고, 신부전이나 죽음으로 이어지는 경우도 적지 않다고 한다. 환자의 생명을 구하는 신속하고 복잡한 수술은 이렇게 '자연 재해나 전쟁의 희생자 치료'를 위해 발전해왔다.

"박혀 있는 칼날: 알코올 대량 섭취에 따른 두통을 유발한 특이한 원인"이라는 보고서에서는 친척들에 의해 응급실에 실려 온 스물두 살 청년의 사례를 다룬다. 그들은 가족 모임에서 럼과 맥주를 마셨다고 했지만 그 외에는 별 도움이 되지 않았다. 정맥으로 수액과 멀티비타민을 놓은 뒤 의료진은 '깨어나기를 기대하며' 수면 상태를 모니터했다.

8시간 후 마침내 깨어난 그는 극심한 두통을 호소했다. 광범위한 신경 검사와 모르핀을 포함한 강한 정맥 진통제 투여가 이어졌음에도 두통은 지속되었고, 원인은 알 수 없었다. 의료진은 뇌 CT를 찍고 최악의 숙취를 야기할 수밖에 없던 것을 찾아냈다.

당신이 보고 있는 것을 믿지 못하겠다면, 이 사례 보고서의 제목을 검색해보라. 눈 뒤의 길고 흰 선을 볼 수 있을 것이다.

도마뱀이 눈을 핥을 때, 그리고 신부 들러리들이 데리러 왔다

손쓸 수 없을 정도로 아프고 악취에 찌들고 구질구질한 상태로 예쁜 신부 들러리들이 가득 찬 밴을 타다니. 이 끔찍하고 모욕적인 상황이야말로 어디서 본 적 없는 유일무이한 지옥이다.

어떤 결과를 초래했는지 보려는 듯, 다시 딸꾹질이 찾아왔다. 물론 신부 들러리들은 웃겨 죽으려고 했다. 그러다 내가 차를 멈춰달라고 소리를 질렀다. 갓길로 내려가려 했지만, 이 발목으론 거기까지 갈 수도 없었다. 도랑에 굴러떨어져 바닥에 누운 채로 분노를 쏟아냈다.

마침내 밴으로 돌아오자 더 이상 킥킥대는 웃음은 없고, 조용함과 놀라움, 혐오감만 느껴졌다. 조용히 남은 거리를 달려 드디어 리조트에 도착했다. 투손의 호텔을 떠난 지 6시간 반 만이다.

내 아들의 예비 엄마는 자비롭게도 날 죽이지 않았다. 아무래도 히포크라테스 선서를 한 덕분인 것 같다. 어쨌거나 그녀는 의사니까 말이다. 우리 방의 침대 위에서 그녀는 내 체온을 재고 숨소리를 체크했다. 그러곤 욕조에 물을 받으며 내 발목 붕대를 풀고 옷을 벗긴 뒤 심장박동을 들었다. 도마뱀 얘기를 하니 내 눈에 빛을 비춘다. 그런 다음 부축해 욕실로 데려가 찬물이 가득 찬 욕조에 들어가는 걸 도와주었다. 숨이 막히고 몸이 오들오들 떨린다.

침대에서 젖은 수건으로 나를 감싼 뒤, 내게 아스피린과 물을 챙겨주고는 그녀는 결혼식 전야 만찬 준비를 시작했다. 예쁘다고 말했다. 그러자 그녀는 눈을 굴리곤 배 속의 우리 아기를 쓰다듬으며 내게 리모컨을 건네주었다.

"유료 서비스에 〈행오버〉라는 영화가 있더라. 당신이 좋아할 거 같아."

〈행오버〉의 성과

줄거리를 간단히 말하자면, 〈행오버〉는 불운한 총각 파티와 외지에서 찾아온 신랑 친구들에 관한 2009년작 영화다. 주인공은 신부의 돌아이 오빠, 단정한 직장인, 스파이하기에 좋은 특징 없는 사내이다. 그들이 신랑에게 축배를 든 뒤 황당한 대소동이 펼쳐진다.

영화에는 에로틱한 댄서들, 신생아, 스포츠카, 벵갈 호랑이, 호텔 매니저, 수갑을 든 경찰과 증거 영상, 양말만 신은 태아 상태의 미친놈, 사막에서 기절함, 열사병, 지붕…이 등장한다. 그리고 그 호랑이를 잊지 말라.

멋지고, 내 미래를 예시한 영화지만 그 놀라운 성공을 설명할 냉정하고 합리적인 이유를 찾진 못하겠다. 전혀 새로운 주제도 아니고, 결혼 전 방탕의 후유증은 〈필라델피아 스토리〉부터 〈총각 파티〉, 〈베리 배드 씽〉, 〈웨딩 크래셔〉까지 할리우드에서 우려먹을 대로 우려먹어서, 사실상 그 자체가 하나의 장르가 되었다. 그러나 형편없는 후속작을 포함해, 무엇도 토드 필립스의 걸작의 유산에서 벗어날 수 없다.

〈행오버〉는 R등급 코미디로 박스 오피스 기록을 깼고, 브래들리 쿠퍼와 자흐 갈리피아나키스, 에드 헬름스를 A급 배우의 반열에 올렸으며, 위대한 코미디는 위험부담이 크다는 사실을 제작사에 상기시킴으로써 할리우드 르네상스를 일으켰다. 심지어 마이크 타이슨에게 절실히 필요한 가벼운 이미지를 주었을 뿐만 아니라 현대 숙취 문화도 바꾸었다.

라스베이거스 행오버 헤븐의 닥터 버크는 오늘날 사람들이 컨디션에 집착하는 원인은 숙취 해소 비용의 경제 규모에 대한 국가적 통계, 뉴올리언스의 제레미 위스 박사[Dr. Jeremy Wiese]의 백년초 치유 효과에 대한 연구 그리고 당연히 영화 〈행오버〉라는 반쯤 새로운 세 가지 발견이 동시에 작용한 때문이라고 의견을 밝힌다.

그리고 처음 두 가지 소식은 〈행오버〉가 우리의 방대한 집단의식에 압도적이며 부인할 수 없을 만큼 놀라운 영향을 미치지 않았더라면 실제로 주목받지 못했을 것이다. 숙취에 대한 보다 통계적인 연구는 그 전세기가 아닌 영화가 개봉된 바로 그 해에 시작되었고, 기록적인 수의 숙취 제품이 시장에 출시되었다. 마노 바르가바가 만든 체이서와 위스 박사의 노호에 뒤이어, '행오버 조의 숙취 샷'이 "영화 〈행오버〉 공식 후원"을 내세우는 라벨로 한동안 최고의 인기를 누렸다.

영화의 또 다른 성과는 심리학적으로 숙취를 표준화한 점이다. 이 영화는 인간에게 비교적 무해한 숙취 수준의 최대치(혹은 최저치)를 제시했으며, 이로 인해 이젠 식상해진 숙취 이야기가 새롭고도 모든 걸 아우르는 기준점을 갖게 되었다.

10년도 더 지났지만, 숙취와 관련해 1차적으로 인터넷 검색을 하면 여전히 〈행오버〉 3부작을 이용한 마케팅과 술 리스트, 블로그 포스팅이 필터링되어 나온다. 이를 제외하면 제품과 영화를 언급하며 경험을 상대화한 개인적 고백이 남는데, 결혼식 날의 숙취에 관한 고백이라면 더욱더 끝도 없이 등장한다. 역사상 교회에서 토한 사람들을 포괄한 기록은 이보다 훨씬 더 많다는 사실은 말하지 않는 편이 안전하겠다.

〈행오버〉가 예상을 넘어선 대대적인 성공을 거둔 데에는 결혼식을 무사히 치르며 해피엔딩을 맞이했다는 점도 일정 부분 작용한다는 사실을 언급해야겠다. 물론 실제로는 늘 그렇게 되진 못하지만 말이다. 일상에서 겪는 수많은 고난 중에서, 영국의 타블로이드지 「더 선」에 실린 시오반 왓슨의 결혼식 사연이야말로 우울하기론 빠지지 않는다.

그날은 시오반이 낯선 모텔에서 오후 12시 30분에 눈을 뜨며 시작한다. 결혼식 시작 불과 30분 전이다. 이 끔찍한 현실이 순간적으로 뇌리를 스치자, 그녀는 비틀대며 화장실로 가 토하고는 그 자리에서 한 시간 동안 쓰러져 있었다. 이 한 시간 동안 그녀의 장밋빛 뺨은 아기처럼 침 투성이인 채로 욕실 타일에 눌렸다. 그리고 시오반의 인생이 바뀌었다.

다시 눈을 떠, 비틀대며 일어나 침대 옆 디지털시계의 숫자를 보고 상황을 파악했을 때 어떤 느낌이었을지 상상되지 않는가.

시오반의 부모님은 딸이 꿈꾸던 결혼식을 올릴 수 있도록 몇 년간 일 하며 저축해오셨다. 그녀가 상상했던 미래의 모습을 구현한 최고로 행 복한 순간을 만들어주고 싶었던 것이다. 지난 몇 달간, 그녀는 잠을 이 루지 못했다. 불안이 아닌 흥분 때문이었다. 아버지의 연설, 그녀가 좋 아하는 아버지의 실없는 농담까지 모든 걸 생생히 상상했다. 가까이 다 가온 한없이 멋진 미래, 바로 오늘을 생각하며 그녀는 킥킥대며 침대에 얼굴을 묻고 환호성을 질렀었다.

그런데 지금이 바로 그날인데, 이렇게 끝나버리다니.

그녀는 평소 술을 마시지 않았고, 심지어 술을 좋아하지도 않았다. 하 지만 사람들을 실망시키기 싫었기에, 친구들이 전날 밤 처녀 파티에서 술을 마시자고 사정하자 마침내 굴복하고 말았다. 술은 그리 독하지 않 았지만, 세 번째 잔에 시오반은 난생처음으로 술에 취했고 네 번째 잔 에 필름이 끊겼다. 그 뒤에 무슨 일이 벌어졌는지, 어쩌다 그녀가 거기 에 가서 결혼식도 가지 못하고 그 방에서 기절해 있었는지 아는 사람은 아무도 없었다.

잠시 후, 시오반은 호텔을 나섰다. 충격에 빠져 쉬지 않고, 물도 마시 지 않고 정처 없이 걷고 또 걸었다. 그리고 그 5시간 동안 가족과 친구 들, 지역 경찰은 그녀를 찾아 도시의 거리를 뒤졌다. 마침내 해가 질 무 렵 그녀가 나타났다. 해피엔딩은 없었다.

약혼자는 그녀와 헤어졌고, 그녀의 부모님이 그녀를 집으로 데리고 돌아가기까지 엄청난 시간이 걸렸다. 아름답게 꿈꾸었던 결혼식과 미래는 일순간에 사라져버렸다.

"내 손으로 그걸 망쳐버렸다는 게 도저히 믿기지 않아요." 시오반은 「더 선」에 말했다. "피냐 콜라다를 너무 많이 마신 걸로 말이죠."

도마뱀이 눈을 핥을 때, 그리고 라스베이거스에 돌아간다

파블로프식 혐오 요법의 일환으로 젖은 수건을 덮어쓰고 오들오들 떨며 〈행오버〉를 보면서 웃다가 남아 있는 분노를 털어내고는, 여자 친구가 결혼식 전야 만찬에서 돌아오자 다시 보았다.

"자기도 정말 재미있다고 할 거야." 내가 말했다.

"다 죽어가더니 살아났네." 그녀가 말했다. 우린 바싹 들러붙었다.

물론 그녀 말이 맞다. 싸움이나 엄청난 돈을 날린 포커 판에서 빠져나올 때처럼 위태로운 활력을 최악의 숙취에 불어넣는 건 바로 이런 거다. 죽은 것 같았는데 어쨌거나 아직 살아 있는 느낌. 그러면 잠시 고통의 여운을 느끼지만 무엇이든 할 수 있을 것 같다는 생각이 든다.

결혼식이 끝난 후 우리는 비행기를 타러 66번 도로에 올라 라스베이거스 집으로 돌아갔다. 내 사랑이 〈행오버〉를 보는 동안 그녀 배에 손을 올려놓고 있던 그때는 몰랐다. 다시 이 사막에 돌아올 때에는 세상을 떠난 친구가 있고 새 책을 쓰는 중이며, 헤어진 새 여자 친구가 있고 행오버 헤븐에 한 자리 예약해둔 싱글대디가 되어 있으리라는 것을.

숙취 작가

니체는 말했다. "예술이 존재하기 위해선, 특정한 생리적 전제 조건이 필수불가결하다. 그것은 바로 '취함'이다." 또한 2000년 전의 시인 호레이스는 "감미로운 뮤즈는 아침에 제일 먼저 술 냄새를 풍긴다"라고도 했다.

이는 비밀도 아니고, 이젠 진부하고 식상한 뻔한 소리로 여겨진다. 킹슬리 에이미스 경은 숙취에 대한 위대한 에세이에서 작가들이 술 취한 상태인 건 예술적 기질이나 창조의 과정 때문이 아니라, 단지 "그저 그들이 하루의 상당 시간을 그 피폐함을 다스리는 데 충분히 할애할 수 있기 때문"이라고 주장하며 이러한 발언에 반박한다.

하지만 바이런 경이나 레이디 울프, 코난 도일 경은 이런 경우에 해당하겠지만, 거리의 부코스키, 하이스미스, 카버는 전혀 달랐다. '취한 상태로 있는' 건 생존의 문제이기도 했다. 이는 주정뱅이들이 '어제뿐 아니라 내일도' 잃는다는 냉철한 플리니우스의 발언을 철학적으로 부정하는 것이다. 작가이기도 한 술꾼은 깊은 밤으로 뛰어들기 위해 안정과 안심, 심지어 떠오르는 태양까지 희생시키기도 한다. 그리고 글에서 이를 구해낸다.

"작가가 멍한 상태로 작업실에서 걸어 나온다." 로알드 달은 이렇게 쓴다. "그는 술을 원한다. 술을 필요로 한다. 세상의 거의 모든 소설가들은 적당량 이상으로 위스키를 마신다. 그렇게 함으로써 자신에게 믿음과 소망, 용기를 불어넣기 위함이다. 작가가 되려는 자는 어리석은 자이다. 작가의 유일한 보상은 절대적인 자유뿐이다. 자신의 영혼을 제외한 어떤 주인도 없으며, 그가 술을 마시는 건 바로 그 이유 때문이라고 나는 확신한다."

심리학적 관점에서 '믿음, 소망, 용기'는 '탈억제제', 혹은 윌리엄 제임스의 표현을 빌리자면 "'긍정' 기능을 이끌어내는 엄청난 자극제"라고 부를 수 있다. 누군가 이런 기능을 필요로 한다면, 그건 바로 매번 "안 돼"라는 말을 들으면서도 의미 있는 무언가를 창조해내려는 불쌍한 녀석일 것이다. 긍정 기능을 비롯해 술이 하는 많은 일 중 하나는 무슨 일을 하든 의미를 부여하고, 완벽을 추구하려는 마음을 무력화한다는 것이다. 따라서 이런 상태에서는 실제로 어떻게 해서든 쓸 수 있게 된다. 적어도 조금이라도. 그리고 더들리 무어도 〈아서Arthur〉에서 말하지 않았는가. "술 마시는 모든 사람이 시인은 아니야. 몇몇은 시인이 아니라서 술을 마시지."

아서와 정반대 지점에 에드거 앨런 포가 있다. 너무도 탐닉하고 많이 마시고 의존했기에 술을 제어할 수 없었던 영혼은 술로 인해 죽어 불멸의 이름을 얻었다. 확인 가능한 자료에 따르면, 포의 술에 대한 의존은 그의 작품만큼이나 격렬하고 불안정했다. 그는 술의 내재된 어두운 성질에 즉시 빠져들어 절대 멈추지 못했다. 그는 일기를 쓰지 않았고 이런 일에 대해 직접 언급하는 글도 쓰지 않았지만, 그가 창조한 임박한 종말과 팽배한 불안감, 생매장에 대한 본능적 공포가 드러난 영원한 세상은 끊임없는 숙취의 소용돌이에서 기인한 것 같다.

이런 느낌을 이해하는 작가가 있다면, 그건 아마 말콤 라우리일 것이다. 『화산 아래서』를 쓴 뛰어난 술꾼 작가는, 포가 "황량하고 알려지지 않은 땅, 눈으로 뒤덮인 야생의 북극 섬에서 야만인 무리에 납치되고 싶은" 욕망을 상술한 글에 대해 "감탄을 자아내는 숙취 묘사"라고 평했다.

최고로 실감 나는 숙취 묘사를 찾으려면 에이미스에게 돌아가야 한다. 그는 기사 작위를 받기 한참 전, 데뷔 소설 도입부에서 행운아 짐 딕슨을 이렇게 깨운다.

딕슨은 다시 살아났다. 미처 비키지도 못했는데 의식이 그를 덮쳤다. 잠의 회당을 느릿느릿 품위 있게 배회하는 것이 아닌, 즉각적이고 강제적인 퇴거 명령 같았다. 그는 대자로 뻗어 누워 꼼짝도 못 하고, 아침에 타르로 범벅된 조약돌 위에 들러붙은 다친 거미게처럼 토했다. 빛이 그에게 해를 끼쳤지만, 사물을 못 볼 만큼은 아니었다. 그는 한 번 보고는 다시는 눈알을 움직이지 말아야겠다고 결심했다. 머릿속에서 뭔가 쿵 떨어지더니 그 앞의 광경이 맥박처럼 요동친다. 그의 입은 간밤에 작은 동물들의 변소로 쓰이다가 이젠 묘가 되었다. 밤 사이 크로스컨트리 경기도 치렀고 비밀경찰에게 제대로 얻어맞기도 한 모양이다. 죽을 듯 힘들다.

킹슬리 경은 그 후 40년 동안 스무 권이 넘는 소설을 쓰고 숙취에 대한 에세이를 쓰면서 이렇게 '나쁜' 상태를 수도 없이 경험한다. 심지어 성실한 공식 전기의 마지막 장에서도. 우리는 이 위대한 작가가 메스꺼움에 비틀대고 횡설수설하며 무너지는 모습을 볼 수 있다. 재커리 리더는 "술이 결국 그를 데려갔고, 그에게서 건강뿐 아닌 위트와 매력을 앗아갔다"라고 평했다.

어떤 이유인지, 에이미스의 에세이 이후 숙취를 주제로 (얇은 책이라

하더라도) 책을 쓴 유명 작가들은 전부 술고래 영국인들이다.

방송 진행자이자 연극 연출가, 영국 의회 의원, 지그문트 프로이트의 조카이자 『숙취』의 작가인 클레멘트 프로이드는 세련된 상류층의 인생을 즐기는 사람이다. 그리고 『숙취에 시달리는 플로이드』를 쓴 키스 플로이드는 식당 경영자, 이야기꾼, 식도락가, 우화 작가, 1세대 TV 유명 셰프로 수다스럽고 승부사 기질이 다분한 사람으로 알려져 있다.

에이미스처럼 이 두 사람도 다방면에 걸쳐 모험을 즐기는 디오니소스 같은 삶을 살았다. 하지만 프로이드가 존경과 사랑을 받는 삶을 살다가 84세의 나이에 세상을 떠난 반면, 플로이드는 진정한 숙취 작가답게 불행하고 부도덕한 역설적 삶을 살다가 그보다 스무 살 젊은 나이에 죽었다.

"키스 플로이드, 골초에 술고래인 TV 셰프가 심장마비로 죽었다. 대장암 완치를 축하하는 점심 식사 후 불과 몇 시간 만이었다." 「텔레그래프」는 이렇게 보도하며, 플로이드의 마지막 술판 브런치 메뉴를 가격과 함께 열거했다. 그가 실패한 레스토랑과 결혼 리스트도 이처럼 자세히 그의 부고 기사에 실렸다.

숙취에 시달린 수많은 작가 중, 실제로 숙취에 대한 책을 쓴 사람은 극소수이다. 내가 어쩌다 그들에게 합류하기로 했는지 잘 모르겠다. 이런 의문이 나를 사로잡기 시작했다.

25년 전 내가 처음으로 술을 마시고 글을 쓰고 온갖 두서없는 일에 몰두하기 시작했을 때, 전형적이지만 어리석게도 내가 잭 케루악의 현대판 화신이라고 생각했다. 자신을 디오니소스라 상상하는 역사 속의 광인들처럼 말이다. 하지만 이 책 전체의 주제가 "뭐가 잘못되기야 하겠어?"라는 질문으로 요약되듯, 답은 훨씬 단순하고 쓸모가 없다. "신중히 소원을 빌어라."

아직도 케루악의 젊은 사도들은 거리에서 술에 취해 황홀경에 빠졌던 그의 시간이 얼마나 덧없었는지 의식하지 못하고, 그걸 따라 하려 한다. 『길 위에서』가 마침내 출간되었을 때, 그는 통렬히 후회하며 만성 숙취 상태로 살아가고 있었다.

폭음으로 죽기 불과 몇 년 전, 그의 배 속 위스키의 바다에 둥둥 떠다니는 아스피린이 꽉 차 있는 상태에서, 지금 내 나이의 케루악은 『빅서 Big Sur』를 썼다. 그리고 이렇게 시작한다.

교회가 밑바닥 슬럼의 종에 슬픈 울림의 '케이틀린'을 불어 날려 보내고 있을 때 나는 비탄과 끈적이는 기분으로 눈을 떴다. … 술에 취해 메스껍고 역겹고 무섭다. 사실, 골목 아래 구세군의 애절한 외침과 뒤섞여 지붕 너머 들려오는 슬픈 노래가 두렵다. 더 슬픈 건 내 옆방에서 늙은 술꾼이 토하는 소리, 홀 계단의 삐걱거리는 소리, 나를 깨웠던 탄식, 울퉁불퉁한 침대에 파묻혀 쏟아내던 나의 탄식, 귀신처럼 내 베개 옆에 다가와 쏜 듯 머릿속에서 우우 울리는 포효에 의해 야기된 탄식을 포함해 여기저기서 들려오는 탄식이다.

이것이 숙취 작가가 되려 할 때 가장 두려운 부분이다. 끈적이고 탄식이 나오는 메스꺼움은 단지 촉감이 아니다. 절대 치료법이 없기 때문에 우우 하고 울부짖을 수밖에 없는 고통의 변주이다. 그 고통이 당신을 쏜 것이다. 뭐가 됐든, 유령처럼.

11막

대홍수 이후

우리의 숙취 작가는 뉴올리언스에서 씻고, 죽지 않은 자들과 협의하고, 숙취의 한계를 경험한 뒤 마침내 치료법을 내놓는다.
출연: 뱀파이어 마리타 예거, 닥터 미뇽 메리, 부두교 사제 맘보 마리

잭슨 스퀘어 코너의 뮤리엘스 2층 바깥 발코니에 앉아 뱀파이어의 키스를 홀짝이고 있다. 이 모든 것을 지은 뒤 자살한 사람의 귀신이 들린 곳으로 유명한 식당이다. 거실, 응접실, 침실, 와인 저장고, 식당, 정원, 게임 룸, 바, 이 모든 것을 갖춘 집이 그의 것이 되기 직전, 도박으로 하룻밤 만에 이 모든 것을 날려버린 것이다.

아래의 북적이는 광장에는 바이올린을 든 여자와 래그타임 피아노를 치는 남자가 있다. 그들의 손가락이 날아다니고, 풀어 헤친 머리는 마치 후광 같다. 그들 둘은 오페라풍 노래를 부르며 이에 맞춰 폴짝 뛴다. 몇 미터 떨어진 곳에는 다른 군중이 원을 이루며 모여 있다. 로봇으로 분장한 사람이 바퀴 네 개짜리 지프로 완벽히 변신해 음악에 맞춰 몸을 굴리며 앞에서 벌떡 일어난다. 어젯밤 마신 압생트와 톡식 베이비가 내 핏속의 유령, 내 얼굴의 햇살처럼 느껴진다.

이 도시 전체에는 귀신이 출몰한다. 노예로 끌려오고 화형대에 오르고, 홍수에 휩쓸려 간 사람들이다. 그래서 의미 있으며 무섭고, 아름답고 잔인한 모든 것들은 잊히지 않으며, 쉬지 못한 영혼들은 파티로 돌아가 음악과 술로 생명을 다시 얻는다.

숙취 그리고 술과 인류의 관계를 탐사하는 여정이 크게 바뀌어 뉴올리언스 항구에 정박했다. 코냑과 콜레라, 압생트와 아편, 과학과 노예제가 공존하는 현대판 암스테르담이다. 이 도시는 의식과 행사, 질병, 바다 건너에서 온 쓸모없는 것들을 통해 세계가 어떻게, 왜 취하게 되었는지 보여주는 살아 있는 역사이다. 200년 동안 전 세계 각지에서 이곳에 모여든 이질적이고 절박한 영혼들이 강의 지류를 배회하며 늪에 씨를 떨어뜨렸고, 그곳에서 놀랍고 경탄스러운 것들이 자라났다. 바로 그것들이 이곳에 사람들을 불러 모은다. 선과 악이 공존하는 정원, 해 뜨는 집으로.

지난 긴 여정을 균형 잡힌 한 문장으로 요약하자면, 찾고 있던 것을 찾고 그 밖의 모든 것은 잃었다고 해야겠다.

아직까지 남아 있는 건 이 책과 치료법이다. 물론, 지금 레시피를 공개해도 되겠지만 마지막 순간으로 미뤄두겠다. 여러분이 지금까지 나와 함께해 왔다면 그걸 가질 자격이 충분하지만, 이 이야기의 마무리, 숙취의 역사와 치료법에 대한 이해 등 아직 먼저 해결해야 할 일들이 몇 가지 있다. 또한 치료법이 저주 받았을지도 모른다는 생각이 든다.

"식사가 준비되었습니다." 그리고 안으로 안내되었다. 테이블엔 거북이 수프, 딸기 샐러드, 새우와 그리츠(굵게 빻아서 구운 옥수수_옮긴이), 염소 치즈 크레페, 차가운 미모사가 차려져 있고, 딕시랜드 재즈가 연주되고 있다. 전부 바라던 대로다. 시스템을 유지하며 귀신들을 잠재운다.

어젯밤 '해적의 골목길'에서 3달러짜리 독주 한 잔을 마시고 취했다. "톡식 베이비 안에 뭘 넣었을까요?" 바 위에 놓인 병의 라벨엔 이렇게 쓰여 있었다. "가성비 좋은 재료를 적당히 배합함. 단돈 3달러인데 알 필요 없음." 이곳은 신비로운 영약의 보고이다.

브런치를 먹은 후, 햇볕이 따사롭게 비치는 거리를 걸어 부티크 뒤 뱀파이어의 어두운 문을 열었다. 죽지 않은 이들에 대한 온갖 키치적인 물품들이 놓여 있고, 가게 주인 마리타 예거의 이빨은 완벽한 송곳니로 되어 있다. 그녀에게 뱀파이어들은 숙취 해소를 위해 뭘 하는지 물었다.

"으음." 그녀가 한쪽 입꼬리만 올린 미소를 지으며 말했다. "술꾼의 정맥에서 너무 많이 피를 마셨다면 말이죠?"

"그래요." 내가 대답하자, 그녀는 '에너지 블러드'를 가리켰다. 의료용 혈액 백에 끈적이는 빨간색 액체가 담겨 있다. 철분, 전해질과 카페인이 주성분이고, 열대 과일 맛이 난다.

그 옆의 선반에서 훨씬 매혹적인 것을 발견했다. 일렬로 세워진 병에는 이렇게 쓰여 있다. "닥터 체스터 구드의 야행성 친구들을 위한 만병통치약." 라벨 바로 밑에는 나도 익숙한 윌리엄 호가스가 섬뜩한 진 골목을 생생하게 묘사한 그림이 있고, 그 아래에는 설명이 쓰여 있다.

"당신을 아프게 하는 모든 병에 효과적임!"

"의료용으로만 사용!"

그때, 실망스럽게도 그 병이 비어 있는 걸 발견했다.

"그건 말이죠." 미스 예거가 송곳니 사이로 혀를 날름거리며 말한다. "자신만의 묘약을 찾아 그 병을 채우는 거랍니다."

야행성 친구들을 위한 만병통치약

물론, 이건 내가 아주 오래전 찾아 나섰던 것이다. 그리고 어떤 점에서는 아직 찾고 있는 것이기도 하다. 내가 치료법을 찾지 못했다는 뜻이 아니다. 그건 찾았다. 다만 야행성 친구들을 위한 만병통치약의 효과가 야행성에 국한되는지 궁금할 뿐이다. 숙취로부터 자신을 구하려면 전날 밤의 예방도 필요하다. 약간의 사전 준비랄까.

손에 넣은 치료법을 들고 '뉴올리언스 치료실New Orleans Remedy Room' 창립자인 닥터 미뇽 메리Dr. Mignonne Mary를 찾아가, 내가 찾아낸 것과 이걸 어떻게 적용해야 하는지 자문을 구했다. 하지만 나의 도마뱀 뇌에서 목소리가 떠나지 않고 말한다. '하지만 저 인간들이 너무 취해 어리석어져 밤에 숲속에서 뻗어버리는 바람에, 복용하는 걸 잊으면 어떻게 하나? 그러면 그들에겐 어떤 희망이 있을까?'

그래서 이곳 뉴올리언스에서, 마지막으로 야행성 친구들이 이 영약을 복용하는 걸 잊게 되는 때가 언제인지 알아볼 것이다. 뮤리엘스의 일요일 브런치는 효험이 있었을지도 모른다. 적어도 빈 병보다는 나은 것 같다. 하지만 그전에 아직 가야 할 곳이 더 있었고, 숙취에 대해 마지막으로 확인해야 할 것들이 몇 가지 남아 있었다.

대홍수 이후, 개의 털과 닭의 꼬리

나는 지난 몇 년간 김치에서 콤부차, 애드빌부터 침술, 해기스부터 헤로인까지 갖가지 숙취 해소법을 수집했다. 하지만 모든 이들이 다르듯, 숙취 증상도 그랬다. 거북이 수프가 오늘은 효과 있겠지만, 내일은 그렇지 못할 수도 있다.

그리고 설사 뭔가 효과가 있다 해도, 마법의 총알이라기보다는 염증을 감소시키고, 위산 분비를 진정시키고, 몸의 수분을 유지시켜줌으로써 치유 속도를 높여주는 정도의 역할을 할 뿐이다. 그리고 극심한 숙취는 24시간 이상 지속되지 않기 때문에, 그 시간의 반감기를 분석한다는 건 사실상 해장술을 분석하는 셈이다. 해장술은 여전히 그 야수 같은 시간을 잊게 하는 데 가장 인기 있는 방법이니 말이다.

종종 문제가 되긴 하지만, 해장술은 과학적 근거가 아닌 경험에 의해 생겨났다. 그리고 칵테일의 탄생지 혹은 배양되어 열매를 맺은 뉴올리언스보다 이를 시험하기 좋은 곳은 없다. 사탕수수 농장에서 나오는 럼주와 노예들의 땀, 달콤함에도 일정 지분은 있지만, 그보다 중요한 건 질 좋은 루이지애나 얼음이다. 어쨌거나 칵테일은 처음엔 괜찮은 해장술로 시작되었는데, 누가 따뜻한 걸 좋아했겠는가?

인류 역사의 대부분 시기 동안 음료수에 얼음을 넣는 방법은 빙하나 얼어붙은 호수의 얼음을 깨는 것뿐이었다. 혹은 다른 누군가가 그렇게 해서 배나 기차로 실어 보내면, 톱밥으로 가득 찬 방에 넣고는 녹기 전에 섞을 수 있는 모든 술에 넣는 것이다. 따라서 세상과 날씨가 작용하는 방식 때문에 얼음 수확은 1년에 6개월밖에 지속되지 못했다. 나머지 기간은 보통 밤에 마시는 방식으로 미지근한 걸 홀짝이며 끔찍한 아침을 달래는 수밖에 없었다.

1840년, 뉴올리언스에 최초의 상업 얼음 저장소가 문을 열었다. 그리고 얼마 후 프렌치 쿼터의 모든 살롱의 바 뒤에 아이스 셰이커가 놓이고, 라모스 진 피즈와 코프스 리바이버, 프렌치 75과 버번 사워를 만들기 시작했다. 처음엔 아이 오프너(잠을 깨우는 술_옮긴이), 픽미업(기운 차리게 하는 술_옮긴이), 개의 털(해장술_옮긴이)로 불렸다가, 나중엔 그저 칵테일이라고 불리게 되었다.

효과가 있었을까? 물론 그랬을 것이다. 바버라 홀랜드의 표현을 빌리자면, 체내에 남아 있는 역겨운 알코올 기운을 억제하는 효과는 주관적이고 시적이었다. 그리고 아담 로저스의 설명처럼, 더 많은 에탄올을 섭취함으로써 메탄올의 부작용을 억제했다는 점에서 과학적이고 객관적이기도 했다.

해장술은 철학적, 보다 정확히는 엘레아 학파적이기도 했다. 무슨 말인지 몰라도 상관없다. 조시 파슨스^{Josh Parsons}가 설명할 테니까. 파슨스는 2006년 세인트 앤드류스 대학교의 아치 센터 연구원으로 있을 때 발표한 "엘레아 학파의 숙취 해소법"이라는 논문에서, 순수하게 이론적으로 "해장술을 이용해 숙취를 해소하는 완전한 방법이 있다"라는 사실을 증명했다.

그는 "섭취한 알코올의 양과 효과의 지속 시간 사이에 단순하고 직접적인 관계"가 있다는 추정을 토대로, 한 잔당 한 시간의 취기를 유도하므로 결국 한 시간의 숙취가 뒤따르는 셈이라고 설명한다. "취하지 않았을 때 술을 마시기 시작하면 숙취가 없다." 그러니까 잔에 술을 반만 따르고 "숙취가 막 생기려 할 때까지" 30분을 기다리라고, 다시 4분의 1잔을 마신 뒤 15분을 기다리는 식으로 초 단위까지 마시는 양을 줄이다가, 마침내 한 방울도 따르지 않을 때가 되면 끝나는 것이다. 이렇게 해서 "막 시작된 숙취는 술을 더 마심으로써 치료된다".

물론 파슨스의 주장을 반박하는 의견도 많다. 하지만 그는 논문에서 쏟아지는 특정 수사적 질문에 대해 친절하게 대응하며, 결국 이 주장이 적어도 철학적으로는 '진실일 수' 있다고 인정한다. 이렇게 술 마시는 건 정말 짜증 나지만 말이다.

초록 요정과 씁쓸한 진실

숙취 역사상 압생트와 예거마이스터, 이 두 가지보다 비방받는 술은 없다. 그래서 역설적이게도 이 두 술을 이해한다면 미스 뱀파이어 예거의 빈 영약 병을 채울 수도 있을 것이다.

뉴올리언스의 약학 박물관에는 크고 오래된 비터루트 병이 있다. 첨부된 설명에 따르면 "기원전 1300년경의 이집트 파피루스에는 위장병을 진정시키는 재료로 활용한다는 기록이 있다"라고 한다. 닥터 뉴튼이 이 자료를 어떤 매립지에서 찾았는지 궁금하다. 음주로 인한 두통을 완화시키는 월계수 잎과 함께 사용되었을 수도 있으니. 또한 박물관의 설명에 따르면, "비터루트는 압생트의 원료로 알려져 있다"라고 한다.

전통적으로 아니스, 펜넬, 히솝, 레몬밤, 비터루트, 감초, 신선초, 마조람, 약쑥 등 약초를 재료로 만든 것 중 근대 역사에서 압생트보다 더 신화화되고 비방 받은 강장제는 없다.

약초에서 추출한 엽록소처럼 초록색으로 빛나는 이 술은 병에 든 마법의 약 같아서, 이걸 마시면 단순히 취하는 것 이상의 느낌을 받는다고 한다.

초록빛 요정이라는 뜻의 라 페 베르트^{la Fée Verte}로 알려진 이 술은 바이런, 포, 반 고흐, 툴루즈 로트레크 같은 보헤미안 거장들의 뮤즈이자 주제였다. 해리 마운트^{Harry Mount}는 툴루즈 로트레크에 대해 「텔레그래프」에 이렇게 기고했다. "그는 숙취의 느낌을 그림으로 표현했다. 메스꺼움을 유발하여 후회 속에서 전날 밤을 되새기게 하는 숙취 중 최악이라는 압생트 숙취의 느낌을 보여주는 것이다. 그의 그림 속 댄서와 그 후원자들의 피부는 노랗고, 압생트처럼 초록색이며 귀신처럼 창백하다." 압생트는 파리를 대표하는 술에서 이제 뉴올리언스의 술이 되었다.

약학 박물관에 전시된 압생트에는 이런 설명이 붙어 있다. "압생트를 마시고 병원에 온 사람들은 발작, 가슴 삼출, 붉은 소변, 신부전, 시청각적 환각 증상과 높은 자살률을 보인다." 이로 인해 약쑥에 비난이 쏟아졌다. 과학자들은 약쑥에 함유된 투욘을 지목했다. 다량 섭취 시 머리와 신경계, 신장에 문제를 일으킬 수 있는 화합물이다. 하지만 비과학자들은 이것은 '약쑥'일 뿐이라고 주장했다. 그래서 압생트를 비롯해 약쑥을 함유한 것들은 유럽에서 100년에서 5년 부족한 시간 동안 금지되었다.

그동안 뉴올리언스는 햇불을 들고, 분수를 청소하고, 신념을 지켰다. 그리고 지금 우리는 약쑥을 비롯한 재료 대부분이 비어루트처럼 매우 유익할 수 있다는 사실을 알고 있다. 사실, '심각한 압생트 중독'의 원인은 금주법 시대의 지독한 독성 광기와 거의 비슷하다. 바로 색과 맛을 돋우기 위해 싸구려 술에 넣은 화학 오염 물질 때문이다. 그러니 140도짜리 술을 들이켰을 때 어떤 일이 벌어질지는 충분히 상상되지 않는가.

숙취 해소제에 뭔가를 넣는다면 쌉쌀한 약초가 좋다. 하지만 압생트가 금지된 100년 동안 우리는 바로 그 때문에 약초의 이로움 그리고 약초와 알코올이 유기적으로 결합하는 방법을 잃어버리고 말았다.

몇 세기 동안 쌉쌀한 약초 증류수는 약과 술, 땅과 물, 식물 뿌리와 자연에서 생긴 마법의 물약을 다루는 인간 능력의 확장과 한계를 궁극적으로 연결하는 역할을 했다. 그래서 압생트 이후, 어떤 초록색 병도 예거마이스터만큼 우리 사고에 현대적 균열이 발생했음을 보여주진 못한다.

거리 끝에 사는 우리의 뱀파이어 예거가 확신을 가지고 설명하듯, 예거^{Jäger}는 '사냥꾼', 마이스터^{Meister}는 '마스터'라는 뜻이다. 예거마이스터는 지역의 사냥꾼들이 사냥한 뒤 몸을 따뜻하게 하고 영혼을 진정시키며 만찬 전에 속을 편안하게 할 수 있도록 만들어졌다. 현재 109개 국가에서 판매되는 이 술은 이 세상에서 가장 잘 알려져 있으면서도 큰 오해를 받고 있는 술 중 하나다.

약초와 과일, 뿌리, 향신료, 꽃 등 쉰여섯 가지가량의 재료 중 스물다섯 가지만 극소수의 사람에게 누설된 적 있다. 동시에, 예거를 마시는 사람들은 감각의 암살자, 남자 사회의 얼간이와 똑같이 취급된다. 물론 대부분 레드불과 섞어 제조한 뜻밖의 비극적 결과물인 예거밤과 신중하게 제조한 영약을 무분별하게 마신 탓이다.

따라서 압생트와 예거마이스터처럼 복합적이고 씁쓸한 술이 상상을 초월하는 지독한 숙취의 범인으로 비난받는다면, 그것은 효과 좋은 약주이지만 너무 많이 마셨기 때문일 것이다.

대홍수 이후, 그리고 모든 걸 엄청 많이

지난 오랜 시간 동안 참으로 많은 일이 일어났고, 난 많은 걸 잃었다. 사랑하는 이, 친구들, 가족, 직업, 집, 단순한 자아 그리고 확실한 시간 감각. 반면에 얻은 것도 많았다. 베를린과 멕시코 여행 그리고 디톡스와 재활, 다양한 치료 요법을 경험하며 과거로도 다녀왔다. 나 자신을 대상으로 임상 실험을 했고 나만의 방법을 찾아냈다. 사실, 나만의 요법을 시도하고 수정하고 다시 시험하기를 여러 차례 반복한 결과, 이제 자신

있게 보통의 숙취를 위한 치료제를 찾아냈다고 얘기할 수 있게 되었다. 아니 보다 정확히는 해독제 혹은 예방약이 될지도 모르겠다. 하지만 본질적으로 이건 치료제다.

나는 재료를 조합해, 적절한 시기에 제대로 복용하면 메스꺼움, 위통, 구토, 두통, 근육통 등의 급성 숙취 증상이 피로와 무기력 정도로 미미하게 남게 하는 방법을 찾아냈다.

사실, 이걸 찾아내리라곤 생각도 못 했다. 정말로. 그런데 그걸 찾아낸 때가 내 인생이 무너지기 시작한 때와 거의 맞아떨어져서 어떻게 해야 할지 몰랐다. 자신을 두려워하는 사람처럼 되었지만 아침은 두려워하지 않게 되었다. 그리고 그건 매우 위험했다.

그러나 이런 일은 탐사 여정 중에 종종 일어나는 일 아니겠는가? 가장 힘든 부분은 어떻게든 끝에 다다랐는데 이걸로 뭘 해야 하는지 모르겠다는 사실이다. 나 자신을 제외하고, 다른 사람 열두 명에게 내 약을 시험했다. 아직 피로감 문제는 더 개선해야 하지만, 설사 그걸 알아낸다 쳐도 그걸로 뭘 해야 할지 잘 모르겠다. 나의 발견을 공개해 제품을 생산한 다음 뒤에 기대서서 숙취를 두려워하지 않고 술로 가득 찬 세상이 펼쳐지는 걸 구경하기?

잠시 내 발견이 두려워져서 나는 술 마시기를 포기했다. 물론 치료법은 여전히 거기서 내가 돌아오기만을 기다리고 있었다.

지킬 박사의 말을 인용해보겠다.

지난 두 달간 나는 결심을 충실히 지켰다. 전에 이르지 못했던 엄격한 삶을 살고, 이에 찬성하는 양심의 보상을 즐겼다. 하지만 시간이 지나면서 그토록 생생하던 공포의 기억은 사라지고 … 마침내 윤리적으로 약해지는 시기에 이르렀다. 나는 다시 변신의 약을 만들어 삼키고 말았다. … 오랫동안 안에 갇혀 있던 내 안의 악마는 울부짖으며 밖으로 튀어나왔다. 물약을 마시는 순간, 보다 억제되지 않은 맹렬한 악함을 인식했다.

다시 유혹에 넘어간 이 나약한 의사, 자신의 연구에 좌지우지되는 소설의 과학자처럼 나도 실험에 대한 깊은 갈증, 변신의 가능성에 굴복하고 말았다.

술을 마시고 알약을 먹어보며 온갖 위해를 가했다. 지구를 돌며 여권을 잃어버리고 운하에 떨어지기도 했다. 지하 와인 창고에 바를 열고 '내막'이라 이름 붙였다. 멋진 밴드와 감탄스러운 DJ들을 섭외하고, 술은 빼고 칵테일을 만들어 톰 웨이츠 노래를 따서 이름을 붙였다. 나는 모든 이들과 어울려 술을 마셨지만 숙취를 느끼지 않았다. 여자 친구가 그립다. 정말 보고 싶다. 그리고 내 마음은 점점 우울해져만 갔고, 산산조각 나고 사라져 아무것도 쓸 수 없는 지경에 이르렀다.

뱀 기름 패러독스

몇 달 전, 케이슨 소스비에게서 연락을 받았다. 파티 아머 생산을 그만두고, 에너지 드링크로 전환한다는 내용이었다. 미국에서 가장 부유한 인도인 마노 바르가바처럼 말이다. 지금 소스비는 광란의 파티 때문에 멕시코로 가는 중인데, 파티 아머 재고가 부족하다고 했다. 그는 내가 그 문제에 오래 매달려온 걸 알고 있었던 터라 내 약을 시도해봐도 될지 물었다.

2주 후 그에게서 연락이 왔다. "젠장, 그거 정말 효과 있어요. 대여섯 명이랑 여러 번 사용해봤는데 매번 효과가 있더라고요. 내 친구가 데이트하는 여자는 한두 잔만 마셔도 메스꺼워져서 술을 못 마시는데, 걔가 그녀한테 당신 알약 줬더니 다음 날 말짱하더래요. 이거 대박이에요!"

파티 아머랑 비교해서 어떤지 물어보았다. "솔직히요? 우리 제품도 좋아요. 그런데 당신 것이 더 나아요."

지금 중요한 건 단순히 효과가 있는 뭔가를 발견하는 것이 아니라는 사실을 깨달았다. 이젠 사람들이 그걸 믿게 할 방법을 찾아야 한다. 케이슨을 처음 만났을 때 그가 들려준 얘기가 기억났다. 바르가바가 그에게 해준 말이다. "모든 사람이 의심을 품고 있으며, 모든 사람이 전문가이다." 이 말에 뱀 기름과 개척자의 저주가 생각났다.

'뱀 기름 장수'는 협잡꾼과 사기꾼의 대명사이며, 숙취 해소제를 판매하는 사람들도 이렇게 부르는 걸 들어보았다. 그런데 뱀 기름이 실제로 효과가 있다면, 거의 확실하게 작용한다면 이건 어떤 의미가 될까?

수천 년간 이용되었다는 중국 물뱀의 기름은 중국인 철도 노동자들을 통해 신세계에 소개되었다. 그들은 혹독한 육체노동으로 야기된 고통과 감염을 진정시키는 데 사용했고, 이를 북아메리카인 동료들에게도 나눠 주었다. 이 약은 꽤 효과가 좋아서 특허 의약품 제조자들의 관심을 끌었다.

오명을 얻게 된 건 클라크 스탠리 같은 행상꾼이 등장하면서였다. 방울뱀의 왕을 자칭하는 이 카우보이는 이 마을 저 마을 돌아다니면서 뱀을 올가미처럼 공중에 휘두르며 스탠리의 뱀 기름을 팔았다. 1917년 식품의약품국이 그의 제품을 압수해, 여기에 미네랄 오일, 쇠기름, 붉은 후추, 테레빈유가 함유되었다는 사실을 밝혔다. 뱀 기름은 한 방울도 들어 있지 않았다. 그때부터 뱀 기름 장수는 있지도 않은 걸 파는 기회주의적 사기꾼과 동의어가 되었다.

현대 역사, 특히 서양에서 떠돌이 약장수의 쇼는 인기 있는 서커스와 과학 실험, 프리크 쇼^{Freak Show}(기형이나 다른 인종 등을 구경시키는 쇼_옮긴이), 의학 강의, 제품 홍보로 구성된 인기 오락거리였다. 정식 의약품으로 소개되는 제품들은 대부분 비터, 대체로 비타민과 미네랄로 이루어진 알코올성 묘약이었고 때로는 코카인이나 아편, 소의 피가 추가되기도 했다.

이런 제품들은 막시 너브 푸드^{Moxie Nerve Food}, 닥터 킬머스 스왐프 루트^{Dr. Kilmer's Swamp Root}, 드롬굴의 비터스^{Dromgoole's Bitters} 같은 이름을 달고 무슨 병에든 듣는 만병통치약으로 팔렸다. 하지만 이 제품들은 무엇보다 '아이리시 플루(숙취의 다른 표현_옮긴이)'에 뛰어난 효과를 자랑했다. 떠돌이 약장수가 펼치는 쇼의 시대야말로 숙취 치료의 전성기였다. 그리고 이 시대는 이곳 뉴올리언스에서 더들리 J. 르블랑^{Dudley J. LeBlanc}에 의해 막을 내린다.

해더콜^{Hadacol} 비타민 드링크로 케이준^{Cajun}(루이지애나의 프랑스 후손_옮긴이) 기업가가 되기 전, 르블랑은 1차 대전 참전용사, 신발 외판원이었고 다림질 가게를 운영하기도 했으며 장례 보험사를 거쳐 담배 영업도 했다. 그러다 정계에 진출해 상원의원이 되었으며, 지위가 점점 올라갔다. 몇 차례 루이지애나 주지사에 도전하면서 르블랑은 의약품을 만들었다. 선거 유세장은 그의 제품을 알리기에 가장 완벽한 장소였다.

그는 처음에 더 나은 아침을 암시하는 단순한 이름인 '해피데이 두통 파우더'로 시작했지만, 잘 팔리지 않았다. 그리고 곧 그와 비슷한 다른 제품들과 함께 특허 의약품을 제한하려는 새로운 FDA 규제의 먹잇감이 되고 말았다. 그들은 병 라벨에 전 성분을 적게 하고 정식 의사에게 광고 쇼에도 가보도록 했다. 르블랑은 신제품에 이국적이고 과학적인 느낌을 주는 해더콜이라는 이름을 붙이고, 전 성분을 적는 데 그치지 않고 이를 홍보했으며, 많은 의사들을 급여 대상자 명단에 올렸다.

르블랑의 약품 홍보 순회 쇼는 대성공이었다. 전통적인 과거 쇼처럼 친숙하면서도 오늘날의 제품 홍보 행사처럼 인기 스타들이 출연하는 대담하고 선도적인 쇼였다. 루실 볼, 밥 호프, 행크 윌리엄스와 그 밖의 많은 A급 스타들이 해더콜 홍보 차를 타고 전국을 순회했다. 가는 곳마다 최고의 파티를 열었고, 입장하려면 해더콜 한 병만 사면 됐다. 해더콜의 맛은 늪지대 물 같지만 활력을 준다고 했다.

해더콜 블루스와 재즈, 바비큐가 밤새 계속됐다. 1940년대 후반 무렵엔 해더콜 여섯 개들이 한 팩을 사면 잔과 캡틴 해더콜 만화책도 끼워주었다. 그리고 말 그대로 해더콜을 마시는 걸 노래하는 홍키통크, 블루스, 블루그래스 노래도 등장했다. 그루초 막스가 자신이 진행하는 TV 퀴즈쇼 〈두말하면 잔소리You bet Your Life〉에서 해더콜이 어디에 좋은지 묻자 르블랑은 이렇게 농담했다. "작년에 500만 달러를 벌어주었거든요."

그러나 1951년 미국 의학 협회는 이러한 성명서를 발표한다. "의료계어떤 의사도 윤리적 차원에서 무비판적으로 해더콜 프로모션에 참석하지 않기를 바란다. 자신 혹은 자신의 직업에 생각 이상의 불이익이 가해질 수도 있다."

그 직후, 르블랑은 해더콜 제국을 토비 말츠 재단에 800만 달러를 받고 매각했다. 자신은 연봉 10만 달러의 세일즈 매니저로 남을 것이며,

루이지애나 주지사에 마지막으로 도전하겠다고 발표했다.

하지만 약학 박물관의 기록은 다음과 같다.

곧 해더콜의 사업성이 정확하지 않다는 사실이 드러났다. 이윤이 부풀려지고 숨겨둔 부채가 드러난 것이다. 동시에 르블랑은 해더콜 광고가 허위과장이라는 이유로 연방 통상위원회로부터 제소당했고, 국세청에서는 세금 60만 달러를 부과했다. 그 결과로 초래된 스캔들은 르블랑이 주지사로 선출될 일말의 희망마저 끊어버렸다. 몇 년 후, 르블랑은 케리온이라는 강장제를 만들어 행운을 회복해보려 했지만 다시 인기를 얻지 못했다.

FDA는 르블랑의 케리온을 심사하며, 이 성분이 해더콜과 거의 똑같지만 알코올 대신 나이아신을 비롯한 비타민B군과 마그네슘을 포함한 미네랄이 함유되어 있다는 점을 발견했다. 이는 이후 등장하고 몰락하는 숙취 해소 제품들의 기반이 되었고, 귀엽게 철자를 틀려서 다중적 의미를 담은 이름 케리온은 숙취 해소 제품 상표의 본보기가 되었다.

르블랑이 노력한 흔적은 뉴올리언스의 뱀 기름 늪에 집어삼켜진 낙관적 자만심, 미심쩍은 과학, 알코올성 비타민과 함께 이제 알아차릴 수 없이 팽배하고 어쩌면 오래전부터 있었지만 그 무엇보다 강력한, 흡사 저주 같은 유산을 남겼다. 그 저주는 바로 '아무도 믿지 않는다'는 것이다.

사람들은 하느님이 존재하심을 믿는다. 혹은 많은 이들이. 혹은 아무도 믿지 않는다.

사람들은 우리가 로켓을 타고 달에 간다고 믿는다. 아니면 전부 날조라고 믿는다.

사람들은 긍정적인 생각이 좋은 결과를 이끈다고 믿는다.

사람들은 우리가 사는 세상은 우주의 무한한 거미줄의 하나일 뿐이라고 믿는다.

　사람들은 사랑을 믿는다.

　사람들은 반물질을 믿는다. 그리고 우리가 이것을 창조해내면, 다른 은하계로 여행할 수 있다.

　사람들은 자본주의, 공산주의, 허무주의, 영웅주의, 의학, 파시즘, 예술성, 합법성, 시, 다양성, 법의학, 우생학을 믿는다.

　하지만 아무도 숙취 치료제를 믿지 않는다.

대홍수 이후, 그리고 치료실로

　"그는 언제나 시대를 앞서 사신 분이었습니다." 닥터 미뇽 메리가 이렇게 말하며 내 팔에 붙인 튜브를 조정하더니 나와 마주 앉았다. 하지만 가깝다. 그녀의 행동 하나하나 가깝고 친밀하게 느껴진다. 프랑스어로 그녀의 이름은 '귀엽다'는 의미인데, 이는 극단적으로 절제된 표현 같다. 사실 그녀는 굉장히 로라와 닮았다. 루이지애나 악센트가 느껴지는 목소리는 느릿하게 노래 부르는 것 같다. 그녀는 자신의 아버지에 대해 이야기하고 있다.

　"평생토록 나는 사람들이 깨어나서는 마침내 아버지가 하는 말을 듣고 있는 모습을 보아왔답니다. 지금껏 내내 그들에게 해온 말들이죠."

　당시 서른두 살, 뉴올리언스 병원장이던 닥터 찰스 메리Dr.charles Mary는 마그네슘에 대한 생각을 진전시켜 이를 적용한 치료를 실시했다. 이러한 방법이 표준 의료 규정으로 인정되기 한참 전이었다. 그는 1998년, 음주 상태에서 의료 행위를 했다는 이유로 루이지애나 주 의료감독위원회로부터 의사 면허를 박탈당할 때까지 여러 분야에서 논란을 야기하는 획기적 선구자였고, 특히 알코올의 효과에 대해서는 더욱 그랬다.

오빠 역시 뉴올리언스에서 의사로 있는 닥터 미뇽 메리는 의사가 되고서 이 모든 것에 관해 진심으로 친밀한 관심을 갖게 되었다. 매일 아침 그녀는 연구 자료와 논문 및 아버지가 고생 끝에 얻은 교훈을, 사람들 상태가 더 나아지도록 돕고 생계를 꾸려나가고 계속 실험을 하는 데 활용한다.

지금 내 몸속으로 떨어지고 있는 것은 닥터 버크가 행오버 헤븐에서 놔준 마이어스 칵테일과 다르지 않다. 다만 메리 가문의 유산인 마그네슘이 추가되었을 뿐이다. 지금으로부터 수백 년 전, 시드니 스미스가 전날 밤 마신 목록을 보며 후회에 젖어 쓴 글이 생각난다. "이럴 때 마음과 삶의 해악에 대해 말한다고? 이런 경우엔 명상이 아닌, 마그네슘이 필요하다."

"마그네슘은 마법사예요." 메리가 말한다. "혈관확장제이자 신경안정제랍니다. 항불안제이고, 혈관을 넓혀주고, 근육 벽을 빠르게 이완시켜줘서 천식을 멈추게 하죠. 임신한 여성의 유산도 막아준답니다. 강력한 물질이죠. 적당히 사용하면 당신의 문제를 개선할 수 있습니다."

물론, 행오버 헤븐의 치료와 지금을 실제적으로 비교하는 건 불가능하다. 그때는 숙취가 아닌 취한 상태였고, 3일간 중력의 위력을 경험한 뒤 다시 시도했다가, 아마 효과 있는 방법을 찾았지만 내 뇌가 더 이상 작동하지 않으며 스스로 엉망으로 만들었다. 그뿐 아니라 지금보다 몇 년 전에는 간도 더 생생했고 몸도 더 건강했고 마음도 덜 복잡했으며 숙취 증상은 종잡을 수 없었다. 뉴올리언스에서는 숙취도 이곳의 햇빛과 조류처럼 자연스럽다. 하지만 둘 다 엄청난 피해를 입힐 수 있다.

치료실에서 수액을 맞고 차를 홀짝이며 플루트 연주를 들었다. 한 시간 남짓 지나니 들어왔을 때보다 훨씬 개운하다. 충분히 회복된 것 같다. 하지만 처음에 그만큼 나쁘지 않았었을지도 모르겠다.

내 생각일 뿐이지만, IV치료는 이젠 행오버 헤븐이나 치료실 외에도 어디서든 볼 수 있는 이런 비슷한 곳에서는 다 하는데 대체로 꽤 효과가 좋다. 그리고 비번인 의사가 거실에서 놔준 걸 포함해 지금껏 꽤 여러 번 시도했는데, 적절한 시기는 폭음 이후의 아침이다.

엄청난 양의 아드레날린 투여를 제외하고, 내 생각엔 일단 숙취가 시작되면 이 방법이 증상을 억제하는 데 가장 효과적인 것 같다. 그러나 당신이 의사가 아니고 필요한 장비와 재료, 자유자재로 응용할 전문지식이 없다면, 이런 장소에 오거나 그들을 집으로 불러야 한다. 더 간단한 방법은 스트라토스피어에서 번지점프를 하는 것이고.

하지만 물론 이 중 어떤 것도 꼭 필요하진 않다. 그리고 이것은 닥터 미농 메리와 정말 얘기하고 싶었던 주제이다.

"할 말이 있습니다." 나름 친절하게 내가 말했다. "그리고 당신 의견을 듣고 싶어요."

"좋아요." 그녀가 미소 지었다. "속 시원히 털어놓는 게 어때요?"

진상

먼저, 다음 재료들을 마련하라. 전부 쉽게 구할 수 있고, 꽤 값도 싸고 '천연'이다. 자연 어딘가에서 자라는 만큼 그렇다고 할 수 있다.

비타민 B1, B6, B12. 효율적인 면에서 B복합군이나 멀티비타민을 이용하고 싶겠지만, 그래선 안 된다. 비타민은 강력하고 침투성이 강한 물질이다. 그러니 내게 B3로 시작하게 하지 말라. (별도로 덧붙이는 얘기인데, 코카서스계이건 아니건 간에, 만일 당신이 알코올성 홍조와 딸기코 증상이 있는 사람이라면, 술 마시기 전에 위장약 잔탁을 먹으면 이런 증상을 피할 수 있다.)

밀크시슬. 궁극적으로 바로 이 성분이 펍 열두 곳에서 (마지막 잔은 어떻게 카운트했든 간에) 파인트 열두 잔을 마신 엄청난 여파로부터 톰과 나를 구했다고 믿는다. 2000년 동안 드루이드, 스와미, 마법사, 자연요법 의사들에 의해 치료의 영약과 연고로 만들어져 사용되었고 현재 영국, 특히 부츠에서 가장 효과적인 숙취 치료제이다.

엔아세틸시스테인^{NAC}. 이 성분에 대해선 지금까지 충분히 말했다. 적어도 한동안은 그랬다. 이것은 핵심 성분이다. 그리고 반드시 고용량으로 복용해야 한다. 최소 1,000밀리그램을 권하고, 엄청 퍼마신 덩치 좋은 사람이라면 2,000밀리그램까지도 괜찮다. 그러니 보통은 1,500밀리그램으로 해두자.

유향(보스웰리아). 내 혼합약에서 두 번째로 중요한 성분이지만, CBD 오일이나 심지어 중국 뱀 기름 같은 항염증성 진통제로 대체할 수 있다. 간에 부담을 주지 않도록 천연 성분을 택하는 편이 좋다. 그러면 좋은 효과를 볼 수 있다.

이 모든 것들을 최대 권장 복용량대로 복용하고 싶을 것이다. 엔아세틸시스테인 외에는 그래도 된다. 그리고 진통제를 아끼지 말라. 염증 방지는 굉장히 중요하다.

이 모든 성분은 복용량과 비타민B 복합체가 포함되었는지에 따라 알약이건 캡슐이건 6개부터 10개 사이 정도 될 것이다. 너무 많은 알약을 복용하기 힘들다면, 음… 글쎄, 어떻게 하나? 알약을 잘 삼키지 못하는 사람들이 있다는 건 잘 알고 있다. 그런 사람들은 장기가 경직되고, 장이 경련하고, 머리에 열이 나고, 입 안이 바짝 말라 뭔가를 삼킬 때마다 몸을 비트는 상황이 되면 더 고생할 것이다.

소비자들이 큰 알약 몇 알을 삼키는 것보다 꿀꺽 마시면 되는 작은 병을 더 선호한다는 점도 잘 알고 있다. 마케팅의 마법사들과 그들의 선조들은 하나같이 그렇게 말한다. 그리고 애초의 시발점인, 뭔가를 마신다는 것에 대한 깊은 욕망도 잘 인지하고 있다. 하지만 나는 제품을 마케팅하는 사람이 아니다. 적어도 아직까진 그렇다. 나는 다만 우주의 수수께끼와 씨름하고 있을 뿐이다.

그러니 이렇게 상상해보자. 사막과 정글을 헤매고 메스꺼움과 온갖 고통을 겪으면서도 포기하지 않고 찾아 헤맨 끝에 드디어 해답을 손에 넣었는데, 당신이 이렇게 말하는 거다. "이걸 다 먹으라고요? 이걸 전부 다요?" 그렇다면 당신은 이걸 먹을 자격이 없다. 아니면 진짜로 숙취에 시달려본 적이 없거나.

그러니, 알약을 어딘가에 넣어두라. 나는 1회분씩 빈 킨더 초콜릿 서프라이즈 통에 넣어둔다. 그리고 다량을 넣기엔 슈퍼마켓 자판기에서 뽑은 플라스틱 장난감 통도 꽤 괜찮다. 이 안에 알약을 담아 취기가 오른 친구에게 선물로 줄 수도 있다.

이 알약을 복용하는 타이밍은 꽤 중요하지만 스트레스 받을 만큼 까다롭진 않다. 이걸 한꺼번에 다 먹을 것. 취기가 오를 때부터 잠들기 전까지. 이게 전부다. 더 간단하게는 막잔을 마시고 쓰러지기 전에 먹는 것이다. 하지만 경우에 따라선 그사이 몇 시간이 걸릴 수도 있다. 그러니 일찍, 어느 정도 취기가 올라 알약 생각이 들 때 바로 먹어라! 다시 알약 생각이 들지 못할 수도 있으니 말이다. 아니면 쓰러졌다가 눈을 떴는데 숙취가 느껴지지 않는다면, 그때 바로 먹어라! 그 뒤엔 효과 볼 타이밍을 놓치게 된다. 그때부턴 다른 문제다.

지금, 과음 후 지침대로 복용했음에도 아침에 눈을 떴을 때 입이 마르고 뻐근하게 느껴질 수도 있다. 그러면 약효가 없다는 생각이 들 것이다. 하지만 그때 물 한 잔 마시고, 천천히 일어나 주위를 걸으며 보라. 당신은 여전히 피곤하고 탈진한 상태지만, 그걸 제외하곤 아주 상태가 좋다. 그것이 내가 당신에게 선사한 것이다.

대홍수 이후, 치료의 핵심으로

닥터 미농 메리는 미소 지으며 고개를 끄덕였다. 내가 속내를 다 털어놓자, 그는 카테터 바로 밑의 팔을 토닥토닥했다.

"엄청난 엔아세틸시스테인에 대해 얘기하고 있군요." 그녀가 말했다.

"제 생각엔 그게 핵심인 것 같거든요." 내가 말했다. "그 성분이 이용된 제품들은 절대 함량을 밝히지 않아요. 하지만 나는 이만큼이라고 믿습니다. 알약이 많은데, 그 안에 해가 될 성분이 있을까요?"

"아뇨. 있을 수가 없죠. 그래서 밀크시슬을 빼도 된답니다. 그러면 하나 줄겠죠."

"밀크시슬이 별로인가요?"

"그렇지 않아요." 그녀가 말했다. "밀크시슬이 그렇게 오랫동안 이런 용도로 이용되어온 데에는 그만한 이유가 있습니다. 하지만 엔아세틸시스테인과 함께 복용하면 과잉이 됩니다. 밀크시슬의 효력은 글루타티온을 생성하는 데 있기 때문이죠."

약간 충격을 받았다. 그런데 어쩌다 실험에서 효과 있는 부분에 집어넣었는지 그리고 적어도 내 혼합물에서 왜 빼야 하는지 아직도 잘 모르겠다.

"엔아세틸시스테인에 집중하세요." 그녀가 말했다. "그보다 항산화 기능과 면역체계 재건 기능이 강력한 물질은 없답니다. 그것은 비타민C를 활성화시키죠. 급성 숙취 환자에게 이보다 더 좋은 건 없어요. 당신 생각이 맞습니다. 그리고 다른 부분도요."

"제가 놓친 게 있을까요?"

"음, 마그네슘이 있네요. 아마 세 종류가 필요할 텐데, 그중 트레온산마그네슘은 혈액 뇌 관문을 통과한답니다. 그래서 당신의 심각한 문제인 불면증과 피로를 해결해줄 수 있죠. 하지만 명심하세요. 당신에게 도움이 된다고 해서 그것이 다른 사람에게도 효과가 있다는 뜻은 아니니까요. 예를 들어, 당신이 말한 그 비타민들은 메틸레이트된 거죠?"

"음… 글쎄… 뭐라고요? …잘 모르겠어요." 정말 그녀의 말을 하나도 이해하지 못하겠다. "무슨 뜻이죠?"

"많은 사람들이 유전적 변이로 인해 비타민B를 분해하지 못합니다. 마그네슘이 메틸레이트되면, 미리 분해하는 것이기 때문에 이를 흡수할 수 있게 되는 겁니다."

"제게 꼭 필요한 말씀이네요." 그녀에게 말했다. 숙취 증상이 훨씬 나아진 덕분에, 난 열심히 메모하고 있다. "그 밖에 다른 건 없나요?"

"음, B1도 있고 B6, B12도 있네요. 다 좋아요. 그런데 왜 B3은 없죠?"

"나이아신." 내가 툭 내뱉었다. "그건 저한테 맞지 않더라고요."

닥터 미뇽 메리는 내 메모를 가져가 들여다보았다. "이런 걸 NAD라고 합니다." 그녀가 눈을 반짝이며 말했다. "나이아신의 파생물이죠. 윌리엄 히트라는 사람이 1950년대에 그걸 발견했어요. 대단한 연구였죠. 저기 티후아나에서 말이죠."

사커맘처럼 단정하고 예쁜 닥터 미뇽 메리라는 걸출한 비주류 과학자에 대한 감탄이 순식간에 퍼졌다. "그는 그걸로 알코올을 해독시켰고, 외상 후 스트레스 장애, 불안, 우울증…에도 사용했습니다. 그런데 그거 아세요? 최근에 MIT에서 시험했는데, 술 취한 대상에게 IV를 통해 NAD를 투여했더니 실제로 혈중 알코올 농도가 반으로 줄었어요. 불과 몇 분 만에요. 그래서 멈췄다가 세 번에 걸쳐 실험하면서 결과를 기록했죠. 이 물질은 정말로 알코올을 분해해서 배출하는 것이었어요. 그리고 실제로 혈중 알코올 농도가 감소됐죠! 굉장하지 않나요. 또한 미토콘드리아의 기능도 촉진합니다. 실제로 미토콘드리아를 자라게 한다는 거죠! 난 IV용으로 조금 구해보려는데, 아직 엄청 비싸요. 어쨌거나 그건 디톡스의 미래랍니다. 난 그렇게 확신해요. 그리고 당신의 아직 가시지 않은 증상을 해소할 열쇠가 될 수도 있어요. 마그네슘과 같이 사용하면 NAD로 홍조와 두드러기가 생기지 않을 거예요. 충분히 시도하다 보면 알코올과 니코틴을 더 이상 갈망하지 않도록 뇌가 효과적으로 재배치되거든요. 숙취 치료의 흥미로운 방법 아닐까요?"

"으음… 그래요. 하지만 어째서 그런 얘기는 한 번도 못 들어봤을까요? 그 뜻은 그게 개 풀 뜯어 먹는 소리란 뜻이죠."

신중히 확인하는 게 내 일이다. 게다가 오늘날 뛰어난 사기꾼들은 가짜 콧수염을 붙이고 바보 같은 별명을 사용하며 뱀 기름 팔던 시절처럼 호객 행위 하는 대신, 단정한 치아에 기네스 혹은 미뇽 같은 이름으로 디톡스의 기적이나 새로운 신경 경로와 마그네슘을 홍보하지 않는가.

"왜냐하면." 닥터 미뇽 메리가 다정하고 인내심 있는 목소리로 말했다. "방금 막 얘기한 거니까요."

충분히 타당하고도 남는 견해다.

이 파란만장한 기나긴 여정을 지나며 나는 점차 맹목적 의심을 경계하게 되었다. 지금껏 우리가 길러온, 노골적으로 숙취 치료제임을 드러내는 것을 믿지 못하는 뿌리 깊은 습관 덕분에 나는 혼란스러웠고 당황했다. 마치 보다 근본적인 무엇이 있을 것 같다는 생각이 들었다. 잠재의식이 무형의 죄악으로 고통 받아야 하나? 그렇지 않으면 논리를 무시할 수 있는 진화 메커니즘과 상상력의 한계는 가장 위험한 광인들, 그러니까 비양심과 작은 손, 거짓말에의 사랑과 벽을 세우려는 의지를 가진 금주하는 나르시시스트들이 권력의 고삐를 쥘 때까지 모든 걸 망칠지도 모른다. H. L. 멩켄은 말했다. "아벨의 살인부터 베르사유 조약에 이르기까지, 역사상 위대한 악행들은 하나같이 취하지 않고 말짱한 사람들, 특히 금주주의자들에 의해 길이 남았다."

내가 빠뜨린 마법의 재료가 티후아나 나이아신에서 발견될 수도 있다는 건 시적인 의미는 아닐 것이다. 그리고 반복 사용으로 인한 부작용이 고결한 영혼에게 위험한 음주 욕망을 감소시키는 것이라면 더욱 그럴 것이다. 그것이 세계를 멸망시키지 않고도 숙취를 치료할 수 있는 방법이 될 수도 있겠다.

100만 달러짜리 아이디어

여전히 여기서 하고 싶은 일 중 하나는 닥터 제프리 위스^{Dr. Jeffrey Wiese}를 찾는 것이다. 그는 백년초에 관해 발표한 연구로 영화 〈행오버〉와 함께 숙취에 대한 새로운 관심을 촉발시키고 뉴올리언스를 기반으로 노호라는 베스트셀링 제품을 만들었지만, 허리케인 카트리나가 강타했을 때 그의 영약과 함께 사라진 걸출한 숙취 연구자이다.

하지만 지금까지 닥터 마이클 슐리파크^{Dr. Michael Shlipak}에게서만 소식을 들었다. 위스와 숙취 연구를 함께한 공동 연구자이자 저자이다. 그는 "그들 둘은 2004년 무렵부터 숙취에 관련한 인터뷰를 거절했다. 우리의 커리어 성장에 그늘을 드리웠기 때문"이라고 전했다.

숙취 대신 그늘을 드리운 부분과 거기서 벗어날 때의 심경을 이야기하고 싶다고 제안했다. 어쨌거나 내가 가장 관심 있는 부분은 위스가 입을 다물면서 사실상 신화가 되어버린 그의 아이디어다. 그는 커리어의 상당 시간을 숙취 연구에 바치고, 발전시키고, 자신의 발견을 토대로 만든 제품을 시장에 출시해 유례없는 판매 성공을 거두었다. 하지만 모두가 숙취에 대해서만 피상적으로 얘기하고 싶어 하는 데 좌절해 물에 잠긴 도시를 돕는 데 일조하겠다며 이를 그만두었다. 전설처럼 들리지 않을 도리가 없다. 그에게서 이 전설을 듣고 싶었다.

닥터 슐리파크는 "위스와 삼자 통화를 하면 재미있겠네요"라고 인정했다. 하지만 여전히 위스 쪽은 먹통인 듯 조용하다.

반면에, 마침내 닥터 데이비드 너트를 찾았다. 물론 뉴올리언스가 아닌 런던의 해머스미스 병원, 전직 영국 마약 단속 총책임자가 몸을 숨기고 있는 곳이었다. 그는 스카이프로 바다 건너편의 나와 인터뷰하는 데 동의했다.

"드디어 만나 뵙게 되어 반갑습니다." 놀랍도록 쾌활한 새빨간 얼굴이 내 노트북 화면을 채우며 연결되자 내가 말했다.

"저도 마찬가지입니다. 그나저나 100만 달러 정도 여유자금 있습니까?"

"유감스럽게도 없네요."

"아, 그렇군요. 모든 사람들한테 물어보는 질문이에요. 그러면 계속 이야기하시죠…."

닥터 너트는 자기 이름값을 톡톡히 한다고 말할 수 있지만, 그렇게 말하면 너무 단순한 것 같다. 그는 괴짜라기엔 묘한 매력이 있고, 종잡을 수 없다고 하기엔 예리하게 핵심을 찌르며, 속을 알 수 없다고 하기엔 직설적이다. 언론이 그를 어떻게 상대해야 할지 모르는 것도 당연하다. 너트의 난해한 성격은 숙취에 대한 인류의 서투르지만 끈질긴 노력과 결합해, 잘못된 정보가 끝도 없이 생겨나게 했다. 몇 년간 신문에는 다음과 같은 닥터 너트의 주장이 보도되었다. 그가 취하게 하는 약과 깨게 하는 약을 만들고 있으며, 이는 곧 숙취의 종말이 될 것이라는 내용이다.

하지만 닥터 너트는 그들의 보도 내용이 틀렸다고 말했다. 사실 그의 두 발견 사이엔 본질적 연결 고리가 없다. "그 둘을 발견한 사람이 완전히 천재라는 건 빼고요." 그가 순간 히죽 웃으면서 말했다. 왠지 그에게 믿음이 간다.

그는 하나는 샤페론, 다른 것은 알코신스라고 이름 붙였다. 그리고 이 둘 다 안전하게 술 취하게 해주지만, 방식은 전혀 다르다.

"중요한 건 말이죠." 너트가 말한다. "알코올 독성이 1차원적이지 않다는 겁니다. 하루에 세 잔 마신다면 간 관련 질환으로 죽을 위험이 다섯 배로 증가하지만, 여섯 잔을 마신다면 스무 배가 되죠. 그래서 하루 최대 세 잔 정도를 권하는 겁니다." 샤페론은 세 잔을 마셨어도 여섯 잔 이상 마신 것처럼 느끼게 함으로써 흡수하는 알코올의 총량과 독성을 감소시키면서 만취한 효과를 준다. "알코올의 물리적 효과는 바뀌지 않겠지만, 그 이상의 즐거움과 만족을 느끼게 됩니다. 그래서 더 마시고 싶다는 갈망이 누그러지죠."

이러한 접근 방식이 말처럼 효과가 있든 없든 간에, 얼마나 마셨는지 불확실할 때는 알코신스가 등장한다.

"이건 정말로 감동적이에요. 샤페론은 아니지만, 알코신스는 정말 근본적이랍니다." 너트의 생각대로, 독성을 제외하고 알코올과 관련된 가장 큰 문제는 최고조에 달하지 못한다는 점이다. 마시면 마실수록 효과가 커지고, 그러다 결국 죽음에 이른다. 사람들은 항상 과음으로 스스로를 죽인다. 알코신스의 목적은 절정의 느낌을 주는 마약으로 알코올을 대체하는 것이다. 이런 약을 부분 작용제라고 한다.

"좋은 마약이죠. 당신을 죽이지 않으니까요. 합성 헤로인의 대체품인 모르핀이 그런 종류죠. 그리고 니코틴의 대체품도 있어요. 알코신스를 복용하면, 처음 몇 잔을 마시는 동안 효과가 축적되어 가장 효율적인 지점에 이르면 그 상태가 유지됩니다. 그리고 더 커지지 않죠. 아무리 취해도 넘어지거나 공격적이 되거나 필름이 끊기거나 토하지 않습니다. 그래서 숙취가 생기지 않죠."

듣고 보니 정말 그럴듯하다.

"그런데, 그게 그리 쉽진 않습니다." 너트가 말한다. "알코올은 어떤 것보다 복잡하고 예측 불가능한 약물이거든요. 마실 때마다 다른 수용체에 도달하지요. 적게 마셨을 때는 감마, 어쩌면 도파민에 가지만, 더 마시면 세로토닌과 글루탐산염에 도달합니다. 그래서 알코올을 복제한다는 것은 곧 아주 복잡한 약리학 지식이 필요한 약을 찾아야 한다는 뜻입니다."

"당신은 찾았나요?"

"많이 찾았죠." 그가 눈을 찡긋하며 말했다.

읽어본 자료에 따르면 알코신스는 벤조디아제핀 파생물이다. 정확히는 최근 발표된 세 논문에서 이렇게 말했다. 하지만 너트는 의심의 눈초리를 보낸다. "벤조 파생물이라고요? 그게 뭔진 말하지 않겠지만, 벤조 파생물이 아니라는 것만은 확실합니다."

유감스럽게도 그의 냉소는 내게 와닿지 않았다. 하지만 내가 이 사실을 언급한 덕분에 비밀을 누설하게 된 것 같다. 적어도 조금은.

"그래요." 너트가 한숨을 내쉬었다. "이건 GABA-A 수용체의 양성 알로스테릭 조절자입니다. 다른 생각도 하지만 전부 말하긴 어렵고요. 어쨌거나 이게 결론은 아니지만 이쪽으로 연구 중입니다."

"그러면 얼마나 더 연구해야 하죠?"

"100만 달러 정도."

"좋아요. 그건 정말 제가 도울 수 없는 부분이네요."

그런데 너트가 말했던 다른 것이 문득 생각난다. "글루탐산염 있잖아요." 내가 말했다. "글루탐산염 반동에 대해 아세요?"

연구를 막 시작했을 때 이 단어를 들었는데, 드디어 여기서 오래 지속되지만 아직 내 숙취 치료제로는 해소되지 않는 2차 증상에 대한 설명을 들을 수 있겠다는 생각이 들었다. 바로 수면 장애, 불안, 탈진에 대해서 말이다. 그런데 그 단어를 제일 처음 어디서 알게 되었는지 기억나질 않는다.

"글루탐산염 반동은 장기간에 걸친 폭음과 관련되어 있습니다." 너트가 설명했다. "하지만 그 작용은 술 세 잔을 마신 직후 시작됩니다. 알코올이 글루탐산염 수용체의 기능을 방해하기 시작하는 거죠. 글루탐산염은 에너지를 만들어내는 데 필수적인 물질입니다. 그러니 우리 몸은 방해받는 걸 싫어하겠죠. 그래서 연일 취한 상태가 반복되면 그 수용체는 균형을 잡기 위해 증가하기 시작합니다. 하지만 그때 갑자기 음주를 멈추면 글루탐산염 과잉 상태가 되고 활동 항진, 초조, 불안 증상 같은 일종의 급성 금단 증상이 유발되는 겁니다. 그렇지만 당신의 숙취 증상이 그 때문이라고 자신하진 못하겠어요."

그러므로 현재의 글루탐산염 반동이 내게는 문제가 되겠지만, 일반 술꾼의 수면과 피로 문제에 있어서는 그렇지 않을 것이다.

"그건 뭐랄까 훨씬… 그래요, GABA 반동이라고 하죠." 너트가 말했다. 방금 우리가 새 용어를 만들어낸 것 같다. "알코올은 진정제이기 때문에 잠들게 합니다. 그래서 술을 적당히 마시면 깊은 숙면을 취할 수 있어요. 하지만 금단증상으로 그 GABA 효과가 감소되기 시작하면 갑자기 새벽 6시에 일어나 다시 잠들 수 없게 됩니다. 그 보상으로 뇌가 활동 항진 상태가 되기 때문이죠."

"그 문제에 대해 제가 할 수 있는 게 뭐가 있을까요?"

"아마 과음하지 않기?" 너트가 장난스럽게 어깨를 추어올리며 말했다. "아니면 당신이 서둘러 그 대신 알코신스를 마시면 되겠네요."

"그것도 좋겠군요."

"'정말' 똑같은 느낌인가요?" 손가락으로 화면을 가리키며 내가 물었다. "취했을 때랑 똑같은 느낌, 맞아요?"

닥터 너트는 고개를 끄덕였다. "확실해요. 알코올과 얼마나 비슷한 느낌인지 정확하게 측정하진 않았지만요. 그렇지만 맞아요, 정말 그래요. 그건 의심할 여지가 없어요. 사람들은 대부분 그 차이점을 구분할 수 없을 만큼 굉장히 유사해요. 아주 세련된 사람은 안 그렇겠지만."

이게 무슨 의미인지 확실히 모르겠다. 스카치위스키, 샴페인, 필스너가 아닌 다른 술의 감식가라면 취기를 느낀다는 건가? 그렇다면, 난 세련됐다고 할 수 있다.

"아마도." 내가 말했다. "내가 당신에게 도움이 될 수도 있겠네요."

대홍수 이후, 치료법의 저주

뉴올리언스에서 취한 느낌은 젊을 때와 비슷한 느낌이다. 내가 취하고 싶었고, 그래야만 했던 것 같은 느낌 말이다. 술이 정체불명의 분자, 잡다한 혼합물, 마법의 약으로 만들어지기라도 한 듯, 그땐 뭐라도 할 수 있을 것처럼 자신만만하고 저돌적인 기분이 들었다. 블루스풍의 아련한 네버랜드에는 천 개의 셰이커, 완벽히 균형 잡힌 칵테일, 압생트의 분수, 샴페인 피라미드, 반짝이는 비커에 담긴 허리케인이 있었고 밤새 음악이 끊이지 않았다.

뉴올리언스에서는 좋은 기분으로 눈이 떠진다. 냉담하고 공허하지 않은, 푸근하고 편한 아침이다. 거리를 걷는데 독특하고 독창적인 작품 안에 있는 느낌이 든다. 고딕 스타일 안마당 분수와 차양, 일렁이는 연못, 담쟁이덩굴이 뒤덮인 격자문, 태양을 가려 얼룩진 그림자를 만들어 내는 수양버들, 거리에 흐르는 흥겨우면서도 슬픈 딕시랜드 재즈, 오랜 시간에 걸쳐 완성된 지역 음식, 베니에(뉴올리언스 스타일 도넛_옮긴이)와 미모사, 새우와 그리츠, 굴과 오크라 그리고 수백 종의 맛있는 해장술. 이곳은 어디서도 경험하지 못한, 숙취가 존재하는 곳 중 가장 크고 편하고 아름다운 도시다. 그래서 숙취를 질환이 아닌 자연스러운 상태처럼 느껴지게 한다.

마지막 날 프렌치 쿼터를 나와서, 더 곧고 넓은 길에 집들은 새로 지어졌지만 거리는 황폐한 지역으로 걸어갔다. 큰 길 하나와 묘지를 지나 트렘 지역에 들어섰다. 별 특징 없는 외진 골목, 라임 그린색의 콘크리트 박스에 부두교 교회 겸 사제 맘보 마리^{Mambo Marie}의 가게가 있다. 관광

지도에는 나오지 않는 곳이다.

뉴올리언스에 있으면서 다른 부두교 사제들도 찾아가 보았다. 어떤 이들은 불안하게 했고, 또 어떤 이는 조소를 퍼부었으며, 한 사람은 정말 잔혹하게 가까운 사람을 잃은 소녀를 괴롭히며 조롱했다. 하지만 맘보 마리는 열대 폭풍처럼 웃는, 따뜻하고 별난 사람이었다. 그리고 그녀는 숙취에 대해 확실히 알아둘 만한 흥미로운 정보를 준 유일한 부두교 사제였다. 하지만 곧 가게 문을 닫을 시간이라면서 오늘 다시 오라고 했다.

그녀의 가게는 키치적이지도, 프렌치 쿼터의 대형 상점들처럼 밀실 공포증을 느끼게 하지도 않았다. 물론 정체불명의 이상한 물건들이 많았지만 여유 공간도 많고 환했다. "다시 왔군요." 긴 유리 카운터로 다가가자 그녀가 말했다. 턱을 치켜든 채 꼼짝도 않고 스툴에 앉아 있다. 그녀 뒤에선 한 여자가 맘보 마리의 머리를 장식용 수술로 꼬고 있다. 인터뷰를 녹음하고 사진을 찍어도 되는지 물었다.

"녹음은 되지만, 사진은 절대 안 돼요. 지금 내가 반만 괜찮은 거 안 보여요?" 빨려드는 미소다. 나는 녹음기를 켰다.

"자, 미스 마리, 숙취 치료법을 알고 있다고 하셨어요."

"그래요. 좋아요. 들을 준비 됐어요?"

"그럼요."

"자, 그럼, 먼저 약초예요. 부아쉬르부아^{Bois Sur Bois}라고 불러요."

"나무 위의 나무군요."

"맞아요. 나무 위에서 자라는 두꺼운 덩굴 식물이거든요. 이걸로 술을 담글 수 있어요. 그리고 진드기를 넣어요. 아이티 진드기인데, 나도 이름은 몰라요. 어쨌거나 어떤 종류 진드기인지는 알죠. 그리고 반드시 살아 있어야 해요. 그래서 그걸 여기 가져오지 못하는 거예요."

"잘 알겠습니다."

"이 진드기를 산 채로 부아쉬르부아와 아주 독한 럼에 집어넣어요. 그런 다음 마시면 됩니다. 이걸 술꾼에게 줘요. 술꾼이라면 무슨 뜻인지 알죠? 굉장히 심각한 주정뱅이, 알코올 중독자 같은 사람 말이에요. 그에게 이걸 주면 좋아할 거예요. 마치 돈을 준 것 같은 기분일 거예요. 그래서 더 달라고 해요. 그리고 더. 또 그리고 더. 그러다 토하기 시작하죠. 그러고 나면 점차 상태가 나빠져요. 내가 직접 봤는데, 정말 아주 많이 나빠져요. 그러다 너무 힘들고 지치면, 다시는 술을 마시기 싫다는 생각이 들어요. 그러곤 다시 손대지 않는답니다."

"와, 정말 굉장하네요." 내가 말했다. 진심은 아니었지만.

확실히, 부두교 사제 맘보 마리는 숙취 해소에 관심이 없었고, 플리니우스 시대의 수많은 신탁 사제, 학자, 치유자들처럼 극단적인 혐오 요법을 통해 이 문제가 얼마나 고통스러운지 가르칠 기회로 인식하고 있었다.

하지만 이미 이에 대해 많은 걸 배웠고, 최근에도 그럴 기회가 있었다. 불과 지난달이다. 술을 마시고 취해도 신체적 숙취 증상이 없는 상태가 한참 동안 지속되었다. 하지만 다른 이들에게 엄청난 반발을 불러일으키며 아야와스카를 사용하는 존경받는 주술사를 찾아갔다. 그것은 고대의 강력한 환각 유발제다. 복잡하고도 다양한 치유력을 가지고 있는데, 주로 (적어도 처음 한 번은) 상상할 수 없을 정도로 아프게 함으로써 '최악의 숙취' 혹은 '지옥으로 들어갔다가 똑똑해져 나오는' 느낌을 주는 데 이용된다.

내 경우, 아야와스카 영약이 효과를 나타낸 뒤 벗어나기까지 끔찍하게 무서운 8시간을 보냈다. 반짝이는 촛불뿐, 아무런 빛도 없이 어둡고 큰 방에 주술사가 가사 없는 기괴한 곡조를 웅얼대며 보이지 않는 악기를 타고 두드리기 시작하자 나는 토하기 시작했다. 하지만 역逆연동운동이 아니었다. 내가 토해낸 것은 더 깊은 곳에서 나온 짙은 검정색 물질, 오랫동안 묻혀 있던 짐승이 액체화된 것 같은 것이었다. 이 물질이 계속 나오다가 더욱 고통스럽고 나쁜 것, 더 깊은 곳의 보이지 않은 무엇이 위장관과 심장, 다른 장기를 통해 나왔고, 나는 어둠 속에서 몸을 비틀며 괴로워했다. 그러다 갑자기 본능적으로 암회색 헬멧을 쓰고 빛나는 낫을 든 날씬한 외계인 셋의 환상을 또렷이 볼 수 있었다. 그들은 천천히 부드럽게, 냉정하게 움직이며 내가 오래도록 내 안에 갖고 있던 것들, 심지어 몸과 머리에서 흘러나온 것들을 거두어들였다. 그들은 사라졌거나 지우려 했던 내 마음 속의 상처를 끄집어내, 내 뇌에서 비명 지르는 부분이 볼 수 있도록 벗겨낸 뒤 그들의 칼로 툭툭 치고는 어둠 속으로 빙빙 돌며 사라졌다. 그리고 드디어 끝났다. 기나긴 밤이 지나고, 나는 낮으로 걸어 나왔다.

맘보 마리의 가게를 나서기 전, 그녀에게 마지막으로 엄청나게 바보 같은 질문을 던졌다. "부두교 사제들은 다른 이의 숙취를 또 다른 누군가에게 옮기려 한다는 얘기를 들었는데, 당신도 들어봤나요?"

"헛소리!" 머리 꼬는 데 방해될 만큼 격렬하게 두 손을 내저으며 그녀가 말했다. "하지만 세상엔 별별 사람들이 다 있으니까요. 쓰러지는 날까지 온갖 쓰레기 같은 짓은 다 하는 부류들이죠. 그리고 당연히, 그러다 보면 언젠가는 모든 사람이 마침내 멈추겠죠."

숙취에도 여러 장점이 있다. 그렇지 않은 연구가 있긴 하지만, 분명 숙취는 어리석게 만취하는 걸 방지하는 강력한 방해요인으로 작용한다. 사실, 어떤 사람에게는 역효과가 있을 수도 있고 해장술로 심각한 문제가 되기도 한다. 그러나 당신을 좌절하게 함으로써 당신을 구하기도 한다.

어떤 점에서 숙취는 우리의 고통을 느끼는 능력과 비슷하다. 우리는 숙취를 경고로 이해한다. 난로에 발을 넣은 채 잠들면 불길에 휩싸이기 전에 빼는 것처럼 말이다. 그러나 지독히 끔찍한 숙취에 시달릴 때면 과잉살상, 고문처럼 느껴져서 좀체 받아들이기 힘들다. 정말 이렇게 지독해야 하나? 경고에 귀 기울였는데 왜 이리 빌어먹게 오래 지속되는 거야?

하지만 진화론적 관점에서, 숙취의 민감성이 지속 혹은 강화되는 건 이치에 맞다. 적당한 음주는 이질적인 집단이 함께하게 하고 출생률을 높이며, 어떤 질병에 맞서게 하며, 새로운 관계, 새로운 생각과 새로운 예술을 촉발시키고 인생의 즐거움을 배가시킬 수 있다. 하지만 지나친 음주는 정반대의 결과를 가져온다. 사람들은 길에서 죽어가고, 아기들이 태어나지 못하며 사회 기본구조가 무너져 내릴 것이다.

보편적으로 숙취는 인간과 술의 균형을 조절하는 문제라는 인식이 강하다. 그러면 종의 생존에 비교했을 때 개인의 고통은 어떨까? 어쩌면 본능적이고 비논리적으로 보이겠지만, 이것이 바로 우리가 숙취 치료를 단순하게 여기는 생각에 저항하는 이유다. 물론 역사를 찾아보고 특이한 책을 읽고 의사, 철학자, 심리학자를 비롯해 다양한 사람들을 만났지만, 무엇보다 나 자신의 경험으로부터 이것이 진실임을 믿게 되었다.

해독제를 발견한 뒤, 나는 그것을 먹고 또 먹으면서 두드러진 신체적 영향 없이 엄청난 양의 알코올을 빨리 소비할 수 있는지 오랫동안 불안한 시선으로 관찰했다. 태양을 향해 겨누던 활시위는 바위에 떨어져 부서지고, 가능성이 무한한 존재에서 침 흘리는 동물로 나는 강렬하고 극적일 만큼 인생의 내리막을 겪었다. 그리고 탈진, 무기력, 불안, 공허함, 우울처럼 서서히 퍼지는 증상은 논외로, 숙취의 가장 공격적이고 극심한 신체 증상이 없어지면 지금껏 존재하는 줄도 몰랐던 두려움과 문제로 가득 찬 다른 우주, 상처와 술집이 억눌렀던 당신의 삶과 간으로 미끄러져 들어가는 기분이 든다는 사실을 알게 됐다.

그래서 다른 종류의 마그네슘과 메틸레이트 형태의 비타민B군을 추가하고 엔아세틸시스테인에 관해 더 배우며 나의 레시피를 발전시키는 노력을 기울였지만, 더 대단한 걸 만들고 있는지는 확신이 없다. 또한 계속 숙취를 느껴야 하는 더 단순한 이유들도 있다.

최근 동료 프리랜스 작가와 함께 저녁 식사를 했다. 곧 숙취가 화제가 되었는데, 그녀는 흔한 불평 대신 놀라운 유익함에 집중했다. 리버풀의 어느 토요일 아침 자유토론에서 리처드 스티븐스 박사가 했던 말과 정확히 똑같은 표현이었다. 하지만 굉장히 직업정신 투철하고 재능 있는 나의 동료는 발신 메시지를 녹음하는 정밀 기술과 관련된 예를 제시했다. "이런 게 있어. 내 목소리가 더 가라앉고 갈라지면, 메시지가 더욱 죽여주게 들리거든. '헤에에이이, 너 사라 번호 받았으면 그걸로 언제, 뭘 해야 하는지 알지⋯.' 나는 숙취 상태의 내 목소리가 좋아. 그러니까, 숙취는 나쁘지만 나름 쓸모 있는 점도 있다는 말이지. 보다 부드럽고 편한 내가 존재하는 다른 차원인 셈이야. 내가 걱정할 일이라곤 그 정도뿐이라는 것처럼." 선택의 역설과 혼합된 샤이닝 효과 같은데, 이러한 관점이 모든 문제의 열쇠가 될 수 있을 것 같다.

「비즈니스 인사이더 UK」에 따르면, 런던 기반의 음악 티케팅 앱 개발사 다이스^{Dice}는 최근 '숙취 휴가'를 만들어 직원들이 늦게까지 공연을 다녀오면 그 여파에 시달리지 않도록 휴가를 낼 수 있게 했다고 한다. 다이스의 CEO 필 허천$^{Phil Hutcheon}$은 말한다. "우리는 서로를 신뢰하고 서로 마음을 열고 지내기 바랍니다. 꾀병 핑계를 댈 필요가 없죠." 그리고 직장에서 숙취로 인해 실수할 가능성을 피할 수 있을 뿐 아니라 그늘에서 숙취를 달래는 대신 수용할 수도 있다. 정말 좋은 생각 같다. 적어도 어떤 직업에서는 말이다. 여기서 JFK를 경호하던 비밀 경호국 요원들을 생각해보자. 결국엔 더 나빠졌을지도 모른다. 거기 있었든 없었든, 치열하게 싸우던 호텔에서 TV로 모든 일이 벌어지는 걸 지켜보며 "숙취 휴가를 왜 냈을까?" 서투르게 비명을 지르건 간에.

다른 모든 것과 마찬가지로 요 몇 년간 난 잘 몰랐다. 숙취는 좋을까, 나쁠까? 중대한 이유가 아니라면 숙취는 여느 때보다 우리에게 나쁜 영향을 미칠까? 진화적 필요성, 아니면 그저 잔여물, 의미 없는 골칫거리라서? 두 손 들고 포기했다가 다시 퍼마시고, 침대 옆에 게우기를 반복하면서 우리가 이 노하우를 숨길 이유라도 있나?

정신을 쏙 빼놓는 숙취는 단 하루 동안 애써 묻어둔 두려움과 손잡게 한다. 필연적인 병과 쇠약함, 한번 가면 돌아올 수 없는 어둠을 대비하는 심리적 예방 접종, 섹스나 잠보다 훨씬 강력한 죽음에의 준비다.

최근 내 고국 캐나다의 국내 뉴스에서 사람들이 완벽히 관심을 가질 만한 헤드라인이 등장했다. "숙취에 시달리는 고객이 고전 중인 알버타 피시 앤 칩스 가게를 살리다". 이야기는 다음과 같다.

콜린 로스라는 남자가 알버타 레스브리지 거리를 헤매고 있었다. 술을 많이 마신 밤이면 가끔 그러듯, 정처 없이 적당한 장소를 찾고 있었던 것이다. 그러다 주차장 구석, 팀 홀튼 옆의 식당이 떠올랐다. 그땐 블랙 토마토라는 이름이었는데, 지금은 위트비의 피시 앤 칩스라는 간판으로 바뀌어 있다. 로스는 터덜터덜 들어갔다.

그는 넙치 튀김 세 조각과 감자튀김을 주문했고, 곧 노릇노릇 잘 튀겨진 따끈한 요리가 나왔다. 그리고 마법이 펼쳐졌다. CBC의 다니엘 너만^{Danielle Nerman}은 말했다. "로스가 걸신들린 듯 식사를 먹어치우자 그의 숙취도 진정되기 시작했습니다. 그리고 정신이 맑아지자, 그는 가게가 텅 비어 있다는 걸 알아챘습니다."

그래서 당신이 다시 사람이 될 때 가끔 그러듯, 우리의 콜린도 그곳의 유일한 다른 사람과 이야기를 나누었다. 그의 이름은 존 맥밀런, 몇 달 후면 70세가 되는 품위 있는 노신사였다. 그는 로스의 숙취를 달래준 훌륭한 피시 앤 칩스를 파는 깨끗하고 멋진 가게를 열었다. 하지만 아무도 주차장 구석에 이런 식당이 있는 줄 몰랐다. 맥밀런은 항상 손님이 없어서 가게를 유지하기도 버겁다고 털어놓았다.

그러자 사람들이 숙취에서 벗어나 뭔가 좋은 일을 하고 싶어질 때면 가끔 그러듯, (엄지손가락과 핸드폰만 있으면 되지만) 로스는 이 식당의 사진을 찍고 손님의 숙취를 달래준 노신사에 대해 짧은 글을 쓴 뒤, 그가 아는 모든 사람에게 이 멋진 사장님의 피시 앤 칩스를 맛보라고 소개했다. 로스는 아는 사람이 아주 많았고, 그들도 아는 사람이 아주 많았다.

그래서 지금 알버타에서는 숙취에 시달릴 때 노릇노릇 바삭한 치유제가 필요하면 주차장으로 뻗어 있는 줄에 서야 할지도 모른다. 하지만 충분히 기다릴 가치가 있다. 또한 그 이야기가 곁들여진 사진에서 나는 카운터 위, 반짝이는 위트비의 피시 앤 칩스 접시 옆에 진짜 서리 맞은 스코틀랜드 아이언 브루 병을 알아보았다. 그래서 이렇게 보도할 수 있겠다. 우리의 다트맨이 또 다른 임무를 완수했다고.

다른 관련 뉴스로 이상하게 비슷한 세 건의 범죄 사건이 있었다. 전부 최근에, 내가 사는 지역에서 일어났고 모두 심각한 숙취와 관련되어 있다. 사실, 각각의 사건은 갑작스러운 일탈 행동, 치밀한 추정 그리고 마지막으로는 회개로 구성된다.

첫 번째 사건은 2016년 10월 4일 시작됐다. CBC 뉴스 작가 안드레 메이어^Andre Mayer^는 이 사건에 "전 세계에 울린 공 소리"라는 제목을 붙였다. 토론토 블루 제이스와 볼티모어 오리올스의 플레이오프 와일드카드 결정전 7회, 오리올스의 외야수 김현수를 향해 스탠드에서 맥주 캔이 날아들었다. 맥주 캔이 총알처럼 날아와 김현수의 바로 뒤 잔디에 꽂혔을 때 그는 볼을 잡기 위해 집중하고 있었다.

수많은 카메라에 그 장면이 잡혔지만 누가 던졌는지는 확인되지 않왔다. '맥주 캔 투척꾼'이라 이름 붙인 범인에게 독설과 경악, 조롱이 쏟아지며 즉시 범인 색출이 시작되었다.

다음 날 아침 10시, 켄 페이건은 흐릿한 꿈과 두려움에 휩싸인 채 친구 집 소파에서 정신을 차렸다. 그 이야기는 모든 주요 뉴스 채널을 통해 전해졌고, 정보를 제공하는 사람에게는 사례금까지 걸렸다. 심지어 스티븐 킹조차 믿기지 않는지 트위터에 이런 글을 올렸다. "이봐요, 대체 점잖은 캐나다인들한테 무슨 일이 일어난 거예요?"

역설적이게도 케이건은 바로 그런 사람처럼 보였다. 온화한 말투에 사려 깊고 관대하며 점잖은 전형적 캐나다인이었다. 다만 스포츠, 특히 야구와 하키에 대한 숭배와 사랑이 컸고, 소질도 많고 지식도 풍부했다. 세상살이에 대한 관심과 다른 능력이 없었더라면 프로 선수가 될 수 있었을 정도였다. 그는 비열한 맥주 캔 투척꾼에 대한 정보에 사례금 1,000달러를 건 바로 그 언론사의 기자였으므로, 그날 아침 소파에서 눈을 뜬 페이건은 원숭이와 잠잤고 이제 그들 손아귀에 있다고 할 수 있는 상황이었던 셈이다.

페이건은 자신이 술 취했다는 걸 인정하면서 당황한 캐나다인 스타일로 자신이 엄청나게 어리석은 짓을 저지른 순간을 설명했다. "솔직히, 그걸 자세히 설명하려면 아마 어림짐작해야 할 겁니다." 그는 최근 안드레 메이어에게 말했다. "어떤 충동이 들었어요. 하키에서 심한 반칙을 저지른 뒤 '내가 방금 뭘 했지?' 깨닫는 것과 같아요."

그의 행동은 그날의 야구 경기와 경기장에서의 맥주 판매 방식 그리고 그의 미래 모든 부분에 영향을 미쳤다.

결국, 적어도 법적으로 그를 구한 것은 위반 행위와 결과, 즉 술 취해 저지른 어리석은 행동과 여전히 지속되는 심리적 숙취 사이의 불균형이었다. 판사는 그가 저지른 행동의 심각성을 인지하지만, 맥주 캔 투기꾼도 이미 고통 받았다는 사실 역시 인정했다. 그는 사랑하던 일, 자신감, 직장, 자존심을 잃었고, 페이스북에서는 동네 망신, 트위터에서는 취한 건 핑계라며 소셜 미디어를 통해 공개적으로 비난받았다. 그래서 판사는 보호관찰과 세상의 원숭이를 등에 얹고 다니는 조건으로 그를 석방했다.

훨씬 더 알려진 토론토의 숙취 사건은 2017년 4월 26일, 술집들이 문을 닫은 직후 시작됐다. 마리사 라조는 술에 취해 반쯤 건설된 콘도 위 30층 높이의 공사장 크레인을 보고는 혼자서 무모한 짓을 벌였다.

맥주 캔 던지기보다 상당한 노력을 쏟아야 하는 일임에도, 스물세 살의 라조가 철조망을 넘어 자이언트 크레인을 올라가게 한 건 취기로 인한 충동이었다.

쉽진 않았지만, 그녀는 이 거대한 철 구조물의 꼭대기에 이를 때까지 계속 올랐다. 그런데 세상에 막상 오르고 보니 상상 이상이었다. 밝고 화려하게 뻗어 있는 세상 위, 어둡고 아찔한 공중에 서서 그녀는 자신의 거친 비명 소리를 들었을지도 모른다. 바로 그때 지상 120미터 위에 있던 그녀가 미끄러졌다.

그날 토론토 시내의 일출 시각은 새벽 6시 17분이었다. 그제야 하늘 높이 매달린 작은 횃대에 앉아 있는 한 여성의 모습의 희미하게 드러났다. 구름이 삼킨 듯 높은 곳이었다.

러시아워에 온 도시가 저지선이 둘러진 보도에서 목을 길게 빼고 위를 올려다보고 있었다. 통근자들이 한쪽으로 차를 세우면서 길이 더 막히고, 라디오 방송 아나운서들은 당황해서 방송했고, 응급구조대원들은 긴박하게 움직였다.

도심 혼잡을 유발했다는 비난이 빗발쳤음에도 크레인 아가씨의 공개적인 숙취는 맥주 캔 투척꾼 페이건과는 정반대로 펼쳐졌다. 신비롭게 공중에 매달려 있는 라조의 원거리 사진은 소셜 미디어를 휩쓸었다. 바람 방향에 따라 이리저리 휘날리는 긴 머리, 도시의 권태감과 위험한 고독을 보여주는 이미지는 부인할 수 없을 만큼 로맨틱했다.

맥주 캔을 투척한 직후 찍혀 다음 날 공개적으로 풀린 관중석의 페이건 사진에는 누구에게나 익숙한 표정이 드러나 있다. 잘못한 아이가 모른 체하려는 바로 그 표정 말이다. 그리고 두 사진에 대한 일반적 반응은 하늘과 땅만큼 달랐다. 맥주 캔 투척 피의자의 얼굴엔 누구도 상상하지 못할 짓을 했다는 완전한 경멸의 불길이 점화된 반면, 저 높은 곳 크레인 걸의 얼굴은 즉시 우리 모두 가끔 느끼는 자기비하의 공감대를 담은 밈Meme으로 활용되었다.

그리고 현상금 수배 대상이 된 페이건과 반대로, 곤경에 빠진 라조는 우물에 빠진 아이 같지만 훨씬 불안하고 위험한 모습으로 눈앞에 있었다. 두 시간에 걸친 구조 작업은 숨이 멎을 정도였다. 크레인에 갇힌 그녀를 빼낸 뒤 품에 안고 내려온 소방관 역시 기자에게 이제 그녀를 안전하게 구했으니 자신의 주된 관심사는 하키 경기장에 시간 맞춰 가는 것뿐이라며, 그가 속한 맥주 리그 팀이 플레이오프 진출했는데 자신이 주전 골키퍼라고 재치 있게 한마디 했다. 국민들은 환호했다. 크레인 소녀가 몇 가지 범죄 혐의로 수갑을 찬 건 유감스러웠지만.

9개월 후, 법정에서 라조는 유죄를 인정하고 진심으로 반성하며 최선을 다해 당시의 상황을 설명했다. 그녀의 설명을 듣는데 스트라토스피어의 기억이 떠오르더니 갑자기 재부팅되는 기분이 들었다. 물론 라조는 미끄러질 때 아무런 안전장치도 걸치지 않았다. 그녀는 공중에서 가까스로 케이블을 잡고 맹렬한 속도로 30미터쯤 미끄러져 내려와서 그 끝에 매달려 있던 작은 플랫폼에 내려앉았다.

그녀의 몸에서 그 어느 때보다 다량으로 분출된 아드레날린이 빠르게 술이 깨게 하는 방아쇠 역할을 했다. 그녀가 공중에 매달려 있는 동안 아드레날린은 계속 뿜어져 나왔고, 더 이상 나오지 않아 그녀가 아무것도 할 수 없을 때쯤 아래쪽 세상은 밤에서 낮으로 변하고 있었다. 도시 높은 곳에 매달려 있으면서Hanging Over the City, 그녀는 '숙취Hangover'에 대한 지금까지 발견하지 못한 어원 혹은 전혀 새로운 정의를 찾아낸 셈이다.

불안이 커지자 자포자기하는 마음에 뛰어내려 버릴까 생각한 순간도 있었지만, 이내 마음을 굳게 먹었다고 한다. "나 자신과 가족을 위해서라도 그러면 안 돼."

법정에서 라조는 어릴 적 학대를 받았고 자신이 돌봐야 하는 두 명의 중증 장애 형제가 있다는 사실이 드러났다.

그녀에게 판결을 선고할 때, 판사 리처드 블로인은 술에 취한 라조의 행동이 공공의 안전을 무시한 것임을 인정했다. 하지만 운명은 때로 놀라운 자비를 베풀기도 한다. "미스 라조는 이 사건이 일어났을 당시 굉장히 어두운 곳에 있었다. 그토록 어두운 곳에서 올라가는 놀라운 일을 해낸 것이다. 그리고 이 사건은 전혀 다른 방향으로 전개되어 그녀의 인생에서 뒤로 미뤄두고 미처 해결하지 못한 어떤 부분을 드러나게 했다."

그리고 라조는 "크레인을 올라간 것은 끔찍한 생각이었다"라는 발언과 함께 유죄 판결을 받았고, 평생 그녀가 잊지 못할 일이 일어났다. 판사가 각각의 혐의에 대해 완전한 무혐의를 인정하며 공식적으로 그녀를 구원한 것이다. 도시의 옥상에선 이런 고함이 들려왔다. "크레인 소녀는 자유다! 우리는 크레인 소녀다!"

마지막으로, 노숙자 예수의 수수께끼 같은 실종이다. 이 사건은 맥주 캔 투척꾼과 크레인 걸의 반향을 모두 담고 있다. 이 사건들은 얼마 전에 일어났지만 어떤 점에서는 아직 진행 중이다. 그리고 심리적으로나 지리적으로나 단연코 나와 가장 가까운 사건이다.

토론토 시내, 내가 살고 있는 곳에서 두 블럭 떨어진 곳에는 옹이가 많고 굵은 오크 나무들이 둘러싼 예쁘고 오래된 교회가 있다. 세인트 스티븐스 인 필즈 교회는 정확히 내가 관리했던 나이트클럽과 내가 소유했던 바 중간에 있다. 길 건너편에는 소방서가 있고, 반 블럭쯤 내려가면 내 아들 제브가 유년 시절의 일부를 보냈던 데이케어 센터가 있다.

그동안 교회 모퉁이와 이어진 인도 사이에는 커다란 청동 동상 하나가 놓여 있었다. 바닥에 앉아 동전을 구걸하듯 손을 펼친 정체불명 남자의 모습이었다. 그리고 자세히 보면 그의 손바닥은 크게 베여 있다. 조각가 티모시 슈말츠가 지은 원래 제목은 〈당신이 뭘 하더라도〉였지만, 이 청동 걸인은 노숙자 예수로 유명해졌다.

나는 제브를 목말 태우거나 손을 잡고 거의 매일 그 앞을 지날 때마다 멈춰 서서 단단하지만 피부처럼 느껴지는 성흔에 동전을 끼워놓고 갔다. 하지만 돌아오면 언제나 동전을 사라지고 없었다. 제브는 동전이 어디로 갔는지 추리하며 누군가 그걸로 작고 멋진 걸 샀을 거라며 좋아했다.

그러던 어느 날, 동전과 함께 노숙자 예수도 사라졌다. 단서도 없었다. 뭐가 더 이상했는지는 모르겠다. 대체 누가 이런 짓을 한 건지, 아니면 어떻게 한 건지. 이렇게 무거운 동상을 훔치는 건 여러모로 이상한 일 아닌가.

그리고 4일 후, 노숙자 예수가 기적적으로 다시 나타났다. 손으로 쓴 메모와 함께. "어젯밤에 비가 내렸거든요." 마리 헬위그[Marie Helwig] 목사는 「토론토 스타」의 잉크가 번져 있었다고 말했다. 하지만 깊은 숙취에 시달린 영혼이 쓴 것 같았다.

"죄송합니다. 그땐 좋은 생각 같았어요."

뉴올리언스를 다녀온 지 한참 지났다. 하지만 아직 이 책 쓰는 걸 끝내지 못했다. 지금으로부터 얼마 전, 나의 명청이 친구가 한 말의 인용해보겠다. "당연히 넌 아직 그걸 쓰고 있겠지. 그걸 끝내면 핑계가 바닥날 테니까. 아니면 적어도 납득할 만한 핑계를 찾기 어려워지든가."

최근 영국과 미국 위장관 연구소에 보냈던 테스트 키트 결과를 받았다. 별다른 안내나 설명 없이 일련의 비교 그래프와 원 그래프만 있는데, 내가 뭘 보고 있는지 도통 모르겠다. 그래도 좀 이상해 보이긴 했다.

이해할 수 있는 몇 안 되는 것은, 내 미생물이 특정 부분에 있어서 보통 위장관 미생물들과 매우 달랐다는 점이다. 내게는 두 가지 흔한 유형의 박테리아가 없었고, 다른 기준치는 스물다섯 배나 높았다. 하지만 이게 어떤 의미인지 이해할 단서가 없다. 그래서 쥐와 치즈 얘기로 처음 나에게 이 연구를 해보라고 권했던 티모시 스펙터[Timothy Spector]에게 데이터를 보내, 검토해달라고 부탁했다.

짧고 애매했지만 다소 주눅 드는 평가였다. 그는 내 미생물들을 "다양성이 부족하고 건강하지 않아 보임"이라고 했다. "병에 걸리기 쉽지만 반드시 병든다"라는 뜻은 아니라며, 의사로부터 전혀 듣고 싶지 않은 말로 서명했다. "유감이에요. 행운을 빌어요. 팀."

어떻게 받아들여야 할지 모르겠다. 반드시 병든다는 뜻은 아니라니. 정말 알쏭달쏭한 예측 아닌가. 특히 요즘 내 기분을 고려하면 말이다. 요즘 상태가 좋지 않다. 감정이 천장과 바닥을 오간다. 그래서 때로는 앉아 있거나 서 있거나 거리를 걷는 것도 힘들다. 고개를 흔들 수도 없는 이런 기분은 정말 싫다. 이젠 매일이 숙취 상태다. 새로운 시작 따위는 없다.

건강이 회복되길 바라는 마음에, 밴쿠버로 돌아와 가족들과 시간을 보내며 여러 의사들을 찾아다녔다. 또 다른 약속 이후, 버스 타러 길을 건넜는데 정류장 옆에 작은 고서점이 보였다. 버스는 보내고 서점 안에 들어가 보았다.

흔히들 상상하는 모습이다. 서가에는 책들이 줄지어 꽂혀 있고 바닥부터 천장까지 책으로 빽빽하다. 가게 앞쪽에 자리한, 카운터로 사용되는 커다란 나무 책상 뒤에 긴 은발의 여성이 서 있다. 나보다 족히 스무 살은 많은 것 같은데, 얼굴은 기품 있게 주름졌고 자세도 흐트러짐 없다. 그녀 앞의 책상 위에 책 세 권이 놓여 있다. 끄덕 고개 숙여 인사를 나눈 뒤 나는 책 더미로 향했다.

책장에 손을 올려놓고선 한참 책 제목을 살펴봤다. 달리 갈 곳도 없으니 책을 하나하나 뒤적이며 둘러볼 수 있다. 서로 시선이 마주치자 마침내 그녀가 물었다. "무슨 책을 찾으세요?"

"술에 관한 책입니다." 내가 말했다. "그리고 음주에 관한 거랑 술 취함에 대한 거요. 그리고 숙취에 대한 것도요."

그때 그녀의 말이 내 손을 멈추게 했다.

"난 숙취를 참 좋아해요."

"뭐라고요?" 몸을 돌려 그녀에게 걸어갔다.

"숙취를 좋아한다고요."

그녀의 모습은 차분하고 신중하지만, 어딘가 감동적인 구석도 있다. 젊던 육체는 늙었지만 젊은 영혼으로 환생한 노인의 영혼을 보는 것 같다. 그녀는 매우 아름답다.

"이유를 여쭤봐도 될까요?" 내가 물었다.

그녀가 고개를 끄덕였다. "나는 술로는 누구에게도 지지 않아요. 그러곤 극심한 숙취에 시달리죠. 가끔은 며칠씩 가기도 하고요. 그런데 문제는 내가 그 상태를 사랑한다는 거예요. 술 취한 것보다 훨씬 좋아요."

그건 선택과 관련 있고, 아무것도 할 필요 없기 때문이라고 내 생각을 말했다. 그러자 그녀가 자세히 설명해달라고 한다.

"당신이 자신의 몸을 위기 상황에 빠뜨리는 것 같은 겁니다. 하지만 시간제한이 있다는 걸 알죠. 그래서 당신의 마음은 짧은 휴가를 갖게 됩니다. 현재 그것 외에 다른 걸 생각할 여유가 없으니까요."

"바로 그거예요." 그녀가 눈을 깜박였다. 그러곤 우리는 대화를 시작했다.

나의 일부는 이 순간, 아니 그보다는 지나치게 서사적인 설정이 이상하다고 생각한다. 먼지투성이의 고서점, 은발의 서점 주인이 내가 지금껏 포기하지 못하고 매달린 무언가에 대해 예언자처럼 이야기한다니.

하지만 다른 부분은 어딘가 익숙한 장면을 떠올린다. 호리호리한 몸매에 술을 좋아하던 젊은 시절, 어울려 술집을 전전하던 매일이 영화의 한 장면처럼 펼쳐졌다.

그녀는 시간제한이라는 표현을 마음에 들어 했다. 의미 있는 변화에 대한 키르케고르와 그의 사상을 읽은 뒤 다시 태어나 지난 3년간 그렇게 살아왔다고 한다. 그리고 3년마다 새로운 여행을 떠난다. 불교에 이은 지난번 주제는 술집이었고, 지금은 퀘이커교도의 삶을 살고 있다. "충분한 시간을 들여 모든 곳을 여행하는 나만의 방식이에요. 하지만 멀리 가지 않아도 되죠."

메모해도 되는지 물었다. 그녀가 이유를 묻자 숙취에 대한 책을 쓰고 있다고 말했다. 그녀가 나를 빤히 보고, 우리는 미소를 나누었다. 그녀에게 이름을 묻자 알려주었지만 책에 써서도 다른 사람에게 말해서도 안 된단다. "출판사는 어때요? 사실 확인 차원에서요. 당신이 정말 믿기지 않는 얘기를 할 경우에 말이죠." 내가 물었다.

그녀는 달래는 듯 고개를 끄덕였다. 나는 그녀의 이름을 적고 바에서 보낸 세월에 대해 물었다.

"매일 다른 바에 갔어요. 해피아워 시간부터 그곳의 사람들과 어울려 마시고 이야기 나누고, 그들의 이야기를 들었어요. 나는 오랫동안 프랑스 외인부대에 있었어요. 실제로 그랬다는 거예요. 부모님이 군인이셨거든요. 나는 전쟁터의 아이였고, 그 노인들과 연결되어 있다고 느꼈어요. 많은 이들이 목숨을 바쳤고, 설사 살아남았더라도 술만이 그들의 유일한 은퇴 계획이었죠. 바의 스툴 의자는 오줌으로 얼룩덜룩했어요. 거기서 나는 숙취와 사랑에 빠졌답니다."

그녀가 메모하는 내 손을 쳐다보았다.

"물론, 여전히 그런 사람과 장소가 많아요. 그래서 여전히 나는 그들을 보러 가서 술을 마신답니다. 이번 3년간의 여정 동안 한 일 중 하나죠. 나는 지난 경험을 다음번에 접목시켜요. 아직도 불교 수련을 하고 일주일에 한 번쯤 바에 가지만, 지금 나는 이런 생각으로 살고 있어요. '나는 서점에서 일하는 퀘이커 교도야'라고요. 잭 런던^{Jack London}이 쓴『존 발리콘^{John Barleycorn}』을 읽어봐요."

그녀는 쉬지 않고 조언을 들려주었다. 내가 그걸 당장 들어야 하는 상황임을 아는 것처럼 말이다. 내게 절실하고 완벽한 조언이었지만 도를 넘는 부분도 있었다. 어쨌거나『존 발리콘』은 고전이다. 그리고 내가 어이없는 짓을 한다면, 그 책을 읽지 않은 바보이기 때문이다. 물론, 난 바보다. 그리고 그녀도 그걸 잘 안다.

"그건 술 마시는 이야기의 정수예요. 실수하고 잘못하고 진실하게 드러내죠. 아름답고 놀라운 말들로 가득 찼어요." 그러곤 함께 쌓여 있는 책을 지나 그 책을 찾는다. 어디까지라도 그녀를 따라갈 것 같다.

"난 항상 술을 좋아했어요." 그녀가 말한다. "하지만, 음, 신중해야 하지요. 잭 런던이 깨달은 것도, 벗어나지 못할 정도로 엉망이 된다면 침대에 죽음의 신을 초대하는 격이라는 겁니다. 그러면 쫓아낼 수 없답니다."

내가 어떻게 자는지 머릿속에 떠올려 보았다. 대부분 혼자, 옷을 갖춰 입고, 초반에 깨서 땀에 흠뻑 젖는다. 침대 한쪽에는 치료^{Cure}, 다른 쪽에는 저주^{Curse}라는 유령 사이에 있는 기분이다. 둘의 다른 점이라곤 구불구불한 S 하나뿐이다.

그녀가 책을 찾았다. 세월의 흔적이 드러나는 얇은 책이다. 그녀에게 사고 싶다고 말했다.

"다 읽으면." 계산을 마치자 그녀가 내게 말했다. "가게 와서 나랑 차 한 잔 마셔요. 가끔, 하루가 저물 무렵엔 와인도 딸게요."

내가 그러겠다고 말하곤, 그녀의 숙취에 대해 들려달라고 했다.

그녀는 고개를 저었다. "내 숙취 이야기는 지루해요. 불교처럼 말이죠." 그러곤 미소 지으며 내게 책을 건네주었다. "당신 스타일 맘에 드는데요."

이제 오늘 내가 뭘 할지 알았다. 책을 읽기 시작할 것이다. 하지만 가게 밖으로 나오는데, 어디로 갈지 아직 마음을 정하지 못했다. 시티 버스를 타고 근처의 햇빛 좋은 공원에 갈까, 아니면 길을 조금 내려가 바에 갈까.

숙취가 생기게 하는 건 바로 이런 결정들이다.

감사의 말

다음은 출처나 인용이 언급되지 않거나 출처가 제시되어야 하는 구체적인 구절과 관련된 것이다. 참고문헌과 연계해 내가 어디서 무엇을 얻었는지 정보를 제공하기 위한 목적이다.

서문: 몇 마디 말씀에 대한 몇 마디 말

〈스쿨 오브 락〉은 관대한 파라마운트 픽처스에게 대사와 인용 허가를 받았다. 래리 맥칼리스터의 노력에 진심 어린 감사를 전한다. 또한 디투어 필름과 위대한 리처드 링크레이터에게도 감사를 전한다.

또한 클레멘트 프로이드의 『숙취』도 유익한 자료가 많은 작고 재미있는 책이다. 프로이드를 직접 언급한 것은 전부 이 책의 내용이다.

바버라 홀랜드의 『음주의 즐거움』은 독서의 즐거움을 주었는데, 내가 얼마나 자주 이 책을 언급하는지 주목해보라.

본문에서 언급했듯, 서문의 마지막 인용구의 원출처를 찾기 어려웠기에 킹슬리 에이미스의 덕으로 돌렸다. 킹슬리 에이미스의 공식 전기작가 재커리 리더와 그의 진짜 아들 마틴 에이미스는 진짜 그의 말투

같다고 했지만, 더 좋은 생각이 있으면 알려달라.

숙취의 세계에 오신 걸 환영합니다

이 서론에서는 나의 질문에 참을성 있게 친절히 답해준 의사들과 여러 건강 전문가들의 대화를 포함해 이 책에서 언급된 상당수 연구의 개요가 소개된다. 또한 StuffYouShouldKnow.com에 실린 기사 "대체 숙취가 뭐야?"뿐 아니라 참고문헌에서 언급된 몇몇 의학 논문에도 도움을 받았다.

턱뼈가 우리의 내이가 되었다는 고대 물고기에 대한 내용은 나의 영악한 사촌 에이드리언 트렘블링이 권해준 닐 슈빈의 『당신 안의 물고기: 인간 신체의 35억년 역사를 찾아서』에 근거한다.

1막 라스베이거스에서 일어난 일

「샤프」 매거진과 편집자 그렉 허드슨에게 감사 인사를 전한다. 베이거스에서 내가 한 모든 일과 사람들과의 만남은 그들의 지원 덕분이다. 그렉과 그의 팀은 이 책의 이 부분과 다른 부분의 현장 조사에 소중한 도움을 주었다.

「영국 의학 저널」에 실린 제임스 본드 마티니 연구는 바버라 홀랜드의 『음주의 즐거움』을 통해 찾았다.

'여명기의 숙취'는 어니스트 L. 에이블의 『신화 속의 만취』, 케네스 C. 데이비스의 『신화에서 말하지 않는 것』, 존 배리아노의 『와인: 문화적 역사』 등 여러 분야의 학술 정보를 종합해 썼다. 내 친구 사스키아 울새크는 나에게 엔키 신화를 알려주었다. 이 부분 또한 킹슬리 에이미스의 걸작 에세이 『숙취에 대하여』의 첫 번째 인용을 담고 있다. 이 책은 최근 에이미스의 작품집 『일상의 음주』의 일부로 출판되었다. 블룸스버리 UK의 허가로 책에서 여러 번 인용될 수 있었다.

'디오디소스와 이중문'은 고대 디오니소스 신화의 다양한 번역본과 위에서 언급한 책들의 구절을 근거로 한다. 플라톤의 제자들에 대해서 인용한 톰 스탠대지의 『여섯 잔의 술에 담긴 세계 역사』는 대단한 책이며 몇몇 챕터를 쓸 때 소중한 자료가 되었다.

그리고 여러 정보를 제공하는 훌륭한 사이트인데 참고문헌에만 넣긴 아까워 여기 남긴다. Theoi Project's page On Icarus at http://www.theoi.com/Heros/Ikarios.html

닥터 제임스 버크와 행오버 헤븐에 관련된 내용(인터뷰, 전화 통화, 이메일, 공식사이트)은 2013년 겨울 동안 수집, 녹음되었다.

1막 비하인드, 전쟁 전야의 술

이 파트의 (그리고 이 책의) 상당 부분은 이언 게이틀리의 『드링크: 알코올의 문화사』에 큰 빚을 지고 있다. 지금껏 내가 읽은 알코올의 역사 중 가장 가독성 좋고 포괄적인 역사서이며, 다른 데서 보지 못했던 해석을 제시한다. 에이브러햄 링컨과 데이비드 로이드 조지의 인용은 게이틀리의 책에서 발췌했고, 마르코 폴로의 인용은 홀랜드의 『음주의 즐거움』에서 가져왔다.

이 파트 마지막 부분의 브루스 스프링스틴의 고백은 내게 큰 의미로 다가왔다. 나는 열두 살 크리스마스에 받은 그 박스 세트를 10대 시절 내내 천 번은 들었다. 스프링스틴이 술을 많이 마신 적 없으며, 이 이야기를 할 때 자신이 술을 마셨거나 숙취를 느꼈다고 실제로 말하지 않는 다는 걸 밝혀둬야겠다. 익숙한 패턴이다.

2막 라스베이거스 상공에서 일어난 일

'술을 들이켜다'에서 콜루멜라와 플리니우스의 인용은 게이틀리의 책에 근거했고, 역사 이야기는 여러 책들과 온라인 백과사전을 참고했다.

레비 프레슬리의 스트라토스피어 자살 사건은 존 다가타와 짐 핑걸이 7년여에 걸쳐 공통 집필한 7년간의 여정에 대한 『The Lifespan of a Fact』에 관한 여러 잡지 기사를 통해 간접적으로 들었다. 이 책에서 핑걸은 프레슬리의 자살 사건을 포함해 다가타가 「더 빌리버」에 기고한 에세이의 사실 여부를 확인한다.

2막 비하인드, 다양한 혐오 요법: 플리니우스의 방식

플리니우스에 대해 참고한 전기와 백과사전은 참고문헌을 보시라. 하지만 더 중요한 건 수백 권에 다양한 언어로 번역된 플리니우스가 직접 저술한 백과사전 『박물지』 관련 부분 편집본이다. 이 작업은 나의 친구이자 뛰어난 연구자인 야닉 포트부아의 관대하고 기적적인 성취이다.

이 파트에서 여러 번 괴롭히긴 했지만, 클레멘트 프로이드와 키스 플로이드, 앤디 토퍼에게 큰 감사를 전한다. 내가 찾아본 범위 내에서, 그들의 작품은 숙취와 숙취의 역사를 다룬 유일한 책이다. 그리고 세 권모두 얇고 코믹하지만, 시작점을 비롯해 많은 걸 얻었다.

3막 개도 꼬리 치게 하는 해장술

앞에서 언급했듯, '개를 마시는 사람'의 내용은 앤디 토퍼, 안티파네스의 인용은 키스 플로이드의 도움을 받았다.

다음 몇 문단과 이 책의 다른 부분들에 대해 존 바리아노의 『와인의 문화사』에 감사를 전한다. 이 책을 통해 『살레르모 양생훈』을 비롯해 다른 데서 찾지 못했던 와인과 예술, 죽음에 대해 많은 걸 알 수 있었다.

이와 마찬가지로 조지 비숍(나와 무관함)의 시대를 잘못 타고난 유익한 저서 『술꾼 독자』도 많은 도움이 되었다. 이 책에서 얻은 정보는 「1667년 런던의 증류사」에서 나온 인간의 두개골을 으깨 만든 물약뿐이지만, 그에게 큰 빚을 졌다. 사실, 그의 책은 이 책의 여러 부분에 관련된 정보를 주었다.

여기저기서 수집한 해장술의 종류와 이름과 특히 국립보건원의 인용 부분에 대해선 바버라 홀랜드에게 감사를 전한다.

아담 로저스의 『프루프』에 대한 첫 번째 감사 인사는 '개를 마시는 사람'의 끝부분에 나온다. 하지만 알코올의 과학에 대한 그의 탁월한 저서는 앞부분에도 많은 정보를 제공했다. 돌이켜 보면 '숙취의 세계에 오신 걸 환영합니다'부터다. 로저스는 대단한 작가이며, 그의 책은 믿기지 않을 만큼 자세한 도움을 준다. 마치 어느 날 그가 불쑥 찾아와 아무것도 모른다고 걱정하는 나를 도와주는 것 같다.

'아시안 홍조 반응이 나타난 코카서스인'이라는 의학 포럼은 인터넷에 존재하며, 여기 실린 특정 포스트들도 실제 게시되어 있지만, 글쓴이의 닉네임은 살짝 바꿨다.

'중용을 지켜라!'에는 위에서 언급된 여러 책들을 통해 축적된 여러 내용이 담겨 있고, 비야노바의 아르놀드의 인용은 게이틀리의『드링크』에서 가져왔다.

이븐 시나의 인용은 허버트 M. 바우스와 그의 일대 혁신적인 책『건강을 위해 와인을 마시는 방법』에서 가져왔다. 바우스는 나의 박학다식한 삼촌 마이크 로스를 통해 알게 되었는데, 이 책의 초고에 중대한 영향을 미쳤다. 그는 여러모로 흥미로운 인물이다. 한때 리처드 닉슨의 가까운 조언자였다가 나중에는 대중들이 이 사실을 알기 한참 전부터 지금까지 레드 와인 예언가로 활동하고, 그의 책과 감상은 이 책에 많은 정보를 주었다.

허버트 M. 바우스와 더불어, 프랭크 M. 폴슨 또한 이 책을 구상할 때 많은 영향을 주었다. 처음 생각한 개요와 몇몇 구체적 구성은 그대로 유지되었지만, 감탄스러운 그의 현장 조사 결과의 상당 부분을 배제하기란 여간 힘든 일이 아니었다. 「미국 민속 저널」에서 폴슨과 '민간에서 전해지는 해장술과 숙취 요법'에 대해 한번 찾아보길 권한다. 읽어볼 가치가 충분하다. 이 부분의 인용은 「미국 민속 저널」의 허가를 받았다.

'이러한 상황을 타개할 합리적인 시도'에는 몇몇 논문을 간접적으로 인용하며, 그 제목은 참고문헌에 올려두었다. 이를 통해 리처드 스티븐스 박사의 연구를 알게 되고, 나중에 그를 개인적으로 인터뷰하게 되었다. 다섯 번째 부분 초반에 등장하는 인터뷰와 그의 새로운 연구를 비롯해 그에 관련된 연구 또한 참고문헌에서 확인할 수 있다.

아드레날린에 대한 허만 하이스의 연구는 비숍의『술꾼 독자』에서 발췌했다.

3막 비하인드, 그녀가 일어나네

이 부분의 많은 불쾌한 내용은 다양한 출처에서 수집한 것인데, 가장 노골적인 내용들은 앨리스 모스 얼이 1896년 펴낸 『지난 시대의 기이한 형벌』, 앤드류 스미스의 『음주의 역사: 미국의 음료가 탄생되기까지 15번의 전환점』, 진 찰스 수니아의 『알코올 중독의 역사』에서 큰 도움을 받았다.

물론 이 부분의 내용을 포괄하는 것은 고트족 올라우스 마그누스가 쓴 오래된 이상한 책이다. 고트족 마그누스에게 나를 인도한 건 토퍼의 책이었다. 바우스와 폴슨과 마찬가지로, 이 책의 많은 부분은 올라우스 마그누스와 그의 특이하고 비판적인 방대한 책의 편집본에서 가져왔다. 적어도 아흔아홉 개 단어로 이루어진 제목과 술 취한 사람 주변에 몰려드는 꿀벌에 대한 챕터는 한번 읽어보시라.

4막 중간계의 미친 모자

이 장의 도입부에 등장하는 곳은 영국 데본의 글레이즈 브룩 하우스 호텔이다. 내가 묵었다는 미니바가 공짜로 가득 채워진 재버워키 룸이 있는 곳인데, 이 호텔의 이야기를 꺼낸 건 본문에 언급되었기 때문이기도 하지만 지금껏 묵은 여러 호텔 중 가장 멋진 곳이기 때문이기도 하다.

보스캐슬에 있는 박물관의 정식 명칭은 주술과 마법 박물관이다. 그곳에 가거나 어떤 식으로든 후속 조치를 취하지 않기 때문에 내 이메일에 친절하게 답해준 피터의 성은 모른다.

시드니 스미스의 인용은 그의 에세이 『약간의 도덕적 조언』에서 가져왔다.

'와인과 치즈'에서 큰 도움을 준 팀 스펙터에 감사를 전한다. 그의 신간 『식단의 신화』에서 장 건강에 대해 총망라하는 마지막 장은 이 부분을 쓸 때 큰 보충 자료가 되었다.

이렇게 흥미롭고 완전 내 취향인 프로젝트를 기획하고 이 부분과 이 책의 다른 부분의 기초조사 기회를 제공한 「EnRoute」 잡지와 편집자들에게 감사한다.

'이승과 저승'의 두 새뮤얼에 대해선 제일 먼저 이언 게이틀리를 통해 알게 된 뒤, 불과 유황, 목판의 토끼 굴을 내려가 참고문헌에서 발견되는 다양한 자료를 접했다. 단테에 대한 핵심은 수니아에게서 가져왔다.

너튼 혹은 너트에 대한 부분을 확인하는 최선의 방법은 구글 검색이다. 결국 그들 모두 관대하게 정보원이 되어주었고 그들과 이만큼 길게 인터뷰할 수 있었다는 데 굉장히 만족한다.

너튼 박사와의 대화에서 언급된 치료법 중 나쁜 기운을 물리치는 월계관과 화관은 많은 사료에서 언급된다. 이러한 생각은 몇 세기 동안 이어져 왔지만, 나는 특정 식물이 음주 환경에 영향을 미친다는 근거를 아직 찾지 못했다.

프로이드와 토퍼가 언급한 민간요법을 그대로 시도해봤지만, 로버트 보일이 말한 독미나리 양말만큼 자세히 조사할 가치는 없었던 것 같다. 영국 부두교 마녀가 말한 숙취의 조상신에 대한 내용은 꽤 조잡했고, 숙취의 신 빌리어스로 변신했다. 물론, 그는 진짜다.

'불타는 런던'에서 13세기 영국의 여행자의 설명은 진 광풍과 산업화가 알코올 소비에 미친 영향과 함께 수니아에게 가져왔다.

영국의 '술 취함'에 대한 묘사는 2003년 「가디언」에 실린 줄리언 바기

니의 기사 "우리는 술을 마신다. 그래서 존재한다"에서 영감을 받았다.

병원 클럽에 대해서는 존 해리슨과 관련되어 있음을 발견했다. 다바 소벨이 그에 대해 쓴 『경도: 시대의 가장 중요한 과학 문제를 풀어낸 외로운 한 천재의 진짜 이야기』를 통해서였다. 호텔 소유주와 라디오헤드 스튜디오에 관련된 정보는 잡지 작업을 함께하는 런던의 사진작가에게 들었다.

4막 비하인드, 런던의 늑대 인간

'긍정 효과'에 대한 윌리엄 제임스의 위대한 어록은 그의 저서 『종교 기능의 다양성』에서 발췌했다.

이 부분에서 언급되었듯, 채니 시니어와 주니어의 어두운 면에 대한 신뢰할 만한 출처를 찾기는 굉장히 어려웠다. 이들에 대한 모든 실질적인 이야기는 서로 모순되게 충돌했고 이를 뒷받침할 문서화된 자료도 거의 없었다. 할리우드, 영화사 그리고 전반적인 우리 문화에 기념비적 공헌을 남겼음에도, 론 채니 주니어에 대한 제대로 된 전기가 없다는 점을 밝혀둬야겠다. 물론, 한 번도 무덤 밖으로 나오지 못한 사산아로서의 삶에 오싹하게 잘 어울리는 현실이기도 하다. 그와 그의 아버지에 대한 책들은 참고문헌에 올려두었지만, 어쨌거나 가장 유익한 자료는 웹사이트 HouseofHorrs.com의 채니 주니어에 대한 간략한 전기였다.

그리고 이 부분은 완전히 워런 제본의 노래를 듣다가 영감을 받았다는 사실을 굳이 말하지 않겠다.

5막 12개 펍에서 맥주 12파인트 마시기

앞서 말했듯, 리처드 스티븐스 박사가 많은 도움을 주었다. 즐겁고 유익한 인터뷰였으며, 그의 관련 저서는 참고문헌에서 찾을 수 있다.

이 장은 특히 두 진영의 너그러운 도움이 없었더라면 존재하지 못했을 것이다. 하나는 〈지구가 끝장 나는 날〉에 관련된 빅토크 프로덕션의 모든 이들(특히 알렉스)과 NBC Universal의 판권 파트, 특히 로니 러블리너는 이 멋진 영화의 많은 부분을 사용하는 허가를 얻는 데 관련해 나를 위해 바다를 가르는 수고를 마다하지 않았다. 그리고 다트 부자이다. 소중한 친구이자 동맹인 조나단과 토마스 다트가 없었더라면 무엇보다 즐겼던 이 부분을 쓸 수 없었을 것이다. 그들의 지식과 전문성, 용기는 타의 추종을 불허할 정도다.

여기서 인용된 많은 기사는 참고문헌에서 저자 이름으로 찾을 수 있다. 이 책 다른 부분의 자료와 더불어 그 많은 기사를 찾을 수 있었던 건 인상적인 한 권의 책 덕분이다. 바로 피터 켈리, 제니 애드보커트, 린 해리슨, 크리스토퍼 히키가 쓴 『고주망태!: 술 취함과 취기에 담긴 여러 의미』이다.

앤드류 앤서니의 인용은 2004년 10월 5일 「가디언」에 실린 그의 기사를 토대로 했다.

주술 박물관의 피터와 마찬가지로, 그 나쁜 마녀의 성은 전혀 파악하지 못했다.

5막 비하인드, 위드네일 시상식: 보도 자료

'최고의 숙취 대화'에서 인용한 〈앵커맨〉과 〈더 브레이브〉의 대사는 파라마운트 픽처스의 허가를 받았고, 이에 관련해 래리 맥칼리스터에게 감사를 전한다. 이런 문제에 있어서 벌써 두 번째다. 〈내 생애 최고의 해〉의 대사는 워너 브라더스 엔터테인먼트의 허가를 받았고, 섀넌 파이퍼에게 감사를 전한다. 〈다이하드 3〉의 대사는 20세기 폭스사의 허가를 받았고, 앤디 밴디트에게 감사를 전한다.

6막 숙취 상태에서 치른 경기

대니 보일이 어바인 웰시의 『트레인스포팅』을 각색한 영화 속 멋진 대사는 피그먼트 필름 제공이며, 조앤 스미스에게 감사를 전한다.

〈슈퍼스타〉에서 스탠 볼스의 처참한 기록을 보여주는 영상 및 많은 자료가 있지만, 제대로 알고 싶다면, 2009년 5월 20일 「가디언」에 실린 볼스 본인의 설명을 읽어보라.

맥스 맥기의 최초의 슈퍼볼 숙취 영웅담은 샨 조시의 논픽션에서 가져왔고, 내가 그의 스타일을 흉내 낸 일화는 이 책 끝부분에 등장한다. 어디인지 확인해보시라.

스페이사이드에서의 자료 조사와 브라이언 킨스먼과의 인터뷰에 대해 「Sharp's Book for Men」과 그렉 허드슨, 제슨 컴퍼니와 트레버 월시, 글렌피딕 캐나다의 베스 헤이버스에게 감사를 전한다. 그 외에 하이랜드에서 내가 찾고자 했던 것과 그 이상을 알게 도와준 사람은 진짜 몰트 마스터 킨스먼이다. 증류에 대한 그의 전문 지식은 비숍, 로저스를 비롯해 마크 에드먼드 로즈와 셰릴 J. 처피텔의 『알코올의 역사와 약리학 그리고 처치』, 마이클 제이콥슨과 조엘 앤더슨의 『술의 화학 첨가물』의 훌륭한 보충 설명이 되었다.

이언 미들턴이 자비로 펴낸 인상적인 논문 「힐풋의 금주 운동 약사」에서 일요일의 "진짜 여행자"를 포함한 검열법에 대한 정보를 찾았다.

어린이를 겨냥한 18~19세기 금주 운동에 대한 많은 정보 및 크룩생크와 그 밖의 원본을 훑어볼 수 있었던 건 토론토의 릴리언 H. 스미스 도서관의 오스본 컬렉션 사서들 덕분이다.

벅키는 2013년 스코틀랜드의 주요 뉴스거리로 떠오른 건 12월 27일 「텔레그래프」에 실린 오슬란 크램의 기사로 후속 기사가 이어진 덕분이다.

'끔찍한 기상의 기억'에 등장한 증언들은 소셜 미디어를 통해 얻었다.

6막 비하인드, 만능 치료법의 근원

이 부분을 요약하자면, 합리적으로 추적할 수 있는 많은 자료를 종합했다. 하지만 아리스토텔레스의 양배추 시와 더불어 "청어의 필요성"은 프로이드로부터 가져왔다. 그 인용은 길리언 라일리의 저서 『예술적인 음식: 선사시대부터 르네상스까지』를 토대로 하고, "청어 게임"에 관련한 내용은 게이틀리에게서 빌려 왔다. 노호의 특허권에 대한 자세한 내용을 비롯한 임상 실험 결과는 온라인으로 확인할 수 있다.

7막 미래는 아주 밝다

성 패트릭 데이에 진행한 내 실험과 그 밖의 관련 내용은 모두 인용 허가를 받았고, 그들 중 한둘은 출판 시 이름을 바꿔달라고 요구했다.

레드 와인과 농약, 편두통의 상관관계에 대한 나의 색다른 사고는 몇 년에 걸쳐 유기농 와인 제조자들과 화학자들과 대화를 나누며 강화되었다. 하지만 모든 것의 시작은 노바스코샤 울프빌의 아카디 포도원의 부르스 에워트와의 대화였다.

'원숭이 집에 오신 걸 환영합니다'는 지칠 줄 모르는 야닉 포트부아가 찾아낸 다음의 기사들을 이용해 재구성했다. 2010년 4월 19일 「텔레그래프」의 "술 취해 장난감 바비 카를 운전한 뒤 면허가 취소된 남자", 2016년 2월 24일 「더 컴백」의 "법적으로 베이컨 더블 치즈버거로 개명한 남자, '조금도 후회하지 않아요'", 2011년 9월 22일 NBC 뉴스 "알코올 탓일까? 그렇지 않으면 연구에서 밝히길", 2014년 4월 23일 「텔레그래프」의 "숙취로 인한 악몽 10가지: 전날 밤을 후회하며 사는 사람들".

요리스 베르스터의 출판물은 참고문헌에서 찾을 수 있고, 그중 상당수는 온라인으로도 볼 수 있다.

7막 비하인드, 킬러 파티

참고문헌에 기록된 여러 출판물 중, 이 부분은 데버라 블룸의 『독살범 안내서』와 2010년 2월 19일 「슬레이트」에 실린 그녀의 기사 "화학자들의 전쟁"을 토대로 했다.

8막 지붕 위의 호랑이

이 장에서 등장하는 장면에 대한 허가를 비롯해 정보와 촬영 현장에 참여할 수 있었던 건 국제적으로 찬사를 받는 사진작가 데이비드 얘로와 케이슨 소스비의 관대함 덕분이다.

금주법 시대 디트로이트에 대한 정보는 수많은 출처를 통해 수집했는데, 가장 유익했던 건 섀넌 삭수스키의 『디트로이트 지하의 역사: 금주법과 퍼플갱』이었다.

'중간에 뜬 공'을 위해선 다음과 같은 많은 야구 서적을 읽었다. 로버트 크리머의 『베이브: 전설이 살아나다』, 앨런 바라의 『미키와 윌리: 맨틀과 메이스, 야구의 황금기의 평행적인 삶』, 1994년 4월 18일 「스포츠 일러스트레이티드」 잡지에 실린 미키 맨틀의 고백 "병 속에 담긴 시간", 데이비드 웰스의 자서전 『퍼펙트게임이 아닌 인생』 그리고 버트 랜돌프 슈거의 『위대한 야구 선수들: 맥그로부터 맨틀까지』이다.

'자유의 맛'에서 언급된 자료와 저자들과 함께 올리비아 랭에게 (뒷부분에서도) 큰 신세를 졌다. 그녀의 저서 『작가와 술』은 남성 작가들과 그들의 음주 습관에 대해 무엇보다 잘 알 수 있는 책이다. 하지만 「가디언」에 실린 위대한 여성 작가들에 대한 그녀의 에세이 "매 시간마다 마시는 한 잔의 와인"은 이 부분의 많은 부분에 영감과 도움을 주었다.

8막 비하인드, 오늘 아침 나는 눈을 떴네

이 부분의 첫 문단은 베시 스미스, 빌 위더스, 재니스 조플린, 세이브스 더 데이, 샤니아 트웨인, 브루스 스프링스틴, 나자레스, 피터 프람프턴, 더 버즈, 더 디센던츠, 필 콜린스, 루퍼스 웨인라이트, 스팅, 하울링 울프, 밥 딜런, 존 레논 등 여러 가수의 노래를 합쳐 만든 노래다.

핵심 프레이징과 대중음악에서 그 배치되는 방식의 상당 부분은 B. B. 킹의 공로다.

시카고의 노래 '일어나기 힘든 아침엔 밥 대신 한 시간 동안 샤워하네'의 가사는 테리 캐스의 딸 미셸 캐스가 관대하게 허가해준 덕분에 재사용할 수 있었다. 이 점을 영광으로 느끼며 감사를 전한다.

9막 화산 위에서

고통과 상심이 다른 방향으로 이끌었지만, 어쨌거나 로그너 바트 블루마우에서 상당히 즐거운 시간을 보냈다. 언급된 모든 정보는 로그너 바트 블루마우의 팸플릿과 표지판을 토대로 했고, 직원들의 인터뷰와 매력적인 현장 책임자이자 매니저인 루시 세터램의 도움이 보충되었다.

숙소와 인터뷰를 포함해 오스트리아 여정의 상당 부분은 존경스러운 리타 길리가 기획했다. 알프스 지역의 모든 사람을 아는 것 같은 그녀는 자료 조사에도 도움을 주었다.

'엄청난 황소 무리'에서 다루는 정보는 많은 기사를 토대로 했고, 퍼플의 CEO 테드 판스워스의 인용은 2008년 2월 8일자 「마켓워치」의 기사 "라스베이거스에서 술 취하고 활기 찾기"에 근거한다.

모호하지만, 허브 건초욕을 둘러싼 경험과 정보는 나의 방문 경험과 암도르프 자이너자이트 리조트의 베티나 벨터와의 인터뷰를 토대로 한다.

'세상의 수고양이들'은 아티스트 데니스 슈스터의 멋진 그림과 광고적 이미지를 만들어낸 마틴 브루어는 물론, 토마피린과 하바스 월드와이드의 관계자들, 특히 힘들게 허가를 얻어내 준 요흔 슈바르츠에게 신세를 졌다.

마지막 부분의 자료 조사에 도움을 준 행오버 호스텔 관계자들, 스토케 여행사과 나의 자랑스러운 친구 트레이시 플래들과 그녀의 멋진 가족들에게 감사를 전한다.

9막 비하인드, 아스피린 또는 슬픔

이 부분은 숙취뿐 아니라 아스피린이 등장하는 수백 권의 책을 읽은 결과이다. 이 책의 상당 부분에서 그렇듯, 소중한 야닉 포트부아가 이번에도 역시 많은 일을 했다. 여기서 등장하는 것은 빙산의 일각에 불과하다.

10막 도마뱀이 눈을 핥을 때

이 부분의 이야기는 개인적 회고이다. 일부 내용은 편집되고 몇몇의 이름을 사생활 보호를 위해 바꾸었다.

'지붕 위의 엘페노르'에서 등장하는 오디세우스와 엘페노르의 이야기는 호메로스의 『오디세이아』에 나오지만, 엘페노르 증후군에 대해 처음 알게 된 건 아담 로저스의 『프루프』였다.

'최악의 숙취'에서 언급된 끔찍한 사건들의 조합은 몇 년에 걸쳐 숙취에 얽힌 이야기를 찾은 결과이다. 하지만 무엇보다 내 관심을 끈 응급실 사례는 다른 수백 가지 경우처럼 내 친구이자 동료 작가, 예리한 연구자인 데이비드 라이트풋이 알려주었다.

한번 하면 절대 멈추지 않을 것 같아서 이에 대한 언급을 하지 않았지만, 이 책은 영화 〈행오버〉에 엄청난 빚을 지고 있다. 이 영화는 보고 또 봐도 재미있을뿐더러 흥미로운 사이트에서 이에 대한 글을 읽는 것도 재미있다. 동시에 시오반 왓슨의 우울한 결혼식 사연의 구체적인 부분은 역시 야닉 포트부아가 찾아주었고, 참고문헌에서 찾을 수 있다.

10막 비하인드, 숙취 작가

서두를 여는 니체의 어록은『우상의 황혼, 망치로 철학하기』에서 인용했고, 호레이스의 어록은… 음, 호레이스에게서 인용했다.

로알드 달의 인용은『어린 시절 이야기』이며, 〈아서〉의 대사는 워너 브라더스 엔터테인먼트와 섀넌 파이퍼의 관대한 허가 덕분에 인용할 수 있었다.

말콤 라우리의 인용은 2014년에서야 발견되어 출판된 그의 미완성 (혹은 분실되었던) 소설『흰 바다로의 밸러스트』에서 가져왔다.

자료 조사 질문에 답하며 도움을 준 재커리 리더의 말은 에이미스의 공식 전기『킹슬리 에이미스의 삶』에서 인용했으며, 클레멘트 프로이드는 물론, 개인적 관심과 자료 조사라는 두 가지 목적에서 읽었던 키스 플로이드의 자서전을 비롯해 에이미스의 다른 전기는 참고문헌에서 찾을 수 있다.

11막 대홍수 이후

이 책을 뉴올리언스에서 끝맺을 수 있도록 여행을 기획하고 자료 조사를 도와주며 마지막까지 내가 살아남을 수 있도록 도와준, 사랑스러운 기적의 여인 앤젤라 맥도널드에게 큰 감사를 전한다.

뱀파이어 부티크의 마리타 예거가 큰 도움을 주었다. 이제 그녀는 마리타 와이우드 크랜들로 변신해 최근 '마법의 주류점'을 열고 마법의 물약을 판다. 버본 스트리트에 있지만, 입장하려면 암호를 알아야 한다. PotionsLounge.com에서 단서를 얻을 수도 있다.

마지막 부분의 역사적 조사는 뉴올리언스 약학 박물관에서 시작되었다. 특이한 수집품과 마법의 약, 독약, 의심스러운 광고와 그간 다른 데서는 좀체 찾기 어려운 사실로 가득한 경이로운 곳이다. 특허 의약품, 신경안정제, 압생트, 뱀 기름, 더들리 J. 르블랑에 관련된 부분은 이 크고 으스스한 집의 한 구석에 빚을 지고 있다.

몇 년 동안 나에게 다양한 숙취 치료법을 시도하게 했던 많은 용자들의 이름은 감사의 말에서 볼 수 있다. 이상의 실험과 연구는 4년에 걸쳐 하우스 파티, 포커 게임, 바, 와인 투어와 결혼식에서 시행되었다.

'치료실'의 닥터 미뇽 메리는 내 연구의 마지막 단계와 나 자신의 '치료법'을 정의하는 도입부에서 중대한 역할을 했다. 그녀의 동료 앨리슨 프랜클 역시 큰 도움을 주었다.

미국 칵테일 박물관의 리즈 윌리엄스도 유익하고 고마운 호스트이다. 프렌치 쿼터에서 술을 마시고 이야기 나눈 많은 바텐더들 역시 그렇다.

그리고 물론 닥터 너트와 미스 맘보 마리에게도 감사를 전한다.

숙취에 대한 사랑을 담아: 일종의 결론

이 마지막 부분에서는 이 책에서 언급된 수년간의 연구 결과와 참고 문헌의 내용을 총정리한다.

결론 부분에 언급되는 이야기들의 주요 출처는 다음과 같다. 2017년 8월 25일 「비즈니스 인사이더 UK」의 로지 피츠모리스의 기사 "자유롭게 '숙취 휴가'를 쓸 수 있는 회사", 2016년 8월 26일 CBC 뉴스에서 안드레 메이어가 보도한 "숙취에 시달리는 고객이 고전 중인 알버타 피시 앤 칩스 가게를 살리다", 2017년 4월 CBC.ca에 게재된 안드레 메이어의 기사 "전부 날려버리다", 2018년 1월 10일 「토론토 스타」에 실린 벳시 포웰의 기사 "토론토 크레인 걸 유죄를 인정하다: '더 활력을 느낄 거라고 생각했어요'", 2013년 12월 5일자 「토론토 스타」에 실린 미셸 르페이지의 기사 "사과 편지와 함께 킹스턴 마켓 교회로 돌아온 도둑맞은 조각상"이다.

물론, 마지막 몇 페이지는 그 은발의 부인에게 많은 도움을 받았다.

참고문헌

Abel, Ernest L. Intoxication in Mythology: A Worldwide Dictionary of Gods, Rites, Intoxicants and Places. Jefferson, NC: McFarland, 2006.

ABMRF: The Foundation for Alcohol Research. Moving Forward (2014 Annual Report).

Abram, Christopher. Myths of the Pagan North: The Gods of the Norsemen. London: Continuum, 2011.

Amis, Kingsley. Everyday Drinking. New York: Bloomsbury, 2008.

———. Lucky Jim. New York: Doubleday, 1954.

Anthony, Andrew. "Will Bladdered Britain Ever Sober Up?" Guardian (London), October 5, 2004.

Arumugam, Nadia. "Wine Scams: The Ultimate Hall of Fame." Forbes, January 8, 2013.

Association against the Prohibition Amendment. Canada Liquor Crossing the Border. Washington, DC: Association against the Prohibition Amendment, 1929.

Ayto, John. The Diner's Dictionary: Word Origins of Food and Drink, 2nd ed. Oxford: Oxford University Press, 2012. Published online 2013. http://www.oxfordreference.com/view/10.1093/acref/9780199640249.001.0001/acref-9780199640249.

Barnard, Mary. "The God in the Flowerpot." American Scholar, Autumn 1963.

Baus, Herbert M. How to Wine Your Way to Good Health. New York: Mason and Lipscomb, 1973.

Barra, Allen. Mickey and Willie: Mantle and Mays, The Parallel Lives of Baseball's Golden Age. New York: Crown Archetype, 2013.

Bishop, George. The Booze Reader: A Soggy Saga of Man in His Cups. Los Angeles: Sherbourne Press, 1965.

Blake, Michael F. Lon Chaney: The Man Behind the Thousand Faces. New York: Vestal Press, 1993.

Blakemore, Colin, and Sheila Jennett. The Oxford Companion to the Body. Oxford: Oxford University Press, 2001.

Blocker, Jack S., David M. Fahey and Ian R. Tyrrell, eds. Alcohol and Temperance in Modern History. Santa Barbara, CA: ABC-CLIO, 2003.

Blum, Deborah. "The Chemist's War." Slate, February 19, 2010. http://www.slate.com/articles/health_and_science/medical_examiner/2010/02/the_chemists_war.html.

———. The Poisoner's Handbook. New York: Penguin, 2010.

Boyle, Robert. Medicinal Experiments. London: Samuel Smith and B. Walford, 1698.

Braun, Stephen. Buzz: The Science and Lore of Alcohol and Caffeine. New York: Oxford University Press, 1996.

Burton, Kristen D. "Blurred Forms: An Unsteady History of Drunkenness." Appendix 2, no. 4 (October 2014). http://theappendix.net/issues/2014/10/ blurred-forms-an-unsteady-history-of-drunkenness).

Bukowski, Charles. "Everything" in The Roominghouse Madrigals: Early Selected Poems, 1946–1966. New York: Ecco, 2002.

———. Factotum. Santa Barbara, CA: Black Sparrow Press, 1982.

Burchill, Julie. "The Pleasure Principle." Guardian (London), December 1, 2001.

Burns, Eric. The Spirits of America: A Social History of Alcohol. Philadelphia: Temple University Press, 2004.

Carey, Sorcha. Pliny's Catalogue of Culture: Art and Empire in the Natural History. Oxford: Oxford University Press, 2003.

Cato, Marcus Porcius. De Agricultura. Cambridge, MA: Harvard University Press, 1934.

Chapman, Carolynn. "The Queen Mother Averaged More than 70 Drinks a Week." Whiskey Goldmine, February 9, 2011.

Creamer, Robert. Babe: The Legend Comes to Life. New York: Simon and Schuster, 1974.

Clark, Lindsay D. "Confrontation with Death Illuminates Death's Mystery in the Odyssey." Inquiries Journal 1, no. 11 (2009).

Crewe, Daniel. "'One of Nature's Liberals': A Biography of Clement Freud." Journal of Liberal History 43 (Summer 2004): 15–18.

Crofton, Ian. A Dictionary of Scottish Phrase and Fable. Edinburgh: Birlinn, 2012.

Crozier, Frank P. A Brass Hat in No Man's Land. New York: J. Cape and H. Smith, 1930.

Crosariol, Beppi. "Should You Be Worried about Pesticides in Wine?" Globe and Mail (Toronto), August 31, 2011.

Dahl, Roald. Tales of Childhood. London: Penguin, 1984.

Dalby, Andrew. Bacchus: A Biography. London: British Museum Press, 2003.

Davis, Kenneth C. Don't Know Much About Mythology. New York: HarperCollins, 2005.

Davidson, Alan. The Oxford Companion to Food. Oxford: Oxford University Press, 2014.

Davidson, James. The Greeks and Greek Love: A Bold New Exploration of the Ancient World. New York: Random House, 2007.

de Haan, Lydia, Hein de Haan, Job van der Palen and Joris C. Verster. "The Effects of Consuming Alcohol Mixed with Energy Drinks (AMED) Versus Consuming Alcohol

Only on Overall Alcohol Consumption and Alcohol-Related Negative Consequences." International Journal of General Medicine 5 (2012): 953–60.

Dent, Susie, ed. Brewer's Dictionary of Phrase and Fable, 19th ed. London: Chambers Harrap, 2012. Published online 2013. http://www.oxfordreference.com/view/10.1093/acref/9780199990009.001.0001/acref-9780199990009.

Devitt, Brian M., Joseph F. Baker, Motaz Ahmed, David Menzies and Keith A. Synnott. "Saturday Night Palsy or Sunday Morning Hangover? A Case Report of Hangover-Induced Crush Syndrome." Archives of Orthopaedic and Trauma Surgery 131, no. 1 (January 2011): 39–43.

Dodd, C.E. "Lectures at the Incorporated Law Society—Notes of Lectures by C.E. Dodd, esq.—On the Constitution of Contracts.—Assent.— Construction [regarding contracts signed while drunk]." Legal Observer, Or, Journal of Jurisprudence 12 (July 1836).

Down, Alex. "Austrian Wine: From Ruin to Riches." Drinks Business, February 13, 2014, https://www.thedrinksbusiness.com/2014/02/austrian-wine-fromruin- to-riches/.

Earl, Alice Morse. Curious Punishments of Bygone Days. Chicago: H.S. Stone, 1896; Bedford, MA: Applewood Books, 1995.

Edwards, Griffith. Alcohol: The World's Favourite Drug. New York: Thomas Dunne, 2000.

Elias, Megan J. Food in the United States, 1890–1945. Westport, CT: Greenwood, 2009.

Ekirch, Robert. At Day's Close: Night in Times Past. New York: Norton, 2005.

Ernst, Edzard. "Detox: Flushing Out Poison or Absorbing Dangerous Claptrap?" Guardian (London), August 29, 2011.

Frankenberg, Frances R. "It's Not Easy Being Emperor." Current Psychiatry 5, no. 5 (May 2006): 73–80.

Floyd, Keith. Floyd on Hangovers. London: Penguin, 1992.

———. Stirred but Not Shaken: The Autobiography. London: Sidgwick and Jackson, 2009.

Franks, General Tommy. American Soldier. New York: HarperCollins, 2003.

Freud, Clement. Clement Freud's Book of Hangovers. London: Sheldon Press, 1981.

———. Freud Ego. London: BBC Worldwide, 2001.

Fuller, Robert C. Religion and Wine: A Cultural History of Wine Drinking in the United States. Knoxville, TN: University of Tennessee Press, 1996.

Gagarin, Michael, ed. The Oxford Encyclopedia of Ancient Greece and Rome. Oxford: Oxford University Press, 2012.

Gately, Iain. Drink: A Cultural History of Alcohol. New York: Gotham Books, 2008.

Gauquelin, Blaise. "Les buveurs de schnaps n'ont qu'à bien se tenir." Libération, September 5, 2014.

Glyde, Tania. "The Longest Hangover in My 23 Years as an Alcoholic." Independent, January 18, 2008.

Gopnik, Adam. "Writers and Rum." New Yorker, January 9, 2014.

Goodwin, Donald W. "Alcohol as Muse." American Journal of Psychotherapy 46, no. 3 (July 1992): 422–33.

Graber, Cynthia. "Snake Oil Salesmen Were On to Something." Scientific American, November 1, 2007. https://www.scientificamerican.com/article/snake-oil-salesmen-knew-something/.

Green, Harriet. "Gruel to Be Kind: A Hardcore Detox Break in Austria." Guardian (London), January 12, 2013.

Green, Jonathon. Green's Dictionary of Slang. Chambers Harrap, 2010. Published online 2011. http://www.oxfordreference.com/view/10.1093/acref/9780199829941.001.0001/acref-9780199829941.

Gutzke, David W. Women Drinking Out in Britain Since the Early Twentieth Century. Manchester: Manchester University Press, 2014.

Hatfield, Gabrielle. Encyclopedia of Folk Medicine: Old World and New World Traditions. Santa Barbara, CA: ABC-CLIO, 2004.

Halberstadt, Hans. War Stories of the Green Berets. Saint Paul, MN: Zenith Press, 2004.

Hannaford, Alex. "Boozed and Battered." Guardian (London), January 20, 2004.

Harbeck, James. "Hangover." Sesquiotic, January 1, 2011. https://sesquiotic.wordpress.com/2011/01/01/hangover/.

Haucap, Justus, Annika Herr and Björn Frank. "In Vino Veritas: Theory and Evidence on Social Drinking" (DICE Discussion Paper No. 37). Düsseldorf, Germany: Düsseldorf Institute for Competition Economics, 2011.

Henley, Jon. "Bonjour Binge Drinking." Guardian (London), August 27, 2008.

Hemingway, Ernest. A Farewell to Arms. New York: Scribner, 1929.

———. A Moveable Feast. New York: Scribner, 1964.

Holland, Barbara. The Joy of Drinking. New York: Bloomsbury, 2007.

Holmes, Richard, Charles Singleton and Spencer Jones, eds. The Oxford Companion to Military History. Oxford: Oxford University Press, 2001.

Hornblower, Simon, and Tony Spawforth, eds. Who's Who in the Classical World. Oxford : Oxford University Press, 2003.

Hough, Andrew. "Keith Floyd Dies: The Outspoken Television Chef Has Died after a Heart Attack." Telegraph (London), September 15, 2009.

Huzar, Eleanor. "The Literary Efforts of Mark Antony." In Aufstieg und Niedergang der römischen Welt, edited by Hildegard Temporini and Wolfgang Haase. Berlin: Walter de Gruyter, 1982, 639–57.

Ísleifsson, Sumarliði R. and Daniel Chartier, eds. Iceland and Images of the North. Montreal: Presses de l'Université du Québec, 2011.

Irvine, Dean. "When Massages Go Bad." CNN Project Life, June 13, 2007. http://www.cnn.com/2007/HEALTH/05/22/pl.massagegobad/index.html.

J.F., "A New Letter, to All Drunkards, Whoremongers, Thieves, Disobedience to Parents, Swearers, Lyers, &c.: Containing a Serious and Earnest Exhortation that They Would Forsake Their Evil Ways." London: F. Bradford, 1695.

Jacobson, Michael F., and Joel Anderson. Chemical Additives in Booze. Washington, DC: Center for Science in the Public Interest, 1972.

James, William. The Varieties of Religious Experience: A Study in Human Nature. New York: Longmans, Green, 1902; n.p.: Renaissance Classics Press, 2012.

Jivanda, Tomas. "A Bottle of Wine a Day Is Not Bad for You and Abstaining Is Worse than Drinking, Scientist Claims." Independent (London), April 19, 2014.

Jodorowsky, Alejandro. Psychomagic: The Transformative Power of Shamanic Psychotherapy. New York: Simon and Schuster, 2010.

Jones, Stephen. The Illustrated Werewolf Movie Guide. London: Titan, 1996.

Joshi, Shaan. "Max McGee Goes Out Drinking: The Story of a Superbowl Legend." Prague Revue, January 31, 2013.

Kerouac, Jack. Big Sur. New York: Farrar, Straus and Cudahy, 1962; New York: Penguin, 1992.

Karibo, Holly M. Sin City North: Sex, Drugs and Citizenship in the Detroit–Windsor Borderland. Chapel Hill, NC: University of North Carolina Press, 2015.

Kelly, Peter, Jenny Advocat, Lyn Harrison and Christopher Hickey. Smashed! The Many Meanings of Intoxication and Drunkenness. Clayton, Australia: Monash University Publishing, 2011.

Kennedy, William. Ironweed. New York: Viking, 1983.

Laing, Olivia. The Trip to Echo Spring: On Writers and Drinking. New York: Picador, 2013.

———. "Every Hour a Glass of Wine: The Female Writers Who Drank." Guardian (London), June 13, 2014.

"LeBlanc Medicine Co., Docket No. 6390," in Federal Trade Commission, Annual Report for the Fiscal Year Ended June 30, 1955: 41–42.

Lecky, William Edward Hartpole. A History of England in the 18th Century, vol. 1. London: Longman, Green, 1878.

Lesieur, O., V. Verrier, B. Lequeux, M. Lempereur and E. Picquenot. "Retained Knife Blade: An Unusual Cause for Headache Following Massive Alcohol Intake." Emergency Medicine Journal 23, no. 2 (February 2006).

Liberman, Sherri, ed. American Food by the Decades. Westport, CT: Greenwood, 2011.

Lindow, John. Norse Mythology: A Guide to Gods, Heroes, Rituals and Beliefs. Oxford: Oxford University Press, 2002.

London, Jack. John Barleycorn. New York: Century, 1913; New York: Modern Library, 2001.

Lowry, Malcolm. Under the Volcano. New York: Reynal and Hitchcock, 1947; New York: Perennial Classics, 2000.

———. In Ballast to the White Sea. Ottawa: University of Ottawa Press, 2014.

Magnus, Olaus. Description of the Northern Peoples. [In Latin.] Translated by Peter Fisher and Humphrey Higgens. Edited by Peter Foote. London: Hakluyt Society, 1996.

Mankiller, Wilma, Gwendolyn Mink, Marysa Navarro, Barbara Smith and Gloria Steinem, eds. The Reader's Companion to U.S. Women's History. Boston: Houghton Mifflin, 1998. See esp. "Alcoholism" (p. 24) and "Prohibition" (p. 479).

Mantle, Mickey. "Time in a Bottle." Sports Illustrated, April 18, 1994.

Martelle, Scott. Detroit: A Biography. Chicago: Chicago Review Press, 2012.

Marshall, Sarah. "Don't Even Brush Your Teeth: 91 Hangover Cures from 1961." Awl, July 11, 2012. https://medium.com/the-awl/dont-even-brush-your-teeth-91-hangover-cures-from-1961-88353fe97fcc.

Martinez-Carter, Karina. "Fernet: The Best Liquor You're (Still) Not Yet Drinking." Atlantic, December 30, 2011.

Mason, Philip P. Rum Running and the Roaring Twenties: Prohibition on the Michigan–Ontario Waterway. Detroit: Wayne State University Press, 1995.

Middleton, Ian. "A Short History of the Temperance Movement in the Hillfoots." Ochils Landscape Partnership. http://ochils.org.uk/sites/default/files/oralhistories/docs/temperance-essay.pdf.

Nash, Thomas. Pierce Penilesse: His Supplication to the Devil. Describing the Overspreading of Vice, and Suppression of Virtue. Pleasantly Interlaced with Variable Delights, and Pathetically Intermixed with Conceited Reproofs. London: Richard Jones, 1592.

Nietzsche, Friedrich. Twilights of the Idols, or How to Philosophize with a Hammer. [In German.] Oxford: Oxford University Press, 1998.

Nordrum, Amy. "The Caffeine-Alcohol Effect." Atlantic, November 7, 2014.

Norrie, Philip. "Wine and Health through the Ages with Special Reference to Australia." PhD diss., University of Western Sydney School of Social Ecology and Lifelong Learning, 2005.

Nutt, David. "Alcohol Alternatives—A Goal for Psychopharmacology?" Journal of Psychopharmacology 20, no. 3 (2006): 318–320. And other applicable papers.

Nutton, Vivian. Ancient Medicine. New York: Routledge, 2004. And several applicable papers.

O'Brien, John. Leaving Las Vegas. New York : Grove Press, 1990.

Osborne, Lawrence. The Wet and the Dry: A Drinker's Journey. New York: Crown, 2013.

Nelson Evening Mail (Nelson, New Zealand). "Curing Drunkards by Bee-Stings." July 11, 1914.

Orchard, Andy. Dictionary of Norse Myth and Legend. London: Cassell, 1996.

Ovid. Metamorphoses. Translated by Rolfe Humphries. Bloomington, IN: Indiana University Press, 1955.

Palmer, Brian. "Does Alcohol Improve Your Writing?" Slate. December 16, 2011. http://www.slate.com/articles/news_and_politics/explainer/2011/12/christoper_hitchens_claimed_drinking_helped_his_writing_is_that_true_.html.

Paulsen, Frank M. "A Hair of the Dog and Some other Hangover Cures from Popular Tradition." Journal of American Folklore 74, no. 292 (April–June 1961): 152–68.

Peck, Garrett. The Prohibition Hangover: Alcohol in America from Demon Rum to Cult Cabernet. New Brunswick, NJ: Rutgers University Press: 2009.

Perry, Lacy. "How Hangovers Work." HowStuffWorks.com, October 112. 2004. https://health.howstuffworks.com/wellness/drugs-alcohol/hangover.htm.

Pittler, Max H., Joris C. Verster, and Edzard Ernst. "Interventions for Preventing or Treating Alcohol Hangover: Systematic Review of Randomized Control Trials." British Medical Journal 331, no. 7531 (December 24–31, 2005): 1515–17.

Plack, Noelle. "Drink and Rebelling: Wine, Taxes, and Popular Agency in Revolutionary Paris, 1789–1791." French Historical Studies 39, no. 3 (August 2016): 599–622.

Pliny. Natural History. [In Latin.] Translated by H. Rackham (vols. 1–5, 9), W.H.S. Jones (vols. 6–8) and E.E. Eichholz (vol. 10). Cambridge, MA: Harvard University Press, 1938. Reprinted 1967.

Pratchett, Terry. The Hogfather. New York: HarperPrism, 1996.

Ramani, Sandra. "To 10 Booze-Infused Spa Treatments." Fodor's Travel, April 24, 2013. https://www.fodors.com/news/top-10-boozy-spa-treatments-6574.

Rae, Simon, ed. The Faber Book of Drink, Drinkers, and Drinking. London: Faber and Faber, 1991.

Rhosenow, Damaris J., et al. "The Acute Hangover Scale: A New Measure of Immediate Hangover Symptoms." Addictive Behaviors 32, no. 6 (June 2007): 1314–20.

Robertson, B.M., et al. "Validity of the Hangover Symptoms Scale: Evidence from an Electronic Diary Study." Alcoholism Clinical & Experimental Research 36, no. 1 (January 2012): 171–77.

Reid, Stuart J. A Sketch of the Life and Times of the Rev. Sydney Smith. London: Sampson Low, Marston, Searle, and Rivington, 1884.

Rich, Frank Kelly. Modern Drunkard. https://drunkard.com/.

Riley, Gillian. Food in Art: From Prehistory to the Renaissance. London: Reaktion Books, 2015.

Rogers, Adam. Proof: The Science of Booze. Boston: Houghton Mifflin Harcourt, 2015.

Rose, Mark Edmund, and Cheryl J. Cherpitel. Alcohol: Its History, Pharmacology and Treatment. Center City, MN: Hazelden, 2011.

Saksewski, Shannon. "Detroit Underground History: Prohibition and the Purples." Awesome Mitton, February 25, 2014. https://www.awesomemitten.com/detroit-underground-history/.

Schneider, Stephen. Iced: The Story of Organized Crime in Canada. Mississauga, ON: Wiley, 2009.

Schoenstein, Ralph. The Booze Book; The Joy of Drink: Stories, Poems, Ballads. Chicago: Playboy Press, 1974.

Scott, Kenneth. "Octavian's Propaganda and Antony's De Sua Ebrietate." Classical Philology 24, no. 2 (April 1929): 133–41.

Shakar, Alex. Luminarium. New York: Soho Press, 2011.

Shubin, Neil. Your Inner Fish: A Journey into the 3.5-Billion-Year History of the Human Body. New York: Vintage Books, 2009.

Sinclair, Andrew. Prohibition: The Era of Excess. Boston: Little, Brown, 1962.

Smith, Andrew. Drinking History: Fifteen Turning Points in the Making of American Beverages. New York, Columbia University Press, 2014.

Smith, William. Dictionary of Greek and Roman Biography and Mythology. London: Taylor, Walton, and Maberly, 1870.

Sobel, Dava. Longitude: The True Story of a Lone Genius Who Solved the Greatest Scientific Problem of His Time. New York: Bloomsbury, 2007. First published in 1995 by Walker (New York).

Sournia, Jean-Charles. A History of Alcoholism. [In French.] Translated by Nick Hindley and Gareth Stanton. Oxford: Basil Blackwell, 1990.

Spector, Tim. The Diet Myth: The Real Science behind What We Eat. London: Weidenfeld & Nicolson, 2015.

———. "Why Is My Hangover So Bad?" Guardian (London), June 21, 2015. https://www.theguardian.com/lifeandstyle/2015/jun/21/why-is-my-hangoverso-bad.

Stevenson, Robert Louis. The Strange Case of Dr. Jekyll and Mr Hyde and Other Tales of Terror. London: Penguin Classics, 2002.

Stephens, Richard. Black Sheep: The Hidden Benefits of Being Bad. London: Hodder and Stoughton, 2015. Also many applicable papers.

Stöckl, Albert. "Australian Wine: Developments after the Wine Scandal of 1985 and Its Current Situation." Paper presented at the 3rd International Wine Business Research Conference, Montpellier, France, July 6–8, 2006.

Stone, Jon. "Beer Day Britain: How the Magna Carta Created the Humble Pint." Independent (London), June 15, 2015. https://www.independent.co.uk/news/uk/home-news/the-magna-cartas-role-in-creating-the-humble-pint-ofbeer-10320844.html.

Sugar, Bert Randolph. The Great Baseball Players: From McGraw to Mantle. (Mineola, NY: Dover Publications, 1997.

Standage, Tom. A History of the World in 6 Glasses. New York: Walker, 2006.

Swift, Robert, and Dena Davidson. "Alcohol Hangover: Mechanisms and Mediators." Alcohol Health & Research World 22, no. 1 (1998): 54–60.

Tagliabue, John. "Scandal over Poisoned Wine Embitters Village in Austria." New York Times, August 2, 1985.

Thomas, Caitlin. Leftover Life to Kill. London: Putnam, 1957.

———. Double Drink Story: My Life with Dylan Thomas. London: Virago Press, 1998.

Thompson, Derek. "The Economic Cost of Hangovers." Atlantic, July 5, 2013. https://www.theatlantic.com/business/archive/2013/07/the-economic-cost-of-hangovers/277546/.

Toper, Andy. The Wrath of Grapes, or The Hangover Companion. London: Souvenir Press, 1996.

United Kingdom. Hansard Parliamentary Debates, 3d series, vol. 353 (1891), cols. 1701–1707.

Vallely, Paul. "2,000 Years of Binge Drinking." Independent (London), November 19, 2005. https://www.independent.co.uk/news/uk/this-britain/2000-years-ofbinge-drinking-516009.html.

Valliant, Melissa. "Do Juice Cleanses Work? 10 Truths about the Fad." Huffington Post, March 22, 2012. http://www.huffingtonpost.ca/2012/03/22/do-juicecleanses-work_

n_1372305.html.

Varriano, John L. Wine: A Cultural History. Chicago: University of Chicago Press, 2011.

Verster, Joris C. et al. "The 'Hair of the Dog': A Useful Hangover Remedy or a Predictor of Future Problem Drinking?" Current Drug Abuse Reviews 2, no. 1 (2009): 1–4.

Watkins, Nikki. "So Hungover I Missed My Wedding . . ." Sun (London). July 4, 2011.

Wolfe, Tom. Bonfire of the Vanities. New York: Picador, 2008. First published by Farrar, Straus, Giroux in 1987.

———. The Right Stuff. New York: Picador, 2008. First published by Farrar, Straus, Giroux in 1979.

Wells, David. Perfect, I'm Not: Boomer on Beer, Brawls, Backaches and Baseball. New York: William Morrow, 2003.

Wodehouse, P.J. Ring for Jeeves. London: Arrow, 2008. First published by Herbert Jenkins in 1953.

Wurdz, Gideon. The Foolish Dictionary: An Exhausting Work of Reference to Un-certain English Words, Their Origin, Meaning, Legitimate and Illegitimate Use, Confused by a Few Pictures. Boston: Robinson, Luce, 1904.

세계사 속 숨은 음주문화를 찾아 떠난 한 저널리스트의 지적 탐사기

술의 인문학

초판 1쇄 발행 2019년 5월 28일
지은이 쇼너시 비숍 스톨
옮긴이 임지연

펴낸이 민혜영 | **펴낸곳** 오아시스
주소 서울시 마포구 성암로 223, 3층(상암동)
전화 02-303-5580 | **팩스** 02-2179-8768
홈페이지 www.cassiopeiabook.com | **전자우편** oasis_editor@naver.com
출판등록 2012년 12월 27일 제2014-000277호
외주편집 문보람 | **표지 디자인** 별을 잡는 그물

ISBN 979-11-88674-63-3 03100

이 도서의 국립중앙도서관 출판시도서목록 CIP은 서지정보유통지원시스템 홈페이지(http://seoji.nl.go.kr와
국가자료공동목록시스템 http://www.nl.go.kr/kolisnet에서 이용하실 수 있습니다.
CIP제어번호: CIP2019017454